Prüfungstraining für Bankkaufleute

Wolfgang Grundmann

Bankwirtschaft Teil 2

Offene Aufgaben mit Lösungen

12. Auflage

Springer Gabler

Wolfgang Grundmann
Norderstedt, Deutschland

ISSN 2627-8588 ISSN 2627-8596 (electronic)
Prüfungstraining für Bankkaufleute
ISBN 978-3-658-40391-1 ISBN 978-3-658-40392-8 (eBook)
https://doi.org/10.1007/978-3-658-40392-8

Die Deutsche Nationalbibliothek verzeichnet diese Publikation in der Deutschen Nationalbibliografie; detaillierte bibliografische Daten sind im Internet über http://dnb.d-nb.de abrufbar.

Springer Gabler

Lektorat/Planung: Guido Notthoff
Springer Gabler ist ein Imprint der eingetragenen Gesellschaft Springer Fachmedien Wiesbaden GmbH und ist ein Teil von Springer Nature.
Die Anschrift der Gesellschaft ist: Abraham-Lincoln-Str. 46, 65189 Wiesbaden, Germany

Geleitwort

Liebe Auszubildende, liebe Leserinnen und Leser,

seit der Neugestaltung des Berufsbildes Bankkaufmann/Bankkauffrau wird die schriftliche Prüfung zum überwiegenden Teil in Form von Multiple-Choice-Aufgaben durchgeführt. Für angehende Bankkaufleute ist es eine besondere Herausforderung, ihr handlungsorientiertes Wissen in einer solchen gebundenen Form unter Beweis zu stellen. Eine sorgfältige Vorbereitung – inhaltlich aber auch „taktisch“ – auf diese Art von Abschlussprüfung ist eine wichtige Voraussetzung dafür, auch unter diesen Bedingungen eine den praktischen Fertigkeiten und Kenntnissen entsprechende Note zu erlangen. Vor allem für Auszubildende, die eine „sehr gute“ Note in der Prüfung erreichen möchten, ist es wichtig, sich rechtzeitig vorher auf die Ankreuzaufgaben einzustellen.

Herr Grundmann ist uns schon seit Jahren als engagierter Lehrer unserer Hamburger Berufsschule für Bankkaufleute am Weidenstieg bekannt. Wir empfehlen unseren Auszubildenden daher schon lange, seine Prüfungsbücher zu nutzen. Einer unserer Azubis brachte es auf den Punkt: „Für den Führerschein habe ich vorher auch intensiv die Fragebögen zur Vorbereitung geübt.“

Ich wünsche Ihnen beim Erlernen unseres faszinierenden Berufes viel Freude und Erfolg und dass die Arbeit mit diesem Buch Ihnen hilft, die gewünschte Endnote in der Prüfung zu erreichen.

Hamburg, im September 2022

Michael Lewandowski

Leiter der Berufsausbildung bei der *Hamburger Sparkasse*

Vorwort

Die vorliegende Aufgabensammlung wendet sich vor allem an Auszubildende und Berufsanfänger des Kreditgewerbes sowie an Studierende mit Interesse an bankbetrieblichen Fragestellungen und Problemlagen. Mit dieser Aufgabensammlung können Sie Ihre in der dualen Ausbildung angeeignete Fachkompetenz selbstständig anwenden.

Diese Sammlung *offener Aufgaben* ermöglicht Ihnen als angehendem/r Bankkaufmann/Bankkauffrau in umfassender Weise, Ihre *bankwirtschaftlichen Kenntnisse* zu *überprüfen*, Ihr erarbeitetes *Wissen* zu *festigen* und/oder dieses Wissen anhand der praxisorientierten Fälle und Aufgaben zu *ergänzen*.

Sie bietet Ihnen die Möglichkeit, sich systematisch auf die bundeseinheitliche *Abschlussprüfung zur Bankkauffrau bzw. zum Bankkaufmann* für das Fach Bankwirtschaft vorzubereiten. Denn die vorliegenden Aufgaben sind genau auf die *Anforderungen des aktuellen Prüfungskatalogs Abschlussprüfung Bankkaufmann/Bankkauffrau Teil 1 und Teil 2* abgestimmt. Deshalb finden Sie am Ende eines jeden Lerngebietes Übersichten mit dem wesentlichen Strukturwissen. Diese Übersichten bieten Ihnen zum einen die Möglichkeit, den Lernstoff insgesamt zu wiederholen. Zum anderen erwerben Sie mit diesem Strukturwissen die Kompetenz, weitere Fallsituationen selbstständig zu lösen. Wenn Sie die vorliegenden Lerninhalte selbstständig erarbeiten, gehen Sie sicher und kompetent in die Abschlussprüfung.

Die vorliegende Aufgabensammlung besteht aus zwei Teilen:

- Bankwirtschaft – Teil 1 Programmierte Aufgaben zur Abschlussprüfung Teil I und Teil II
- Bankwirtschaft – Teil 2 Offene Aufgaben zur Abschlussprüfung Teil I und Teil II

Die vorliegende Aufgabensammlung II enthält Fälle und Aufgaben mit ausführlichen Lösungshinweisen. Die Themen der Aufgabenstellungen sind dem aktuellen Prüfungskatalog für die Abschlussprüfung der Industrie- und Handelskammer im Fach Bankbetriebswirtschaft entnommen worden. Die Aufgabenstellung der Fälle und Aufgaben sind handlungs- und entscheidungsorientiert. Mit den Aufgaben lösen Sie prüfungsrelevante Problemsituationen aus der Bankpraxis. Diese Fähigkeiten müssen Sie in der Prüfung unter Beweis stellen.

Die Lösungshinweise enthalten nachvollziehbare Rechenwege, aber auch kurze Erklärungen und Übersichten. Mit den ausführlichen Lösungshinweisen überprüfen Sie Ihr prüfungsrelevantes Fachwissen im Fach Bankwirtschaft. Zudem wiederholen Sie mit der vorliegenden Aufgabensammlung schnell und systematisch den Lernstoff für wichtige Bankklausuren oder die bundeseinheitliche Abschlussprüfung.

Die vorliegende Aufgabensammlung ist gegliedert in die Themengebiete
Zahlungsverkehr
Vermögen aufbauen und Risiken absichern,
Finanzierungen begleiten,
Ausländischer Zahlungsverkehr,

Die völlig neu bearbeitete 12. Auflage wurde in die zwei Kapitel „Abschlussprüfung Teil I“ und „Abschlussprüfung Teil II“ analog der neuen Abschlussprüfung für Bankkaufleute ausgerichtet und auf den rechtlich aktuellen Stand gebracht. Die gesetzlich geregelten Betragsgrenzen ab 2022 wie der Pfändungsfreibetrag beim Pfändungsschutzkonto sowie die Betragsgrenzen beim Einlagenschutz wurden aktualisiert. Schwerpunkt im Kapitel „Zahlungsverkehr“ sind jetzt die digitalen Zahlungsmedien beim Online-Banking, Girocard und Kreditkarte sowie Giropay- und Girogo-Verfahren, Apple-Pay und PayPal. Die Sicherheit beim Internet-Bezahlverfahren wurde durch das gesetzlich verpflichtende Authentifizierungsverfahren erweitert. Im Kapitel „Vermögen aufbauen und Risiken absichern“ wurden die Sonderformen bei Wertpapieren an das Ende des Kapitels verschoben, da sie nach dem neuen Prüfungskatalog nicht mehr prüfungsrelevant für Bankkaufleute sind. Ebenfalls wurde der Auslandszahlungsverkehr in das 3. Kapitel dieses Buches verschoben, da auch der Auslandszahlungsverkehr nicht mehr prüfungsrelevant für die Abschlussprüfung für Bankkaufleute, aber prüfungsrelevant für das Bachelorstudium für Bankbetriebslehre ist.

Nutzen Sie diese Aufgabensammlung vor allem so, dass Sie zunächst Ihre Antwort zu den Fragestellungen und Problemlagen schriftlich fixieren und danach mit den Lösungsvorschlägen im Lösungsteil dieses Buches abgleichen. Ihr Fachwissen festigen Sie schließlich anhand von Übersichten mit den wesentlichen Inhalten am Ende eines jeweiligen Aufgabenabschnitts.

Viel Erfolg bei der Prüfung und im Job

wünscht Ihnen

Wolfgang Grundmann

Hamburg, im Januar 2023

wolfgang@grundmann-norderstedt.de

Inhaltsverzeichnis

Abkürzungsverzeichnis

AG	Aktiengesellschaft
AGB	Allgemeine Geschäftsbedingungen
AktG	Aktiengesetz
AMR	Anweisung d. Deutschen Bundesbank über Mindestreserven
AWG	Außenwirtschaftsgesetz
AO	Abgabenordnung
AWV	Verordnung zur Durchführung des Außenwirtschaftsgesetzes (Außenwirtschaftsverordnung)
BaFin	Bundesanstalt für Finanzdienstleistungsaufsicht
BBankG	Gesetz über die Deutsche Bundesbank
BDSG	Bundesdatenschutzgesetz
BetrVG	Betriebsverfassungsgesetz
BGB	Bürgerliches Gesetzbuch
BörsG	Börsengesetz
BRS-Abkommen	Abkommen über den beleglosen Einzug von Reisescheckgegenwerten
BSE-Abkommen	Abkommen über das beleglose Scheckeinzugsverfahren
DBC	Deutsche Börse Clearing
eG	eingetragene Genossenschaft
EigZulG	Eigenheimzulagengesetz
ErbStG	Erbschaftsteuergesetz
ErbStDV	Erbschaftsteuerdurchführungsverordnung
ERI 522	Einheitliche Richtlinien für Inkassi/Icc-Publikation Nr. 522
EStG	Einkommensteuergesetz
EZB	Europäische Zentralbank
Fünftes VermBG	Fünftes Vermögensbildungsgesetz
GBO	Grundbuchordnung
GmbH	Gesellschaft mit beschränkter Haftung
GmbHG	Gesetz betreffend die Gesellschaften mit beschränkter Haftung
GSE-Abkommen	Abkommen über den beleglosen Einzug von Scheckgegenwerten ab 6.000,00 EUR (Großbetrag-Schecks) und die gesonderte Vorlage der Originalschecks ohne Verrechnung
GwG	Gesetz über das Aufspüren von Gewinnen aus schweren Straftaten (Geldwäschegesetz)
GZS	Gesellschaft für Zahlungsverkehrssysteme mbH
HGB	Handelsgesetzbuch
HR	Handelsregister
HV	Hauptversammlung
HypBankG	Hypothekenbankgesetz

InsO	Insolvenzordnung
KAGG	Gesetz über Kapitalanlagegesellschaften (Investmentgesetz)
KESt	Kapitalertragsteuer
KI	Kreditinstitut
KSt	Körperschaftsteuer
KWG	Gesetz über das Kreditwesen
Lastschriftabkommen	Abkommen über den Lastschriftverkehr
OHG	Offene Handelsgesellschaft
PAngV	Preisangabenverordnung
Pfandbriefgesetz	Gesetz über die Pfandbriefe und verwandte Schuldverschreibungen öffentlich-rechtlicher Kreditanstalten
SchG	Scheckgesetz
Scheckbedingungen	Bedingungen für den Scheckverkehr
Schufa	Schutzgemeinschaft für allgemeine Kreditsicherung
StPO	Strafprozessordnung
VerbrKrG	Verbraucherkreditgesetz
VermBG	Vermögensbildungsgesetz
vL	vermögenswirksame Leistungen
WEG	Gesetz über das Wohnungseigentum und das Dauerwohnrecht
WoPG	Wohnungsbau-Prämiengesetz
WoPDV	Verordnung zur Durchführung des Wohnungsbau-Prämiengesetzes
ZPO	Zivilprozessordnung

AUFGABEN

Die folgenden Aufgaben stellen bankpraktische Realsituationen dar, an denen Sie Ihr bankbetriebliches Wissen überprüfen können. Mit den offenen Aufgaben bereiten Sie sich auf die Bewältigung Ihrer künftigen beruflichen Anforderungen vor. Von Ihnen wird erwartet, dass Sie künftig in Entscheidungssituationen kundenorientiert beraten oder aus einer Vielzahl von Alternativen dem Bankkunden Entscheidungshilfen geben.

Damit Sie Ihr Wissen adäquat überprüfen können, empfehle ich Ihnen eine schriftliche Bearbeitung der offenen Aufgaben. Anschließend können Sie Ihren Lösungsvorschlag im kommentierten Lösungsteil nachschlagen. Informationsdefizite schließen Sie mit Hilfe der allgemeinen Gesetzesangaben oder konkreten Gesetzesvorschriften, die in den jeweiligen Aufgaben genannt sind.

1 Abschlussprüfung Teil I

1.1 Inländischer Zahlungsverkehr

Lösungen ab Seite 189

1.1.1 Konto

Fall 1 Privatkonto als Einzelkonto

Fall 1.1: Einzelkonto

Die 23-jährige Simone Esch hat am 01. August eine Berufsausbildung zur Versicherungskauffrau bei der *Nordleben AG* in Hamburg begonnen. Vor dem Beginn ihrer Ausbildung möchte sie bei der *Nordbank AG* in Hamburg ein Girokonto eröffnen, auf das ihre Ausbildungsvergütung überwiesen werden soll. Unter Hinweis auf die Abgabenordnung bittet der Kundenberater der *Nordbank AG,* Thomas Weingärtner, Frau Esch um die Aushändigung ihres Personalausweises.

a Frau Esch möchte wissen, warum sie sich wegen einer Kontoeröffnung legitimieren muss.

b Begründen Sie zwei weitere Sachverhalte, die Herr Weingärtner anhand des Personalausweises von Frau Esch prüfen muss!

c Beraten Sie die Kundin über die
- Möglichkeiten der Verfügungsberechtigung und die
- Nutzungsmöglichkeiten des Kontos.

d Beschreiben Sie die Arbeitsvorgänge im Zusammenhang mit der Eröffnung und Einrichtung des Kontos.

e Da Frau Esch körperbehindert ist, möchte sie ihrem 17-jährigen Bruder Torsten eine allgemeine Kontovollmacht erteilen. Torsten ist zuverlässig. Darf Herr Weingärtner ihrem Wunsch entsprechen (siehe § 165 BGB)?

f Herr Weingärtner prüft zunächst die Legitimation von Herrn Esch und hält dann seine personenbezogenen Daten auf einem gesonderten Formular fest.
  1 Warum prüft Herr Weingärtner die Legitimation von Torsten Esch?
  2 Warum informiert Herr Weingärtner Herrn Esch über die Speicherung dieser Daten bei der *Nordbank AG* (Datenschutz-Grundverordnung)?

g Frau Esch hat Herrn Weingärtner ermächtigt, ihre personenbezogenen Daten der Schufa zu melden. Die Schufa-Abfrage auf seinem Terminal ergibt, dass keine Informationen über Frau Esch bei der Schufa vorliegen. Entscheiden Sie, ob Herr Weingärtner das Girokonto unter diesen Voraussetzungen eröffnen kann!

Fall 1.2: Verfügungen über Einzelkonten

In den nächsten Monaten gibt es bezüglich der Kontoführung keinerlei Anlässe zu Beanstandungen. Frau Esch hat inzwischen auch eine BankCard mit PIN von der *Nordbank AG* besorgt, die sie bei ihren Einkäufen oft nutzt. Am 25. März des nächsten Jahres sprechen Sie als Kundenberater/in mit ihr über die folgenden Punkte:
Frau Esch hatte beim Optiker *Ruge* eine Sonnenbrille gekauft und bei der Zahlung unter Vorlage der BankCard den folgenden Beleg unterschrieben.

W. Grundmann, *Bankwirtschaft Teil 2*, Prüfungstraining für Bankkaufleute,
https://doi.org/10.1007/978-3-658-40392-8_1

Optik Ruge
Berliner Allee 34
22850 Norderstedt

Norderstedt, 25. März

Hiermit ermächtige ich die Firma Optik Ruge, den Kaufbetrag von 110,00 EUR per SEPA-Lastschrift von meinem Konto einzuziehen.

IBAN / BIC / Bon- / Kassen-Nummer
DE22700202700654793298 / HYVEDEMMXXX / 06 5716 020 / 0204103

Ich weise mein durch den obigen BIC bezeichnetes Kreditinstitut an, bei Nichteinlösung der SEPA-Lastschrift oder bei Widerspruch gegen die SEPA-Lastschrift auf Anforderung meine vollständige Anschrift mitzuteilen, damit die o. g. Firma ihren Anspruch gegen mich geltend machen kann.

Simone Esch
(Unterschrift)

a Erläutern Sie das Zahlungsverfahren, das bei diesem Kauf angewandt wurde.

b Prüfen Sie, ob die Firma *Optik Ruge* bei diesem Zahlungsverfahren eine Garantie des Zahlungseingangs erhält.

c Begründen Sie, warum *Optik Ruge* die Unterschrift von Frau Esch auf diesem Beleg verlangt.

Fall 1.3: Kontoabschluss

Am 14. April kommt Frau Esch zu Ihnen an den Beratungstisch und bittet um Aufklärung des folgenden Sachverhalts: Sie teilt Ihnen mit, dass sie keine Erklärung dafür findet, dass in ihrer letzten Abschlussrechnung vom 31. März 0,14 EUR berechnet wurden, obwohl sie ihr Konto im zurückliegenden Quartal zu keinem Zeitpunkt überzogen habe und sowohl der letzte Kontostand „alt“ als auch der Kontostand „neu“ positiv seien. Frau Esch bittet um Überprüfung des Sachverhalts und legt u. a. den nachfolgenden Kontoauszug vor:

Nordbank AG

Kontokorrent-Kontoauszug für Simone Esch vom 04.04.
IBAN DE22700202700654793298 — **Kontostand alt 326,95**

Buchungserläuterungen	**Valuta**	**Umsätze Soll/Haben**
Axel Springer Verlag Hamburger Abendblatt	10.03.	17,13 S
Wiesenhavern ec 54021693	13.03.	335,74 S
Schaum Wohnungs-GmbH Miete April	30.03.	450,00 S
Zinsen für Nordbank *AG* (act/act)	31.03.	0,14 S
Nordleben Ausbildungsvergütung April	01.04.	654,90 H
Bareinzahlung	01.04.	300,00 H
	Kontostand neu	478,84 H
	Limit 1.500,00 EUR	Zinssatz p. a. 11,75 %
	Geduldete Überziehungen	Zinssatz p. a. 12,75 %

a Erklären Sie, ob Sie zu dieser Überprüfung verpflichtet sind. Begründen Sie Ihre Auffassung.

b Klären Sie den von Frau Esch vorgetragenen Sachverhalt (AGB der Banken Ziffer 7 f.).

Fall 1.4: Buchungsstornierung

Frau Esch kommt am 28. April zu Ihnen in die *Nordbank AG* und zeigt Ihnen den nachstehenden Kontoauszug, den sie gestern erhalten hat. Sie erklärt, dass sie die zwei Verfügungen nicht getätigt habe. Bei der Überprüfung des Kontoauszuges habe sie festgestellt, dass sie ihre BankCard mit vermisst. Sie vermutet, dass sie ihre BankCard am 21. April bei einem Stadtbummel unbemerkt verloren habe. Da die Zahlungen nach Meinung von Frau Esch erst nach dem Kartenverlust erfolgt sein könnten, will sie gegen diese beiden Kontobelastungen Widerspruch einlegen.

Nordbank AG		
Kontokorrent-Kontoauszug für Simone Esch vom 28.04. IBAN DE22700202700654793298		
Buchungserläuterungen	Valuta	Umsätze Soll/Haben
GAA Filiale 42 22.04. 16.45 ME 1	22.04.	200,00 S
Lastschrifteneinzug Edeka IBAN: DE78360200300001102982 BIC: NBAGDE3E 13455664747575772000 1152 ELV 95041312 22.04. 16:14 ME 1	26.04.	104,59 S
	Limit 1.500,00 EUR	Zinssatz p. a. 11,75 %
	Geduldete Überziehungen	Zinssatz p. a. 15,75 %

Nehmen Sie zum Verlangen von Frau Esch, die Belastungen zu stornieren, begründet Stellung.

Fall 1.5: Online-Banking

Nach zwei Jahren entscheidet sich ihr Bruder Torsten, ein Studium an der Technischen Universität in Dortmund aufzunehmen, und kann daher keine Bankgeschäfte für seine Schwester erledigen. Um auch weiterhin Bankgeschäfte selbstständig abwickeln zu können, bittet Frau Esch ihren Kundenberater Herrn Weingärtner um Beratungshilfe. In dem Beratungsgespräch schlägt Herr Weingärtner Frau Esch Online-Banking als eine Möglichkeit zur Abwicklung ihrer privaten Bankgeschäfte vor.

a Beschreiben Sie Frau Esch drei Vorteile des Online-Banking.

Zur Teilnahme am Online-Banking sind technische und organisatorische Voraussetzungen erforderlich.

b Welche technischen und organisatorischen Voraussetzungen muss Frau Esch erfüllen, um am Online-Banking teilnehmen zu können?

Frau Esch möchte von Herrn Weingärtner wissen, welche elektronischen Bankleistungen die *Nordbank AG* anbietet.

c Nennen Sie vier elektronische Bankleistungen, die Herr Weingärtner Frau Esch anbieten kann.

Frau Esch möchte nun wissen, wie eine Transaktion beim Online-Banking durchgeführt wird.

d Beschreiben Sie Frau Esch am Beispiel einer Überweisung ihre Arbeitsschritte am PC.

Frau Esch fragt Herrn Weingärtner, ob Online-Banking auch sicher ist.

e Erklären Sie Frau Esch zwei praxisübliche Sicherungsverfahren, mit denen sie eine Transaktion im Online-Banking durchführen kann. Gehen Sie in diesem Zusammenhang auch auf Vor- und Nachteile der jeweiligen Verfahren ein!

f Beschreiben Sie die Schritte bei einer Transaktion in einem von Ihnen ausgewählten Sicherungsverfahren.

Frau Esch teilt ihrem Kundenberater mit, dass sie seit einiger Zeit im Internet online Waren bestellt. Als Zahlungsverfahren hatte sie bisher die vom Verkäufer verlangte Vorkasse gewählt. Der Zahlungseingang beim Verkäufer löste dann den Warenversand aus. Um den Warenversand in Zukunft zu beschleunigen, möchte Frau Esch von ihrem Kundenberater über ein schnelles, zahlungsgarantiertes Bezahlverfahren informiert werden.

g Nennen und erklären Sie Frau Esch ein zahlungsgarantiertes Bezahlverfahren im Onlinehandel. Gehen Sie dabei auch auf die Sicherheit und die Vorteile dieses Verfahrens ein!

h Welche Sorgfaltspflichten muss Frau Esch aus Sicherheitsgründen beim Online-Banking beachten?

Herr Weingärtner informiert nun Frau Esch über die Haftungsregeln beim Online-Banking.

i Informieren Sie Frau Esch, wie die Haftung beim Online-Banking geregelt ist.

Abschließend weist Herr Weingärtner Frau Esch noch auf die Möglichkeit hin, den Internetzugang durch eine Firewall und durch ein Virenschutzprogramm gegen Virentrojaner oder Phishing zu schützen. Frau Esch ist der Begriff Phishing nicht bekannt.

j Erklären Sie Frau Esch die Gefahr des Phishing beim Online-Banking.

Fall 1.6: Münzgeld

Torsten Esch arbeitet in den Semesterferien regelmäßig als Verkäufer in der Stadtbäckerei „Brot und Brötchen". Die Stadtbäckerei ist Kundin der *Nordbank AG*. Heute Nachmittag kommt Herr Esch zu Ihnen an den Kassenterminal. Ihnen liegt die nachfolgende Übersicht zu den verschiedenen Münzrollen vor:

Münzstückelung	Anzahl der Münzen je Rolle
0,01 EUR	50 Stück
0,02 EUR	50 Stück
0,05 EUR	50 Stück
0,10 EUR	40 Stück
0,20 EUR	40 Stück
0,50 EUR	40 Stück
1,00 EUR	25 Stück
2,00 EUR	25 Stück

Ermitteln Sie den Betrag, den die *Nordbank AG* der Stadtbäckerei auf dem Geschäftskonto gutschreibt. Herr Esch hatte von jeder Münzstückelung der Einzelwerte jeweils eine Münzrolle abgegeben.

Fall 1.7: Ident-Verfahren

Da Torsten Esch häufig Einkäufe beim Versandhändler „Heinen" tätigt, bekam er vor kurzem von der Hansabank AG in Hamburg ein Kreditkartenangebot. In dem Schreiben wurde ihm mitgeteilt, dass er mit dieser Kreditkarte Einkäufe in einem Dispositionsrahmen in Höhe von 5.000,00 EUR tätigen könne. Voraussetzung für den Erhalt der Kreditkarte sei die Beantragung der Kreditkarte und die persönliche Legitimation, die auch ohne seine persönliche Anwesenheit durchgeführt werden könne. Herr Esch beantragt die Kreditkarte bei der Hansabank AG.

a Aus welchen Gründen verlangt die Hansabank AG die Legitimation von Herrn Esch?

b Beschreiben Sie Herrn Esch zwei Legitimationsverfahren die ohne seine persönliche Anwesenheit durchgeführt werden kann.

c Da einem Freund von Herrn Esch kürzlich die Kreditkarte gestohlen wurde, möchte Herr Esch von seinem Kundenberater wissen, wie er sich im Fall eines Diebstahls seiner Kreditkarte verhalten muss.
Erläutern Sie Herrn Esch anhand von drei Aspekten seine Verpflichtung gemäß den Kreditkartenbedingungen, wenn er den Diebstahl seiner Kreditkarte feststellt!

d Abschließend möchte Herr Esch noch darüber informiert werden, welche Maßnahme er ergreifen müsse, wenn er bei der Prüfung einer Abrechnung der Kreditkartengesellschaft eine Zahlung feststellen sollte, die von ihm nicht vorgenommen wurde.
Erläutern Sie eine Maßnahme, die die *Nordbank AG* im Zusammenhang mit einer Kundenreklamation ergreifen muss!

Fall 2 Kontoeröffnung für einen Minderjährigen

Carsten Hensel (16 Jahre alt) ist Schüler des Kopernikus-Gymnasiums in Ahrensburg. Von seinen Eltern erhält Carsten ein monatliches Taschengeld in Höhe von 50,00 EUR. Zusätzlich bessert er durch Zeitungsaustragen sein Taschengeld um monatlich etwa 70,00 EUR auf. Da der Zeitungsvertrieb die monatlich anfallenden Vergütungen überweisen möchte, spricht Carsten bei der *Nordbank AG* mit der Bitte um Eröffnung eines Girokontos vor. Sie sind Kundenberater(in) der *Nordbank AG* und werden gebeten, das entsprechende Beratungsgespräch mit Carsten zu führen (siehe §§ 106 ff. BGB).

a Entscheiden Sie, ob Carsten die zur Kontoeröffnung erforderliche Willenserklärung selbstständig abgeben kann. Begründen Sie Ihre Antwort!

b Beraten Sie Carsten über die
- Möglichkeiten der Verfügungsberechtigung und die
- Nutzungsmöglichkeiten des Kontos.

c Nennen Sie die zur Kontoeröffnung erforderlichen Angaben über Carsten.

d Erläutern Sie, wie Sie die anlässlich der Kontoeröffnung erforderliche Legitimationsprüfung vornehmen.

e Prüfen Sie, ob Sie Carsten zur Unterzeichnung der Schufa-Klausel auffordern sollten.

f Schlagen Sie die entsprechende Kontobezeichnung in diesem Fall vor.

g Zugleich mit der Kontoeröffnung möchte Carsten seiner 23-jährigen Stiefschwester Verena eine Kontovollmacht erteilen. Er bezeichnet sie in dem Beratungsgespräch als sehr zuverlässig. Nehmen Sie Stellung (siehe § 111 BGB).

h Zwei Wochen nach der Kontoeröffnung erhält Carsten von Ihnen seine BankCard ausgehändigt. Auf dem Postweg erhält er die Mitteilung seiner PIN. Beraten Sie Carsten über die Nutzungsmöglichkeiten der Karte.

i Carsten zeigt sich sehr daran interessiert, wie er sein Kontoguthaben durch geschickte Geldanlage aufbessern kann. Die *Nordbank AG* empfiehlt zurzeit ihren Kunden den neu aufgelegten „Fast Food-Fonds“, der in lukrative Schnellrestaurantketten investiert. Der Fonds wirbt mit Renditen zwischen 4 % und 6 %. Nach einer ausführlichen Beratung an dem *Nordbank AG* Anlageberatungspoint ordert Carsten 10 Anteile dieses Fonds, Ausgabekurs 98,50 EUR.
   1 Mit welchem Betrag wird das Konto von Carsten belastet?
   2 Das Guthaben von Carsten beträgt zurzeit 250,00 EUR bzw. 1.150,00 EUR. Prüfen Sie, ob der Auftrag bei den unterschiedlichen Kontoständen ausgeführt werden kann.

Am 21.04. (Mittwoch) erscheint Carsten mit einem Kontoauszug, den er soeben vom Kontoauszugsdrucker hat herstellen lassen. Eine Buchung kann er sich nicht erklären. Er wundert sich darüber, dass das Konto per 12.04. eine Gutschrift über 3.200,00 EUR erhielt, die am 16.04. mit Wertstellung 12.04. wieder belastet wurde. Obwohl Sie ihm erklären, dass die Gutschrift über 3.200,00 EUR irrtümlich erfolgte, verlangt Carsten die Rückgängigmachung der Belastungsbuchung, da er keine Zustimmung zu der Belastungsbuchung erteilt habe.

j Beurteilen Sie, ob die Belastungsbuchung vom 16.04. zu Recht erfolgte.

Außerdem vermisst Carsten einen Zahlungseingang über 75,00 EUR, der aus dem Verkauf von 20 CDs über eBay herrührt. Der Käufer hat ihm telefonisch glaubhaft versichert, dass er die Überweisung am Freitag, dem 16.04., der *Handelsbank München AG*, elektronisch zur Ausführung übergeben hat und die Belastung seines Kontos mit Wertstellung 16.04. erfolgte.

k Nehmen Sie Stellung zu dem Vorgang. Unterstellen Sie, dass der Käufer den Überweisungsträger korrekt ausgefüllt hat.

Fall 3 Gemeinschaftskonto

Sophie und Janis Paulsen (27 und 31 Jahre alt) aus Flensburg haben kürzlich geheiratet. Beide sind berufstätig und unterhalten Konten bei verschiedenen Kreditinstituten. Da sie sich für eine gemeinschaftliche Haushalts- und Kontoführung entschieden haben, werden Sie als Kundenberater(in) der *Fördebank AG* in Flensburg wegen einer Kontoeröffnung um Beratung gebeten.

a Herr Paulsen schlägt die Eröffnung eines Einzelkontos auf seinen Namen vor. Seine Ehefrau soll Kontovollmacht über dieses Konto erhalten. Nehmen Sie Stellung und schlagen Sie ggf. eine geeignete Alternative vor!

b Sie bitten die Eheleute, Ihnen mitzuteilen, ob sie das Konto für eigene Zwecke oder für „fremde Rechnung“ nutzen wollen. Frau Paulsen versteht den Sinn Ihrer Frage nicht und bittet um eine Erläuterung (vgl. Geldwäschegesetz).

c Beraten Sie das Ehepaar über das Dienstleistungsangebot der *Fördebank AG* im Zusammenhang mit einem Girokonto.

d Bei der Legitimationsprüfung stellen Sie fest, dass Frau Sophie Paulsen Dänin ist und seit zwei Jahren in Flensburg wohnt. Hat dieser Sachverhalt devisen- bzw. steuerrechtliche Folgen für die Kontoeröffnung?

Sie stellen dem Ehepaar Paulsen die zwei Kontomodelle der Fördebank AG vor.

Das Ehepaar rechnet mit monatlich fünf Einzahlungen und 20 Auszahlungen an SB-Geräten.

e Berechnen Sie auf der Basis dieser Informationen, ab welcher Anzahl monatlicher belegloser Buchungen sich das Gemeinschaftskonto Klassik unter Kostengesichtspunkten für das Ehepaar Paulsen lohnt.

Gemeinschaftskonto-Modelle	
Basiskonto	Gemeinschaftskonto Klassik
• Kontoauszüge online • Fördebank-BankCard kostenlos • monatlicher Grundpreis:5,99 EUR • beleglose Buchungen: pro Buchung 0,18 EUR • Ein- und Auszahlungen an SB-Geräten: pro Posten 0,40 EUR	• Kontoauszüge online • Fördebank-BankCard kostenlos • monatlicher Grundpreis:15,99 EUR • beleglose Buchungen: pro Buchung 0,10 EUR • Ein- und Auszahlungen an SB-Geräten: pro Posten 0,20 EUR

f Abschließend verlangen Sie von den Eheleuten, die Schufa-Klausel zu unterschreiben.
  1 Aus welchen Gründen wird die Anerkennung dieser Klausel verlangt?
  2 Welche Daten würden in diesem Fall der Schufa übermittelt?

Da über die Schufa keine negativen Kundenmerkmale über das Ehepaar Paulsen gemeldet wurden, richtet die *Fördebank AG* in den darauf folgenden Tagen das Gemeinschaftskonto ein. Auf Grund regelmäßiger Gehaltseingänge beider Ehepartner räumt die *Fördebank AG* auf Verlangen der Eheleute Paulsen einen Dispositionsrahmen von 10.000,00 EUR ein. In dem Schreiben der Fördebank AG findet Frau Paulsen den Hinweis, dass bei Inanspruchnahme des Dispos „die Kontoinhaber der Bank gegenüber gesamtschuldnerisch haften."

g Frau Paulsen versteht diesen Satz nicht und bittet Sie um eine Erklärung (vgl. § 421 BGB).

Die Eheleute Paulsen werden gemeinsam zur Einkommensteuer veranlagt. Frau Paulsen möchte zukünftig auch Geldanlagen bei der *Fördebank AG* tätigen. Deshalb möchte sie wissen, in welchem Umfang bei Gemeinschaftskonten ein Freistellungsauftrag erteilt werden kann.

h Informieren Sie das Ehepaar Paulsen über die Besonderheiten des gemeinschaftlichen Freistellungsauftrags.

i Auf dem Gemeinschaftskonto Paulsen sollen die nachstehenden Verfügungen durchgeführt werden. Begründen Sie, ob diese Kontoverfügungen ohne ausdrückliche Zustimmung des anderen Kontoinhabers möglich sind! Gehen Sie davon aus, dass zwischen den Kontoinhabern eine Einzelverfügung vereinbart wurde.
  1 Herr Paulsen überzieht das Konto bei einer Barabhebung um 3.000,00 EUR.
  2 Frau Paulsen möchte sich eine zweite BankCard ausstellen lassen, da ihre alte Karte abhandengekommen ist.
  3 Herr Paulsen möchte seiner Schwester Juliane Schürmann (35 Jahre alt) Kontovollmacht über den Tod hinaus erteilen.
  4 Frau Paulsen möchte das Gemeinschaftskonto kündigen und bittet um Überweisung der Hälfte des Kontoguthabens auf ihr neu eingerichtetes Einzelkonto.

Nach einem halben Jahr erhält das Ehepaar Paulsen eine Kontoabschlussrechnung. Es werden dem Konto Paulsen 190,40 EUR Gebühren für das letzte Quartal in Rechnung gestellt. Aus dem Kontoauszug ist zu entnehmen, dass im ersten Monat des Quartals 22 Buchungen, im zweiten Monat 20 Buchungen und im dritten Monat 21 Buchungen angefallen sind. Für das zurückliegende Quartal wurden # 3450 Habenzahlen und # 5478 Sollzahlen ermittelt.

Aus dem Preisaushang sind die nachstehenden Kontoführungsgebühren zu entnehmen:

Preis je Buchungsposten	0,20 EUR
Freie Buchungen je Monat und Konto	5 Buchungen
Sollzinsen	11,25 % p. a.
Habenzinsen	0,5 % p. a.

Frau Paulsen spricht bei Ihnen vor, um sich den Rechnungsabschluss von Ihnen erklären zu lassen. Sie teilt Ihnen mit, dass sie die Gesamtkosten in Höhe von 178,00 EUR nicht nachvollziehen kann.

j Erläutern Sie Frau Paulsen die Abschlussrechnung.

Nach einem Jahr teilt Ihnen Herr Paulsen mit, dass seine Ehefrau sich von ihm getrennt hat. Das Ehepaar Paulsen veranlasst die Auflösung des Gemeinschaftskontos. Herr Paulsen beantragt bei der *Fördebank AG* die Errichtung eines Einzelkontos auf seinen Namen. Herr Paulsen befürchtet nun, dass sich das Familiengericht im Rahmen des Scheidungsverfahrens an die *Fördebank AG* wenden und Auskunft über die dort von ihm unterhaltenen Vermögenswerte einfordern könnte.

k Begründen Sie, ob die *Fördebank AG* die gewünschte Auskunft erteilen wird.

l Wenige Wochen später erhält die *Fördebank AG* für die Konten von Herrn Paulsen ein von Frau Paulsen erwirkten Pfändungs- und Überweisungsbeschluss. Welche Maßnahme ist von der *Fördebank AG* unverzüglich wahrzunehmen?

m Im Rahmen des Pfändungs- und Überweisungsbeschlusses verlangt Frau Paulsen über das zuständige Amtsgericht Auskunft von der *Fördebank AG*. Welche Auskunft darf die *Fördebank AG* an Frau Paulsen geben?

n Nachdem die *Fördebank AG* den gepfändeten Betrag an das Amtsgericht überwiesen hat, bittet Herr Paulsen um ein Beratungsgespräch. Herr Paulsen möchte wissen, wie er zukünftige Kontopfändungen verhindern kann. Er benötigt das Geld zur Bestreitung seines eigenen Lebensunterhalts. Die *Fördebank AG* schlägt Herrn Paulsen vor, sein finanzielles Problem durch ein Pfändungsschutzkonto zu lösen. Herr Paulsen beantragt nun bei der *Fördebank* die Umschreibung seiner dort geführten Konten als Pfändungsschutzkonten. Nehmen Sie zu seinem Wunsch begründet Stellung.

o Außerdem möchte Herr Paulsen von seinem Kundenberater wissen, welche Zahlungseingänge dem Pfändungsschutz auf dem Pfändungsschutzkonto unterliegen.

p Beschreiben Sie Herrn Paulsen die rechtliche Situation des Umfangs des Pfändungsschutzes.

Fall 4 Kontovertrag zu Gunsten eines Dritten

Ihr Privatkunde Willem Fuhrmann (72 Jahre alt) kommt zu Ihnen an den Schalter und bittet um eine Beratung. Er teilt Ihnen mit, dass er für den Fall seines Todes seiner langjährigen Haushaltshilfe Gudrun Pawlik 10.000,00 EUR außerhalb der Erbfolge zukommen lassen möchte.

Unterbreiten Sie Herrn Fuhrmann ein entsprechendes Angebot. Erläutern Sie Herrn Fuhrmann in diesem Zusammenhang folgende Sachverhalte:

a Auf welchen Namen soll das Konto lauten? Schlagen Sie die Kontobezeichnung vor.

b Wer ist bis zum Todesfall von Herrn Fuhrmann Gläubiger der Spareinlage?

c Mit welchen Legitimationsunterlagen kann dieses Konto eröffnet werden?

d Prüfen Sie, ob die Zinsgutschriften auf diesem Konto abgeltungssteuerfrei erfolgen können.

e Wie erwirbt Frau Pawlik die Einlage?

Fall 5 Eröffnung eines Partnerschafts- und eines Anderkontos

Am 06. Januar kommt Herr Udo Ehlers zu Ihnen an den Beratungstisch der *Nordbank AG*, um ein Notaranderkonto für seinen Mandanten Mario Stegen eröffnen zu lassen. Im Zuge der Abwicklung eines Grundstückskaufvertrages hat Herr Ehlers für Herrn Stegen (Käufer aus Hamburg) und Sabine Faber (Verkäuferin aus Reinbek) 325.000,00 EUR zu verwalten. Der Grundstückskaufvertrag und die Auflassung wurden am 01. Dezember des vergangenen Jahres durch Herrn Ehlers beurkundet. Der Kaufpreis von 325.000,00 EUR soll gemäß Vertrag am 13. Februar von Herrn Stegen an Frau Faber gezahlt werden. Gleichzeitig soll das Grundstück belastungsfrei übergeben und die Umschreibung der Eigentumsverhältnisse im Grundbuch erfolgen. Die Beurkundungs- und Umschreibungsgebühren soll nach dem Vertrag der Käufer übernehmen. Herr Ehlers teilt Ihnen mit, dass seine Partnerschaftsgesellschaft noch keine Geschäftsverbindung bei der *Nordbank AG* in Hamburg unterhält. Herr Ehlers möchte bei Ihnen ein Partnerschaftskonto und gleichzeitig ein Anderkonto für den o. a. Geschäftsgang errichten lassen.

Für Vertretungszwecke besitzt sein Mitarbeiter Carsten Müller (Rechtsanwalt und Notar) eine Kontovollmacht. Die entsprechende Vertretungsbestellungsurkunde wurde vom Landgericht Kiel ausgestellt und dem Notar ausgehändigt.

a Prüfen Sie, ob Herr Ehlers berechtigt ist, das Partnerschaftskonto allein zu beantragen und eröffnen zu lassen (vgl. Partnerschaftsgesetz).

b Herr Ehlers legt Ihnen den aktuellen Auszug aus dem Partnerschaftsregister vor. Nennen Sie drei für die Kontoeröffnung benötigte Sachverhalte, die Sie neben dem Namen der Partnerschaft dem Auszug aus dem Partnerschaftsregister entnehmen können.

c Legen Sie anhand des Auszugs aus dem Partnerschaftsregister die Kontobezeichnung für die Partnerschaftsgesellschaft und das Anderkonto fest.

d Begründen Sie, wie Sie in diesem Fall die Legitimationsprüfung durchführen.

e Weshalb ist im Kaufvertrag nicht vorgesehen, den Kaufpreis direkt auf das Konto von Frau Faber zu überweisen?

f Prüfen Sie jeweils aus der Sicht der *Nordbank AG*, ob eine Erledigung der Aufträge nach den „Bedingungen für Anderkonten von Notaren“ unbedenklich ist. Welche Aufträge darf die *Nordbank AG* ausführen? Begründen Sie Ablehnungen und Ausführungen durch Angabe der entsprechenden Ziffern der Bedingungen für Anderkonten und Anderdepots von Notaren.

Geschäftsvorgänge im Zusammenhang mit dem Grundstückskauf

1 Mario Stegen überweist termingerecht am 30. Januar 329.000,00 EUR. Kann der Betrag dem Anderkonto gutgeschrieben werden?

2 Die Kosten der Beurkundung belaufen sich auf 1.995,00 EUR. Herr Ehlers erteilt der *Nordbank AG* den Auftrag, 1.995,00 EUR vom Anderkonto Stegen/Faber auf sein Geschäftsgirokonto zu überweisen.

3 Da noch eine für die Umschreibung wichtige gerichtliche Unterlage fehlt, verzögert sich die Löschung der im Grundbuch noch eingetragenen Lasten der II. und III. Abteilung voraussichtlich bis Mitte März. Herr Ehlers legt daher am 16. Januar 325.000,00 EUR für 30 Tage als Festgeld (Zinssatz 0,25 % p. a.) bei der *Nordbank AG* an.

4 Am 06. Februar möchte sich Herr Müller über den aktuellen Kontostand des Anderkontos Stegen/Faber informieren.

5 Am 06. März erscheint Herr Stegen bei der *Nordbank AG*. Er teilt Ihnen als Kundenberater(in) mit, dass sich die Umschreibung der Eigentumsverhältnisse im Grundbuch zeitlich verzögert habe und er gehört habe, dass Herr Ehlers die Kaufsumme von 325.000,00 EUR zinsbringend als Termingeld angelegt habe. Da das Festgeld jetzt wieder frei sein müsse, bittet er um die Auszahlung der Zinsen.

6 Die Büroleiterin der Partnerschaftsgesellschaft, Frau Ute Jakobsen, hat eine allgemeine Kontovollmacht über die Geschäftsgirokonten der Partnerschaftsgesellschaft. Am 17. April erteilt sie der *Nordbank AG* den Auftrag,
- 65.000,00 EUR wegen der Ablösung des Hypothekardarlehens von Frau Faber an die *Stadtsparkasse Reinbek* und
- 260.000,00 EUR auf das Girokonto von Frau Faber bei der *Handelsbank AG* in Hamburg zu überweisen.

7 Da Herr Stegen am 30. Januar einen zu hohen Betrag auf das Anderkonto überwiesen hatte, bittet er Herrn Ehlers, die Umschreibungsgebühren in Höhe von 325,00 EUR vom Anderkonto Stegen/Faber an das Amtsgericht zu überweisen, den restlichen Betrag in Höhe von 1.680,00 EUR verlangt er zurück.

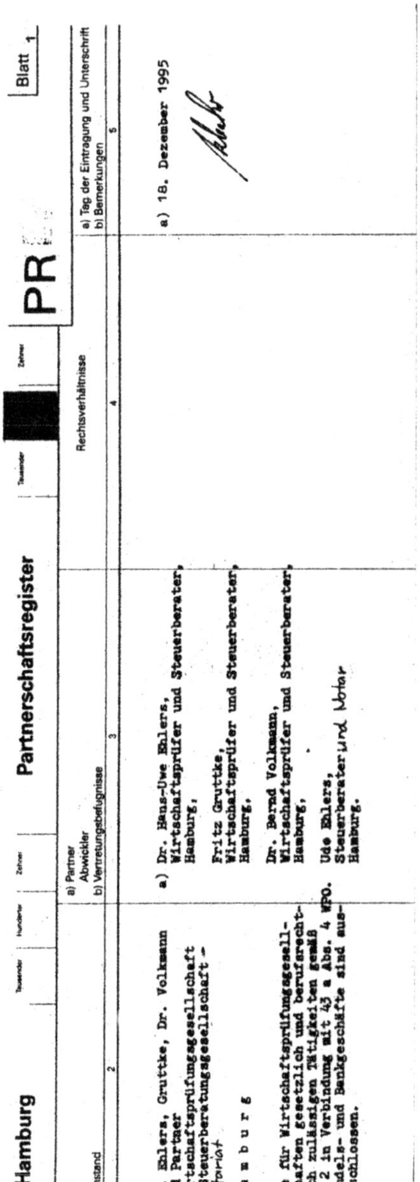

Amtsgericht Hamburg — Tausender | Hunderter | Zehner — **Partnerschaftsregister** — Tausender [redacted] Zehner — PR — Blatt 1

Nr. der Eintragung	a) Name b) Sitz c) Gegenstand	a) Partner Abwickler b) Vertretungsbefugnisse	Rechtsverhältnisse	a) Tag der Eintragung und Unterschrift b) Bemerkungen
1	2	3	4	5
1	a) Dr. Ehlers, Gruttke, Dr. Volkmann und Partner Wirtschaftsprüfungsgesellschaft - Steuerberatungsgesellschaft - Notariat b) Hamburg c) die für Wirtschaftsprüfungsgesellschaften gesetzlich und berufsrechtlich zulässigen Tätigkeiten gemäß §§ 2 in Verbindung mit 43 a Abs. 4 WPO. Handels- und Bankgeschäfte sind ausgeschlossen.	a) Dr. Hans-Uwe Ehlers, Wirtschaftsprüfer und Steuerberater, Hamburg, Fritz Gruttke, Wirtschaftsprüfer und Steuerberater, Hamburg, Dr. Bernd Volkmann, Wirtschaftsprüfer und Steuerberater, Hamburg, Ude Ehlers, Steuerberater und Notar Hamburg.		a) 18. Dezember 1995

Am 27. März verunglückt Herr Ehlers tödlich. Die *Nordbank AG* führt zu diesem Zeitpunkt für ihn sieben Anderkonten mit Guthaben von insgesamt 575.000,00 EUR zuzüglich der bis zum Todestag aufgelaufenen Zinsen in Höhe von 1.259,00 EUR.

Die Übersicht über weitere Konten weist für den Todestag folgende Werte auf:

Kontenübersicht

Geschäftsgiro Udo Ehlers	Haben 12.560,90 EUR
Privatgiro Udo Ehlers	Soll 2.350,00 EUR
Sparkonto Udo Ehlers	25.600,90 EUR
Sparzinsen bis zum Todestag	250,80 EUR
Depot Udo und Eva Ehlers (Aktien) Stand 27.03.	65.300,00 EUR

g Welchen Betrag muss die *Nordbank AG* der Erbschaftsteuerstelle des Finanzamts melden?

h Geben Sie Auskunft,
1. wer nach dem Tod des Notars über die Anderkonten verfügungsberechtigt ist,
2. wer die aus den Anderkonten erzielten Zinsen zu versteuern hat.

Bedingungen für Anderkonten und Anderdepots von Notaren

Begriffsbestimmungen

1. Für Notare werden Anderkonten und Anderdepots (beide im Folgenden „Anderkonten“ genannt) als Sonderkonten für fremde Gelder und Wertpapiere, die ihnen als Notare anvertraut wurden, eingerichtet. Der Bank gegenüber ist nur der Notar berechtigt und verpflichtet.

Kontoeröffnung

2. Bei jeder Kontoeröffnung ist der Notar verpflichtet, den Namen und die Anschrift desjenigen mitzuteilen, für dessen Rechnung er handelt. Wird das Anderkonto vom Notar für einen anderen als den nach Satz 1 benannten wirtschaftlich Berechtigten wiederverwendet, ist der Notar verpflichtet, unverzüglich Namen und Anschrift des neuen wirtschaftlich Berechtigten schriftlich mitzuteilen. Auf Wunsch des Notars kann die Bank weitere Anderkonten auch ohne schriftlichen Kontoeröffnungsantrag einrichten.
3. Ist der Notar auch Rechtsanwalt (Anwaltsnotar), so führt die Bank das Anderkonto als Rechtsanwaltsanderkonto, sofern er nicht beantragt hat, das Anderkonto als Notaranderkonto zu führen.

Kontoführung

4. Der Notar darf Werte, die ihm nicht als Notar anvertraut wurden, nicht einem Anderkonto zuführen oder auf einem Anderkonto belassen.
5. Die Eigenschaft eines Kontos als Anderkonto kann nicht aufgehoben werden. Ist der Notar auch Rechtsanwalt (Anwaltsnotar), so kann er bestimmen, dass ein Anderkonto in Zukunft als Rechtsanwaltsanderkonto zu führen ist.
6. Die Bank nimmt unbeschadet der Regelung in Nr. 2 Satz 1 und 2 keine Kenntnis davon, wer bei einem Anderkonto Rechte gegen den Notar geltend zu machen befugt ist. Rechte Dritter auf Leistung aus einem Anderkonto oder auf Auskunft über ein Anderkonto bestehen der Bank gegenüber nicht; die Bank ist demgemäß nicht berechtigt, einem Dritten Verfügungen über ein Anderkonto zu beschaffen oder Auskunft über das Anderkonto zu erteilen, selbst wenn nachgewiesen wird, dass das Konto im Interesse des Dritten errichtet worden ist.
7. Die Bank prüft die Rechtmäßigkeit der Verfügungen des Notars in seinem Verhältnis zu Dritten nicht, auch wenn es sich um Überweisungen von einem Anderkonto auf ein Eigenkonto handelt.
8. Ansprüche gegen die Bank aus Anderkonten sind nicht abtretbar und nicht verpfändbar.
9. Im Falle der Pfändung wird die Bank den pfändenden Gläubiger im Rahmen der Drittschuldnererklärung auf die Eigenschaft als Anderkonto hinweisen.

10. Die Bank wird bei einem Anderkonto weder das Recht der Aufrechnung noch ein Pfand- oder Zurückbehaltungsrecht geltend machen, es sei denn wegen Forderungen, die im Bezug auf das Anderkonto selbst entstanden sind.

Verfügungsbefugnis und Rechtsnachfolge

11. Über das Notaranderkonto darf nur der Notar persönlich, dessen amtlich bestellter Vertreter oder der Notariatsverwalter oder eine sonstige nach § 54 b Abs. 3 Beurkundungsgesetz berechtigte Person verfügen. Wenn der Notar oder Notariatsverwalter aus rechtlichen Gründen (z. B. Erlöschen des Amtes, Verlegung des Amtssitzes, vorläufige Amtsenthebung) an der Amtsausübung gehindert ist, endet seine Verfügungsbefugnis. Nach einer vorläufigen Amtsenthebung geht die Verfügungsbefugnis dem von der Landesjustizverwaltung wegen der Amtsenthebung bestellten Vertreter oder Notariatsverwalter zu, vor dessen Bestellung der zuständigen Notarkammer. Bis zur Bestellung eines Vertreters oder Notariatsverwalters bleibt der Notar Kontoinhaber ohne Verfügungsbefugnis (§ 55 Abs. 2 Satz Bundesnotarordnung). Mit der Bestellung wird der Notariatsverwalter Kontoinhaber (§ 58 Abs. 1 Bundesnotarordnung). In den übrigen Fällen wird die zuständige Notarkammer Kontoinhaber, bis die Landesjustizverwaltung einen Notariatsverwalter bestellt oder einem anderen Notar die Verfügungsbefugnis übertragen hat (§ 54 b Abs. 3 Satz 2 Beurkundungsgesetz).

Einzelverwahrung von fremden Wertpapieren und Kostbarkeiten

12. Für die Einzelverwahrung von fremden Wertpapieren und Kostbarkeiten, die nicht unter Verwendung eines Anderkontos erfolgt, gelten auf Antrag des Notars die vorstehenden Bedingungen mit Ausnahme mit Nr. 2 sinngemäß.

Fall 6 Betreuerkonto

Roland Schröder ist Kundenberater der *Nordbank AG*. Für heute Nachmittag hat Her Schröder einen Beratungstermin mit Frau Sarah Lange (33 Jahre alt) wegen einer Kontoeröffnung angesetzt. Frau Lange erscheint pünktlich um 16:00 Uhr mit Herrn Alfred Schön in der *Nordbank AG* Hamburg, Zweigstelle Osterstraße. Sie informiert Herrn Schröder, dass sie vom Betreuungsgericht als Betreuerin mit einem Einwilligungsvorbehalt für die Vermögenssorge für Herrn Alfred Schön eingesetzt wurde. Sie möchte jetzt für Herrn Schön ein Girokonto bei der *Nordbank AG* einrichten lassen. Das Konto soll für die Überweisung der monatlich anfallenden Ausgaben, wie z. B. der Miete, der Krankenversicherung usw. Sowie für die Bargeldbeschaffung zur Erledigung von notwendigen Einkäufen genutzt werden.

Herr Schröder stellt Frau Lange das Girokonto als geeignete Kontoart für Betreuungsangelegenheiten vor.

a Welche Arten von Transaktionen kann Frau Lange über dieses Konto abwickeln?

Für die Kontoeröffnung benötigt Herr Schröder die amtlich gültigen Lichtbildausweise von Frau Lange und Herrn Schön sowie einen Betreuerausweis von Frau Lange.

b Nennen Sie Gründe für diese Vorgehensweise!

Herr Schröder verlangt nun von Frau Lange die aktuelle Meldebestätigung von Herrn Schön.
c Welche Information kann aus diesem Dokument entnommen werden?

Frau Lange möchte über die Verfügungsmöglichkeiten von Betreuungskonten informiert werden.

d Nennen Sie Frau Lange die gesetzliche Regelung!

e Nennen Sie Frau Lange Rechtsgeschäfte, die der Genehmigung des Betreuungsgerichts bedürfen.

Herr Schröder weist Frau Lange darauf hin, dass die Einlage auf dem Girokonto der gesetzlichen Einlagensicherung unterliegt.

f Nennen Sie Frau Lange drei weitere Vermögenswerte, die der gesetzlichen Einlagensicherung unterliegen!

g Nennen Sie Frau Lange den Betrag, bis zu dem grundsätzlich die Vermögenswerte gesetzlich abgesichert sind!

Herr Schröder teilt Frau Lange mit, dass die Vermögenswerte bei der *Nordbank AG* über die gesetzliche Einlagensicherung hinaus auch über den Einlagensicherungsfonds des Bundesverbandes deutscher Banken e. V. abgesichert sind.

h Nennen Sie Frau Lange die Höhe, bis zu der die Vermögenswerte in diesem Rahmen maximal abgesichert sind!

Frau Lange bittet Herrn Schröder um Informationen, wo sie sich über die Konditionen der *Nordbank AG* informieren kann. Herr Schröder weist Frau Lange auf den Preisaushang und das Preis-/Leistungsverzeichnis der *Nordbank AG* hin.

i Beschreiben Sie Frau Lange den inhaltlichen Unterschied zwischen dem Preisaushang und dem Preis-/ Leistungsverzeichnis!

Herr Schröder erklärt Frau Lange, dass vierteljährlich zum Ende eines jeden Quartals für das Girokonto ein Rechnungsabschluss erstellt wird.

j Nennen Sie Frau Lange die Frist und den Fristbeginn gemäß den Allgemeinen Geschäftsbedingungen (AGB) für eine rechtzeitige Einwendung wegen Unrichtigkeit oder Unvollständigkeit des Rechnungsabschlusses!

k Erläutern Sie Frau Lange anhand von zwei Aspekten, welche Auswirkungen es für sie hat, wenn gegen einen Rechnungsabschluss nicht rechtzeitig Einwendungen erhoben werden!

Abschließend teilt Ihnen Frau Lange mit, dass sie beabsichtigt, aus Zeitgründen häufiger Einkäufe für Herrn Schön auch im Internet zu erledigen. Sie möchte von Herrn Schröder über sichere Zahlungsformen im Internet informiert werden.

l Stellen Sie Frau Lange zwei sichere Zahlungsformen vor, die sie bei künftigen Zahlungen im Internet verwenden kann.

m Beschreiben Sie Frau Lange die beiden Zahlungsvorgänge im Internet

Fall 7 Verfügungen durch einen Betreuer

Die Sozialarbeiterin Birgit Sommer wurde für die 92-jährige Gerda Marten vom Familiengericht nach einer amtsärztlichen Untersuchung von Amts wegen zur Betreuerin bestellt. Frau Marten konnte aufgrund einer altersbedingten geistigen Verwirrung ihre persönlichen und finanziellen Angelegenheiten nicht mehr besorgen. Die Betreuung wurde mit Einwilligungsvorbehalt u. a. auch für die Geld- und Vermögensangelegenheiten (Vermögenssorge) angeordnet. Frau Marten unterhält bei der *Nordbank AG* ein Girokonto sowie ein Wertpapierdepot. Bei der *Kreissparkasse Pinneberg* unterhält sie ein Sparkonto. Monatlich geht auf das Konto von Frau Marten die Rente in Höhe von 1.157,00 EUR ein.

a Frau Sommer kommt zu Ihnen an den Beratungstisch und möchte eine Auskunft über die Konto- und Depotbestände von Frau Marten erhalten. Wie muss sich Frau Sommer als Betreuerin legitimieren?

b Welche Angaben sind von Frau Sommer im Zusammenhang mit der Legitimationsprüfung nach § 154 Abgabenordnung auf den Kontounterlagen festzuhalten?

c Aus welchen Gründen kann ein Betreuer grundsätzlich vom Amtsgericht eingesetzt werden?

d Erläutern Sie, wie sich der angeordnete Einwilligungsvorbehalt auf die Geschäftsbeziehung von Frau Marten mit der *Nordbank AG* auswirkt.

e Eine Aufgabe von Frau Sommer ist es, das Geld von Frau Marten, das nicht zur Bestreitung von Ausgaben bereitzuhalten ist, verzinslich mündelsicher anzulegen. Das Kontoguthaben bei der *Nordbank AG* beträgt zurzeit 9.945,47 EUR, im Wertpapierdepot befinden sich Investmentanteile des *WEKANORD* Aktienfonds im Gesamtwert von zurzeit 34.890,38 EUR. Das Sparkonto bei der *Kreissparkasse Pinneberg* weist einen aktuellen Saldo von 123.450,47 EUR auf.
  1 Prüfen Sie, welche der o. a. Anlagen den Vorschriften über Mündelsicherheit genügen.
  2 Beraten Sie Frau Sommer im Hinblick auf Umschichtung und Anlagen der Konten und der Wertpapiere von Frau Marten gemäß §§ 1806 und 1807 BGB.

f Frau Sommer möchte in Zukunft die Geldangelegenheiten für Frau Marten erledigen, ohne jedes Mal die Zustimmung des Familiengerichts einholen zu müssen. Beraten Sie die Kundin.

g Aufgrund der jährlichen Nebenkostenabrechnung für die gemietete Wohnung muss Frau Marten an die Wohnungsgesellschaft 1.450,00 EUR nachzahlen. Frau Sommer bittet Sie als Kundenberater(in) der *Nordbank AG*, den Betrag vom Konto Marten auf das entsprechende Konto der Wohnungsgesellschaft zu überweisen. Beschreiben Sie die Verfügungsvoraussetzungen!

Fall 8 Kontoverfügungen im Todesfall

Am 05. Januar erfährt der Kundenberater Herr Knipp von der *Sparkasse Vest Recklinghausen*, dass die langjährige Privatkundin Frau Gisela Birke (63 Jahre alt) am Montag, den 29. Dezember verstorben ist. Die Terminalabfrage vom 05. Januar liefert die nachstehenden Informationen über die Kontoverbindung mit Frau Birke (siehe Erbschaftsteuergesetz AGB der Banken Ziff. 5).

IBAN: DE25426501500000001446
Kontoinhaberin: Gisela Birke
Kontostand Alt: EUR 15.740,48 H
Girokonto Datum 03.12.20..

Buchungserläuterung		Bu.-Tag	Wert in EUR
Miete, Schaum GmbH	04.12.	04.12.	850,00 S
Verrechnungsscheck 00450780	08.12.	08.12.	400,00 S
SEPA-ÜW Mauke Söhne	16.12.	16.12.	347,50 S
Barabhebung	23.12.	23.12.	1500,00 S
Pension DRB	27.12.	30.12.	2154,00 H
LA HUK Vers.	02.01.	02.01.	215,72 S

Kontostand Neu: EUR 14.581,26 H
DISPO: 7000,00 EUR zu 9,5 % p. a.
BankCard Kontoauszugsdrucker
Nr. 2526989 Gisela Birke
Nr. 2526990 Alfred Henkel
Vollmacht über den Tod hinaus: Alfred Henkel (Lebensgefährte)
Letzter Kontoauszug: 03.12.20..

Sonstige Geschäftsbeziehung:
Depot-Nr.: 42650150050
Schließfach 33789

Die Depotabfrage ergibt die nachstehenden Informationen:
Depotbestand am 29.12.20..:
500 *Chemie AG* Aktien, WKN 575200
Kurs 62,40 EUR Kurswert 31200,00 EUR
Freistellungsbetrag: 200,00 EUR

a Welche kontobezogenen Daten muss Herr Knipp der Erbschaftsteuerstelle mitteilen, wenn er vom Tod der Kundin erfährt?

b Beschreiben Sie zwei weitere Arbeiten, die sich nach dem Tode von Frau Birke für die *Sparkasse* ergeben!

c Am 06. Januar 20.. liegen der *Sparkasse Vest Recklinghausen* folgende Aufträge zu Lasten des Kontos der verstorbenen Frau Birke vor. Prüfen Sie, ob diese Aufträge von der *Sparkasse* ausgeführt werden dürfen, das Guthaben beträgt derzeit 14.581,26 EUR.
  1 Dauerauftrag zu Gunsten der Firma *Schaum, HausverwaltungsGmbH* über die Miete für den Monat Januar 20.. in Höhe von 850 EUR.
  2 Ordnungsgemäß ausgestellter Verrechnungsscheck über 600,00 EUR, unterschrieben von Frau Gisela Birke, Ausstellungsdatum der 21. Dezember 20.., Ausstellungsort Recklinghausen.
  3 Überweisungsauftrag an *Möbelhaus Maucke & Söhne* in Höhe von 578,30 EUR, unterschrieben von Herrn Henkel.

d Am 19. Januar 20.. kommt die Tochter der Verstorbenen, Frau Schmitt aus Bonn, zu Ihnen an den Schalter. Frau Schmitt legt Ihnen ein handschriftliches Testament ihrer Mutter vor, wonach sie die Alleinerbin ist. Frau Schmitt möchte die drei folgenden Angelegenheiten regeln (Stand Girokonto Gisela Birke am 19. Januar 20..: Guthaben in Höhe von 12.552,96 EUR). Prüfen Sie, ob die *Sparkasse* diesen Wünschen entsprechen darf!
  1 Die Beerdigungskosten in Höhe von 7.889,00 EUR sollen vom Nachlasskonto überwiesen werden. Die über diesen Betrag lautende Rechnung des *Bestattungsunternehmens Beeck* wird Ihnen vorgelegt. Wie verhalten Sie sich gegenüber diesem Kundenwunsch? Begründen Sie Ihr Vorgehen (siehe § 1968 BGB).
  2 Frau Schmitt möchte Herrn Henkel die Kontovollmacht entziehen.
  3 Zudem möchte Frau Schmitt für einige Besorgungen 500,00 EUR vom Nachlasskonto abheben.

e Ermitteln Sie das Datum, bis zu dem die *Sparkasse Vest Recklinghausen* eine Meldung an die zuständige Erbschaftsteuerstelle gemacht haben muss.

Fall 9 Kontoeröffnung für einen Verein

Frau Susanne Kielort ist Kundenberaterin der *Nordbank AG* und für Vereinskonten zuständig. Heute kommt Herr Florian Eich zu einem mit Frau Kielort vereinbarten Beratungsgespräch in die *Nordbank AG*. Herr Eich ist allein vertretungsberechtigter Vorsitzender des Sportclub Lüneburg e. V. und beantragt ein Kontokorrentkonto für seinen Verein. .
Frau Kielort teilt Herrn Eich mit, dass für die Kontoeröffnung eine Legitimationsprüfung durchgeführt werden muss.

a Anhand welcher Dokumente muss Frau Kielort die Legitimationsprüfung durchführen.

b Welche Sachverhalte muss Frau Kielort anhand der vorzulegenden Dokumente prüfen?

c Begründen Sie, welche Kontobezeichnung für dieses Kontokorrentkonto zulässig ist.

In einem weiteren Beratungsgespräch bittet Herr Eich Frau Kielort, ihn über eine geeignete Zahlungsform für die Beiträge der Vereinsmitglieder zu informieren. Frau Kielort schlägt Herrn Eich den Einzug der Beiträge mittels SEPA- Basis-Lastschriftverfahren vor.

d Erläutern Sie Herrn Eich zwei Argumente, mit denen er die Mitglieder des Sportvereins von der Teilnahme an diesem Verfahren überzeugen kann!

e Erläutern Sie Herrn Eich drei Vorteile dieses Verfahrens für den Sportverein!

f Nennen Sie Herrn Eich zwei Voraussetzungen, die erfüllt sein müssen, damit der Sportclub Lüneburg dieses Lastschriftverfahren anwenden kann!

g Nennen Sie Herrn Eich drei Verpflichtungen, die dem Sportclub Lüneburg aus der Anwendung dieses Lastschriftverfahrens entstehen!

Fall 10 Kontoeröffnung für eine Aktiengesellschaft

Herr Petersen ist Prokurist der *Hellbrinck AG*. Herr Petersen kommt zu Ihnen als Firmenkundenberater(in) der *Nordbank AG* in Hamburg an den Beratungstisch und bittet Sie um die Eröffnung eines neuen Firmenkontos. Er legt Ihnen den nachstehenden aktuellen Handelsregisterauszug und seinen Personalausweis vor.

Firma: Hellbrinck Aktiengesellschaft
Sitz: Hamburg
Gegenstand des Unternehmens: Produktion und Vermarktung von Musik, musikbezogenen Artikeln und sonstigen Konsumgütern. Die Gesellschaft kann alle sonstigen Geschäfte betreiben, die hiermit unmittelbar oder mittelbar zusammenhängen.

Vorstand:	Karl Hellbrinck, Kaufmann, Hamburg Hans-Jürgen Hellbrinck, Kaufmann, Hamburg
Prokura:	
Gesamtprokuristen:	Ingo Petersen, Stade Ralf Schmalenbach, Hamburg Jeder von ihnen vertritt mit einem Vorstandsmitglied oder einem anderen Prokuristen.

Rechtsverhältnisse: Aktiengesellschaft, die durch Umwandlung der offenen Handelsgesellschaft in Firma *Ludwig Hellbrinck Holding OHG*, in Hamburg entstanden ist.
Die Satzung ist am 28. April 1989 errichtet.
Der Vorstand besteht aus zwei oder mehreren Personen.
Die Gesellschaft wird durch zwei Vorstandsmitglieder oder einem Vorstandsmitglied in Gemeinschaft mit einem Prokuristen vertreten.
Alleinvertretungsberechtigung und Befreiung von den Bestimmungen des § 181 BGB können erteilt werden.

Jedes der Vorstandsmitglieder Karl Hellbrinck und Hans-Jürgen Hellbrinck vertreten die Gesellschaft allein und sind von den Beschränkungen des § 181 BGB befreit.

a Prüfen Sie, ob Herr Petersen berechtigt ist, ein Firmenkonto eröffnen zu lassen (§ 48 HGB).

b Legen Sie die zulässige Kontobezeichnung für dieses Konto fest!

Das Konto für die *Hellbrinck AG* wird unter Mitwirkung des Vorstandsmitglieds Karl Hellbrinck eröffnet. Herr Hellbrinck teilt Ihnen in einem weiteren Beratungsgespräch zur Kontoeröffnung mit, dass häufig Bareinzahlungen auf das Geschäftsgirokonto bei der *Nordbank AG* erfolgen werden, da einige Kunden der *Hellbrinck AG* ihre Rechnungen bar zu bezahlen pflegen.

c Informieren Sie Herrn Hellbrinck in diesem Zusammenhang über die damit verbundenen Regelungen des Geldwäschegesetzes.

d Welche Gründe können die *Hellbrinck AG* 1989 bewogen haben, ihre Rechtsform von einer OHG in eine AG zu ändern?

e Dem Handelsregisterauszug entnehmen Sie den Hauptversammlungsbeschluss vom 13. Juli für ein genehmigtes Kapital von 40 Millionen EUR. Erklären Sie diesen Sachverhalt!

f Tragen Sie in das Unterschriftsblatt für die *Hellbrinck AG* die Namen aller für dieses Konto verfügungsberechtigten Personen, deren jeweilige Funktion sowie die Art der Zeichnungsberechtigung ein.

Unterschriftsblatt für Geschäfts-Girokonten, *Hellbrinck AG*

Nr.	Name	Funktion	Art	Unterschriftsprobe
1	Karl Hellbrinck			
2	Hans-Jürgen Hellbrinck			
3	Ingo Petersen			
4	Ralf Schmalenbach			

Fall: Auskunftsanfrage

Auf schriftliche Anfrage erhielt der Vorstand der *Hellbrinck AG* am 15. Juli von der *Nordbank AG* die nachstehende Bankauskunft über den Kunden *Abaton GmbH*:

Streng vertrauliche und unverbindliche Auskunft über:

Abaton GmbH in Bremen

Sehr geehrter Herr Hellbrinck,
die nachstehende Auskunft erhalten Sie auf der Grundlage der „Grundsätze für die Durchführung des Bankauskunftsverfahrens zwischen Kreditinstituten". Wir haften dafür nur bei Verschulden. Das gilt auch für Dritte, deren Auskünfte wir an Sie weitergeben. Veränderungen, die in der letzten Zeit vor der Auskunftserteilung eingetreten sind, könnten nicht berücksichtigt sein. Über Veränderungen, die uns nach Erteilung der Auskunft bekannt werden, kann nur auf Grund neuer Anfrage berichtet werden, selbst wenn uns später Tatsachen bekannt werden sollten, die eine andere Beurteilung zur Folge haben würden. Wir weisen darauf hin, dass Sie die erhaltene Auskunft vertraulich behandeln müssen und nur für den angegebenen Zweck verwenden dürfen.

I. Geschäftsverbindung/Kontoführung
Zu uns besteht seit dem 01.06.2005 eine Geschäftsverbindung. Wir haben einen gedeckten Kredit gewährt, der teilweise in Anspruch genommen wird. Es werden gute Umsätze getätigt. Unseres Wissens wird noch ein Konto geführt bei der *Nordbank AG* in Bremen.

II. Finanzielle und wirtschaftliche Verhältnisse
Der Betrieb wird umsichtig geleitet und hat sich nach unseren Beobachtungen gut entwickelt. Die Gesamtverhältnisse machen einen geordneten Eindruck. Unseres Wissens sind werthaltige Grundstücke vorhanden. Der Grundbesitz ist unseres Wissens belastet. Die derzeitigen Belastungen lassen sich nur durch Einsichtnahme in das Grundbuch feststellen.

III. Kreditbeurteilung
Für den angefragten Betrag ist die Firma zurzeit gut. Eingegangene Verpflichtungen – auch in der angefragten Höhe – sind nach unseren Beobachtungen bisher pünktlich reguliert worden. Wir glauben, dass nur erfüllbare Verpflichtungen eingegangen werden.

a Begründen Sie, warum es im Interesse von Geschäftskunden liegen kann, Bankauskünfte einzuholen (AGB der Banken Ziff. 2).

b Prüfen Sie, unter welchen Voraussetzungen die *Nordbank AG* eine Bankauskunft an die *Hellbrinck AG* erteilen darf.

c Beurteilen Sie die vorliegende Bankauskunft im Hinblick auf die Bonität der *Abaton GmbH.*

Übersichten zu den Kontoarten

1. Konten Minderjähriger

	Konten für Geschäftsunfähige	**Konten für beschränkt Geschäftsfähige**
Kontoeröffnung	Abschluss des Kontovertrages: Gesetzliche Vertreter, z. B. Eltern, Vormund, Bevollmächtigte	Abschluss des Kontovertrages: 1. Gesetzliche Vertreter (Eltern, Vormund, Bevollmächtigte) 2. Minderjährige mit Zustimmung der gesetzlichen Vertreter 3. Durch den Minderjährigen allein im Rahmen der erweiterten Geschäftsfähigkeit nach § 113 BGB
Kontoverfügungen	Nur durch gesetzliche Vertreter	- Gesetzliche Vertreter: Eltern gemeinsam oder allein bei Alleinvertretungsberechtigung, Vormund evtl. mit Genehmigung des Familiengerichts - Minderjährige mit Genehmigung der gesetzlichen Vertreter - Minderjährige allein im Rahmen der erweiterten Geschäftsfähigkeit nach § 113 BGB - Kreditaufnahme nur mit Genehmigung der gesetzlichen Vertreter und Zustimmung des Familiengerichts
Mündelgeld	Der § 1806 BGB regelt die Anlage von Mündelgeld: Der Vormund hat das zum Vermögen des Mündels gehörende Geld verzinslich anzulegen, soweit es nicht zur Bestreitung von Ausgaben bereitzuhalten ist. § 1807 BGB (Art der Anlegung) (1) Die im § 1806 vorgeschriebene Anlegung von Mündelgeld soll nur erfolgen: 1. in Forderungen, für die eine sichere Hypothek an einem inländischen Grundstücke besteht ... 2. in verbrieften Forderungen gegen den Bund ... 4. in Wertpapieren, insbesondere Pfandbriefen ... 5. bei einer inländischen öffentlichen Sparkasse, wenn sie von der zuständigen Behörde des Landes, zur Anlegung von Mündelgeld für geeignet er-	

	klärt ist, oder bei einem anderen Kreditinstitut, das einer für die Anlage ausreichenden Sicherungseinrichtung angehört.	
Kündigung des Kontovertrages (einseitiges Rechtsgeschäft)	Nur die gesetzlichen Vertreter	- Durch den gesetzlichen Vertreter - Durch den Minderjährigen mit vorheriger Zustimmung der gesetzlichen Vertreter nach § 111 BGB

2. Gemeinschaftskonto

Merkmale	**Oder-Konto**	**Und-Konto**
Identitätsprüfung	Bei natürlichen Personen: -Amtliche Lichtbildausweise des Kontoinhabers und von allen Verfügungsberechtigten (Personalausweis oder Reisepass mit Meldebestätigung) In den Kontounterlagen sind festzuhalten (§ 11 GwG): Name, Geburtsort und –datum, Staatsangehörigkeit; Wohnanschrift, Steueridentifikationsnummer, Ausweisdaten (Nr., Behörde, Ausstellungsort und –datum Gültigkeit). Der Ausweis wird eingescannt oder fotokopiert.	
Postident-Verfahren	Bei diesem Verfahren legitimiert sich der Kunde am Postschalter mit seinem amtlichen Lichtbildausweis. Der Postmitarbeiter leitet eine Bestätigung der Legitimationsprüfung und eine Fotokopie des Ausweises an die Bank weiter.	
Legitimationsprüfung nach § 154 AO und § 11 GwG	Kontenwahrheit: Niemand darf auf einen falschen oder erdichteten Namen für sich oder einen Dritten ein Konto errichten oder Buchungen vornehmen lassen, Wertsachen (Geld, Wertpapiere, Kostbarkeiten) in Verwahrung geben oder verpfänden oder sich ein Schließfach geben lassen. Wer ein Konto führt, Wertsachen verwahrt oder als Pfand nimmt oder ein Schließfach überlässt, hat sich zuvor Gewissheit über die Person und Anschrift jedes Verfügungsberechtigten und jedes wirtschaftlich Berechtigten zu verschaffen und die entsprechenden Angaben in geeigneter Form, bei Konten auf dem Konto, festzuhalten. Er hat sicherzustellen, dass er den Finanzbehörden jederzeit Auskunft darüber geben kann, über welche Konten oder Schließfächer eine Person verfügungsberechtigt ist. Die Geschäftsbeziehung ist kontinuierlich zu überwachen und die zu erhebenden Daten sind in angemessenen Zeitabständen zu aktualisieren. Ist gegen Absatz 1 verstoßen worden, so dürfen Guthaben, Wertsachen und der Inhalt eines Schließfachs nur mit Zustimmung des für die Einkommen- und Körperschaftsteuer des Verfügungsberechtigten zuständigen Finanzamts herausgegeben werden. Verpflichtete haben Vertragspartner ggf. für diese auftretende Person und wirtschaftlich Berechtigte bereits vor Begründung der Geschäftsbeziehung oder Durchführung der Transaktion zu identifizieren. Von einer Identifizierung kann abgesehen werden, wenn der Verpflichtete die zu identifizierende Person bereits bei früherer Gelegenheit identifiziert und die dabei erhobenen Angaben aufgezeichnet hat.	
Verfügungs-berechtigung	- jeder Kontoinhaber alleine - bei Widerruf eines Kontoinhaber nur eine gemeinsame Verfügung möglich	- gemeinschaftliche Verfügungsberechtigung - Ausgabe von Kredit- und Girocards ist nicht möglich. - Änderungen der Verfügungsberechtigung nur gemeinsam möglich

Verfügung im Todesfall eines Kontoinhabers	- Einzelverfügungsberechtigung bleibt gültig. - Widerruf durch die Erben möglich	Im Todesfall sind Verfügungen nur zusammen mit den Erben möglich.
Kreditaufnahme	- Die Kontoinhaber haften gesamtschuldnerisch. - Kreditverträge können nur gemeinschaftlich abgeschlossen werden.	
Freistellungsauftrag	Für Ehepaare ist ein Freistellungsauftrag möglich.	
Kontovollmachten	- Erteilung nur gemeinschaftlich möglich - Widerruf durch jeden Kontoinhaber möglich	
Kontoauflösung	nur gemeinschaftlich	

3. Pfändungsschutzkonto

Allgemeines	Das Kreditinstitut informiert den Kunden über den Eingang eines Pfändungs- und Überweisungsbeschlusses. Das gepfändete Guthaben einer natürlichen Personen darf die Bank höchstens vier Wochen nach Zustellung des Überweisungsbeschlusses an den Gläubiger überweisen, vgl. § 835 Abs. 3 ZPO. Der Eingang eines Pfändungs- und Überweisungsbeschlusses ist für die Bank Anlass, die Bonität des Kunden zu prüfen. Bei einer erheblichen Verschlechterung der wirtschaftlichen Lage des Kunden kann die Bank alle Kredite kündigen und evtl. Pfandrechte geltend machen, vgl. AGB-Pfandrecht. Die Pfändung von Lohn- und Gehaltsforderungen ist aus sozialen Gründen auf den pfändbaren Teil der Bezüge beschränkt. Der pfändungsfreie Betrag ist von der Einkommenshöhe und von den Unterhaltspflichten des Schuldners abhängig. Nicht pfändbar sind zudem bestimmte Sozialleistungen, z. B. Elterngeld und Wohngeld. Ein Pfändungsschutz für Einkünfte nur auf einem besonderen Pfändungsschutzkonto, vgl. § 850 k ZPO. Auf Antrag des Kontoinhabers führt die Bank das Girokonto als Pfändungsschutzkonto, auf dem Guthaben bis zur Höhe des monatlichen Pfändungsfreibetrages einem Pfändungsschutz unterliegen. Bis zur Höhe des Pfändungsfreibetrages kann der Kontoinhaber frei über das Guthaben verfügen. Der monatliche Pfändungsfreibetrag besteht aus einem Basisfreibetrag der jeder Person monatlich zusteht (zurzeit ab Juli 2022 1.339,99 EUR) und ggf. aus einem zusätzlichen Pfändungsfreibetrag für gesetzliche Unterhaltspflichten. Der Pfändungsschutz soll das Existenzminimum des Arbeitnehmers sichern und ihm die Erfüllung seiner gesetzlichen Unterhaltsverpflichtungen ermöglichen. Gesetzliche Unterhaltspflichten sind durch geeignete Unterlagen z. B. Geburtsurkunden des Kindes nachzuweisen. Den pfändungsfreien Betrag können z. B. auch das Kindergeld erhöhen. Nur natürliche Personen können ein Pfändungsschutzkonto errichten. Jede Person darf nur ein Pfändungsschutzkonto unterhalten. Die Banken melden die Einrichtung eines P-Kontos der SCHUFA. Das P-Konto kann nur als Einzelkonto geführt werden. Ein Kunde kann jederzeit die Umwandlung seines Girokontos in ein Pfändungsschutzkonto verlangen. Der Pfändungsfreibetrag wird für jeweils einen Kalendermonat gewährt und gilt für alle Einkünfte. Ein Girokonto kann auch noch binnen vier Wochen nach Eingang eines Pfändungs- und Überweisungsbeschlusses in ein Pfändungsschutzkonto umgewandelt werden. Der in einem Monat nicht ausgeschöpfte pfändungsfreie Anteil eines Guthabens wird auf die folgenden drei Monate übertragen, sodass sich der Pfändungsfreibetrag in den Folgemonaten um diesen Betrag erhöht.

4. Partnerschafts- und Anderkonto

Kontoinhaber	- Notare, Rechtsanwälte - Wirtschaftsprüfer und Steuerberater
Kontobezeichnung	z. B. Notar Dr. Jürgen Delmere, Notar-Anderkonto 1
Kontoarten	Kontokorrent-, Spar-, Termin- und Depotkonten
Besonderheiten	Es gelten besondere Anderkontenbedingungen: - Bei Anderkonten wird der Name des Treugebers nicht genannt. - Anderkonten tragen den Zusatz „Anderkonto". - Anderkonten dienen der Verwaltung fremden Vermögens. - Besondere Geldwäschegesetzvorschriften beachten: Kontoinhaber ist nicht wirtschaftlich berechtigt und muss daher bei jeder Anderkontoeröffnung Name und Anschrift seines Mandanten mitteilen. - Kontovollmachten nur an eng begrenzten Personenkreis, z. B. andere Rechtsanwälte - Banken verzichten auf Recht der Aufrechnung und Pfand- und Zurückbehaltungsrecht. - Guthaben auf Anderkonten sind nicht abtretbar und verpfändbar. - Im Todesfall des Treuhänders fallen Kontoguthaben auf Anderkonten nicht in die Erbmasse.

5. Betreuerkonto

Betreuung

Gründe	Für Volljährige: 1. wegen Krankheit oder Behinderung 2. Betreuung auf Antrag bzw. von Amts wegen (§ 1896 BGB) beim Betreuungsgericht
Umfang	Ein Betreuer darf nur für Aufgabenkreise bestellt werden, in denen eine Betreuung erforderlich ist (§ 1896 BGB).
Vertretung	Der Betreuer vertritt in seinem Aufgabenkreis den Betreuten gerichtlich und außergerichtlich (§ 1902 BGB).
Willenserklärung des Vertretende	Die Geschäftsfähigkeit des Betreuten bleibt erhalten. Das Betreuungsgericht kann einen Einwilligungsvorbehalt anordnen, soweit dies zur Abwendung einer erheblichen Gefahr für Person oder Vermögen des Betreuten erforderlich ist. Dann muss der Betreuer die vom Betreuten getätigten Geschäfte genehmigen. Einwilligung entfällt, wenn die Willenserklärung dem Betreuten einen rechtlichen Vorteil bringt (§ 1903 BGB).
Geldanlage	- Verzinsliche Geldanlage (§ 1806 BGB) - Mündelsichere Geldanlage (1807 BGB)
Genehmigungspflichtige Geschäfte durch das Betreuungsgericht (§§ 1821, 1822, 1643, 1908i BGB)	1. Grundstücksgeschäfte 2. Verfügung über das Vermögen im Ganzen 3. Kreditaufnahme 4. Übernahme einer Bürgschaft
Verfügungsmöglichkeiten einer nicht befreiten Betreuung nach den §§ 1813, 1901 BGB	Der nicht befreite Betreuer bedarf nicht der Genehmigung des Betreuungsgerichts, - wenn der Anspruch nicht mehr als 3.000,00 EUR beträgt, z. B. Abhebung einer Spareinlage bis 3.000,00 EUR vom Betreuten-Sparkonto. - wenn er über Gelder verfügt, die auf einem Girokonto bzw. Kontokorrentkonto des Betreuten angelegt worden sind (ohne Betragsgrenze).

	- wenn Geld zurückgezahlt wird, das der Betreuer z. B. auf einem Termingeldkonto des Betreuten angelegt hatte.
Befreite Betreuung nach § 1817 BGB	Die Einschränkung für die nicht befreite Betreuung gilt für den befreiten Betreuer nicht. Befreite Betreuer sind i. d. R. Verwandte des Betreuten (Vater, Mutter, Kind, Ehegatte) oder Vereins- oder Behördenbetreuer.
Eine unter Einwilligungsvorbehalt stehende Betreuung § 1903 BGB	Liegt ein Einwilligungsvorbehalt vor, benötigt der Betreute z. B. bei der Eröffnung eines Kontos die Einwilligung des Betreuers. In der Regel wird der Betreute behandelt wie ein beschränkt Geschäftsfähiger.
Die Betreuung steht nicht unter einem Einwilligungsvorbehalt.	Ohne Einwilligungsvorbehalt kann der Betreute weiter Rechtsgeschäfte abschließen, ohne die Genehmigung des Betreuers einzuholen. Er bleibt voll geschäftsfähig.
Mündelsichere Anlageformen	Nach § 1807 BGB sind z. B. folgende Anlageformen mündelsicher: - Verbriefte Forderungen gegen den Bund oder ein Land sowie Forderungen, die in das Bundes- oder Landesschuldbuch eingetragen sind. - Wertpapiere, insbesondere Pfandbriefe sowie verbriefte Forderungen jeder Art an eine inländische kommunale Körperschaft, sofern die Wertpapiere oder die Forderungen von der Bundesregierung mit Zustimmung des Bundesrates zur Anlage von Mündelgeld für geeignet erklärt sind.

6. Nachlasskonto

Verfügungsberechtigte	Rechtsgrundlage	Legitimation
- Alleinerbe - Erbengemeinschaft: Und-Konto, nur gemeinschaftliche Verfügung	BGB-Regelungen über die Erben	- Erbschein - beglaubigte Abschrift eines Testaments nebst zugehöriger Eröffnungsniederschrift
Bevollmächtigte	BGB-Regelung über die Vollmacht	- Vollmacht über den Tod hinaus - Vollmacht für den Todesfall
Testamentsvollstrecker	Testament	- Testamentsvollstreckerzeugnis - beglaubigte Abschrift des Testaments nebst zugehöriger Eröffnungsniederschrift
Besonderheiten bei der Bezahlung der Beerdigungskosten	Die Bank ist nicht verpflichtet in diesbezügliche Vorleistungen (Bezahlung der Beerdigungskosten) zu gehen. Sie tut es grundsätzlich auf eigenes Risiko. Stellt sich später heraus, dass der die Auszahlung Veranlassende überhaupt nicht Erbe geworden ist, die Bank mithin auf Weisung eines Scheinerben geleistet hat, so ist sie u. U. gegenüber dem wirklichen Erben bankrechtlich zur Rückbuchung des verauslagten Betrages verpflichtet, auch wenn sie als Geschäftsführerin ohne Auftrag gehandelt hat. Möchte sich die Bank absichern, so wird sie sich im Gegenzug zur Verauslagung der Begräbniskosten eine entsprechende Haftungserklärung des die Auszahlung bzw. Bezahlung Begehrenden einfordern.	

7. Firmenkonto

Kontoinhaber	**Kontobezeichnung**	**Legitimation bei der Kontoeröffnung**
Kaufleute - Einzelunternehmen, z. B. Jens Hoffmann, Dachdecker eK - Personenhandelsgesellschaften, z. B. OHG, KG sowie GmbH & Co. KG - Kapitalgesellschaften, z. B. GmbH, AG - Genossenschaften, z. B. Einkaufsgenossenschaft Trampe eG	Firma laut Handelsregister- bzw. Genossenschafts-registereintragung	Amtlicher Lichtbildausweis der Vertretungsberechtigten und beglaubigter Auszug aus dem Handelsregister (Abteilung A für Personengesellschaften und Abteilung B für Kapitalgesellschaften) bzw. Genossenschaftsregister
Identitätsprüfung	Bei Firmenkunden: Beglaubigter, aktueller Handelsregisterauszug und amtliche Lichtbildausweise der vertretungsberechtigten Personen In den Kontounterlagen sind festzuhalten: Firma, Rechtsform, Registernummer, Anschrift der Hauptverwaltung, Name der gesetzlichen Vertreter (z. B. Vorstand), Wirtschaft-ID-Steuernummer	
Auskunftsbereitschaft	Die Bank ist verpflichtet, ein alphabetisch geführtes Namensverzeichnis (Alphadatei) aller Verfügungsberechtigten zu führen, um jederzeit über die Konten und Schließfächer eines Verfügungsberechtigten Auskunft geben zu können. Die Verpflichtung besteht noch sechs Jahre nach Beendigung der Geschäftsbeziehung.	

8. Bankauskunft

Merkmale von Bankauskünften	**Firmenkunden (juristische Personen und Kaufleute)**	**Privatkunden**
Einwilligung	Die Bankauskunft wird erteilt, sofern sich die Anfrage auf die Geschäftstätigkeit bezieht und keine gegenteilige Kundenweisung vorliegt.	Kunde muss der Bankauskunft ausdrücklich zustimmen.
Anfragegrund	Ein berechtigtes Interesse des Anfragenden muss glaubhaft gemacht werden.	
Empfänger von Bankauskünften sind	- eigene Kunden - andere Kreditinstitute bzw. deren Kunden	
Form	schriftlich	

9. Verhinderung von Geldwäsche

Merkmale	**Inhalte**
Allgemeines zur Geldwäsche	Geldwäsche i. S. des § 261 Abs. 1 StGB bezeichnet die Verschleierung der Herkunft von illegalen Geldern mit dem Ziel, diese mit dem Anschein der Legalität zurück in den Finanzkreislauf einzubringen. Dabei wird versucht, sowohl Bargeld durch Umwandlung in Buchgeld in das Bankensystem einzuführen, als auch Immobilien, Edelmetalle, Wertpapiere und Unternehmensbeteiligungen zu erwerben, um illegal erworbene Vermögenswerte in den legalen Finanzkreislauf unter Verschleierung ihres wahren Ursprungs einzuschleusen. Darüber hinaus werden illegale Vermögensgegenstände als legale Spiel- oder Geschäftsgewinne getarnt oder auf eine große Anzahl kleinerer Beträge verteilt. Diese Vermögensgegenstände werden über nationale Grenzen hinweg unter Einbeziehung möglichst vieler Zwischenstationen hin- und hertransferiert und letztendlich in legale oder illegale Vorhaben investiert. Gerade auch die Verknüpfung legaler und illegaler Investitionsmöglichkeiten schafft neue gewinnbringende Anlagen.
Verpflichtete	- Kreditinstitute - Versicherungen - Kapitalverwaltungsgesellschaften - Rechtsanwälte, Notare - Wirtschaftsprüfer - Steuerberater - Immobilienmakler - Spielbanken
Sorgfaltspflichten	§ 3 ff. GwG - Allgemeine Sorgfaltspflichten - Vereinfachte Sorgfaltspflichten - Verstärkte Sorgfaltspflichten
Allgemeine Sorgfaltspflichten	**Identifizierung des Vertragspartners** Begründung der Identifizierungspflicht: - Transparenz über die an einer Transaktion beteiligten Personen - Verhinderung von Anonymität - Mithilfe bei der Überführung von Tätern in Verdachtsfällen Identifizierung in zwei Schritten: Feststellung und Überprüfung der Identität des Vertragspartners oder ggf. eines abweichenden wirtschaftlich Berechtigten anhand von Legitimationsurkunden **Feststellung der Identität** - Bei natürlichen Personen: Name, Geburtsort, Geburtsdatum, Staatsangehörigkeit und Anschrift. Die Identifizierung erfolgt anhand eines gültigen amtlichen Ausweises (Personalausweis, Reisepass). - Bei juristischen Personen und Personengesellschaften: Firma, Rechtsform, Registriernummer, Anschrift und Namen der Mitglieder des Vertretungsorgans (z. B. Vorstand einer AG). Die Identifizierung erfolgt durch Vorlage eines aktuellen Auszugs aus dem Handels- oder Genossenschaftsregisters bzw. Partnerschaftsregister und der amtlichen Ausweise der Vertretungsberechtigten.

	- Die Unterlagen werden fotokopiert und zu den Kontounterlagen genommen. **Ermittlung des Geschäftszwecks der Geschäftsbeziehung** Begründung der Informationseinholung: - Einschätzung des Risikoprofils eines Vertragspartners - Der Zweck einer Geschäftsbeziehung ergibt sich aus den vom Kunden genutzten Produkten. **Feststellung des wirtschaftlich Berechtigten** Wirtschaftlich Berechtigter ist die natürliche Person, in deren Eigentum oder unter deren Kontrolle der Vertragspartner letztlich steht oder die natürliche Person, auf deren Veranlassung eine Transaktion letztlich durchgeführt wird. Die Beteiligungsverhältnisse von Gesellschaften sind mit angemessenen Mitteln in Erfahrung zu bringen. Die Abklärungspflicht besteht aus 1. der Ermittlung des wirtschaftlich Berechtigten, also der Person, die Eigentum oder Kontrolle über den Vertragspartner ausübt und 2. der Erfassung der Eigentums- und Kontrollstrukturen mit angemessenen Mitteln.
Vereinfachte Sorgfaltspflichten	Die vereinfachten Sorgfaltspflichten können angewendet werden zur Feststellung der Identität des wirtschaftlich Berechtigten bei Anderkonten, sofern das kontoführende Institut vom Inhaber des Anderkontos Angaben über die Identität des wirtschaftlich Berechtigten auf Anfrage erhalten kann.
Verstärkte Sorgfaltspflichten	Bei erhöhtem Geldwäscherisiko sind besondere Sicherungs- und Überwachungsmaßnahmen erforderlich. Grundsätzlich ist von einer erhöhten Risikolage auszugehen bei Geschäftsbeziehungen zu politisch exponierten Personen und bei Vertragsverhältnissen mit natürlichen Personen, die bei der Identitätsfeststellung nicht persönlich anwesend sind.

10. Online-Banking

Teilnahmevoraussetzungen	- Vereinbarungen über die Teilnahme am Online-Banking - PC oder/und ein Smartphone muss/müssen vorhanden sein. - Personalisierte Sicherheitsmerkmale sowie - Authentifizierungsinstrumente
Dienstleistungen	- Kontostandsabfrage - Überweisungen - Daueraufträge - Kontoauszüge und Kontoumsätze überprüfen - Wertpapiergeschäfte abwickeln - Depotbestände und Wertpapierumsätze einsehen
Echtzeitüberweisung im Onlinebanking	Die Echtzeitüberweisung (englisch instant payment) ist im bargeldlosen Zahlungsverkehr eine Zahlungsart, bei der im Online-Banking Zahlungsvorgänge vom Zahlungspflichtigen bis zur Gutschrift beim Zahlungsempfänger maximal zehn Sekunden benötigen. Allgemeines Echtzeit (englisch real-time) bedeutet in der Informationstechnik, dass durch die Online-Verbindung verschiedener stets betriebsbereiter Rechnersysteme diese die betreffenden Daten nach Erfassung innerhalb einer

	vorgegebenen Zeitspanne für andere Rechner sofort durch Synchronisation verfügbar machen. Bei Direktbanken, die im Mobile-Banking tätig sind, gehört die Echtzeitüberweisung bereits zum Standard. Die Echtzeitüberweisung beruht auf dem SEPA Instant Credit Transfer (SCTInst)-Abkommen, dessen wesentliche Regelungen die Kreditinstitute durch Änderungen ihrer Allgemeinen Geschäftsbedingungen übernommen haben. Es sieht unter anderem vor, dass Echtzeitüberweisungen täglich 24 Stunden ganzjährig möglich sein müssen, also auch an Sonntagen und Feiertagen. Echtzeitzahlungen sollen unabhängig vom Zahlungsinstrument (Überweisung, Lastschrift oder Kartenzahlung), vom zugrundeliegenden Clearingverfahren zur Verfügung stehen. Ablauf Diese Zahlungsart ist eine Funktion im Online-Banking, die nach Login vom Nutzer als Zahlungspflichtigem auszuwählen ist. Nach Eingabe der Zahlungsdaten einschließlich Zahlungsempfänger, dessen Bankverbindung und dem Zahlungsbetrag (maximal sind möglich 15.000 Euro) erfolgt die Autorisierung zum Zahlungsvorgang durch den zahlungspflichtigen Zahler. Dieser identifiziert sich gegenüber seiner Zahlstelle Mittels einer TAN, mit welcher der Zahlungsvorgang abgeschlossen wird. Hierdurch erfolgt sofort die Belastung auf dem Girokonto, die Gutschrift beim Zahlungsempfänger erfolgt maximal zehn Sekunden später. Hierüber informiert die Empfängerbank sofort den Zahler. Für Echtzeitüberweisungen werden teilweise Bankgebühren erhoben. Möglich werden hierdurch auch Zahlungen am sogenannten Point of Sale. Beispielsweise indem der Kunde via App die Echtzeitüberweisung beim Bezahlprozess an der Kasse des Geschäftes bestätigt. Geltung Echtzeitüberweisungen sind in allen EU-Mitgliedstaaten vorgesehen. Seit zwei Jahren ermöglichen in Deutschland die Sparkassen im Online-Banking die Nutzung der Echtzeitüberweisung. Eine Liste der teilnehmenden Institute kann im Internet abgerufen werden.
Personalisierte Sicherheitsmerkmale	- Nutzerkennung, z. B. Kontonummer oder Kundenkennung - PIN (persönliche Identifikationsnummer) - Einmal verwendbare Transaktionsnummer (TAN)
Authentifizierungs-instrumente	Das Kreditinstitut übermittelt die TAN bzw. den Nutzungscode für die elektronische Signatur mit Hilfe von Authentifizierungsinstrumenten an den Kunden. Authentifzierungsinstrumente sind: - TAN-Generator als Bestandteil einer Chipkarte oder eines anderen elektronischen Gerätes zur Erzeugung von TAN (chipTAN; smartTAN) Beschreibung: Zur Erzeugung der TAN benötigt der Kunde einen TAN-Generator und eine zum Konto gehörende Chipkarte (BankCard), die in den Generator eingeschoben wird. Nach der Auftragserteilung wird auf dem Bildschirm ein Code angezeigt, den der Kunde mit Daten der Transaktion (z. B. Empfängerkontonummer, Betrag) in den Generator eingibt. Aus den eingegebenen Daten errechnet der Generator über den Chip eine auftragsbezogene TAN. Zudem zeigt er noch einmal die Daten der Transaktion an. Die TAN ist nur zeitlich begrenzt nutzbar.

	Beurteilung: Da die TAN aus den Auftragsdaten errechnet wird, kann sie für andere Transaktionen nicht missbraucht werden. TAN-Generator und Onlinebanking-Computer sind zwei voneinander unabhängige Geräte. Transaktionen können nur zusammen mit der für das Konto freigeschalteten Chipkarte ausgeführt werden. Der Kontoinhaber kann die Auftragsdaten nach anhand des Generators überprüfen. Es besteht beim TAN-Generator kein Virenrisiko. - Mobiltelefon zum Empfang von TAN per SMS oder Banking-App (sms-TAN, mobileTAN, photoTAN, SecureGo, pushTAN) Beschreibung: Die TAN wird von der Bank aus Bestandteilen des Kundenauftrages ermittelt. Bei der photoTAN scannt der Kontoinhaber einen QR-Code auf dem Bildschirm mit seinem Handy und übermittelt damit die Auftragsdaten an die Bank. Die Bank übermittelt die TAN und die Auftragsdaten per SMS oder sendet sie an die Banking-App des Kunden. Die TAN ist nur zeitlich begrenzt nutzbar. Beurteilung: Es besteht ein Zusammenhang zwischen TAN und Kundenauftrag. Der Kontoinhaber muss die Auftragsdaten anhand der SMS bzw. Banking-App nochmals prüfen. Bei einem Empfang der TAN per SMS darf das Handy aus Sicherheitsgründen nicht zugleich für Bankgeschäfte genutzt werden. Es besteht bei Mobiltelefonen ein Viren- und Diebstahlrisiko. - Chipkarte mit Signaturfunktion (z. B. HBCI-Verfahren) Beschreibung: Für das HBCI-Verfahren benötigt der Kontoinhaber eine HBCI-Chipkarte, einen HBCI-Kartenleser und eine HBCI-Software. Auf der Chipkarte ist ein spezieller Onlinebanking-Schlüssel gespeichert. Nach Eingabe der PIN in den Kartenleser werden die Daten mit einer elektronischen Signatur versehen und verschlüsselt an die Bank übertragen. Die Bank entschlüsselt die Daten und prüft die elektronische Signatur mit Hilfe eines „öffentlichen Prüfschlüssels". Beurteilung: Bankgeschäfte sind nur unter Eingabe der PIN und unter Verwendung der Chipkarte möglich. Die Verschlüsselung mit einem geheimen Signaturschlüssel und die Entschlüsselung mit dem öffentlichen Schlüssel bieten den einen hohen Sicherheitsstandard. Die Anschaffungskosten für die Chipkarte und für das Lesegerät sind relativ hoch.
Sicherungsverfahren	- z. B. Photo-TAN - TAN-Generator las Bestandteil einer Chipkarte oder eines anderen elektronischen Gerätes zur Erzeugung von TAN (chipTAN und smartTAN) - Mobiltelefon zum Empfang von TAN per SMS (smsTAN, mobileTAN) - HBCI-Verfahren
Zahlungsgarantiertes Bezahlverfahren mit Giropay	- Giropay: Es ist ein Onlinebezahlverfahren der deutschen Kreditwirtschaft, das eine für Käufer und Verkäufer sichere Bezahlung im Internet ermöglicht. Zahlungen mit Giropay werden über das Onlinebanking der Bank des Zahlers durchgeführt. Verkäufer, die dieses Verfahren ihren Kunden anbieten möchten müssen zuvor eine entsprechende Vereinbarung mit ihrer Bank treffen. Wenn ein Käufer beim Bezahlvorgang in einem Onlineshop die Zahlungsart „Giropay" wählt, wird er in einer gesicherten neuen Verbindung zum Onlinebanking seiner Bank weitergeleitet. Nach Eingabe seines Benutzernamens und seines Passwortes werden dem Käufer die Kaufdaten zur Prüfung angezeigt. Nach Eingabe der PIN und Freigabe der Zahlung erhält der Zahlungsempfänger eine Zahlungsgarantie.

	- Käufer und Verkäuferschutz: - Sollte der Kunde die bestellte Ware später nicht erhalten, erhält der Käufer von „Giropay“ eine Erstattung des Kaufpreises, wenn der Verkäufer den Versand der Ware nicht nachweisen kann. - Schon unmittelbar nach der Zahlung erhält der Verkäufer eine Zahlungsgarantie von der Bank und kann die Ware versenden.
Sorgfaltspflichten des Kontoinhabers	- Kontrolle der Auftragsdaten mit den von der Bank angezeigten Daten - Geheimhaltung der personalisierten Sicherheitsmerkmale - Sichere Aufbewahrung der Authentifizierungsinstrumente - Keine Speicherung der Sicherheitsmerkmale auf dem PC - Keine Weitergabe der Sicherheitsmerkmale an andere Personen - Getrennte Aufbewahrung von PIN und Authentifizierungsinstrumenten
Haftung	- Vor der Sperranzeige haftet der Kunde bei nicht autorisierten Zahlungsvorgängen unbeschränkt für den Schaden, wenn er seine Sorgfaltspflichten grob fahrlässig verletzt hat. - Nach der Sperranzeige haftet der Kunde nicht mehr für den Schaden.
Phishing	- Beim Phishing schaltet sich ein Unberechtigter mittels Schadsoftware in die Kommunikation zwischen Kunde und Bank, um Zahlung auf eigene Konten zu leiten. Der Kunde gibt also irrtümlich Daten auf einer gefälschten Internetseite ein.
Sicherheitsmaßnahmen	- Firewall - Antivirensoftware - Der Kunde muss darauf achten, dass er sich tatsächlich auf der Internetseite der Bank befindet. - Der Kunde darf nie ungeprüft auf Links klicken, die ihm per Mail zugeschickt wurden. - Kontrolle der Auftragsdaten mit den von der Bank angezeigten Daten

11 Prokura

Erteilung der Prokura	- Erteilung vom Unternehmer, z. B. Kaufmann oder Geschäftsführer einer GmbH (persönlich und ausdrücklich, schriftlich oder mündlich) - Bei der GmbH erfolgt die Bestellung von Prokuristen und von Handlungsbevollmächtigten durch einen Gesellschafterbeschluss. - Rechtsgrundlage: §§ 48 und 49 HGB
Registereintragung	- Eintragung ins Handelsregister nach § 53 HGB. Die Eintragung hat deklaratorische Wirkung. - Die Erteilung der Prokura ist von dem Inhaber des Handelsgeschäfts zur Eintragung in das Handelsregister anzumelden.
Zeichnung	Nach § 51 HGB muss der Prokurist in der Weise zeichnen, dass er der Firma seinen Namen mit einem die Prokura andeutenden Zusatze beifügt.
Erlöschen der Prokura	Die Prokura erlischt durch - Widerruf nach § 52 Abs. 1 HGB, - Beendigung des Dienstvertrages durch Kündigung nach § 622 BGB, - Tod des Prokuristen, - Auflösung der Unternehmung.
Arten der Prokura	- Einzelprokura - Gesamtprokura - Filialprokura
Handlungen, die der Prokurist nicht vornehmen kann:	- Erteilung und Entzug einer Prokura - Veräußerung und Belastung von Grundstücken - Anmeldungen von Eintragungen ins Handelsregister

	- Unterzeichnung der Bilanz und der Steuererklärungen - Aufnahme neuer Gesellschafter - Verkauf der Unternehmung - Antrag auf Eröffnung des Insolvenzverfahrens

12 Handlungsvollmacht

Erteilung	**Berechtigte:** - Inhaber eines Handelsgeschäfts oder gesetzlicher Vertreter - Prokurist **Art der Erteilung:** ausdrücklich oder stillschweigend (konkludent) nach § 167 BGB **Adressat:** natürliche, nicht juristische Person **Eintragung ins Handelsregister:** nicht eintragungsfähig, da gesetzlich nicht vorgesehen
Umfang	**Grundsatz:** - Umfang liegt im Ermessen des Vollmachtgebers. - Gesetzlicher Mindestinhalt gemäß § 54 Abs. 1 HGB: Die Handlungsvollmacht erstreckt sich auf alle Geschäfte und Rechtshandlungen, die der Betrieb eines derartigen Handelsgewerbes oder die Vornahme derartiger Geschäfte gewöhnlich mit sich bringt. **Arten, Typen:** - General-Handlungsvollmacht: Sie umfasst alle zum Betrieb des Handelsgewerbes gehörenden Geschäfte, außer gesetzlichen Beschränkungen. - Art-Handlungsvollmacht: Sie umfasst nur eine bestimmte Art von Geschäften. - Spezial-Handlungsvollmacht: Sie umfasst einzelne spezielle Geschäfte.
Beschränkungen	- Veräußerung und Belastung von Grundstücken, Wechselverbindlichkeiten, Darlehen und Prozessführung (§ 54 Abs. 2 HGB) - Rechtsgeschäftliche Beschränkungen, wenn sie Dritten bekannt sind (§ 54 Abs. 3 HGB) - Nach § 55 Abs. 2 und 3 HGB bevollmächtigt die Handlungsvollmacht nicht, abgeschlossene Verträge zu ändern und insbesondere Zahlungsfristen zu gewähren. Zur Annahme von Zahlungen sind Handlungsbevollmächtigte nur berechtigt, wenn sie dazu bevollmächtigt sind. **Sonderregelung für Außendienst:** Die Vollmacht kann nach § 55 Abs. 4 HGB erweitert werden: Sie gelten als ermächtigt, die Anzeige von Mängeln einer Ware, die Erklärung, dass eine Ware zur Verfügung gestellt werde, sowie ähnliche Erklärungen, durch die ein Dritter seine Rechte aus mangelhafter Leistung geltend macht oder sie vorbehält, entgegenzunehmen. Sie können die dem Unternehmer zustehenden Rechte auf Sicherung des Beweises geltend machen.
Erlöschen	- Widerruf: Nach §§ 167 und 168 BGB kann die Vollmacht vom Vollmachtgeber widerrufen werden. - Beendigung des zugrunde liegenden Arbeitsverhältnisses

1.1.2 Zahlungsformen

Fall 1 Zahlung mittels SEPA-Überweisung

Frau Martina Schröder (37 Jahre alt) ist Girokundin der *Nordbank AG*. Heute kommt Frau Schröder in die *Nordbank AG* und teilt ihrem Kundenberater mit, dass sie vergessen hat, den Restbetrag von 500,00 EUR für ein Ferienhaus, das sie bei einem italienischen Reiseveranstalter gebucht hatte, zu bezahlen. Sie möchte von der *Nordbank AG* wissen, wie sie den Geldbetrag schnellstmöglich überweisen kann. Gehen Sie in diesem Zusammenhang auch auf die Echtzeitüberweisung im Onlinebanking ein.

a Erklären Sie, warum der Kundenberater der *Nordbank AG* Frau Schröder die SEPA-Überweisung empfiehlt.

Frau Schröder erkundigt sich, welche Daten die für die Bezahlung des Restbetrags auszufüllende SEPA-Überweisung enthalten muss.

b Erklären Sie Frau Schröder die Bezeichnung BIC auf dem SEPA-Überweisungsauftrag.

c Nennen Sie Frau Schröder außer dem BIC fünf weitere Pflichtangaben einer SEPA-Überweisung.

Frau Schröder interessiert sich für weitere Zahlungsinstrumente im Rahmen des SEPA-Verfahrens.

d Nennen Sie Frau Schröder zwei weitere Zahlungsinstrumente im Rahmen des SEPA-Verfahrens.

Fall 2 Zahlung mittels SEPA-Lastschrift

Fall SEPA-Firmen-Lastschrift

Sie sind Kundenberater(in) bei der *Nordbank AG*. Für Ihre Kundin *Plambeck GmbH* führen Sie ein Kontokorrentkonto. Die *Plambeck GmbH* ist ein Baumarkt für Handwerker und Heimwerker. Das Unternehmen steht in Geschäftsverbindung mit vielen Kunden, die regelmäßig Einkäufe bei der *Plambeck GmbH* tätigen. Die gewerblichen Kunden kaufen auf Rechnung; die privaten Kunden zahlen ihre Einkäufe überwiegend in bar.

Mit Herrn Walter Roland, dem alleinigen Geschäftsführer der *Plambeck GmbH*, haben Sie für heute einen Beratungstermin vereinbart. Herr Roland möchte, dass seine Angestellte Frau Hochstädter regelmäßig die Bareinnahmen auf das Konto der *Plambeck GmbH* einzahlen kann.

a Beschreiben Sie Herrn Roland, wie bei Frau Hochstädter die „erleichterte Identifizierung" vorgenommen werden könnte und welche zwei Voraussetzungen hierfür erfüllt sein müssen.

Die Überwachung der Zahlungseingänge der Kunden, die auf Rechnung kaufen, ist bisher sehr arbeitsaufwändig. Sie empfehlen daher Herrn Roland, seine Forderungen mittels Lastschriften einzuziehen.

b Erläutern Sie Herrn Roland drei Vorteile, die diese Art der Zahlungsabwicklung für die *Plambeck GmbH* hat.

Beim SEPA-Lastschriftverfahren wird zwischen der SEPA-Basis-Lastschrift und der SEPA-Firmen-Lastschrift unterschieden.

c Empfehlen Sie Herrn Roland die für ihn zweckmäßige Variante des SEPA-Lastschriftverfahrens und begründen Sie Ihre Entscheidung.

Herr Roland möchte genauer über die weitere Vorgehensweise informiert werden.

d Erläutern Sie Herrn Roland einen Vorteil der SEPA-Firmen-Lastschrift gegenüber der SEPA-Basis-Lastschrift.

e Erläutern Sie Herrn Roland, welche zwei Voraussetzungen erfüllt sein müssen, damit er das von Ihnen empfohlene Verfahren anwenden kann.

f Nennen Sie Herrn Roland zwei Verpflichtungen, die der Firma Plambeck GmbH aus der Anwendung dieses Lastschriftverfahrens entstehen.

g Nennen Sie Herrn Roland zwei Voraussetzungen, die geprüft werden müssen, bevor Lastschriften im Rahmen des SEPA- Firmenlastschriftverfahrens einlöst werden!

h Erläutern Sie Herrn Roland, warum die *Nordbank AG* für die einzureichenden Lastschriften ein Lastschriftobligo festlegt.

I Da die Privatkunden der Plambeck GmbH ihre Einkäufe im Baumarkt noch überwiegend in bar bezahlen, empfehlen Sie Herrn Roland in einem weiteren Beratungsgespräch, , seinen Baumarktkunden auch das bargeldlose Bezahlen ihrer Rechnungen mit BankCard oder Kreditkarte anzubieten und sich ein Kartenlesegerät anzuschaffen. Erläutern Sie Herrn Roland zwei Vorteile, die sich für den Baumarkt ergeben, wenn ein Teil der Kunden ihre Rechnungen mit BankCard oder Kreditkarte statt bar bezahlt!

Sie konnten die *Plambeck GmbH* für die Teilnahme am Firmenlastschriftverfahren gewinnen und sie wendet dieses Verfahren bereits seit einiger Zeit an. Herr Roland kommt wieder zu Ihnen und legt Ihnen einen Kontoauszug vor, aus dem hervorgeht, dass eine Lastschrift zurückgegeben wurde. Herr Roland erbittet von Ihnen Informationen zu dieser Lastschrift.

j Nennen Sie Herrn Roland einen Grund, der zur Rückgabe der Lastschrift geführt haben könnte.

In einem weiteren Beratungsgespräch mit Herrn Roland, stellen Sie fest, dass Herr Roland nach einer für ihn bequemeren Möglichkeit sucht, die Bankgeschäfte der *Plambeck GmbH* vom Büro aus abzuwickeln und einen schnelleren Überblick über die Kontobewegungen zu erhalten.

k Nennen Sie Herrn Roland ein Produkt, das seinen Wünschen Rechnung trägt, und erläutern Sie ihm dieses an drei Merkmalen.

Fall SEPA-Basis-Lastschrift

Sie sind Kundenberater(in) der *Nordbank AG*. Heute führen Sie ein Beratungsgespräch mit Frank Krause. Herr Krause ist Vorsitzender des Sportvereins SC Norderstedt e.V. und möchte ein Girokonto für diesen Verein eröffnen. Herr Krause möchte seine Vereinsbuchhaltung auf eine kostengünstige vierteljährliche Beitragszahlung umstellen. Bisher wurde den 4500 Vereinsmitgliedern die Zahlungsweise ihrer monatlich fälligen Beiträge freigestellt. Sie schlagen Herrn Krause den Einzug der Beiträge mittels SEPA-Basis-Lastschriftverfahren vor.

a Erklären Sie Herrn Krause zwei Vorteile dieses Verfahrens für den Sportverein.

b Mit welchen Argumenten kann Herr Krause die Vereinsmitglieder für dieses neue Einzugsverfahren gewinnen?

c Nennen Sie Herrn Krause die beiden rechtlichen Voraussetzungen, die erfüllt sein müssen, damit der Sportverein dieses Lastschriftverfahren anwenden kann.

Herr Krause möchte von Ihnen wissen, welche Verpflichtungen sich für den Sportverein gegenüber der *Nordbank AG* aus der Teilnahme an diesem Lastschriftverfahren ergeben.

d Erklären Sie Herrn Krause zwei dieser Verpflichtungen.

e Welche Informationen muss ein gültiges SEPA-Lastschriftmandat enthalten?

Sie teilen Herrn Krause mit, dass Sie eine betragsmäßige Obergrenze für die einzureichenden Lastschriften (Lastschriftenobligo) festlegen müssen.

f Erklären Sie Herrn Krause, warum die Festlegung einer solchen Obergrenze erfolgt.

Um das kostengünstigste Kontomodell zu bestimmen, bitten Sie Herrn Krause um Informationen über die voraussichtlich anfallenden Buchungen auf dem Konto. Herr Krause schätzt die Zahl der Rücklastschriften auf maximal elf Stück pro vierteljährlichem Beitragseinzug und die zusätzlich durch beleghafte Einzelüberweisungen monatlich anfallenden Buchungen auf maximal 30 Stück. Den Einzug der Mitgliedsbeiträge will er mit Hilfe von Datenträgern abwickeln.

g Empfehlen Sie Herrn Krause das für den Sportverein kostengünstigere Kontomodell, und begründen Sie Ihre Empfehlung, indem Sie die voraussichtlichen Kosten für den Sportverein pro Quartal bei den beiden Kontomodellen ermitteln.

Kontomodelle der *Nordbank AG* (Auszug)

	Kontomodell 1	**Kontomodell 2**
Monatlicher Grundpreis	6,00 EUR	12,00 EUR
Beleglose Buchungen pro Stück	0,60 EUR	0,15 EUR
Beleghafte Buchungen pro Stück	1,50 EUR	2,50 EUR

Herr Krause entscheidet sich für die Eröffnung eines Vereinskontos. Er legt Ihnen den aktuellen, beglaubigten Auszug aus dem Vereinsregister Norderstedt vor. Die Kontobezeichnung soll „SC Norderstedt" lauten.

h Entscheiden Sie, ob Sie das Konto auf den gewünschten Namen eröffnen können, und begründen Sie Ihre Entscheidung.

i Prüfen Sie, ob Herr Krause den Kontoeröffnungsantrag allein stellen kann.

Vereinsregister des Amtsgerichts Kiel — **Nummer des Vereins: VR 1033**

Seite 1 von 1

Nummer der Eintragung	**a) Name b) Sitz**	**a) Allgemeine Vertretungsregelung b) Vertretungsberechtigte und besondere Vertretungsbefugnis**	**a) Satzung b) Sonstige Rechtsverhältnisse**	**a) Tag der Eintragung b) Bemerkungen**
1	**2**	**3**	**4**	**5**
1	a) SC Norderstedt - 1985 e. V. b) Norderstedt	a) Der vertretungsberechtigte Vorstand besteht aus dem Vorsitzenden und den beiden stellvertretenden Vorsitzenden. Jeweils zwei Vorstandsmitglieder vertreten den Verein gemeinsam. Vorsitzender: Linke, Bastian, Norderstedt, *15.03.1949 stellvertretende Vorsitzende: Fürste, Inge, Norderstedt, *19.04.1958 stellvertretende Vorsitzende: Kölln, Sabine, Norderstedt, *04.02.1954	a) eingetragener Verein Satzung vom 20.12.1985, zuletzt geändert am 17.05.2004	a) 22.06.1986
2		b) Bastian Linke und Inge Fürste gehören nicht mehr dem Vorstand an. Bestellt als 1. Vorsitzender: Krause, Frank, Norderstedt, *15.06.1951 Bestellt als stellvertretender Vorsitzender: Müller, Ralf, Norderstedt, *18.09.1968		

Fall 3 Bundesbankscheck

Der Geschäftsführer der *Reichelt & Co. KG* in Buchholz, Horst Zimmermann, kommt zu Ihnen an den Beratungstisch. Er teilt Ihnen mit, dass er in Kürze an einer Zwangsversteigerung teilnehmen möchte, bei der eine Bietungssumme von 80.000,00 EUR in bar gefordert wird. Aus Sicherheitsgründen würde Herr Reichelt statt der geforderten Barmittel lieber einen Verrechnungsscheck über diese Summe ausstellen (siehe AGB der Bundesbank).

a Prüfen Sie, ob bei einem Verrechnungsscheck die Schecksumme garantiert ist. Schlagen Sie Herrn Reichelt ggf. eine andere Zahlungsform vor, bei der die Bietungssumme garantiert ist.

b Erläutern Sie Herrn Reichelt die Besonderheiten Ihrer in a) vorgeschlagenen Zahlungsform.

Fall 4 Bezahlen im kontaktlosen Girogo-,Verfahren

Heute kommt Simone Esch zu Ihnen in die *Nordbank AG*. Frau Esch hat ein Girokonto bei der *Nordbank AG* und nutzt seit kurzem auch das Online-Banking der *Nordbank AG*. Sie besitzt eine BankCard/Girocard der *Nordbank AG*. Frau Esch teilt Ihnen mit, dass sie gerne in Zukunft kleinere Beträge an Automaten oder auch in einigen Supermärkten kontaktlos mit ihrer Girocard oder ihrem Smartphone zahlen möchte. Sie schlagen Frau Esch die Nutzung ihrer Girocard mit dem VP-Logo und die Ladung einer speziellen Banking-App für das kontaktlose Bezahlen mit ihrem Smartphone vor.

a Sie informieren Frau Esch über das kontaktlose Bezahlen im Girogo-Verfahren im Zusammenhang mit der BankCard mit dem Funkwellensymbol. Erklären Sie Frau Esch diesen Bezahlvorgang.

b Beschreiben Sie Frau Esch die Abwicklung eines Bezahlvorgangs im Girogo-Verrfahren mittels Girocard oder Kreditkarte an einem Beispiel!

c Händler können Bank- und Sparkassenkarten auch für das elektronische Lastschriftverfahren (ELV) nutzen. Welchen Vorteil und welches Risiko bietet dieses Verfahren für den Händler?

d Durch welche Maßnahmen kann der Händler sein Zahlungseingangsrisiko begrenzen?

e Beschreiben Sie Frau Esch die Möglichkeit eines Zahlungsvorgangs mit dem Smartphone!

f Erklären Sie Frau Esch die Haftungsverhältnisse bei Kartenzahlungen.

g Erläutern Sie Frau Esch an drei Aspekten die Vorteile des kontaktlosen Bezahlens im Girogo-Verfahrens mittels Girocard.

Fall 5 Verlust einer Girocard

Die Privatkundin Frau Elke Schöpf kommt zu Ihnen an den Beratungspoint in der *Nordbank AG* und teilt Ihnen mit, dass während ihres achtwöchigen Auslandsaufenthalts in ihrer Wohnung eingebrochen worden sei und dabei ihre BankCard gestohlen worden sei. Die BankCard habe sie in einer unverschlossenen Kassette versteckt und die PIN in einem Sekretär in einem anderen Raum aufbewahrt. Frau Schöpf zeigt Ihnen den nachstehenden Kontoauszug, den sie gerade aus dem Kontoauszugsdrucker erhalten hat. Sie erklärt, dass sie die darauf angeführten Verfügungen nicht getätigt hat. Da die Zahlungen nach Meinung von Frau Schöpf erst nach dem Einbruch in ihrer Wohnung erfolgt seien, will sie gegen diese Kontobelastungen Widerspruch einlegen.

Kontoauszug Nordbank AG BLZ: 545 670 10		**Kontokorrent Kontonummer 83 860**	**Kontoauszug Nr. 33/2001**	**EUR-Konto Blatt/ von 2/2**
Buch.Tag	Buch.Nr.	Wert	Umsatzvorgang	Umsätze
23.11.	931	22.11.	GAA FILIALE 36 22.11. 13.45 ME 1	400,00 S
26.11.	932	26.11.	WMF Fachgeschäft 06021832393961203120000035O SEPA-BASISLASTSCHRIFT SVWZ+ 95154545 22.11. 11.23 Me 1	993,75 S
27.11.	933	27.11.	Bauhaus – Vielen Dank – EC 65060620 19.32 GIROCARD	809,32 S

a Prüfen Sie, ob Frau Schöpf grob fahrlässig gehandelt hat.

b Erläutern Sie Frau Schöpf die Erfolgsaussichten für ihre Forderung auf Gutschrift der belasteten Beträge.

c Erklären Sie Frau Schöpf en Haftungsumfang bei einem Verlust der BankCard vor und nach ihrer Sperranzeige!

Fall 6 Das Bezahlen mit Kreditkarten

Der Geschäftskunde Patrick Wollner kommt zu Ihnen an den Beratungspoint der *Nordbank AG* und teilt Ihnen mit, dass er in Zukunft häufig im europäischen und außereuropäischen Ausland, insbesondere in den USA sowie Kanada geschäftlich und privat zu tun habe. Er bittet Sie um Auskunft, wie er in diesen Ländern bequem und bargeldlos zahlen könne. Sie bieten Herrn Wollner die *Nordbank VISA-CARD* an.

a Erläutern Sie dem Kunden das Leistungsangebot einer Kreditkarte.

b Informieren Sie Herrn Wollner über die Sicherheit einer Kreditkarte.

c Herr Wollner entscheidet sich für den Erwerb der *Nordbank VISA-CARD*. Aus welchem Grund verlangen Sie die Akzeptierung der Schufa-Klausel von Herrn Wollner?

14 Tage nach Beantragung der Kreditkarte erhält Herr Wollner auf dem Postwege seine persönliche Kreditkarte von der *Nordbank AG* zugeschickt. Ein Verfügungsrahmen von 10.000,00 EUR wurde ihm eingeräumt.

d1 Herr Wollner möchte nähere Einzelheiten über den Zahlungsvorgang mit der Kreditkarte von Ihnen erfahren. Nennen Sie Herrn Wollner zwei Möglichkeiten der Autorisierung einer Zahlung mit Kreditkarte!

d2 Beschreiben Sie, wie Herr Wollner die Kreditkarte beleghaft bzw. beleglos in einem Warenhaus einsetzen kann!

d3 Erläutern Sie Herrn Wollner, wie die Abrechnungsstelle die Abrechnungen mit den Kreditkarten-Zahlungen vornimmt!

d4 Nennen Sie Herrn Wollner drei Sorgfalts- bzw. Mitwirkungspflichten, die er im Zusammenhang mit der Kreditkarte zu beachten hat.

e Als Herr Wollner im Online-Handel bei *Medienmarkt* ein Internetradio bezahlen möchte, wird er aufgefordert, u. a. die Kartenprüfziffer seiner Kreditkarte anzugeben. Erklären Sie welche Angaben Herr Wollner beim Bezahlvorgang im Online-Handel machen muss und welche Bedeutung die zusätzlichen Authentifizierungsmerkmale im Versand- und Online-Handel haben.

f Herr Wollner kauft im Supermarkt auf dem Nachhauseweg von der Arbeit ein Fertiggericht und eine Flasche Wein für 12,67 EUR. Herr Wollner bezahlt mit seiner VISA-Card mit payWave-Symbol in Near Field Communication (NFC). Erklären Sie die NFC-Technologie bei diesem Bezahlvorgang.

g Als Herr Wollner eine Flugreise nach Kanada im Reisebüro *Globetrotter* mit der Kreditkarte bargeldlos bezahlen möchte, erscheint bei der Überprüfung der Autorisierung auf dem Display des Terminals die Information „Genehmigung nicht erteilt". Wie kann diese Information interpretiert werden?

h Auf dem Flug nach Ottawa ist Herrn Wollner die Kreditkarte verloren gegangen. Beschreiben Sie, wie sich Herr Wollner in dieser Situation korrekt verhalten muss!

i Ein Unberechtigter setzt die Kreditkarte unter Fälschung der Unterschrift in verschiedenen Vertragsunternehmen von *VISA-CARD* ein. Der Schaden beläuft sich auf 3.400,00 EUR. Erläutern Sie die Haftungsverhältnisse in diesem Fall!

j Prüfen Sie, ob Herr Wollner bei Verlust der Kreditkarte Anspruch auf eine Ersatzkarte in Kanada hat!

k In einer Monatsabrechnung stellt Herr Wollner fest, dass die Kartengesellschaft ihn u. a. mit 1.158,23 EUR für mehrere Kartenzahlungen in den USA im Gesamtbetrag von 1.300,00 USD belastet hat. Als Umrechnungskurs wurde der Referenzkurs 1,1224G/1,1284B zugrunde gelegt. Überprüfen Sie die Abrechnung der Kartengesellschaft auf Richtigkeit.

Fall 7 Das bargeldlose Bezahlen an automatisierten Kassen

Das Hotel *Bellevue* in Kiel beherbergt täglich Geschäftsleute und Touristen aus dem In- und Ausland, vor allem aus den skandinavischen Ländern. Vor einem Monat ist das renommierte Hotel von der *Touristik AG* übernommen worden. Zum Hotel gehören auch ein Restaurant mit maritimem Ambiente und eine Hotelbar. In der Lobby befindet sich ein Hotelshop, in dem die Gäste u. a. Ansichtskarten, Souvenirs, Zeitschriften und Pralinen kaufen können. Der für Finanzfragen zuständige Prokurist des Hotels, Daniel Laux, möchte sich bei Ihnen über die Möglichkeiten des modernen elektronischen Zahlungsverkehrs informieren, um den internationalen Gästen die neuesten Möglichkeiten zur Begleichung von Hoteldienstleistungen zu bieten.

a Sie schlagen Herrn Laux im Zusammenhang mit der BankCard die Nutzung des Electronic-Cash-Verfahrens vor. Beschreiben Sie dieses Verfahren im Hinblick auf
   1 die Legitimationsprüfung eines Hotelgastes bzw.
   2 die Sicherheit und das Risiko für das Hotel bei der Bezahlung von Hotelrechnungen mit Girocard.

b Erläutern Sie für das Hotel *Bellevue* zwei Vorteile des Einsatzes der BankCard im Vergleich zum Einsatz einer Kreditkarte.

c Aus welchem Grund würden Sie Herrn Laux zusätzlich zur Nutzung des Electronic-Cash-Verfahrens auch den Einsatz der Kreditkarte sowie der BankCard im Girogo-Verfahren empfehlen?

d Abschließend möchte Herr Laux wissen, wie er den Rechnungsbetrag erhält, wenn ein Kunde im Hotel:
1 mit Kreditkarte zahlt.
2 mit BankCard zahlt.
3 mit BankCard mit dem Funkwellensymbol (Girogo-Verfahren) zahlt.
Beschreiben Sie Herrn Laux diese Vorgänge.

Fall 8 Das Bezahlen mit BankCard und SEPA-Basislastschrift

Sie sind Kundenberater/in bei der *Nordbank AG*. Für Ihre Kundin *Schnellsener Mühle GmbH* führen Sie ein Kontokorrentkonto. Die *Schnellsener Mühle GmbH* ist ein Tierfuttermarkt, der sich auf Futtermittel, Stallbau und Stallbauzubehör für Pferde, Hunde, Katzen und Geflügel spezialisiert hat. Das Unternehmen steht in Geschäftsverbindung mit vielen Kunden, die regelmäßig Einkäufe bei ihm tätigen. Die Barumsätze liegen zwischen 3.500,00 EUR und 8.500,00 EUR am Tag. Reitsportvereine und landwirtschaftliche Betriebe kaufen auf Rechnung. Mit Herrn Leineweber, dem alleinigen Geschäftsführer der *Schnellsener Mühle GmbH*, haben Sie für heute, einen Termin vereinbart. Herr Leineweber möchte, dass sein Angestellter Herr Kaus regelmäßig die Bareinnahmen auf das Konto der *Schnellsener Mühle GmbH* einzahlen kann.

a Beschreiben Sie Herrn Leineweber, wie bei Herrn Kaus die „erleichterte Identifizierung" vorgenommen werden könnte und welche zwei Voraussetzungen hierfür erfüllt sein müssen.

Wegen der relativ hohen Bargeldumsätze gehen Sie zu Beginn des Gesprächs mit Herrn Leineweber auf verschiedene bargeldlose Zahlungsformen ein.

Sie empfehlen der Schnellsener Mühle, ihren Kunden als eine alternative und sichere Zahlungsform auch das bargeldlose Bezahlen ihrer Rechnungen mit BankCard oder Kreditkarte zu ermöglichen und sich deshalb ein Kartenlesegerät anzuschaffen.

b Erläutern Sie Herrn Leineweber zwei Vorteile, die sich für die Schnellsener Mühle ergeben, wenn ein Teil der Kunden ihre Einkäufe mit BankCard oder Kreditkarte statt bar bezahlt!

c Nennen Sie Herrn Leineweber vier Prüfungen, die im Rahmen der Online-Autorisierung durchgeführt werden!

Sie weisen Herrn Leineweber darauf hin, dass er seinen Kunden bei der Nutzung des Electronic-Cash-Verfahrens anbieten kann, zusätzlich einen Bargeldbetrag mitzunehmen.

d Erläutern Sie Herrn Leineweber drei Vorteile für ihn als Händler, wenn seine Kunden diese Möglichkeit in Anspruch nehmen!

Auf Nachfrage von Herrn Leineweber stellen Sie ihm das Lastschriftverfahren vor, bei dem der Kunde die Zahlung neben der Vorlage der Karte mit seiner Unterschrift autorisiert.

e Erläutern Sie einen Vorteil und einen Nachteil dieser Zahlungsart für die *Schnellsener Mühle GmbH* im Vergleich zum Electronic-Cash-Verfahren (GiroCard-Verfahren)!

Die Überwachung der Zahlungseingänge der Kunden, die auf Rechnung kaufen, ist bisher sehr arbeitsaufwändig. Sie empfehlen daher Herrn Leineweber, seine Forderungen mittels Lastschriften einzuziehen.

f Erläutern Sie Herrn Leineweber drei Vorteile, die diese Art der Zahlungsabwicklung

f1 für die *Schnellsener Mühle GmbH* hat.

f2 für die Kunden der *Schnellsener Mühle GmbH* hat.

Da es zwei Arten des Lastschriftverfahrens gibt, nennen und erläutern Sie Herrn Leineweber beide Varianten.

g Empfehlen Sie Herrn Leineweber die für ihn günstigere Variante des Lastschriftverfahrens und begründen Sie Ihre Entscheidung.

h Erläutern Sie Herrn Leineweber einen Nachteil, den das von Ihnen vorgeschlagene Verfahren für die *Schnellsener Mühle GmbH* mit sich bringt.

Herr Leineweber findet Ihre bisherigen Informationen interessant und möchte genauer über die weitere Vorgehensweise informiert werden.

i Erläutern Sie Herrn Leineweber, welche Voraussetzungen erfüllt sein müssen, damit er das von Ihnen empfohlene Verfahren anwenden kann.

j Nennen Sie Herrn Leineweber drei Verpflichtungen, die der *Schnellsener Mühle GmbH* aus der Anwendung dieses Lastschriftverfahrens entstehen!

Nun weisen Sie Herrn Leineweber noch darauf hin, dass Sie eine betragsmäßige Höchstgrenze (Lastschriftobligo) für die von der *Schnellsener Mühle GmbH* einzureichenden Lastschriften festlegen müssen.

k Erläutern Sie Herrn Leineweber, warum die *Nordbank AG* ein solches Limit festlegt!

Sie konnten die *Schnellsener Mühle GmbH* für die Teilnahme am Lastschriftverfahren gewinnen und sie wendet dieses Verfahren bereits seit einiger Zeit an. Heute kommt Herr Leineweber wieder zu Ihnen und legt Ihnen einen Kontoauszug vor, aus dem hervorgeht, dass eine Lastschrift zurückgegeben wurde. Herr Leineweber erbittet von Ihnen Informationen zu dieser Lastschrift.

l Nennen Sie Herrn Leineweber drei Gründe, die zur Rückgabe der Lastschrift geführt haben können.

Herr Leineweber sucht nach einer für ihn bequemeren Art, die Bankgeschäfte der *Schnellsener Mühle GmbH* vom Büro aus abzuwickeln und einen schnelleren Überblick über die Kontobewegungen zu erhalten.

m Nennen Sie Herrn Leineweber ein Produkt, das seinen Wünschen Rechnung trägt, und erläutern Sie ihm dieses an drei Merkmalen.

Fall 9 Nutzung von Reisezahlungsmitteln im Ausland

Herr Phillipsen ist Kundenberater der *Nordbank AG.* Heute haben die Eheleute Julia und Matthias Aumann bei Herrn Phillipsen ein Beratungsgespräch. In einem Monat starten sie zu einer dreiwöchigen Rundreise durch Nordamerika. Zuvor wollen sie für eine Woche ihre Tochter in Australien besuchen. Die Kunden haben eine einwandfreie Bonität und möchten sich über mögliche Reisezahlungsmittel informieren.

Die Eheleute möchten 2.000,00 australische Dollar in bar mitnehmen. Bei allen Rechnungen ist der Rechenweg anzugeben.

a Mit welchem Betrag werden die Eheleute Aumann auf ihrem Konto belastet, wenn Sie als Grundlage für die Umrechnung die Kurse der *Nordbank AG* anwenden? Weitere Kosten fallen nicht an. Ermitteln Sie den Gegenwert in Euro.

Sortenkurse für 1 Euro der *Nordbank AG* aus Sicht der Bank

Land	ISO-Code	Währung	Verkauf	Ankauf
Australien	AUD	Dollar	1,4061	1,5861
USA	USD	Dollar	1,1259	1,1659

Devisenkurse

Währung	Geld	Brief
EUR - Australischer Dollar	1,4651	1,4811
EUR - US-Dollar	1,1164	1,1224

b Erklären Sie zwei Gründe, warum die Sortenkurse von den Devisenkursen abweichen.

Die Eheleute Aumann besitzen jeweils eine BankCard der *Nordbank AG*.

c Nennen Sie dem Ehepaar zwei Möglichkeiten zur Verwendung der BankCard in Nordamerika.

Als Zahlungsalternative empfehlen Sie dem Ehepaar, zusätzlich eine Kreditkarte mitzunehmen.

d Erklären Sie zwei generelle Vorteile der Kreditkarte gegenüber der BankCard.

e Herr und Frau Aumann möchten von Ihnen darüber informiert werden, welche Haftung sie bei Verlust. Diebstahl oder Missbrauch einer Kreditkarte durch Dritte übernehmen müssen.

Erläutern Sie dem Ehepaar die Regelungen zur Haftung gemäß den Kreditkartenbedingungen unter der Voraussetzung, dass die Sorgfalts- und Mitwirkungspflichten des Karteninhabers eingehalten wurden!

Sie teilen dem Ehepaar mit. dass die Kreditkarte auch mit dem Funkwellensymbol ausgestattet sein wird, sodass sie an Kassenterminals kontaktlos bezahlen können.

f Erläutern Sie dem Ehepaar zwei Vorteile, die mit dieser Bezahlfunktion für sie verbunden sind!

Das Ehepaar Aumann bittet Sie am Ende des Beratungsgesprächs noch um nähere Informationen zum Einsatz einer Kreditkarte bei Einkäufen im Internet.

g Nennen Sie dem Ehepaar drei Daten, die sie bei Zahlungen mit der Kreditkarte im Internet eingeben müssen!

h Heute kommt Frau Aumann wegen eines Überweisungsauftrages in die *Nordbank AG*. Sie teilt Herrn Phillipsen mit, dass sie ihrer Schwiegertochter, die mit ihrem Sohn in den USA verheiratet ist, wegen eines Autokaufs 20.000,00 US-Dollar überweisen möchte. Ihre Schwiegertochter hat die amerikanische Staatsbürgerschaft. Frau Aumann bittet um Hilfe bei dem Ausfüllen eines SEPA-Überweisungsformulars. Herr Phillipsen teilt Frau Aumann mit, dass für diesen Betrag eine SEPA-Überweisung nicht verwendet werden kann. Warum ist in diesem Fall eine SEPA-Überweisung nicht möglich?

i Herr Phillipsen füllt für Frau Aumann das zutreffende Überweisungsformular aus und teilt Frau Aumann mit, dass diese Zahlung der Deutschen Bundesbank gemeldet werden muss. Warum muss Frau Aumann diese Meldung vornehmen?

Übersichten zu den Zahlungsformen

1. SEPA-Lastschriftverfahren

Kriterien	SEPA-Basis-Lastschriftverfahren	SEPA-Firmen-Lastschriftverfahren
Teilnehmer	Privatkunden	Firmenkunden
Teilnahme-voraussetzungen	- Beitrittserklärung vom Zahlungsempfänger und Kreditinstitut - Inkassovereinbarung zwischen 1. Inkassostelle und Zahlungsempfänger - Zuweisung einer Gläubiger-ID durch die Bundesbank - Mandatsreferenz: Die Mandatsreferenz wird vom Lastschrifteinreicher individuell für jedes Mandat vergeben. Sie dient in Verbindung mit der Gläubiger-ID der Identifizierung des SEPA-Mandats. - Zahlungspflichtiger erteilt dem Zahlungsempfänger das SEPA-Lastschriftmandat.	- Beitrittserklärung vom Zahlungsempfänger und Kreditinstitut - Inkassovereinbarung zwischen 1. Inkassostelle und Zahlungsempfänger - Zuweisung einer Gläubiger-ID durch die Bundesbank - Mandatsreferenz: Die Mandatsreferenz wird vom Lastschrifteinreicher individuell für jedes Mandat vergeben. Sie dient in Verbindung mit der Gläubiger-ID der Identifizierung des SEPA-Mandats. - Zahlungspflichtiger erteilt dem Zahlungsempfänger das SEPA-Lastschriftmandat. - Zahlungspflichtiger muss der Zahlstelle das SEPA-Lastschriftmandat bestätigen. Ohne Mandatsbestätigung werden keine Lastschriften eingelöst.
Erteilung des SEPA-Lastschriftmandats	Zahlungsautorisierung mittels Lastschriftmandat Weisung des Zahlungspflichtigen: - Einzugsermächtigung des Zahlungspflichtigen an den Zahlungsempfänger - Zahlungsauftrag an die Zahlstelle, vom Zahlungsempfänger eingereichte SEPA-Lastschriften einzulösen. Verfall des Mandats: Nach 36 Monaten, wenn innerhalb dieses Zeitraums keine Folgelastschriften eingereicht wurden. Ansonsten: Das Mandat gilt unbefristet bis zum Widerruf. Informationspflicht: Der Zahlungsempfänger muss den Zahlungspflichtigen spätestens 14 Tage vor Fälligkeit der Zahlung den Lastschrifteinzug mit Betrag und Datum ankündigen, z. B. durch Rechnung. In der Lastschrift muss der Zahlungsempfänger ein Fälligkeitsdatum an-	Zahlungsautorisierung mittels Lastschriftmandat Bestätigung der Erteilung eines SEPA-Lastschriftmandats gegenüber der Zahlstelle Weisung des Zahlungspflichtigen: - Einzugsermächtigung des Zahlungspflichtigen an den Zahlungsempfänger - Zahlungsauftrag an die Zahlstelle, vom Zahlungsempfänger eingereichte SEPA-Lastschriften einzulösen. Verfall des Mandats: nach 36 Monaten, wenn innerhalb dieses Zeitraums keine Folgelastschriften eingereicht wurden. Lastschriftmandat bleibt beim Zahlungsempfänger; Verwahrung 14 Monate nach dem letzten Lastschrifteinzug

	geben, an dem das Konto des Zahlungspflichtigen belastet werden soll. Lastschriftmandat bleibt beim Zahlungsempfänger; Verwahrung 14 Monate nach dem letzten Lastschrifteinzug	
Erledigung des SEPA-Lastschriftmandats	Zahlungsempfänger teilt der Zahlstelle die Erledigung des Lastschriftmandats mit Einzug der letzten Lastschrift mit.	
Widerruf des SEPA-Lastschriftmandats	- Jederzeit vom Kunden durch Erklärung gegenüber seinem Kreditinstitut - Widerruf gegenüber dem Zahlungsempfänger	- Jederzeit vom Kunden durch Erklärung gegenüber seinem Kreditinstitut - Widerruf gegenüber dem Zahlungsempfänger
Voraussetzungen für die Einlösung der SEPA-Lastschrift	- Kein Widerruf liegt vor. - ausreichendes Guthaben - keine Teileinlösungen - Die IBAN des Zahlungspflichtigen ist zuzuordnen. - Benachrichtigung des Zahlungspflichtigen bei Nichteinlösung einer SEPA-Lastschrift	
Vorlagefristen bei Einreichung von SEPA-Lastschriften	Bei Erst- und Einmallastschriften: fünf Tage vor Fälligkeit Folgelastschriften: spätestens zwei Tage vor Fälligkeit	einheitlich ein Tag vor Fälligkeit
Zurückweisung	Der Kunde kann dem Kreditinstitut gesondert die Weisung erteilen, bestimmte Lastschriften nicht einzulösen.	
Widerspruch gegen Belastungsbuchungen mit gültigem Lastschriftmandat	- Rückerstattungsanspruch acht Wochen ab Belastungsbuchung ohne Grundangabe - Erlöschen des Erstattungsanspruchs nach Genehmigung der Lastschriftbuchung	kein Erstattungsanspruch nach erfolgter Einlösung
Widerspruch gegen Belastungsbuchungen mit ungültigem Lastschriftmandat	- unverzügliche Erstattung des Lastschriftbetrages - Ausschluss der Ansprüche des Kunden nach Ablauf von 13 Monaten ab Belastungsbuchung	
Lastschriftrückgabe durch Zahlstelle	bis fünf Tage nach Belastungsbuchung	bis zwei Tage nach Belastungsbuchung

2. Giropay- und Girogo-Verfahren im Überblick

Giropay-Verfahren	Girogo-Verfahren
Giropay ist ein Onlinebezahlverfahren der deutschen Kreditwirtschaft, das eine für Verkäufer und Käufer sichere Zahlung im Internet ermöglicht. Zahlungen mit Giropay werden über das Onlinebanking der Bank des Zahlers durchgeführt. Verkäufer, die dieses Verfahren ihren Kunden anbieten möchten,	Girogo-Verfahren: Dieses Verfahren ermöglicht ein kontaktloses Bezahlen mit der Girocard. Beim Zahlungsvorgang hält der Karteninhaber die mit einem Funkchip (NFC) ausgestattete Karte (Girocard oder Kreditkarte) in einem Abstand von einigen Zentimetern an die Bezahlfläche des

müssen zuvor eine entsprechende Vereinbarung mit ihrer Bank treffen. Wenn ein Käufer beim Bezahlvorgang in einem Onlineshop die Zahlungsart „Giropay“ wählt, wird es in einer gesicherten neuen Verbindung zum Onlinebanking seiner Bank weitergeleitet. Nach Eingabe seines Benutzernamens und seines Passwortes werden dem Käufer die Kaufdaten zur Prüfung angezeigt. Nach Eingabe der PIN und Freigabe der Zahlung erhält der Zahlungsempfänger eine Zahlungsgarantie.

Käufer und Verkäuferschutz

- Sollte der Kunde die bestellte Ware später nicht erhalten, erhält der Käufer von „Giropay“ eine Erstattung des Kaufpreises, wenn der Verkäufer den Versand der Ware nicht nachweisen kann.
- Schon unmittelbar nach der Zahlung erhält der Verkäufer eine Zahlungsgarantie von der Bank und kann die Ware versenden.

Weitere sichere Zahlungsmöglichkeiten im Onlinebanking: Apple Pay, Kreditkarte, PayPal und Sofortüberweisung

Terminals und der Rechnungsbetrag wird dem Verkäufer ohne PIN-Eingabe bis 50,00 EUR garantiert. Ein optisches oder akustisches Signal bestätigt die erfolgreiche Zahlung. Der Höchstbetrag für eine einzelne Girogo-Zahlung beträgt 50,00 EUR.

Mobile Payment

Handy Zahlungen am Kassenterminal: Ist in der Banking-App auf dem Smartphone eine digitale Debitkarte (Girocard, Mastercard, VPay) oder eine digitale Kreditkarte installiert, kann der Kunde mit seinem Handy auch ohne Vorlage der Karte Kartenzahlungen veranlassen. Für die sichere Speicherung der Kartendaten auf dem Handy wird die sog. HCE-Technik (Host Card Emulation) genutzt.

Für mobile Zahlungen mit einem Apple-Smartphone kann der Nutzer in der Banking-App die App „Apple-Pay“ hinzufügen („Zur Apple Wallet hinzufügen“). Alternativ kann der Nutzer die digitale Zahlungskarte in der Apple „Wallet App“ aktivieren.

Beim Bezahlen ist das Handy zu entsperren und nahe an das Bezahlterminal zu halten. Über die NFC-Schnittstelle des Smartphones werden die Daten in das Terminal eingelesen.

Die Zwei-Faktor-Authentifizierung der Zahlung erfolgt durch

- Besitz des Handys und
- Entsperrung des Handys durch Fingerabdruck, Gesichtserkennung, Gerätecode oder Eingabe eines Musters.

Die Zahlung wird – unabhänig von der Betragshöhe – mit der im Smartphone hinterlegten Entsperrmethode freigegeben. Die Eingabe einer PIN ist nicht erforderlich.

Bei der Handy-an-Handy-Zahlungen kann der Zahler in der Banking-App einen Zahlungsempfänger im Adressbuch seines Handys anklicken, einen Zahlungsbetrag angeben und die Überweisung auslösen. Bei Zahlungen bis 30,00 EUR ist bei Giropay keine TAN erforderlich. Der Zahlungsempfänger erhält auf seinem Handy sofort eine Benachrichtigung über den Zahlungseingang.

3. Kartenzahlungen

Aspekte	BankCard	Kreditkarte
Legitimation	Eingabe der PIN und Online-Prüfung der PIN, der Sperrdatei und des Verfügungsrahmens	Unterschrift auf Leistungsbeleg und Online-Prüfung der Sperrdatei und des Verfügungsrahmens oder Eingabe der PIN
Zahlungsgarantie für den Händler	Zahlungsgarantie	Zahlungsgarantie
Belastung des Karteninhabers	Belastung nach jeder Zahlung	Der Karteninhaber erhält einmal monatlich eine Abrechnung über alle von ihm getätigten Kreditkartenumsätze. Abwickler zieht per Lastschrift den gesamten Rechnungsbetrag in einer Summe vom Girokonto des Karteninhabers ein.
Sicherheit für den Karteninhaber	- unrechtmäßige Verfügungen nur bei Kenntnis der PIN - Vor der Verlustanzeige ist die Haftung abhängig vom Verschulden des Kunden nach der Verlustanzeige trägt die Bank alle Schäden.	- Schäden vor der Verlustanzeige: Haftung des Karteninhabers maximal 50 EUR - Schäden nach der Verlustanzeige: keine Haftung des Karteninhabers
Sicherheit für den Zahler bei Bezahlungen im Internet		Zur Erhöhung der Sicherheit bei Internetzahlungen bieten die Kreditkartengesellschaften besondere Authentifizierungsverahren an. Bei Zahlungen mit der Kreditkarte im Internet sind der Name des Karteninhabers, die Kartennummer, das Gültigkeitsdatum und die Kartenprüfziffer erforderlich. Die Kartenprüfziffer ist eine drei- oder vierstellige Zahl, die auf der Rückseite der Kreditkarte aufgetdruckt ist. Zusätzlich müssen Authentifizierungsmerkmale bei Internetzahlungen eingegeben werden. Beim Bezahlvorgang im Internet öffnet sich ein Eingabefenster der Kreditkartengesellschaft im Browser, in dem die Zahlung zu bestätigen und ein Sicherheitscode (persönliches Passwort) oder eine auf dem Handy per SMS oder Banking-App empfangene TAN einzugeben ist.
Besondere Dienstleistungen	- Nutzung des Kontoauszugsdruckers - Nutzung des Geldautomaten - Haftungsbeschränkung bei Verlust - Abwicklung von Aufträgen an SB-Terminals	- Nutzung von Geldautomaten - Preisnachlässe bei Einkäufen bei Co-Branding-Karten - Ausgabe von Classic-, Premium- und Businesskarten mit Zusatzangeboten von z. B. Versicherungsleistungen

1.2 Anlagen auf Konten

Lösungen ab Seite 217

Fall 1 Festgeld oder Sparbrief

Die 47-jährige Privatkundin der *Isarbank AG* Birgit Knop (ledig) hatte im Jahr 2020 vom Nachlassgericht in München die nachstehenden Vermögenswerte zugesprochen bekommen:

- 0,75 % abgezinster Sparbrief Typ A, Laufzeit 1 Jahr, Rückzahlung 20.000,00 EUR, Kauf 14. Januar 2020
- 1,25% Sparschuldverschreibungen Typ N, 50.000,00 EUR, Laufzeit 5 Jahre, Kauf 15. April 2020, Zinstermin 1. März gzj.
- 1,0 % aufgezinster Sparbrief Typ V, 30.000,00 EUR, Kauf 2. Juni 2019, Laufzeit 4 Jahre,
- Festgeld 48.000,00 EUR vom 10. August bis 10. September 2020, Zinssatz 0,1 %
- Spareinlagen mit dreimonatiger Kündigungsfrist, Guthaben Stand 31. Dezember 2019 10.453,10 EUR, Sparzins für 2020: 0,05 %

Ein Freistellungsauftrag in Höhe von 801,00 EUR für 2020 liegt der *Isarbank AG* vor. Sie sind Kundenberater(in) der *Isarbank AG* und werden von Frau Knop gebeten, ihre nachstehenden Fragen zu den Anlagen zu beantworten:

a Frau Knop möchte den Unterschied zwischen einem abgezinsten Sparbrief und einer Festgeldanlage erklärt bekommen.

b Frau Knop kann sich den Unterschied in den Zinssätzen der beiden Anlagen nicht erklären. Beraten Sie Frau Knop.

c Aufgrund ihrer Geldanlagen erzielte Frau Knop im Jahr 2020 die nachfolgenden Zinserträge:

Anlage	Bruttozinserträge
Sparbrief	350,00 EUR
Sparschuldvb.	1.250,00 EUR
Festgeld	20,00 EUR
Spareinlage	52,27 EUR
Summe	1.672,27 EUR

Ermitteln Sie den Nettokapitalertrag der einzelnen Anlagen im Jahr 2020 unter Berücksichtigung der Abgeltungssteuer von 25 % und des Solidaritätszuschlags von 5,5 % für Frau Knop. Frau Knop gehört keiner Religionsgemeinschaft an. Die Zinserträge im Jahr 2019 sind in der tabellarisch aufgeführten Reihenfolge angefallen.

Fall 2 Bausparen

Das Ehepaar Klaus und Beate Philipp trägt sich mit dem Gedanken, einen Bausparvertrag über 50.000,00 EUR zur Finanzierung einer Eigentumswohnung abzuschließen. Vor einem Vertragsabschluss möchten sich beide Ehepartner bei Ihnen als Kundenberater(in) der *Bauspar AG* über Möglichkeiten und Konditionen des Bausparens informieren. Beide Ehepartner sind berufstätig und erhalten von ihren Arbeitgebern vermögenswirksame Leistungen in Höhe von 888,00 EUR jährlich, die bisher auf einem Kontensparvertrag angelegt werden. Das zu versteuernde Einkommen beider Ehepartner beträgt derzeit 45.000,00 EUR jährlich (vgl. Vermögensbildungsgesetz, Wohnungsbau-Prämiengesetz).

a Zunächst möchte das Ehepaar Philipp von Ihnen wissen, wie das Bausparen überhaupt funktioniert. Erklären Sie den Kunden das Grundprinzip des Bausparens.

b Herr Philipp möchte von Ihnen wissen, welche staatlichen Förderungsmaßnahmen sie in Verbindung mit einem Bausparvertrag nutzen können.

c Nennen Sie dem Ehepaar den höchstmöglichen betraglichen Umfang der staatlichen Bausparförderung, den es erhalten kann.

d Welche staatliche Sparförderung kann dem Bausparkonto jährlich höchstens gutgeschrieben werden, wenn das Ehepaar monatlich je 150,00 EUR bausparen will?

e Mit welchen Argumenten könnten Sie das Ehepaar Philipp von den Vorteilen des Bausparens in ihrer Situation überzeugen?

f Erläutern Sie zwei Nachteile einer Baufinanzierung durch einen Bausparvertrag!

g Das Ehepaar Philipp entscheidet sich für den Abschluss eines Bausparvertrages über 50.000,00 EUR. Die *Bauspar AG* bietet ihren Bausparern die nachstehenden Vertragskonditionen an. Empfehlen und begründen Sie dem Ehepaar Philipp den für sie geeigneten Bauspartarif. Gehen Sie davon aus, dass das Ehepaar für die Finanzierung der Eigentumswohnung einen niedrigen Zins- und Tilgungsbeitrag sowie relativ schnelle Rückzahlung einplant.

Tarifmerkmale Classic (auf einen Blick)

Sparphase

	Classic**	**Classic****	**Classic-Maxi**	**Classic-Mini**
Mindest-BS* in Euro	10.000,00	10.000,00	50.000,00	10.000,00
Monatlicher Regelsparbeitrag je 1000 Euro BS*	4,00 EUR	4,00 EUR	4,00 EUR	4,00 EUR
Guthabenzins p. a.	1,0 %	1,0 %	0,5 %	1,0 %
Mindestansparung (in % der BS*)	40 %	40 %	40 %	40 %
Mindestsparzeit	2 Monate	2 Monate	2 Monate	2 Monate
Abschlussgebühr (in % der BS*)	1 %	1 %	1 %	1 %

Darlehensphase

	Classic**	**Classic****	**Classic-Maxi**	**Classic-Mini**
Gebundener Sollzins p. a.	3,75 %	3,75 %	2,90 %	1,95 %
Effektiver Jahreszins ab Zuteilung	3,95 %	4,04 %	3,16 %	2,28 %
Maximaler Darlehensanspruch (in % der BS*)	60 %	60 %	60 %	60 %
Zins- und Tilgungsbeitrag je 1000 Euro BS*	4,00 EUR	6,00 EUR	6,00 EUR	8,00 EUR
Tilgungsdauer bei max. Darlehen	203 Monate	121 Monate	115 Monate	81 Monate

*BS=Bausparsumme

**In der Tarifvariante Classic kann der Bausparer bis zur Zuteilung zwischen einem Zins- und Tilgungsbeitrag von 6,00 oder 4,00 EUR je 1.000,00 EUR Bausparsumme wählen. Bis zur Ausübung des Wahlrechts wird der Vertrag für die Berechnung der Bewertungszahl mit einem Zins- und Tilgungsbeitrag von 6,00 EUR je 1.000,00 EUR BS geführt.

h Noch während der Sperrfrist des Bausparvertrages, drei Jahre nach Vertragsabschluss, beantragt das Ehepaar die Zuteilung des Bauspardarlehens. Während dieser Zeit hatten die Eheleute einige Sonderzahlungen auf den Bausparvertrag geleistet und den Bausparvertrag bereits zu über 50 % angespart. Frau Philipp möchte von Ihnen wissen, ob und wie sie jetzt über die Wohnungsbau-Prämie verfügen kann. Beraten Sie Frau Philipp!

Fall 3 Sparen nach dem Vermögensbildungsgesetz

Jan-Sören Speckter aus Pinneberg ist seit einem Jahr Auszubildender bei der *Elbebank AG* in Hamburg. In seiner Funktion als Jugendvertreter wurde er vom Betriebsrat gebeten, im Rahmen einer Ausbildungsveranstaltung der *Elbebank AG* den 25 Auszubildenden des neuen Ausbildungsjahrgangs die Möglichkeiten des Sparens nach dem Fünften Vermögensbildungsgesetz aufzuzeigen. In der Vergangenheit hatten sich nämlich die Auszubildenden immer wieder darüber beklagt, dass sie die vermögensbildenden Leistungen der *Elbebank AG* zu Beginn des Ausbildungsverhältnisses in Sparverträgen angelegt hatten, ohne genügend über die Möglichkeiten und Risiken dieser Anlageformen informiert gewesen zu sein.

a Bezüglich der Ausbildungsvergütung und den sonstigen betrieblichen Leistungen verweist die *Elbebank AG* in ihren Ausbildungsverträgen auf die Regelungen des laufenden Tarifvertrages. Stellen Sie die Höhe der vermögenswirksamen Leistungen für die Auszubildenden der *Elbebank AG* fest!

Auszug aus den Tarifvereinbarungen über Leistungen nach dem Vermögensbildungsgesetz (VermBG) im Tarifvertrag für das Bankgewerbe

§ 2 Höhe der Leistungen
Die Arbeitnehmer und Auszubildenden ... erhalten für jeden Kalendermonat ... 40,00 EUR monatlich als Leistungen im Sinne des Fünften Vermögensbildungsgesetzes.

b Bevor Herr Speckter seinen Vortrag über das Fünfte Vermögensbildungsgesetz ausarbeitet, bittet er seine Ausbildungsleiterin Frau Runge um Unterstützung. Frau Runge schlägt vor, den Auszubildenden erst einmal einen groben Überblick über die wesentlichen Inhalte dieses Gesetzes zu geben. Fassen Sie anhand der nachstehenden Fragestellungen die wesentlichen Inhalte des 5. Vermögensbildungsgesetzes in einer kurzen Übersicht zusammen!
1 Welcher Personenkreis wird nach diesem Gesetz gefördert?
2 In welchen Verträgen und Anlageformen können die vermögensbildenden Leistungen angelegt werden?
3 Mit welchen Laufzeiten sind die jeweiligen Verträge ausgestattet?
4 Welcher Betrag kann jährlich maximal staatlich gefördert werden und wie hoch ist die Arbeitnehmer-Sparzulage in diesem Fall?

c Erklären Sie den Auszubildenden die Grundzüge des Investmentsparens und des Bausparens!

d Stellen Sie fest, welche der nachfolgenden Verträge mit einer Arbeitnehmer-Sparzulage gefördert werden können!
1 Sparvertrag über den Erwerb von Anteilscheinen an einem Fonds, der überwiegend in Aktien anlegt.
2 Abschluss eines Vertrags über eine Kapitalversicherung auf den Erlebens- und Todesfall
3 Abschluss eines dynamischen Sparvertrages mit einem jährlich steigenden Bonus
4 Abschluss eines Bausparvertrags
5 Abschluss eines Wertpapier-Kaufvertrages mit dem Arbeitgeber zum Erwerb von Belegschaftsaktien

e Herr Speckter stellt den Auszubildenden beispielhaft drei Investmentfonds vor. Begründen Sie, welcher dieser drei Investmentfonds sparzulagenbegünstigt ist!
1 *HANSANORDRENTA:* In das Sondervermögen werden festverzinsliche Wertpapiere, Wandelschuldverschreibungen, Optionsanleihen sowie Optionsscheine in- und ausländischer Aussteller aufgenommen, die auf eine europäische Währung lauten. Etwa aus der Ausübung von Wandlungs- und Optionsrechten erworbene Aktien dürfen im Sondervermögen verbleiben.

2 *Europe Stars:* In das Sondervermögen werden Aktien und Aktienzertifikate europäischer und überseeischer Aussteller aufgenommen, die nach dem Grundsatz einer breiten Risikostreuung, nach ihrer Sicherheit sowie einer zu erwartenden Wertsteigerung ausgewählt werden. Wertpapiere mit breitem Markt erhalten den Vorzug. Das Sondervermögen kann bis zu 10 % in festverzinslichen Wertpapieren, Wandelschuldverschreibungen und Optionsanleihen bzw. Optionsscheinen in- und ausländischer Aussteller angelegt werden, wenn der Gesellschaft dies im Interesse der Anteilinhaber geboten erscheint.
3 *HANSACUMULA:* In das Sondervermögen werden überwiegend festverzinsliche Wertpapiere, Wandelschuldverschreibungen, Optionsanleihen sowie Optionsscheine in- und ausländischer Aussteller aufgenommen. Etwa aus der Ausübung von Wandlungs- und Optionsrechten erworbene Aktien dürfen im Sondervermögen verbleiben.

f Ein Auszubildender fragt Herrn Speckter, ob und in welcher Höhe er sparzulagenberechtigt ist. Er teilt Herrn Speckter mit, dass er sich im 1. Ausbildungsjahr befindet und eine monatliche Ausbildungsvergütung in Höhe von 975,00 EUR erhält. Der Auszubildende möchte beide staatlichen Sparförderungen in voller Höhe in Anspruch nehmen. Informieren Sie den Auszubildenden über seine Sparmöglichkeiten. Gehen Sie davon aus, dass die *Elbebank AG* ihren Auszubildenden eine jährliche vermögensbildende Leistung in Höhe von 480,00 EUR gewährt.

g Zum Schluss der Informationsveranstaltung werden die noch offenen Fragen der Auszubildenden beantwortet. Geben Sie zu diesen Fragen jeweils eine kurze Erklärung!
1 Sind die Sparverträge nach dem 5. VermBG eine liquide Anlage und eignen sie sich beispielsweise zum Ansparen für einen Pkw?
2 Wie funktioniert das Sparen, wenn ein Vertrag mit einer Kapitalanlagegesellschaft oder einer Bausparkasse geschlossen wurde?
3 Wann und wie kann die Arbeitnehmer-Sparzulage vereinnahmt werden?
4 Können neben den vermögensbildenden Leistungen zusätzliche Beträge staatlich gefördert auf die jeweiligen Verträge eingezahlt werden?
5 Unter welchen Voraussetzungen kann vorzeitig sparzulagenunschädlich über die Anlage verfügt werden?

h Warum fördert der Staat nur das Beteiligungssparen und das Bausparen?

Fall 4 Riester-Rente

Sie sind Kundenberater(in) der *Nordbank AG*. Die Eheleute Werner und Andrea Schmidt haben mit Ihnen für heute einen Gesprächstermin vereinbart. Herr Schmidt ist 35 Jahre alt, arbeitet als Sozialversicherungsfachangestellter bei der *Barmer Ersatzkasse* und hatte im Jahr 2018 einen Bruttoarbeitslohn von 38.000,00 EUR. Seine Frau Andrea ist 35 Jahre alt, arbeitet als Angestellte im öffentlichen Dienst und hatte im letzten Jahr einen Bruttoarbeitslohn von 25.000,00 EUR. Die beiden Kinder der Familie Schmidt sind vier Jahre bzw. ein Jahr alt. Die Eheleute Schmidt interessieren sich für staatlich geförderte Möglichkeiten der privaten Altersvorsorge. Im Gespräch mit dem Ehepaar gehen Sie zunächst auf die Grundlagen der Altersvorsorge und der vom Staat geförderten Möglichkeiten ein. In diesem Zusammenhang fallen die Begriffe „Versorgungslücke" und „demografischer Wandel".

a Beschreiben Sie dem Ehepaar die beiden Begriffe „Versorgungslücke" und „demografischer Wandel".

b Begründen Sie, warum es tendenziell immer wichtiger wird, neben der gesetzlichen Rentenversicherung auch private finanzielle Vorsorge für das Alter zu treffen.

c Beschreiben Sie dem Ehepaar Schmidt das Schichtenmodell in der Altersvorsorge und führen Sie jeweils ein Beispiel aus jeder Schicht an.

d Prüfen Sie, ob Herr und Frau Schmidt zum geförderten Personenkreis der staatlich geförderten privaten Altersvorsorge gehören.

Die Eheleute Schmidt möchten wissen, welche Beträge sie aus eigenen Mitteln aufbringen müssen, um die staatliche Förderung für die private Altersvorsorge in voller Höhe zu erhalten. Zur Berechnung legen Sie den Eheleuten Schmidt die Übersicht über die staatlichen Zulagen vor:

Staatliche Förderung	**Altersvorsorge-Zulage („Riester-Zulage")**
Wer ist berechtigt?	Unmittelbar: Pflichtmitglieder der gesetzlichen Rentenversicherung, Beamte, Angestellte im öffentlichen Dienst, Arbeitslose, Selbstständige (pflichtversichert), Landwirte u. a. Mittelbar: Ehepartner
Einkommensgrenzen/ zu versteuerndes Einkommen	Keine
Begünstigter Höchstbetrag p. a.	2.100,00 EUR (inklusive Zulagen)
Prämie/Zulage p. a	- Grundzulage p. a. pro Person: 175,00 EUR - Für Berufseinsteiger unter 25 Jahre gibt es einmalige zusätzliche Grundlage von 200,00 EUR in dem ersten Jahr, in dem der Berufseinsteiger ein volles Jahr beschäftigt war. - Kinderzulage p. a. je Kind (für das Kindergeld gezahlt wird): 185,00 EUR - für ab 01.01.2008 geborene Kinder: 300,00 EUR
Welche Einzahlungen sind gefördert?	- Einzahlungen auf zertifizierte Riester-Produkte bis zu 4 % aus beitragspflichtigem Einkommen des Vorjahres, max. 2.100,00 EUR - Sockelbeitrag: 60,00 EUR pro Jahr für unmittelbar Zulageberechtigte

e Ermitteln Sie, welchen Eigenbeitrag Herr und Frau Schmidt für 2019 mindestens aufbringen müssen, um Anspruch auf die staatliche Förderung in voller Höhe zu erwerben. Die Kinderzulagen sind Frau Schmidt zugeordnet.

Sie haben die Eheleute Schmidt von den Vorteilen der staatlich geförderten privaten Altersvorsorge überzeugt. Herr Schmidt fragt nach den hierfür bestehenden Anlagemöglichkeiten.

f Nennen Sie zwei Beispiele für staatlich geförderte Altersvorsorgeprodukte.

g Wovon sind die Erträge der von Ihnen angeführten beiden Anlageprodukte abhängig?

h Nennen Sie vier Voraussetzungen, die die Eheleute Schmidt erfüllen müssen, damit sie in den Genuss der staatlichen Förderung nach dem Altersvermögensgesetz kommen können.

Im weiteren Verlauf des Beratungsgesprächs verwenden Sie den Begriff der „nachgelagerten Besteuerung" im Zusammenhang mit der Rentenbesteuerung im Alter.

i Beschreiben Sie die Auswirkungen der „nachgelagerten Besteuerung" für die Zeit der Ansparung und der Auszahlung eines geförderten Altersvorsorgevertrags.

Herr Schmidt teilt Ihnen mit, dass das Ehepaar ein Grundstück besitzt und in den nächsten sechs bis sieben Jahren bauen möchte. Aus diesem Grund möchte das Ehepaar Schmidt monatlich einen festen Betrag für den geplanten Hausbau ansparen. Sie empfehlen Ihren Kunden den Abschluss eines Bausparvertrags.

j Beschreiben Sie anhand von drei Aspekten den Kundennutzen dieses Produkts.

Die Eheleute Schmidt entscheiden sich für den Abschluss eines nach Wohn-Riester-geförderten Bausparvertrags auf den Namen der Ehefrau. Die Kinder werden Frau Schmidt zugerechnet.

k Ermitteln Sie für Frau Schmidt die Höhe der Wohn-Riester-geförderten Bausparsumme. Legen Sie für Ihre Berechnungen einen Regelsparbeitrag von 4 Promille der Bausparsumme pro Monat zugrunde. Runden Sie das Ergebnis auf volle TEUR auf.

Auch Herr Schmidt möchte auf seinen Namen einen geförderten Altersvorsorgevertrag abschließen. Sie empfehlen Herrn Schmidt eine fondsgebundene Lebensversicherung.

l Erklären Sie Herrn Schmidt zwei Vorteile dieses Produkts im Rahmen seiner Altersvorsorge.

m Das Ehepaar möchte noch wissen, wie sie die staatlichen Zulagen jährlich beantragen müssen. Nennen Sie die beiden Möglichkeiten.

Am Ende des Beratungsgesprächs möchte das Ehepaar noch wissen, wann es frühestens über die Riester-Renten verfügen kann.

n Nennen Sie zwei Beispiele für eine
   1. unschädliche Verwendung des Altersvorsorgevermögens.
   2. schädliche Verwendung des Altersvorsorgevermögens.

o Beschreiben Sie zwei mögliche Folgen, die eine schädliche Verwendung für die Eheleute Schmidt hätte.

Übersichten Geldanlage auf Konten

1. Sparbriefe

Merkmale	**Inhalte**
Rechtsnatur	Namensschuldverschreibungen
Laufzeit	1 bis 6 Jahre
Verzinsung	Festzins für die gesamte Laufzeit
Arten	Normalverzinsliche Sparbriefe: - Ausgabe zum Nennwert - laufende Zinszahlung jährlich nachträglich - Rückzahlung bei Fälligkeit zum Nennwert Abgezinste Sparbriefe: - Ausgabe zum Nennwert abzüglich Zinsen und Zinseszinsen für die gesamte Laufzeit - keine laufenden Zinszahlungen - Rückzahlung bei Fälligkeit zum Nennwert Aufgezinste Sparbriefe: - Ausgabe zum Nennwert - keine laufenden Zinszahlungen - Rückzahlung zum Nennwert zuzüglich Zinsen und Zinseszinsen für die gesamte Laufzeit
Rückgabe vor Fälligkeit der Sparbriefe	I. d. R. ausgeschlossen Alternative: Verkauf an Dritte oder Beleihung beim Kreditinstitut
Übertragung auf Dritte	Übertragung durch Abtretung

2. Einlagensicherung

Institutssicherung der Sparkassenfinanzgruppe	Garantiefonds des Bundesverbandes der deutschen Volksbanken und Raiffeisenbanken e.V. (BVR)	Einlagensicherung des Bundesverbandes deutscher Banken (BdB)	Gesetzliche Einlagensicherung und Anlegerentschädigung
• Stützungsfonds der regionalen Sparkassen und Giroverbände • Sicherungsreserve der Landesbanken und Girozentralen • Sicherungsfonds der Landesbausparkassen Die drei institutssichernden Einrichtungen sind über einen Haftungsverbund miteinander verknüpft. Der institutssichernde Haftungsverbund schützt die Gläubiger vor Forderungsverlusten, und zwar bereits, wenn sich bei einem Mitglied wirtschaftliche Schwierigkeiten abzeichnen. Mittelaufbringung: Risikoorientierte Umlagen der Mitgliedsinstitute	Der Garantiefonds soll wirtschaftliche Schwierigkeiten bei den genossenschaftlichen Kreditinstituten beheben und dadurch die Sicherheit der Einlagen der Kunden gewährleisten. Mittelaufbringung: Umlagenfinanzierung	Verlustsicherung von Nichtbanken bis zu 15 % des haftenden Eigenkapitals des jeweiligen Kreditinstituts je Gläubiger Kein Schutz für Inhaberschuldverschreibungen Mittelaufbringung: Umlagen der Mitgliedsinstitute	Gesetzlicher Mindestschutz: Die Basisdeckung entschädigt Einleger bis zu einen Betrag von 100.000 € zu 100 %.

3. Bausparen

Wesen	- Zwecksparen - Ziel: Zuteilung der Bausparsumme bei Realisierung des Bauvorhabens - Bausparsumme = Bausparguthaben + zinsgünstiges nachrangiges Bauspardarlehen - Konditionen: von vornherein festgelegt, z. B. Darlehenszinssatz - Staatliche Förderung: Wohnungsbau-Prämie und Arbeitnehmer-Sparzulage
Rechte des Bausparers	- Forderungsrecht gegen die Bausparkasse - Recht auf ein zinsgünstiges Bauspardarlehen
Wartezeit	- Die Wartezeit bis zur Zuteilung des Bauspardarlehens beträgt i. d. R. 4 Jahre. - Spezialtarife mit höherer Ansparquote und kürzerer Laufzeit führen zu einer früheren Zuteilung der Bausparsumme.
Zuteilung des Bauspardarlehens	Erreichen der Mindestbewertungszahl

Abwicklung eines Bausparvertrags	1. Abschluss des Vertrags. Die Abschlusskosten betragen 1 % bis 1,6 % der Vertragssumme. 2. Sparphase: Der Bausparer zahlt die Bausparraten bis zum Erreichen des Mindestsparguthabens ein. 3. Zuteilung: Voraussetzung für eine Zuteilung ist das Erreichen der Mindestbewertungszahl und des Mindestguthabens. 4. Tilgungsphase des Darlehens: Nach der Zuteilung und der Auszahlung des Bausparguthabens und des Darlehens erfolgt die Rückzahlung mit monatlichem Zins- und Tilgungsbetrag von 4 bis 8 Promille der Bausparsumme.
Voraussetzungen für die Zuteilung eines Bausparvertrages	1. Mindestsparguthaben 50 % der Bausparsumme 2. Höhe der Bewertungszahl ausreichend 3. Erreichen der Zielbewertungszahl: Das ist die Bewertungszahl, die gerade noch für eine Zuteilung ausreicht.
Steuerliche Behandlung der Zinsen auf Bausparguthaben	Zinsen auf Bausparguthaben unterliegen grundsätzlich der Abgeltungssteuer von 25 %. Dabei gelten die Freibeträge von zurzeit 1.000,00 EUR für Ledige/2.000 EUR für Verheiratete. Darüber hinaus fällt der Solidaritätszuschlag in Höhe von 5,5 % auf die Abgeltungssteuer an. Wenn der Bausparer seiner Bausparkasse einen Freistellungsauftrag in ausreichender Höhe erteilt hat, können die Zinsen steuerfrei dem Bausparkonto gutgeschrieben werden.

4. Staatliche Bausparförderung

Kriterien	Vermögenswirksame Leistungen mit Arbeitnehmer-Sparzulage für Arbeitnehmer nach dem 5. Vermögensbildungsgesetz	Eigene Sparleistungen mit Wohnungsbau-Prämie nach dem Wohnungsbau-Prämiengesetz
Maximal zu versteuerndes Einkommen pro Jahr (ledig/verheiratet)	17.900,00/35.800,00 EUR	35.000,00/70.000,00 EUR
Erbringung der Leistung	Vermögenswirksame Leistungen (Überweisung durch den Arbeitgeber)	Eigene Sparleistung (Überweisung oder Lastschrift durch den Sparer)
Geförderte Höchstbeträge jährlich	470,00 EUR	700.00 EUR
Fördersatz	9 % Arbeitnehmer-Sparzulage	10,0 % Wohnungsbau-Prämie
Höchstmögliche staatliche jährliche Sparförderung	42,30 EUR/84,60 EUR	70,00 EUR/140,00 EUR
Gesamthöchstsumme der jährlichen Förderung	112,60 EUR/224,60 EUR	
Bindungsfristen	7 Jahre Die Förderung unterliegt unter steuerlichen Gesichtspunkten einer absoluten Zweckbindung auch über die Bindungsfrist hinaus.	

5. Staatliche Sparförderung nach dem Vermögensbildungsgesetz

Übersicht über die staatliche Sparförderung

Sparformen	Einkommens-grenzen	Sparhöchst-betrag	Arbeitnehmer-Sparzulage/ Wohnungs-bau-Prämie	Sperrfristen	Arbeitnehmer-Sparzulage
Bausparen nach dem 5. VermBG	17.900,00 EUR 35.800,00 EUR	470,00 EUR	9 %	7 Jahre ab Vertrags-schluss	43,00 EUR
Beteiligungs-sparen	20.000,00 EUR 40.000,00 EUR	400,00 EUR	20 %	7 Jahre, ab 01.01. des Jahres der ersten Einzahlung.	80,00 EUR
Bausparen nach dem WoPG	35.000,00 EUR 70.000,00 EUR	700,00 EUR 1.400,00 EUR	10 %	Fällig bei Zuteilung des Bausparvertrages und Verwendung für wohnwirtschaftliche Zwecke. Ausnahme: Freie Verfügung über das Guthaben nach 7 Jahren, wenn der Bausparer bei Vertragsabschluss das 25. Lebensjahr noch nicht vollendet hatte.	45,06 EUR 90,11 EUR

6. Festsetzung der Arbeitnehmer-Sparzulage und der Wohnungsbau-Prämie

Arbeitnehmer-Sparzulage	Wohnungsbau-Prämie
Die Investmentgesellschaft bzw. Bausparkasse erteilt jedes Jahr eine Bescheinigung über die gezahlten vermögenswirksamen Leistungen. Der Arbeitnehmer reicht die Bescheinigung im Rahmen seiner Steuererklärung bei seinem Finanzamt ein und beantragt die Festsetzung der Arbeitnehmer-Sparzulage. Nach Ablauf der Sperrfrist bzw. bei Zuteilung des Bausparvertrags überweist das Finanzamt die gesamte Arbeitnehmer-Sparzulage.	Der Bausparer beantragt die Wohnungsbau-Prämie bei der Bausparkasse mit der Erklärung, dass die Einkommensgrenze von 35.000,00/70.000,00 EUR nicht überschritten wurde. Bei Zuteilung des Bausparvertrags bzw. bei Ablauf der Bindungsfrist (Bausparer bei Vertragsabschluss unter 25 Jahre alt) wird die gesamte ermittelte Prämie von der Bausparkasse beim Finanzamt angefordert und dem Bausparkonto gutgeschrieben bzw. ausgezahlt.
Beantragung der Arbeitnehmer-Sparzulage: Die Investmentgesellschaft bzw. die Bausparkasse teilt der Finanzverwaltung jedes Jahr die Höhe der angelegten vermögenswirksamen Leistungen mit. Der Arbeitnehmer beantragt die Arbeitnehmer-Sparzulage bei seiner Einkommensteuerklärung. Nach Ablauf der Sperrfrist bzw. bei Zuteilung des Bausparvertrages überweist das Finanzamt die gesamte Arbeitnehmer-Sparzulage. Vermögenswirksame Leistungen können auch zur Entschuldung von Wohnungsbaudarlehen, z. B. Tilgung von Bauspardarlehen eingesetzt werden. Das Finanzamt überweist die Arbeitnehmersparzulage dann jährlich auf das Darlehenskonto.	Beantragung der Bausparprämie: Der Bausparer beantragt die Wohnungsbauprämie bei der Bausparkasse mit der Erklärung, dass die Einkommensgrenze von 35.000,00 EUR bzw. 70.000,00 EUR nicht überschritten wurde. Bei Zuteilung des Bausparvertrages bzw. bei Ablauf der Bindungsfrist (Bausparer bei Vertragsschluss unter 25 Jahre) wird die gesamte ermittelte Prämie von der Bausparkasse beim Finanzamt angefordert und dem Bausparkonto gutgeschrieben bzw. ausbezahlt. Prämienbegünstigt sind nur Beiträge an Bausparkassen in der Ansparphase. Deshalb wird für Tilgungsleistungen auf Bauspardarlehen keine Wohnungsbauprämie gewährt.

Arbeitnehmer-Sparzulage	Wohnungsbau-Prämie
Der Antrag auf Arbeitnehmersparzulage ist spätestens vier Jahre nach Ablauf des Sparjahres zustellen.	Der Antrag auf Wohnungsbauprämie ist spätestens zwei Jahre nach Ablauf des Sparjahres zu stellen.

7. Riester-Rente

Drei-Schichten-Modell	Das Alterseinkünftegesetz ordnet die Altersvorsorge in drei Schichten: - Basisversorgung, z. B. gesetzliche Rente, Rürup-Rente - die geförderte, kapitalgedeckte Zusatzversorgung, z. B. Riester-Rente sowie die betriebliche Altersvorsorge - sonstige Kapitalanlagen und Versicherungsprodukte, z. B. kapitalbildende Lebensversicherungen zur privaten Altersvorsorge mit anschließendem Rentenauszahlungsplan
Geförderter Personenkreis	- Arbeitnehmer, die in der gesetzlichen Rentenversicherung pflichtversichert sind. - Bezieher von Lohnersatzleistungen, z. B. Arbeitslosengeld I und II. - Beamte - Nicht erwerbstätige Eltern in den Kindererziehungszeiten - Wehr- und Zivildienstleistende - Bezieher von Vorruhestandsgeld
Nicht geförderter Personenkreis	- Selbstständige, die nicht in der gesetzlichen Rentenversicherung pflichtversichert sind. - Geringfügig Beschäftigte - Rentner und Pensionäre
Besonderheiten bei Eheleuten	Jeder Ehegatte kann unabhängig vom Partner einen eigenen Altersvorsorgevertrag mit dem Anspruch auf staatliche Förderung abschließen. Auch wenn nur ein Ehegatte zum förderfähigen Personenkreis gehört, erhält der eigentlich nicht förderberechtigte Ehegatte ebenfalls die staatliche Förderung, sofern er einen Altersvorsorgevertrag auf seinen Namen abschließt.
Anlageformen	- Private Altersvorsorge: Banksparplan, Investmentsparplan, Rentenversicherung - Betriebliche Altersvorsorge: Direktversicherungen, Pensionskassen, Pensionsfonds - Bausparverträge, Bauspardarlehen (Wohn-Riester): Beachte: Förderungsfähig sind nur Anlageformen, die im Alter durch lebenslange Zahlungen die gesetzliche Rente ergänzen.
Zertifizierung der geförderten Anlageformen durch BaFin	Merkmale: - Die Auszahlungen dürfen nicht vor dem 60. Lebensjahr beginnen, bei Neuverträgen ab 2012 nicht vor dem 62. Lebensjahr. Das Risiko Erwerbsunfähigkeit und die Hinterbliebenen können zusätzlich abgesichert werden. - Zu Beginn der Auszahlungsphase muss mindestens das eingezahlte Kapital zur Verfügung stehen (Kapitalgarantie). - Die Auszahlung erfolgt als lebenslange Leibrente (Kapitalverrentung). Bis zu 30 % des bei Rentenbeginn zur Verfügung stehenden Kapitals kann sich der Anleger jedoch zu Beginn der Auszahlungsphase direkt auszahlen lassen. - Die Abschluss- und Vertriebskosten sind auf 5 Jahre zu verteilen. - Der Anleger hat das Recht, den Vertrag ruhen zu lassen, zu kündigen und zu wechseln sowie vorübergehend Mittel zum Wohnungsbau zu entnehmen. Der Anleger ist bei Vertragsabschluss zu informieren über: - die Anlage des Geldes, - die kalkulierte Rendite, - das mit der Anlage verbundene Risiko, - die Höhe und Verteilung der Abschluss- und Vertriebskosten,

	- die Kosten für die Verwaltung der Geldanlage sowie die Kosten beim Wechsel zu einem anderen Produkt. Der Anleger ist jährlich zu informieren über: - die Beitragsverwendung, - die Kapitalverwendung, - die Kosten und Erträge, - ob der Anbieter ethische, soziale oder ökologische Belange bei der Geldanlage berücksichtigen will.
Voraussetzungen für die staatliche Förderung	- Der Anleger gehört zum förderungsfähigen Personenkreis. - Die Anlage von maximal 2.100 EUR jährlich erfolgt in einem zertifizierten Altersvorsorgevertrag. - Der Anleger erbringt einen einkommensabhängigen Eigenbeitrag. Dabei beträgt der Mindesteigenbeitrag (Sockelbetrag) 60 EUR jährlich. - Jährliche Antragstellung auf Zulage beim Anbieter des Vertrags, i. d. R. Erteilung eines Dauerzulagenantrags vom Zulagenberechtigten beim Anbieter des Altersvorsorgevertrags
Beiträge und staatliche Förderung	Die Einzahlungen auf den Altersvorsorgevertrag (Gesamtbeitrag) setzen sich zusammen aus dem Eigenbeitrag des Anlegers und der staatlichen Altersvorsorgezulage, die aus einer Grundzulage und einer Kinderzulage besteht. Zum Erhalt der vollen staatlichen Förderung ist ein jährlicher Gesamtbeitrag (Eigenbeitrag) zu leisten. Bei einem niedrigeren Eigenbeitrag verringert sich die staatliche Förderung anteilig.
Gesamtbeitrag pro Jahr	4 % des sozialversicherungspflichtigen Vorjahreseinkommens, max. aber 2.100 EUR
Maximale jährliche Grundzulage	175 EUR
Maximale jährliche Kinderzulage je Kind	185 EUR Kinder, die nach dem 01.01.2008 geboren sind, erhalten eine Kinderzulage von 300 EUR. Eine Kinderzulage gibt es für jedes Kind, für das Kindergeld gezahlt wird. Bei Eheleuten wird die Kinderzulage grundsätzlich der Mutter zugeordnet, auf Antrag beider Eltern dem Vater. Bei Alleinerziehenden steht die Kinderzulage dem Elternteil zu, in dessen Haushalt das Kind lebt.
Gesamtbeitrag Eigenbeitrag	Gesamtbeitrag = Eigenbeitrag + Zulagen Eigenbeitrag = Gesamtbeitrag – Zulagen Wenn beide Eheleute zum geförderten Personenkreis gehören, ist der Mindestgesamtbeitrag für jeden Ehegatten getrennt zu ermitteln. Das Einkommen des Ehegatten ist dabei nicht zu berücksichtigen. Ein Ehegatte mit abgeleitetem Zulagenanspruch muss auf seinen Vertrag keine eigenen Mittel einzahlen. Der Mindesteigenbeitrag ist nur für den förderfähigen Ehegatten zu ermitteln.
Zulage für Berufseinsteiger unter 25 Jahre	Einmalige zusätzliche Grundzulage von 200,00 EUR
Sockelbetrag von 60 EUR	Der Gesamtbeitrag besteht aus der Summe von Eigenbeitrag des Anlegers und der staatlichen Förderung. Dies würde bei einem niedrigen Einkommen dazu führen, dass der Anleger selbst nur sehr niedrige oder gar keine eigenen Zahlungen leisten müsste. Deshalb verlangt der Staat vom Anleger zumindest die Zahlung eines Sockelbetrages von 60,00 EUR. Bei Eheleuten ist der Sockelbetrag getrennt festzustellen. Auch mittelbar förderfähige Personen müssen den Sockelbeitrag von 60,00 EUR zahlen.

Sonderausgabenabzug und Günstigerprüfung	Altervorsorgeaufwendungen (Eigenbeitrag des Anlegers plus staatliche Zulagen) sind grundsätzlich bis zu einem bestimmten Höchstbetrag als Sonderausgaben bei der Einkommensteuer abzugsfähig. Im Rahmen einer sog. Günstigerprüfung prüft das Finanzamt von Amts wegen, ob die Steuerersparnis höher als die Zulagen ist. Ggf. erstattet das Finanzamt die Differenz im Rahmen der Einkommensteuerveranlagung.
Antragsverfahren für die Zulagen	Die staatlichen Zulagen sind beim Anbieter des Altersvorsorgesparplanes zu beantragen, der den Antrag an die Zulagenstelle für Altersvermögen (ZfA) weiterleitet. Diese überweist die Zulage auf das Anlagekonto des Anlegers. Bei einem Dauerzulagenantrag bevollmächtigt der Anleger den Anbieter zur jährlichen Antragstellung, sodass der Anleger selbst keinen Antrag stellen muss. Der Anleger ist jedoch verpflichtet, alle Änderungen, die sich auf die Höhe der Zulage auswirken können, z. B. Streichung des Kindergeldes, unverzüglich dem Anbieter mitzuteilen. Zur Feststellung des auf den Vertrag einzuzahlenden Gesamtbeitrages fragt die ZfA direkt beim Rentenversicherungsträger das sozialversicherungspflichtige Einkommen des Anlegers ab. Verkürztes Antragsverfahren für die staatlichen Zulagen: Der Anleger bevollmächtigt den Anbieter zur jährlichen Antragsstellung durch einen Dauerzulagenantrag.
Auswirkung einer zulagenschädlichen Verwendung des angesparten Kapitals	Bei förderschädlichen Verfügungen sind alle Zulagen und Steuervorteile zurückzuzahlen. Zudem sind die im Auszahlungsbetrag enthaltenen Erträge zu versteuern.
Nachgelagerte Besteuerung	- Die Beiträge für die Altersvorsorge mittels Riester-Produkte mindern in der Ansparphase das zu versteuernde Einkommen. - Die daraus entstehenden Renten unterliegen in der Auszahlphase (Rentenphase) der Besteuerung.
Verfügungsmodalitäten	- Auszahlung bis zu 30 % des angesparten Kapitals bei Rentenbeginn möglich. - Lebenslange Rente mit Restkapital, z. B. Zahlung einer lebenslangen gleichbleibenden oder steigenden Rente. - Bei Neuverträgen ab 2012 beginnt die Auszahlung der Rente mit 67 Jahren, frühestens mit dem 62. Lebensjahr, z. B. bei Frühverrentung. Für Altverträge ist die Auszahlung frühestens ab dem 60. Lebensjahr möglich.

8. Wohn-Riester

Wesen	Das Eigenheimrentengesetz 2008 (Wohn-Riester) hat die selbstgenutzte Immobilie in den Kreis der staatlich geförderten Vorsorgewege aufgenommen. Die Eigenheimrente (ersparte Miete) tritt gleichrangig neben die Geldrente. Damit profitieren Wohneigentümer schon mit dem Einzug in die eigenen vier Wände von ihrer Altersvorsorge. Beim Wohn-Riestern handelt es sich um ein verzinsliches Ansparen von Guthaben zum Bau eines Hauses. Der Anleger erwirbt z. B. mit Abschluss eines Bausparvertrages einen bedingten Anspruch auf ein zinsgünstiges Darlehen für den Wohnungsbau. Die staatliche Förderung ist während der Anspar- und der Tilgungsphase beim Bausparvertrag bzw. der Inanspruchnahme des zinsgünstigen Bauspardarlehens möglich.
Beispiel für einen Wohn-Riester-Bausparvertrag	Anja Müller (29 Jahre, Arbeitnehmerin, 2 Kinder, die vor 2008 geboren wurden, jährliches beitragspflichtiges Einkommen 20.000,00 EUR) möchte einen nach Wohn-Riester geförderten Bausparvertrag abschließen. Der maximal staatlich geförderte Betrag beträgt: 4 % von 20.000 EUR = 800,00 EUR Frau Müller muss auf den Bausparvertrag jährlich aus eigenen Mitteln einen Eigenbeitrag leisten: 800 EUR – 175 EUR (Grundzulage) – 370 EUR (Kinderzulage) = 255,00 EUR

	Der monatliche Eigenbeitrag beträgt: 255 EUR : 12 = 21,25 EUR Der Regelsparbeitrag auf den Bausparvertrag beträgt monatlich: 800 EUR : 12 = 66,67 EUR Bei einem Regelsparbeitrag von 4 Promille der Bausparsumme ergibt sich für Frau Müller der Abschluss eines Bausparvertrages mit einer Bausparsumme von: 66,67 x 1000 : 4 = 16.667,50 EUR, aufgerundet auf volle 1.000 EUR = 17.000,00 EUR
Vorteile der Riester-Altervorsorgeprodukte	- **Steuerstundungseffekt:** Der Nutzer der staatlichen Förderungsmaßnahme für die Altersvorsorge verwendet unversteuertes Einkommen zum Aufbau einer privaten Altersvorsorge, das erst in der Rentenphase versteuert wird. - **Zinseszinseffekt:** Ersparte Steuern können als Sonderzahlungen bzw. Sondertilgungen in die Finanzierung eingebracht werden. - **Steuerprogressionseffekt:** In der Regel in der Rentenphase deutlich niedrigere Steuersätze
Steuerschädliche Verfügungen	Sobald das eigengenutzte Haus oder die Wohnung verkauft oder vermietet wird, handelt es sich um eine steuerschädliche Verwendung. In diesem Fall muss das in der Immobilie gebundene steuerlich geförderte Kapital (= Stand des Wohnförderkontos) versteuert werden. **Ausnahmen:** Der Förderberechtigte legt sich innerhalb von 4 Jahren erneut ein Eigenheim zu oder er zahlt die geförderten Beträge innerhalb eines Jahres in einen Riester-Sparvertrag ein. Auch die vorübergehende Vermietung nach einem beruflich bedingten Umzug ist möglich. Allerdings muss die Absicht bestehen, dass der Steuerpflichtige die Selbstnutzung wieder aufnimmt. Diese Intention muss er spätestens mit Vollendung des 67. Lebensjahres umgesetzt haben.

1.3 Kredite an Privatpersonen

Lösungen ab Seite 251

1.3.1 Allgemein-Verbraucherdarlehen

Fall 1 Anschaffung eines Katamarans

Das Ehepaar Paulsen bewohnt einen kleinen, ehemaligen Bauernhof in der Nähe von Flensburg. Da beide seit langem leidenschaftliche Wassersportler sind, wollen sie in diesem Jahr einen Katamaran anschaffen. Auf der letzten Hanseboot (Internationale Bootsmesse) haben sie sich bei einem Auricher Bootshersteller ein preisgünstiges Angebot eingeholt. Das Boot so ll 40.000,00 EUR kosten und frei Haus geliefert werden. Beide Ehepartner sind berufstätig, haben aber nur 20.000,00 EUR an Barmitteln zur Verfügung. Deshalb bitten sie die Kundenberaterin der *Flensburger Fördebank AG*, Frau Sandra Winter, um Finanzierungshilfe.

a Welche Unterlagen bzw. Informationen benötigt Frau Winter für die Kreditprüfung?

b Stellen Sie für das beantragte Darlehen des Ehepaares Paulsen
  1 den Darlehensbetrag
  2 die Gesamtkosten des Kreditengagements
  3 den Sollzinssatz
  4 die monatlichen Raten (59 gleich hohe Raten + 60. Ausgleichsrate) fest.

Gehen Sie davon aus, dass das Ehepaar das Darlehen in 60 Monaten getilgt haben möchte.

Auszug aus dem Konditionentableau der *Fördebank AG*
Monatliche Ratenübersicht bei einem Sollzinssatz von 7,50 %

Darlehen in EUR	30 Monate*	36 Monate*	42 Monate*	47 Monate*	54 Monate*	60 Monate*
	Rate in EUR	Rate in EUR	Rate in EUR	Rate in EUR	Rate in EUR	Rate in EUR
10.000,00	365,00	310,00	270,00	245,00	215,00	200,00
20.000,00	730,00	620,00	540,00	490,00	435,00	400,00
30.000,00	1.100,00	930,00	810,00	730,00	650,00	600,00
40.000,00	1.450,00	1.240,00	1.080,00	980,00	870,00	795,00
50.000,00	1.800,00	1.540,00	1.340,00	1.220,00	1.080,00	990,00

*** Die Raten sind auf volle EUR gerundet. Der Ausgleich erfolgt über die letzte Rate.**

Darlehen in EUR	30 Monate	36 Monate	42 Monate	47 Monate	54 Monate	60 Monate
	Gesamtzinsen in EUR	Gesamtzinsen in EUR	Gesamtzinsen in EUR	Gesamtzinsen in EUR	Gesamtzinsen in EUR	Gesamtzinsen in EUR
10.000,00	1.051,00	1.263,00	1.473,00	1.654,00	1.908,00	2.131,00
20.000,00	2.036,00	2.443,00	2.857,00	3.201,00	3.692,00	4.124,00
30.000,00	3.053,00	3.666,00	4.285,00	4.805,00	5.543,00	6.180,00
40.000,00	4.071,00	4.886,00	5.713,00	6.409,00	7.394,00	8.248,00
50.000,00	5.089,00	6.109,00	7.142,00	8.013,00	9.245,00	10.316,00

c Ermitteln Sie nach den Kriterien der *Fördebank AG* für die Kreditwürdigkeitsprüfung bei privaten Anschaffungsdarlehen das frei verfügbare Einkommen der Eheleute Paulsen.

Kriterien der *Fördebank AG* für die Kreditwürdigkeitsprüfung bei privaten Anschaffungsdarlehen

Bei den monatlichen Haushaltsausgaben geht die *Fördebank AG* von einem Bedarfsatz von 400 EUR für jeden Erwachsenen aus. Für unvorhergesehene Ausgaben werden 30 % vom frei verfügbaren Einkommen angesetzt.

Das monatliche Nettoeinkommen von Herrn Paulsen beträgt 2.050,00 EUR, das von Frau Paulsen 1.450,00 EUR.

Als monatliche Durchschnittsausgaben gibt das Ehepaar an:

Gesamtmiete einschl. Nebenkosten	1.150,00 EUR
Kosten für Pkw	400,00 EUR
Lebenshaltungskosten	600,00 EUR
Sonstige Ausgaben (Kapitallebensversicherung, Bausparen)	200,00 EUR
Rücklage für Unvorhergesehenes	250,00 EUR
Ratenkredit bei der *Sparkasse Flensburg*, Restlaufzeit 6 Monate	187,50 EUR
Gesamtaufwendungen	2.787,50 EUR

d Entscheiden Sie, ob dieses Darlehen von der *Fördebank AG* gewährt werden kann! Begründen Sie Ihre Entscheidung!

e Welche vorvertraglichen Informationen zu diesem Verbraucherdarlehen muss Frau Winter dem Ehepaar Paulsen in Textform zur Verfügung stellen?

f Zur Sicherung des Darlehens bietet Frau Winter dem Ehepaar Paulsen den Abschluss einer Restschuldversicherung an.
  1 Das Ehepaar möchte wissen, wann der Versicherungsschutz beginnt.
  2 Das Ehepaar möchte außerdem von Frau Winter wissen, welche Risiken mit dieser Versicherung abgedeckt werden sollen.
  3 Wann und in welcher Höhe leistet die Versicherung in den jeweiligen Versicherungsfällen?

Allgemeine Versicherungsbedingungen für die Restschuldversicherung (Auszug)

A Allgemeines zu Ihrer Versicherung
Wir möchten Ihnen vorab einige Begriffe erläutern, die in den Versicherungsbedingungen verwendet werden.
Versicherungsnehmer: Der Versicherungsnehmer ist der Gläubiger der Zahlungsverpflichtung (z. B. das Kreditinstitut), der die versicherte Person zum Vertrag angemeldet hat. Er wird als solcher im Vertrag benannt. Die Beitrittserklärung ist gleichzeitig Versicherungsbestätigung.
Versicherte Person: Die versicherte Person im Sinne dieser Bedingungen ist diejenige Person – bei Partnerversicherungen, soweit nicht anders geregelt, all diejenigen Personen –, auf deren Leben der Baustein zur Restschuldversicherung abgeschlossen worden ist.

B Allgemeine Versicherungsbedingungen

§ 1 Was ist versichert?
(1) Bei Tod der versicherten Person während der Versicherungsdauer zahlen wir die Versicherungsleistung in Höhe der am Tag des Todes bestehenden Restforderung des Kreditgebers aus dem Kredit, zu dem diese Restschuldversicherung abgeschlossen wurde, maximal jedoch das vereinbarte Garantiekapital. Das Garantiekapital reduziert sich monatlich um den im Vertrag angegebenen Betrag.
(2) Die Versicherung ist nicht überschussberechtigt, es werden keine Überschussanteile fällig.
(3) Ist die Versicherung auch auf den Arbeitsunfähigkeitsfall abgeschlossen und wird die versicherte Person während der Versicherungsdauer arbeitsunfähig, so zahlen wir eine monatliche Arbeitsunfähigkeitsrente. Der Anspruch auf Arbeitsunfähigkeitsrente entsteht nach Ablauf von sechs Wochen nach Eintritt der Arbeitsunfähigkeit. (...)
Der Anspruch auf Arbeitsunfähigkeitsrente erlischt, wenn die Arbeitsunfähigkeit endet. (...)
Arbeitsunfähigkeit im Sinne dieser Bedingungen liegt vor, wenn die versicherte Person infolge Gesundheitsstörungen, die ärztlich nachzuweisen sind, außerstande ist, ihre bisherige oder eine andere Tätigkeit auszuüben, die aufgrund ihrer Ausbildung und Erfahrungen ausgeübt werden kann und ihrer bisherigen Lebensstellung entspricht.

§ 2 Wann beginnt der Versicherungsschutz?

Der Versicherungsschutz beginnt, wenn der Einmalbetrag gezahlt wurde, frühestens jedoch zu dem im Versicherungsvertrag genannten Versicherungsbeginn. Vor Abschluss des Versicherungsvertrags sowie vor Auszahlung der Darlehenssumme besteht jedoch noch kein Versicherungsschutz.

Frau Winter möchte den Kredit zusätzlich besichern und schlägt eine Gehaltsabtretung vor. Mit Frau Paulsen kann eine Gehaltsabtretung nicht vereinbart werden, da in ihrem Arbeitsvertrag eine evtl. Gehaltsabtretung ausgeschlossen wurde. Deshalb bittet Frau Winter Herrn Paulsen die nachstehend auszugsweise angegebene Sicherungsvereinbarung zu unterschreiben.

Sicherungsvereinbarung (Ausschnitt)

Herr/Frau *Jürgen Paulsen* – nachstehend Sicherungsgeber genannt – bestellt der *Fördebank AG* die unten angeführte Sicherheit. Gesichert werden bankmäßige Ansprüche der *Fördebank AG* gemäß nachfolgend begrenztem Sicherungszweck gegen

Herrn/Frau *Jürgen Paulsen* – nachstehend Kreditnehmer genannt.

Gesichert werden alle Forderungen der *Fördebank AG* gegen den Kreditnehmer aus Darlehen *19978234*

1. Der Sicherungsgeber tritt der *Fördebank AG* alle ihm zustehenden pfändbaren Lohn-, Gehalts- und sonstigen Forderungen aus dem Arbeitsverhältnis sowie Entgeltansprüche als freier Mitarbeiter gegen den derzeitigen sowie gegen zukünftige Arbeitgeber/Dienstherrn mit sofortiger Wirkung ab. Derzeitiger Arbeitgeber ist *Jungheinrich AG*
2. Die Abtretung erfolgt mit sofortiger Wirkung. Sie beschränkt sich auf den jeweils pfändbaren Teil der Ansprüche. Die Abtretung ist auf insgesamt *20.000,00 EUR* begrenzt.

Die *Fördebank AG* ist berechtigt, die ihr abgetretenen Forderungen und die Sicherungsrechte offen zu legen und zu verwerten,

- wenn ihre gesicherten Forderungen fällig sind und der Kreditnehmer mit seinen Zahlungen in Verzug ist oder
- der Kreditnehmer seine Zahlungen eingestellt hat oder
- ein gerichtliches Insolvenzverfahren über sein Vermögen beantragt worden ist.

Die *Fördebank AG* wird die Offenlegung und Verwertung mit angemessener Nachfrist vorab androhen, sobald dies nicht untunlich ist. Diese Frist wird so bemessen sein, dass sie dem Sicherungsgeber sowohl das Vorbringen von Einwendungen als auch das Bemühen um Zahlung der geschuldeten Beträge zur Abwendung der Verwertung möglich ist. Sie wird in der Regel 4 Wochen betragen. ...

g Erklären Sie Herrn Paulsen die Rechtsstellung der *Fördebank AG*, die sich aus der unterzeichneten Sicherungsvereinbarung ergibt.

Die *Fördebank AG* ist bereit, das Anschaffungsdarlehen zu gewähren. Das Ehepaar Paulsen ist mit dem Abschluss einer Restschuldversicherung einverstanden.

h Frau Winter erklärt vor Abschluss des Darlehensvertrages dem Ehepaar noch sein Widerrufsrecht , dessen Wortlaut Frau Winter in Textform übergibt.
  1 Wann beginnt die Widerrufsfrist zu laufen?
  2 Welche Rechtsfolgen hat ein rechtzeitig eingegangener Widerruf?

i Erläutern Sie Herrn Paulsen drei Rechtsfolgen im Zusammenhang mit dem fiduziarischen Charakter der Sicherungsvereinbarung.

j Frau Winter bittet Herrn Paulsen außerdem, Blankobenachrichtigungsschreiben zu unterzeichnen. Begründen Sie, warum die *Fördebank AG* sich Blankobenachrichtigungsschreiben unterzeichnen lässt.

Nach zwei Jahren Kreditlaufzeit gerät Herr Paulsen mit der Zahlung der Kreditraten in Verzug. Unter Einhaltung der im Sicherungsvertrag genannten Voraussetzungen zeigt die *Fördebank AG* die Zession der *Jungheinrich AG* an.

k Welche Folge tritt für den Arbeitgeber nach Offenlegung der Zession ein?

Fall 2 Anschaffung einer Kücheneinrichtung

Herr Sönke Schwertfeger (35 Jahre alt) kommt zu Ihnen als Kreditsachbearbeiter(in) der *Nordbank AG* an den Beratungstisch. Er teilt Ihnen mit, dass er beabsichtigt, einen Kreditantrag über 25.000,00 EUR zur Finanzierung einer hochwertigen Kücheneinrichtung zu stellen. Er möchte das Anschaffungsdarlehen innerhalb von zwei Jahren zurückzahlen. Herr Schwertfeger ist Speditionskaufmann und gibt das monatliche Nettoeinkommen in seinem Haushalt mit 4.300,00 EUR an, davon persönliches Nettoeinkommen 3.100,00 EUR. Er lebt seit 5 Jahren mit Frauke Hinrichsen zusammen. Zur Sicherung des Kredits für den Fall der Verschlechterung der Einkommensverhältnisse stehen folgende Sicherheiten zur Verfügung:

1. Sparbuch von Frau Hinrichsen mit vereinbarter Kündigungsfrist von 1 Jahr, Guthaben 25.516,25 EUR, Zinssatz 0,025 % p. a. Das Konto wird bei der *Sydbank AG* in Flensburg geführt.
2. Kapitalbildende Lebensversicherung über 25.000,00 EUR, vor einem Jahr unwiderruflich zugunsten von Frau Hinrichsen bei der *Nordleben Versicherungs-AG* abgeschlossen.
3. Kücheneinrichtung, Neupreis 25.000,00 EUR
4. Gehaltsabtretung von Herrn Schwertfeger

Konditionen für Privatdarlehen der *Nordbank AG*

Die monatlichen Raten enthalten Zinsen und Bearbeitungskosten. Die Raten sind auf volle Euro aufgerundet. Bei vereinbarungsgemäßer Rückzahlung ergibt sich eine um die Rundungen reduzierte, abweichende letzte Rate.

Raten für Darlehen der Nordbank AG in Höhe von 7.500 bis 25.00EUR

Sollzinssatz 8,75 % p. a. Alle Beträge in EUR

Laufzeit in Monaten	**12**	**24**	**30**	**36**	**42**	**47**	**54**	**60**	**66**	**72**
Darlehenshöhe	Rate	Rate	Rate	Rate	Rate	Rate	Rate	Rate	Rate	Rate
7.500	655	345	280	240	210	190	165	155	145	135
10.000	880	455	375	315	275	250	220	205	185	175
12.500	1.114	582	475	404	354	322	287	264	245	229
15.000	1320	690	565	480	420	385	340	315	290	270
20.000	1.782	930	760	647	566	515	459	421	391	366
25.000	2.200	1.150	940	800	700	635	565	520	485	450

Gesamt-Zinsen und Bearbeitungskosten, die in den monatlichen Raten enthalten sind

Der Sollzinssatz ist für die gesamte Laufzeit gebunden. Die Zinsen sind in den angegebenen Monatsraten enthalten. Es entstehen keine Nebenkosten.

Darlehen	**12 Mo. Ges. Zins.**	**24 Mo. Ges. Zins.**	**30 Mo. Ges. Zins.**	**36 Mo. Ges. Zins.**	**42 Mo. Ges. Zins.**	**47 Mo. Ges. Zins.**	**54 Mo. Ges. Zins.**	**60 Mo. Ges. Zins**	**66 Mo. Ges. Zins**	**72 Mo. Ges. Zins.**
7.500	367	716	895	1.073	1.253	1.412	1.631	1.821	2.005	2.210
10.000	490	956	1.193	1.431	1.678	1.877	2.167	2.423	2.674	2.939
12.500	613	1.193	1.491	1.793	2.095	2.350	2.715	3.025	3.342	3.668
15.000	735	1.432	1.789	2.151	2.513	2.824	3.262	3.642	4.029	4.419
20.000	980	1.911	2.385	2.866	3.355	3.762	4.346	4.860	5.365	5.877
25.000	1.225	2.387	2.982	3.586	4.190	4.709	5.441	6.064	6.702	7.357

a Prüfen Sie anhand der Konditionen für Privatdarlehen der *Nordbank AG*, ob Herr Schwertfeger mit seinem persönlichen Nettoeinkommen das Privatdarlehen in der gewünschten Laufzeit zurückzahlen kann. Die Kosten für seinen persönlichen monatlichen Lebensunterhalt gibt Herr Schwertfeger mit 2.400,00 EUR an. Unterbreiten Sie Herrn Schwertfeger ggf. ein begründetes Kreditangebot gemäß Konditionentabelle.

b Welche Sicherungsverträge können auf Grund der o. g. Sicherheiten grundsätzlich geschlossen werden und wie kommen sie rechtswirksam zu Stande?

c Entscheiden und begründen Sie, wie das Privatdarlehen ausreichend besichert werden könnte.

Ein Jahr nach Auszahlung des Kreditbetrags stellen Sie fest, dass Herr Schwertfeger seit drei Monaten die vereinbarten Zins- und Tilgungsraten nicht mehr zahlt.

d Nennen Sie vier gesetzliche Voraussetzungen für die Gesamtfälligstellung des Darlehens.

e Wie könnte ggf. die Verwertung der von Ihnen vorgeschlagenen Sicherheiten erfolgen?

f Nach Fälligstellung des Darlehens entschließt sich die *Nordbank AG,* das gerichtliche Mahnverfahren einzuleiten. Beschreiben Sie den Ablauf des gerichtlichen Mahnverfahrens , wenn Herr Schwertfeger weder Zahlung leistet, noch Widerspruch bzw. Einspruch einlegt.

Fall 3 Anschaffungsdarlehen oder Leasing

Die 43-jährige Versicherungskauffrau Britta Bünese möchte sich einen neuen Pkw (Mercedes A 170) zum Preis von 19.024,00 EUR kaufen. Über eine mögliche Finanzierung des Kaufs spricht Frau Bünese bei der *Nordbank AG* vor und bittet Sie um Beratung. Als Eigenmittel stehen Frau Bünese 4.024,00 EUR zur Verfügung. Aus dem Gespräch ergeben sich für Sie als Kundenberater(in) die nachstehenden Informationen:

Beruf	Versicherungskauffrau
Familienstand	ledig
Bankverbindung	Girokonto bei der *Nordbank AG*
Monatliches Nettogehalt	2.500,00 EUR
Lebenshaltungskosten	800,00 EUR
Miete	500,00 EUR
Unterhaltungskosten für den Pkw	250,00 EUR
Vermögen	4.024,00 EUR Festgeld
Gewünschte Monatsrate	300,00 EUR

a Um eine Kreditentscheidung treffen zu können, benötigt die *Nordbank AG* weitere Informationen zu den regelmäßigen Einnahmen und Ausgaben von Frau Bünese. Aus welchem Grund benötigt die *Nordbank AG* diese Informationen?

b Nennen Sie Frau Bünese zwei weitere Informationsquellen, die die *Nordbank AG* zur Prüfung des Kreditantrags benötigt.

c Erklären Sie Frau Bünese, welche Informationen die *Nordbank AG* diesen Unterlagen entnehmen will.

d Frau Bünese möchte von Ihnen wissen, ob die von ihr angesetzte monatliche Rate in Höhe von 300,00 EUR vereinbart werden kann. Sie rechnet damit, das Darlehen in 47 Monatsraten zurückzuzahlen. Ermitteln Sie unter angemessener Berücksichtigung der verfügbaren Barmittel die Darlehenshöhe und die entsprechenden Kreditkosten. (Verwenden Sie die Konditionen für Privatdarlehen aus Fall 2).

e Die telefonisch eingeholte Schufa-Auskunft ergibt keine weiteren Kreditverpflichtungen von Frau Bünese. Die durchschnittlichen Habenumsätze der letzten drei Monate betrugen 1.345,00 EUR. Der Dispositionskredit in Höhe von 2.000,00 EUR wurde wiederholt kurzfristig in Anspruch genommen und ordnungsgemäß zurückgeführt. Unterbreiten Sie Frau Bünese einen Vorschlag zur Besicherung des Kredits und begründen Sie Ihre Entscheidung! Erläutern Sie die zur Bestellung der Sicherheiten erforderlichen Rechtshandlungen und die sich aus ihnen ergebenden Rechte.

f Frau Bünese überlegt sich, dass sie den Pkw auch über einen Leasingvertrag finanzieren kann. Erklären Sie Frau Bünese den Unterschied zwischen einer Leasing- und einer Darlehensfinanzierung.

g Alternativ holt sich Frau Bünese ein Finanzierungsangebot einer Mercedes Leasinggesellschaft.

Ihr Leasingangebot für einen Mercedes-Benz A 170 CDI
Vielen Dank für Ihr Interesse an einem Leasingangebot. Gerne unterbreiten wir Ihnen nach Ihren Vorgaben folgendes Angebot basierend auf einer Leasingdauer von 36 Monaten und einer Gesamtlaufleistung von 45.000 km:

Kaufpreis Fahrzeug:	19.024,00 EUR
Leasing-Sonderzahlung:	3.804,80 EUR
Gesamtbasiswert:	15.219,20 EUR
Monatliche Leasingrate:	**213,23 EUR**

Mehrkilometer werden mit EUR 28,54 je 1.000 km berechnet, Minderkilometer werden mit EUR 19,02 je 1.000 km vergütet.
Alle oben genannten Preise verstehen sich einschließlich gesetzlicher Umsatzsteuer von z. Zt. 19 %.
Dies ist ein Angebot der Mercedes Services Leasing GmbH und basiert auf den derzeitigen Kapitelmarktzinsen. Es ist freibleibend und verpflichtet keine Seite zum Vertragsabschluss. Bei Änderung des Mehrwertsteuersatzes werden die Preise entsprechend angepasst.
Mit freundlichen Grüßen
Elke Warda

1 Welche rechtliche Stellung ergibt sich für Frau Bünese im Falle einer Pkw-Leasingfinanzierung?

2 Prüfen Sie, ob Frau Bünese die Leasingfinanzierung der Kreditfinanzierung vorziehen sollte. Gehen Sie bei Ihrem Vergleich von einer Kreditlaufzeit/Leasingdauer von jeweils 36 Monaten aus. Nehmen Sie an, dass der Pkw im Falle der Kreditfinanzierung nach 3 Jahren noch einen Resterlös von 10.000,00 EUR erbringt.

Fall 4 Finanzierung eines Pkw

Frau Zöllner ist 47 Jahre alt, ledig, Frau Zöllner ist Prokuristin in einem bekannten Hamburger Warenhauskonzern. Frau Zöllner hatte bei der *Nordbank AG* am Dienstag, 25.01. 2022, ein Sparkonto zu folgenden Konditionen eröffnet und 28.000,00 EUR eingezahlt:

Anlageart	Spareinlage
Kündigungsfrist	3 Monate
Verzinsung	0,2 % p. a.
Vorfälligkeitsentgelt	Ein Viertel des zu vergütenden Guthabenzinssatzes

a Am Dienstag, 23.08.2022 hob Frau Zöllner 1.500,00 EUR von diesem Sparkonto ab. Weitere Kontobewegungen fanden nicht statt. Berechnen Sie den Gesamtbetrag der vorzutragenden Zinsen zum Jahresende, der sich aufgrund der beiden Kontobewegungen ergibt.
Frau Zöllner hatte zum 04.11.2022 5.000,00 EUR fristgerecht gekündigt. Da sie sich ein neues Auto kaufen möchte, bittet Frau Zöllner Sie am 04.11.2022 um die Auszahlung von weiteren 18.300,00 EUR.

b Zunächst informieren Sie Frau Zöllner über die vorschusszinsfreie Auszahlung von Spareinlagen.
Welche Aussage über die Auszahlung von Spareinlagen ist richtig?

A) Da das Sparbuch ein Inhaberpapier ist, muss der Aussteller auf Verlangen an jeden Vorleger des Sparbuchs Zahlung leisten.

B) Der Aussteller des Sparbuchs kann an jeden Vorleger mit schuldbefreiender Wirkung Zahlung leisten, sofern es sich um die versprochene fällige Leistung aus dem Sparguthaben handelt.

C) Bei Rückzahlung des Gesamtguthabens kann das nicht entwertete Sparbuch dem Kontoinhaber für weitere Einzahlungen überlassen werden.
D) Der Vorleger des Sparbuchs kann ohne vorherige Kündigung gegenüber dem Kreditinstitut auf Auszahlungen in jeder Höhe bestehen, sofern er Vorschusszinsen zahlt.
E) Auszahlungen von 2.000,00 EUR pro Monat können auch ohne Vorlage des Sparbuches an den Sparer vorgenommen werden.

☐

c Frau Zöllner fragt Sie jetzt wegen der sofortigen Verfügung über den zusätzlichen Spareinlagenbetrag von 18.300,00 EUR nach der Höhe der anfallenden Vorschusszinsen (Vorfälligkeitsentgelt). Berechnen Sie die Höhe des Vorfälligkeitsentgelts!

Zur Finanzierung des Pkw will Frau Zöllner bei der *Nordbank AG* zusätzlich ein Allgmein-Verbraucherdarlehen über 15.000,00 EUR aufnehmen. Frau Zöllner verdient im Monat netto 3.700,00 EUR. Sie hatte vor einem Jahr in guter Wohnlage eine neue Wohnung gemietet. Die monatliche Warmmiete einschließlich der Nebenkosten beträgt 1.150,00 EUR. Für eine Lebensversicherung hat sie monatlich 100,00 EUR zu zahlen. Ein für die Wohnungseinrichtung vor 12 Monaten aufgenommenes Anschaffungsdarlehen (Gesamtlaufzeit 36 Monate) zahlt sie mit monatlich 370,00 EUR pünktlich zurück.

Richtlinie der Nordbank AG für Privatkredite/Konsumentenkredite (Auszug)

1. Die Ermittlung des frei verfügbaren Einkommens und der zumutbaren monatlichen Belastung erfolgt unter Berücksichtigung folgender Mindestbedarfssätze:
   a) Lebenshaltungskosten von 500 EUR für jeden Erwachsenen und 100 EUR für jedes Kind
   b) Kosten je Pkw 300 EUR
   c) Für unvorhergesehene Ausgaben werden 20% vom frei verfügbaren Einkommen angesetzt.

d Welcher monatliche Betrag steht Frau Zöllner zur Bedienung des gewünschten Verbraucherdarlehns zur freien Verfügung?

e Nach der Kreditwürdigkeitsprüfung bietet die *Nordbank AG* Frau Zöllner folgendes Allgemein-Verbraucherdarlehen und den Abschluss einer Restschuldversicherung für den Todesfall an:

Nettodarlehensbetrag: 15.000 EUR inkl. Kosten für eine Restkreditversicherung für den Todesfall

Monatliche Rate: 325,00 EUR

Laufzeit: 5 Jahre

Gebundener Sollzinssatz: 4,10 % p.a.

Berechnen Sie den anfänglichen Tilgungssatz in Prozent p. a. des Allgemein-Verbraucherdarlehens (Geben Sie den Rechenweg an!)!

f Beschreiben Sie Frau Zöllner 3 Merkmale der Restschuldversicherung für den Todesfall!

g Die *Nordbank AG* machte Frau Zöllner ein schriftliches Kreditangebot. Welche der folgenden Angaben sind als Mindestangaben in den Vertragstext des Verbraucherdarlehens aufzunehmen?

Das von der *Nordbank AG* ermittelte frei verfügbare Einkommen von Frau Zöllner.

A) Die Einwilligung von Frau Zöllner zur Schufa-Klausel
B) Die Höhe der Zinsen und Rechtsverfolgungskosten bei Fälligstellung des Kredits aufgrund von Schuldnerverzug
C) Der Gesamtbetrag aller Zahlungen von Frau Zöllner.

D) Der Verwendungszweck des Darlehens

E) Die Art und Weise der Rückzahlung des Darlehens

h Frau Zöllner bittet um Auskunft, warum der effektive Jahreszinssatz vom Normalzinssatz abweicht. Wie ist die niedrigere Effektivverzinsung für das Darlehen mit 4 Jahren Laufzeit zu begründen?

A) Aufgrund der Zinsstruktur am Kapitalmarkt kann die *Nordbank AG* sich bei der längeren Laufzeit etwas zinsgünstiger refinanzieren.

B) Für eine längere Inanspruchnahme gewährt die *Nordbank AG* Frau Zöllner einen Zinsnachlass, der die Effektivverzinsung im Vergleich zur Nominalverzinsung absenkt.

C) Durch den etwas niedrigeren Effektivzinssatz möchte die *Nordbank AG* Frau Zöllner dazu bewegen, eine etwas längere Laufzeit zu vereinbaren, damit ihre monatlichen Tilgungsraten niedriger sind.

D) Die Effektivverzinsung berücksichtigt die einmaligen Kosten der Restschuldversicherung bei Abschluss des Verbraucherdarlehens. Je länger die Laufzeit des Darlehens ist, desto geringer ist der jährliche Anteil dieser Kosten, die auf die gesamte Laufzeit verrechnet werden.

E) Mit zunehmender Darlehenslaufzeit sinkt das Risiko für die *Nordbank AG*, deshalb verlangt sie bei der längeren Laufzeit eine geringere Effektivverzinsung.

i Die *Nordbank AG* überprüft zur Absicherung des Kredits mit Frau Zöllner die Sicherungsübereignung des neuen Fahrzeugs. Welche der nachfolgenden Aussagen zu diesem Sachverhalt ist richtig?

A) Da die Sicherungsübereignung akzessorisch ist, wird die *Nordbank AG* erst mit Bereitstellung des Verbraucherdarlehens Eigentümerin des Pkw.

B) Die *Nordbank AG* kann Rechte aus dem Sicherungsübereignungsvertrag erst dann geltend machen, wenn sie von Frau Zöllner den Kfz-Brief erhalten hat.

C) Die *Nordbank AG* ist erst dann uneingeschränkte Eigentümerin des übereigneten Pkw, wenn sich die Zulassungsstelle bereit erklärt hat, für dieses Fahrzeug keinen neuen Kfz-Brief auszustellen.

D) Neben der Einigung mit Frau Zöllner über die Eigentumsübertragung wird die erforderliche Übergabe des Pkw an die *Nordbank AG* durch die Vereinbarung eines Besitzkonstituts ersetzt.

E) Bei Tilgungsausfällen kann die Nordbank erst dann den Pkw verwerten, wenn die Kfz-Versicherungsgesellschaft auf die Rechte aus dem Sicherungsschein verzichtet hat.

j Zur Absicherung des Verbraucherdarlehens schlägt die *Nordbank AG* Frau Zöllner auch die Abtretung ihrer Gehaltsansprüche vor. Wie ist dieses Angebot zu beurteilen?

A) Gehaltsansprüche können grundsätzlich nicht abgetreten werden.

B) Wechselt Frau Zöllner ihren Arbeitgeber während der Kreditlaufzeit, gilt die Gehaltsabtretung nicht für die Gehaltsansprüche gegen den neuen Arbeitgeber.

C) Es kann nur der pfändbare Teil der Gehaltsforderungen abgetreten werden.

D) Mangels Bestimmbarkeit ist diese Gehaltsabtretung nichtig.

E) Von einer Sicherungsabtretung ist abzusehen, da sie hinter eine spätere Pfändung der Gehaltsansprüche zurücktreten muss.

Da Frau Zöllner in den nächsten fünf Jahren einen größeren Betrag erwartet, möchte sie von Ihnen wissen, ob sie ein Verbraucherdarlehen jederzeit kündigen kann.

Auszug aus dem Bürgerlichen Gesetzbuch

§ 500 (Kündigungsrecht des Darlehensnehmers; vorzeitige Rückzahlung.)

(1) Der Darlehensnehmers kann einen Allgemein-Verbraucherdarlehensvertrag, bei dem eine Zeit für die Rückzahlung nicht bestimmt ist, ganz oder teilweise kündigen, ohne eine Frist einzuhalten.

(2) Der Darlehensnehmer kann seine Verbindlichkeiten aus einem Verbraucherdarlehensvertrag jederzeit ganz oder teilweise vorzeitig erfüllen. ...

§ 502 (Vorfälligkeitsentschädigung)

(1) Der Darlehensgeber kann im fall der der vorzeitigen Rückzahlung eine angemessene Vorfälligkeitsentschädigung für den unmittelbar mit der vorzeitigen Rückzahlung zusammenhängenden Schaden verlangen, wenn der Darlehensnehmer zum Zeitpunkt der Rückzahlung Zinsen zu einem gebundenen Sollzinssatz schuldet.

(2)

k Mit welche der folgenden Aussagen über das Kündigungsrecht bei Verbraucherdarlehen informieren Sie Frau Zöllner richtig?

A) Das Darlehen kann nur mit einer Frist von sechs Wochen zum Quartalsende gekündigt werden.

B) Das Darlehen kann jederzeit ohne Einhaltung einer Kündigungsfrist gekündigt werden.

C) Es besteht ein fristloses Kündigungsrecht gemäß § 489 BGB, da der vereinbarte Zinssatz erheblich vom marktüblichen Zinssatz abweicht.

D) Ein Kündigungsrecht besteht nicht, da ein Festzinssatz für die gesamte Laufzeit vereinbart wurde.

E) Frau Zöllner hat keinen rechtlichen Anspruch auf Kündigung, da sich der Kreditvertrag noch in der unkündbaren Vorlaufzeit von 6 Monaten befindet.

l Mit Abschluss des Darlehensvertrags informieren Sie Frau Zöllner über ihr Widerrufsrecht gemäß BGB. Welche der folgenden Aussagen sind in diesem Zusammenhang zutreffend?

A) Frau Zöllner kann nach erfolgter Auszahlung des Darlehens den Vertrag nur rückgängig machen, wenn sie binnen zwei Wochen den Darlehensbetrag zurückzahlt.

B) Die Widerrufsbelehrung darf mündlich erfolgen. Nur aus Beweisgründen belehrt die *Nordbank AG* ihre Kunden schriftlich.

C) Die Widerrufsbelehrung kann schriftlich erfolgen und ist Bestandteil des Darlehensvertrages. Mit der Unterzeichnung des Darlehensvertrags bestätigt Frau Zöllner gleichzeitig die Widerrufsbelehrung.

D) Sollte Frau Zöllner den Ratenkredit doch nicht aufnehmen wollen, kann sie den Darlehensvertrag eine Woche nach Abschluss des Darlehensvertrags schriftlich widerrufen.

E) Frau Zöllner kann innerhalb einer Frist von zwei Wochen nach rechtswirksamer Widerrufsbelehrung den Darlehensvertrag widerrufen.

F) Der Darlehensbetrag muss sechs Wochen nach rechtswirksamer Widerrufsbelehrung zurückgezahlt sein, sonst gilt der Widerruf als nicht erfolgt.

Fall 5 Maßnahmen gegen Kreditgefährdungen

Frau Birgit Becker hatte vor einem Jahr einen Neuwagenkauf durch die *Nordbank AG* teilfinanziert. Frau Becker ist ledig, kinderlos, 28 Jahre alt und seit fünf Jahren in der Altenpflege tätig. Ihr monatliches Nettoeinkommen beträgt 1.657,00 EUR.

Folgende Daten aus der Geschäftsverbindung mit Frau Becker liegen Ihnen heute vor: Kontenübersicht

Kontokorrentkonto	3.312,49 € Soll Dispositionskredit: 2.800,00 €	
Ratenkredit	Ursprungsbetrag: 10.000,00 €	Restsaldo: 6.666,64 €
	Ursprungslaufzeit: 36 Monate	Restlaufzeit: 24 Monate
	Zinssatz: 4,99% p.a.	

Die Abbuchung der monatlichen Miete über 740,00 EUR hat dazu geführt, dass sich das Kontokorrentkonto von Frau Becker in der Überziehungsliste befindet. Deshalb haben Sie Bedenken, dass Frau Becker ihr Verbraucherdarlehen zukünftig nicht mehr ordnungsgemäß zurückzahlen wird. Die fällige Rate wird in zehn Tagen abgebucht und das Gehalt kommt erst am Ende des Monats.

a Nennen Sie neben der dauerhaften Ausnutzung des Dispositionskredits vier weitere Signale aus der Geschäftsbeziehung mit Frau Becker, die auf einen zukünftigen notleidenden Privatkundenkredit hindeuten könnten.

Für heute sind Sie mit Frau Becker verabredet, um mit ihr über ihre finanzielle Lage zu sprechen. Sie erfahren von ihm, dass seine finanzielle Situation angespannt ist.

b Beschreiben Sie Frau Becker drei Möglichkeiten, wie sie ihre finanzielle Situation entspannen kann.

Zur Absicherung des Verbraucherdarlehens wurden die Lohn- und Gehaltsansprüche durch Frau Becker still abgetreten. Sie befürchtet nun, dass die *Nordbank AG* wegen ihrer angespannten finanziellen Situation die Abtretung offen legen wird.

c Erläutern Sie Frau Becker, ob ihre Befürchtungen berechtigt sind.

Frau Becker möchte wissen, ob ihr gesamtes monatliches Nettogehalt im Falle der Sicherheitenverwertung von der *Nordbank AG* einbehalten wird.

d Ermitteln Sie unter Angabe des Rechenwegs für Frau Becker die Höhe ihres pfändbaren Gehaltsanteils.

INFO

Die monatliche Pfändungsschutzfreigrenze liegt ab 1. Juli 2022 bei 1.330,16 EUR; bei Arbeitseinkommen 1.339,99 EUR. Wer unterhaltspflichtig ist, also beispielsweise eine Familie zu versorgen hat, kann eine sog. P-Konto-Bescheinigung einreichen.

Sie erarbeiten mit Frau Becker Lösungen, ihre angespannte finanzielle Situation zu entschärfen. Leider hält sich Frau Becker nicht an die mit Ihnen getroffenen Vereinbarungen. Der Dispositionskredit wird auch in den nächsten Wochen deutlich überzogen. Das Verbraucherdarlehen wird von Frau Becker nicht mehr ordnungsgemäß bedient. Die *Nordbank AG* möchte nun das Verbraucherdarlehen fällig stellen.

e Beschreiben Sie vier gesetzliche Voraussetzungen für die Gesamtfälligstellung des Darlehens.

Nach Fälligstellung des Darlehens entschließt sich die *Nordbank AG* das gerichtliche Mahnverfahren einzuleiten.

f Beschreiben Sie den Ablauf des gerichtlichen Mahnverfahrens, wenn Frau Becker weder Zahlung leistet noch Widerspruch bzw. Einspruch einlegt.

Fall 6 Umschuldung eines Verbraucherdarlehens

Frau Claudia Herrmann (31 Jahre alt, Angestellte) ist Kundin der *Nordbank AG*. Frau Tillmann wurde am 29.08.2022 von der *Nordbank AG* angeschrieben, da sie ihren Dispositionskredit seit längerer Zeit ständig in Anspruch nimmt und es zu Überschreitungen der von der *Nordbank AG* eingeräumten Kreditlinie gekommen ist.

Frau Herrmann gibt der *Nordbank AG* folgende Informationen über ihre Kontostände an:

Konto/Depot	Betrag in EUR	Zusatzinformationen
Girokonto bei der *Nordbank AG*	4.861,67 S	Dispositionskredit 5.000,00 EUR Sollzinssatz 9,5 % p.a. BankCard und Rechnungsabschluss quartalsweise
Allgemein-Verbraucherdarlehen bei der *Unionbank AG*	3.240,00 S	Monatliche Rate 140,00 EUR Tilgungsverrechnung jeweils zum 30. eines Monats Gebundener Sollzinssatz für die gesamte Laufzeit 5,9 % p. a. Die noch zu zahlenden Sollzinsen bis zum vertraglich vereinbarten Ende der Laufzeit des Darlehens belaufen sich auf 207,71 EUR. Restlaufzeit zwei Jahre
Pkw-Leasing bei der *Sixt AG*	5.150,00 S	Monatliche Rate 199,00 EUR, jeweils zum 30. eines Monats. Die letzte Ratenzahlung von 5.150,00 EUR mit Übertragung des Eigentums an dem Pkw erfolgt am 30. September 2022

Frau Herrmann verfügt über keine weiteren Vermögenswerte. Die *Nordbank AG* schlägt Frau Herrmann vor, ihre gesamten Verbindlichkeiten, die sich aus der Geschäftsverbindung mit der *Nordbank AG* und aus den anderen Geschäftsverbindungen ergeben, durch ein Allgemein-Verbraucherdarlehen der *Nordbank AG* abzulösen.

Zu den anderen Verbindlichkeiten liegen folgende Informationen vor:

Die Unionbank AG legt bei der vorzeitigen Rückzahlung eines Allgemein-Verbraucherdarlehens die gesetzlichen Vorschriften zugrunde.

Mit Zahlung der letzten Rate ist das Pkw-Leasing beendet.

Frau Herrmann möchte ihre gesamten Verbindlichkeiten zum 30. September 2022 ablösen.

a Prüfen Sie, ob Frau Herrmann unter Berücksichtigung der gesetzlichen Bestimmungen ihre gesamten Verbindlichkeiten bei der Unionbank AG vorzeitig im vollen Umfang tilgen kann.

BGB § 500 (Auszug)

Kündigungsrecht des Darlehensnehmers; vorzeitige Rückzahlung

(1) Der Darlehensnehmer kann einen Allgemein-Verbraucherdarlehensvertrag, bei dem eine Zeit für die

Rückzahlung nicht bestimmt ist, ganz oder teilweise kündigen, ohne eine Frist einzuhalten. Eine Vereinbarung über eine Kündigungsfrist von mehr als einem Monat ist unwirksam.

(2) Der Darlehensnehmer kann seine Verbindlichkeiten aus einem Verbraucherdarlehensvertrag jederzeit ganz oder teilweise vorzeitig erfüllen. ...

Die *Nordbank AG* teilt Frau Herrmann mit, dass die Unionbank AG aber berechtigt ist, eine Vorfälligkeitsentschädigung zu verlangen.

b Mit welchem Betrag kann Frau Herrmann im Rahmen der Ablösung des Allgemein-Verbraucherdarlehens insgesamt von der Unionbank AG belastet werden?

BGB § 502 (Auszug)

(3) Bei Allgemein-Verbraucherkreditverträgen darf die Vorfälligkeitsentschädigung folgende Beträge jeweils nicht überschreiten:

1. 1 % des vorzeitig zurückgezahlten Betrags oder, wenn der Zeitraum zwischen der vorzeitigen und der vereinbarten Rückzahlung ein Jahr nicht überschreitet, 0,5% des vorzeitig zurückgezahlten Betrags,
2. den Betrag der Sollzinsen, den der Darlehensnehmer in dem Zeitraum zwischen der vorzeitigen und der vereinbarten Rückzahlung entrichtet hätte.

c Über welchen Betrag muss das Darlehen lauten, den die *Nordbank AG*, Frau Herrmann zur Ablösung ihrer gesamten Verbindlichkeiten anbieten muss?

Fall 7 Tilgungssatzberechnung bei einem Verbraucherdarlehen

Die *Nordbank AG* bietet ihrem Kunden Leon Stelter (45 Jahre alt; Handwerker) folgendes Allgemein-Verbraucherdarlehen an:

Nettodarlehensbetrag: 14.000 EUR
Monatliche Rate: 260,00 EUR
Laufzeit: fünf Jahre
Gebundener Sollzinssatz: 3,90 % p.a.

Berechnen Sie den anfänglichen Tilgungssatz in Prozent p. a. des Allgemein-Verbraucherdarlehens (nach der zweiten Kommastelle runden).

Fall 8 Ein Verbraucherdarlehen wird notleidend.

Britta Zecke ist Kundin der *Nordbank AG*. Frau Zecke hat vor einem Jahr einen Neuwagenkauf durch die *Nordbank AG* teilfinanziert. Sie ist ledig, kinderlos, 31 Jahre alt und seit vier Jahren als Sachbearbeiterin bei der Speditions-AG tätig. Ihr monatliches Nettoeinkommen beträgt 1.322,68 EUR.

Folgende Daten aus der Geschäftsverbindung mit Frau Zecke liegen Ihnen vor: Kontenübersicht

Kontokorrentkonto	2.897,49 EUR Soll Dispositionskredit: 2.000,00 EUR	
Ratenkredit	Ursprungsbetrag: 10.000,00 EUR	Restsaldo: 5.855,89 EUR
	Ursprungslaufzeit: 36 Monate	Restlaufzeit: 24 Monate
	Sollzinssatz: 4,85% p.a.	

Die Abbuchung der monatlichen Miete über 595,00 EUR hat dazu geführt, dass sich das Kontokorrentkonto von Frau Zecke in der Überziehungsliste befindet. Deshalb hat die *Nordbank AG* Bedenken, dass Frau Zecke ihren Ratenkredit zukünftig nicht mehr ordnungsgemäß zurückzahlen wird. Die fällige Rate wird in zehn Tagen abgebucht und das Gehalt von Frau Zecke kommt erst am Ende des Monats.

a Nennen Sie neben der dauerhaften Ausnutzung des Dispositionskredits drei weitere Signale aus der Geschäftsbeziehung mit Frau Zecke, die auf einen zukünftigen notleidenden Privatkundenkredit hindeuten könnten.

Für heute hat Frau Zecke mit der *Nordbank AG* einen Termin vereinbart, um mit ihr über ihre finanzielle Lage zu sprechen. Frau Zecke nimmt den Termin wahr und teilt der *Nordbank AG* mit, dass ihre finanzielle Situation angespannt ist.

b Beschreiben Sie Frau Zecke drei Möglichkeiten, wie sie ihre finanzielle Situation entspannen kann.

Zur Absicherung des Ratenkredits wurden die Lohn- und Gehaltsansprüche durch Frau Zecke still abgetreten. Frau Zecke befürchtet nun, dass die *Nordbank AG* wegen ihrer angespannten finanziellen Situation der Speditions-AG die Abtretung offen legen wird.

c Erläutern Sie Frau Zecke, ob ihre Befürchtungen berechtigt sind.

Frau Zecke möchte wissen, ob ihr gesamtes monatliches Nettogehalt im Falle der Sicherheitenverwertung von der *Nordbank AG* einbehalten wird.

Pfändungsgrenzen für Arbeitseinkommen nach § 850 der Zivilprozessordnung (ZPO)

	Pfändbarer Betrag bei Unterhaltspflicht für ... Personen			
Monatliches Nettoeinkommen	0	1	2	3
1.300,00 bis 1.309,99 EUR	158,28 EUR	-	-	-
1.310,00 bis 1.319,99 EUR	165,28 EUR	-	-	-
1.320,00 bis 1.329,99 EUR	172,28 EUR	-	-	-
1.330,00 bis 1.339,99 EUR	179,28 EUR	-	-	-
1.340,00 bis 1.349,99 EUR	186,28 EUR	-	-	-

d Ermitteln Sie für Frau Zecke die Höhe des pfändbaren Gehaltsanteils, der sich aus dem Gesetzesauszug der Zivilprozessordnung (ZPO) ergibt.

Die *Nordbank AG* erarbeitet mit Frau Zecke Lösungen, ihre angespannte finanzielle Situation zu entschärfen. Leider hält sich Frau Zecke nicht an die mit der *Nordbank AG* getroffenen Vereinbarungen. Der Dispositionskredit wird auch in den nächsten Wochen deutlich überzogen. Der Ratenkredit wird von Frau Zecke nicht mehr ordnungsgemäß bedient. Die *Nordbank AG* möchte nun den Ratenkredit fällig stellen.

e Beschreiben Sie drei gesetzliche Voraussetzungen für die Gesamtfälligstellung des Darlehens.

Fall 9 Abtretung einer kapitalbildenden Lebensversicherung

Zur Sicherung eines im Oktober beantragten Hypothekardarlehens in Höhe von insgesamt 280.000,00 EUR bietet der Kunde Sven Wehmeier (47 Jahre) Ihrem Ausbildungsbetrieb neben einer erstrangigen Grundschuld in Höhe von 250.000,00 EUR eine kapitalbildende Lebensversicherung an, die er vor zwölf Jahren im Mai bei der *EOS Versicherungs-Aktiengesellschaft* über eine Versicherungssumme von 100.000,00 EUR für den Erlebens- und Todesfall abgeschlossen hatte. Die Laufzeit des Versicherungsvertrages beträgt 18 Jahre, die jährlichen Prämienzahlungen belaufen sich auf 4.201,00 EUR. Als Bezugsberechtigte wurde seine 44-jährige Ehefrau Sabine Rosen-Wehmeier eingetragen.

Vers-Jahr	Leistung bei Tod im Vers.-Jahr in EUR	Rückkaufs-wert in EUR	Überschussgutha-ben in EUR	Gesamtleistung in EUR
1	100.000,00	2.031,00	-	2.031,00
2	100.138,00	6.194,00	148,00	6.342,00
6	102.393,00	24.286,00	2.572,00	26.858,00
7	103.474,00	29.204,00	3.735,00	32.939,00
8	104.806,00	34.302,00	5.166,00	39.468,00
9	106.412,00	39.594,00	6.893,00	46.487,00
10	108.320,00	45.099,00	8.944,00	54.043,00
11	110.560,00	50.837,00	11.352,00	62.189,00
12	113.165,00	56.832,00	14.152,00	70.984,00
13	116.171,00	63.831,00	17.384,00	81.215,00
18	138.761,00	100.000,00	45.168,00	145.168,00

a Prüfen Sie, ob der aktuelle Barwert der Kapitallebensversicherung als Sicherheit für Ihren Ausbildungsbetrieb ausreicht! Der Sicherheitsabschlag für Kapitallebensversicherungen wird in Ihrem Ausbildungsbetrieb mit 10 % angesetzt.

b Begründen Sie, mit welchem Vertrag Sie die kapitalbildende Lebensversicherung als Sicherheit hereinnehmen könnten!

c Warum wird Ihr Ausbildungsbetrieb den Abschluss des Sicherungsvertrages der *EOS Versicherungs-AG* anzeigen?

d Bevor über die Hereinnahme der Sicherheit entschieden wird, verlangt Ihr Ausbildungsbetrieb noch einige Angaben über den aktuellen Stand der Kapitallebensversicherung. Welche wichtigen Informationen aus dem Versicherungsvertrag mit Herrn Wehmeier wird Ihr Ausbildungsbetrieb aus Sicherheitsgründen von der *EOS Versicherungs-AG* verlangen?

e Begründen Sie, welche Vereinbarungen Ihr Ausbildungsbetrieb mit Herrn Wehmeier im Sicherungsvertrag treffen muss, um während der Kreditlaufzeit jederzeit ausreichend gesichert zu sein!

f Herr Wehmeier wird zwei Jahre nach Vertragsabschluss arbeitslos und kann seinen Kreditverpflichtungen nicht mehr nachkommen. Beschreiben Sie Ihre Vorgehensweise bis zur Verwertung der Kapitallebensversicherung!

1.3.2 Avalkredit

Fall: Mietaval

Frau Bettina Sanders ist Kundin der *Nordbank AG*. Vor kurzem hat Frau Sanders von der *Nordbank AG* folgenden Vertragsentwurf erhalten:

„... übernehmen wir gegenüber der *NordImmobilien AG* für deren Forderungen aus dem Mietverhältnis unter Verzicht auf die Einreden der Vorausklage, der Anfechtung und der Aufrechnung die selbstschuldnerische Bürgschaft bis zum Höchstbetrag von 2.300,00 EUR einschließlich Zinsen und Kosten mit der Maßgabe, dass wir nur auf Zahlung in Geld in Anspruch genommen werden dürfen ...“

a Beschreiben Sie die dem Vertrag zu Grunde liegende Kreditart.

b Erläutern Sie die Beteiligten der Vertragsverhältnisse und deren Rechtsbeziehungen zwischen Frau Sanders, der *Nordbank AG* und der *NordImmobilien AG*.

c Mit welchen Argumenten können Sie gegenüber Frau Sanders die Berechnung einer jeweils am Quartalsbeginn anfallenden Provision in Höhe von 0,4 % des Kreditbetrages rechtfertigen?

Sie teilen Frau Sanders schriftlich mit, dass alternativ zum o. a. Vertragsentwurf die Stellung einer Mietkaution auf einem bei der *Nordbank AG* von der *NordImmobilien AG* zu eröffnenden Sparkonto in Betracht käme.

d Erläutern Sie die Vertragsverhältnisse und die Rechtsbeziehungen zwischen den drei Beteiligten.

e Wie wird sichergestellt, dass die Mietkaution nicht für Kreditverbindlichkeiten der *NordImmobilien AG* zur Haftung herangezogen wird?

f Vergleichen Sie die beiden Bankleistungen aus der Sicht von Frau Sanders und schlagen Sie eine begründete Entscheidung vor. Gehen Sie davon aus, dass Frau Sanders zurzeit über keine Liquiditätsreserven verfügt.

Übersichten zu Kredite an Privatpersonen

1. Verbraucherdarlehen

Wesen	Der Gesetzgeber versteht unter einem Verbraucherdarlehen grundsätzlich ein Gelddarlehen an einen Verbraucher nach § 13 BGB, also die Überlassung von Verfügungsmöglichkeiten über Geld oder die direkte Überlassung von Zahlungsmitteln. Nach dem neuen Schuldrecht müssen Verbraucher detailliert über die Bankkonditionen des Produkts informiert werden. Dabei sollten die persönlichen Verhältnisse des Kunden berücksichtigt werden. Die Kreditinstitute verstehen unter einem Kredit die zeitlich befristete Überlassung von Kapital, wobei die Zinsen das Entgelt für die Überlassung des Kapitals darstellen.
Schriftform	Das Verbraucherkreditgesetz sieht für alle Kreditverträge die Beachtung der Schriftform vor. Ein Kreditvertrag, der nicht schriftlich abgeschlossen wurde, ist nichtig. Die Schriftform dient neben der Sicherung der zutreffenden Informationen über die wesentlichen Kreditkonditionen auch der Warnung des Verbrauchers vor unüberlegtem finanziellem Engagement. Dem Verbraucher soll transparent und übersichtlich die wirtschaftliche Belastung aus der geplanten Kreditaufnahme bewusst gemacht werden. Zudem soll dem Verbraucher eine tragfähige Grundlage an die Hand gegeben werden. Es reicht aus, wenn Antrag und Annahme durch die Vertragsparteien jeweils getrennt und schriftlich erklärt werden. Besteht das Vertragswerk aus mehreren Blättern, muss ihre Zusammengehörigkeit kenntlich gemacht werden und die einzelnen Blätter von den Vertragsparteien gesondert unterschrieben werden. Die Bank muss mindestens ein Kreditbestätigungsschreiben verschicken, wenn sie den schriftlichen Antrag des Kreditnehmers angenommen hat. Dem Kunden muss eine vollständige Ausfertigung des Vertrags mit allen nach dem Gesetz erforderlichen Angaben vorliegen.
Widerrufsbelehrung bei Verbraucherdarlehen nach § 495 BGB	Durch das Widerrufsrecht soll dem Verbraucher die Möglichkeit verschafft werden, seine Entscheidung für einen Kredit noch einmal zu überdenken und seine Entscheidung ggf. rückgängig zu machen. Das Widerrufsrecht kann nur auf den gesamten Kreditvertrag insgesamt ausgeübt werden. Der Kreditvertrag ist bis zur Ausübung des Widerrufsrechts oder bis zum Ablauf der Frist schwebend unwirksam. Der Auszahlungsanspruch des Verbrauchers entsteht erst nach Wirksamwerden des Vertrags.

	Die Widerrufsbelehrung muss entweder in einer gesonderten schriftlichen Vereinbarung oder in die vom Darlehensnehmer zu unterzeichnende Vertragserklärung aufgenommen und dort deutlich hervorgehoben werden. Der Ablauf der Widerrufsfrist von zwei Wochen beginnt erst, wenn der Verbraucher zutreffend und formgerecht über sein Widerrufsrecht belehrt wurde. Insbesondere muss in der Widerrufsbelehrung enthalten sein: - Belehrung über das Recht zum Widerruf innerhalb von zwei Wochen - der ausdrückliche und unmissverständliche Hinweis auf den Fristbeginn und die Fristwahrung durch rechtzeitige Absendung des Widerrufs und ausdrücklicher Widerrufserklärung durch den Kreditnehmer - Name und Anschrift desjenigen, dem gegenüber der Widerruf zu erklären ist - die Belehrung über den ggf. zu erklärenden Widerruf und der Hinweis, dass eine ausdrückliche Erklärung, aber keine Begründung des Widerrufs erforderlich ist Damit die Widerrufsbelehrung ordnungsgemäß und damit Frist auslösend ist, hat der Darlehensgeber dem Verbraucher eine eindeutige und deutlich gestaltete Belehrung entsprechend den Erfordernissen des eingesetzten Kommunikationsmittels zur Verfügung zu stellen. Folgen fehlerhafter Belehrung: - Die Belehrung muss dem Verbraucher gemäß § 355 BGB mitgeteilt werden und ist mittels Telekopie, E-Mail oder anderer Telekommunikationsmittel möglich. - Eine mündliche Widerrufserklärung ist nicht ausreichend. - Unterbleibt eine Widerrufsbelehrung oder ist sie unzureichend, so wird der Lauf der Widerrufsfrist nicht in Gang gesetzt. Das Widerrufsrecht besteht dann fort, der Vertrag bleibt in der Schwebe und das Widerrufsrecht erlischt erst nach beiderseits vollständiger Erbringung der Leistung, spätestens ein Jahr und 14 Tage nach Abgabe der Willenserklärung des Verbrauchers. Durch diese Regelung soll eine schwebende Unwirksamkeit des Kreditvertrags auf Dauer verhindert werden. Eine Frist von 14 Tagen gilt auch dann, wenn die Widerrufsbelehrung zunächst gar nicht oder falsch an den Kreditnehmer übermittelt worden ist. Sie beginnt allerdings erst zu laufen, wenn die Säumnis nachgeholt worden ist. Die Frist beginnt dann an dem Tag, an dem die korrekte Widerrufsbelehrung beim Kreditnehmer eingegangen ist, auch wenn das Darlehen bereits ausgezahlt worden ist. Es gilt aber – anders als nach altem Recht – keine verlängerte Frist von einem Monat, sondern nur die Regelfrist von 14 Tagen. Das Widerrufsrecht ist eine einseitige, empfangsbedürftige Willenserklärung. Es kann innerhalb der Frist jederzeit und ohne Angabe von Gründen vom Verbraucher ausgeübt werden. Darlehensrückzahlung nach Widerruf: Durch den Widerruf wird der Kreditnehmer gezwungen, die Darlehenssumme innerhalb von zwei Wochen zurückzuzahlen. Der Rückzahlungsbetrag ist der empfangene Nettokreditbetrag. Zahlt der Kreditnehmer den Nettokreditbetrag nicht fristgerecht zurück, so gilt der Widerruf als nicht erfolgt und der Vertrag wird rechtsgültig. Rechtsfolgen des Widerrufs: Die Bank kann für die Zeit zwischen dem Empfang und der Rückzahlung des Darlehens Zinsen verlangen. Der Verbraucher hat allerdings nicht die vertraglichen Zinsen zu zahlen, sondern nur den gesetzlichen Zins. Die Bearbeitungsgebühr und andere Nebenentgelte sind nicht zu entrichten.
Wichtige Inhalte des Kreditgesprächs	- Höhe und Verwendungszweck des Kredits - Zeitpunkt der Bereitstellung - Laufzeit des Kredits - Rückzahlung des Kredits - mögliche Kreditsicherheiten - Einwilligung zur Einholung einer Schufa-Auskunft - Abschluss einer Restschuldversicherung

Grundsätze bei der Auswahl von Kreditsicherheiten	**Werthaltigkeit:** Der Wert des Sicherungsgutes und dessen Wertbeständigkeit sollten in einem angemessenen Verhältnis zur Kredithöhe und Kreditlaufzeit stehen. **Verwertbarkeit:** Die Sicherheiten sollen nach Fälligkeit des Kredites kurzfristig und mit geringem Aufwand verwertbar sein. **Rechtswirksamkeit:** Die Sicherungsvereinbarung muss rechtlich wirksam und praktisch durchführbar sein; so ist z. B. der Sicherungsgegenstand genau zu bestimmen. **Angemessenheit:** Neben dem Absicherungsinteresse des Kreditinstituts sind auch die wirtschaftlichen Interessen des Kreditnehmers zu beachten. So darf der Kredit nicht übersichert werden. **Wirtschaftlichkeit:** Bei der Auswahl der Besicherung muss neben einer rechtswirksamen Bestellung insbesondere auch auf die Wirtschaftlichkeit der Besicherung geachtet werden. So werden Kredite in geringer Höhe nicht besichert. Auch die Ansammlung mehrerer Sicherheiten mit geringem Sicherheitswert wird vermieden.
Sicherungszweck	Jede Sicherheit haftet nur dann für einen Kredit, wenn der Sicherungszweck in der Sicherungszweckerklärung konkret vereinbart wurde. Der Kreditnehmer braucht nur die Inanspruchnahme der Sicherheit zu dulden, wenn die Verwertung in Übereinstimmung mit dem vereinbarten Sicherungszweck geschieht. Man unterscheidet einen weiten und einen engen Sicherungszweck: - Die Vereinbarung eines **weiten Sicherungzwecks** bedeutet, dass die Sicherheit sowohl für das Darlehen als auch für alle bestehenden, künftigen und bedingten Ansprüche, die der Bank gegen den Darlehensnehmer zustehen, dient. Bei weiteren Darlehen an den gleichen Darlehensnehmer ist daher kein neuer Sicherheitenvertrag notwendig. Dennoch muss die Sicherheit in dem neuen Darlehensvertrag als Sicherheit aufgeführt werden. - Bei der Vereinbarung eines **engen Sicherungszwecks** dient die Sicherheit nur für die Forderungen, die im Sicherheitenvertrag aufgeführt sind.
Bewertung der Kreditsicherheiten	Bei der Bewertung der Sicherheit muss ein Sicherheitsabschlag berücksichtigt werden. Dadurch können Erlöseinbußen und Verwertungskosten (z. B. Gerichtskosten) berücksichtigt werden, die aus einer zwangsweisen Verwertung resultieren. Ferner darf die Bank bei der Bewertung von Sicherheiten die wirtschaftliche Freiheit des Kreditnehmers nicht unangemessen einschränken, sodass der Kreditnehmer seine freie finanzielle Selbstbestimmung behält (vgl. § 1248 BGB).
Angaben im Kreditantrag	- Nettodarlehensbetrag und ggf. Höchstgrenze des Darlehens - Gesamtrückzahlungsbetrag inklusive Zinsen und sonstiger Kosten - Rückzahlungsmodalitäten (Höhe, Anzahl und Fälligkeit der Raten) - Nominalzins und sonstige Kreditkosten, z. B. Bearbeitungsgebühr - effektiver Jahreszins oder anfänglicher effektiver Jahreszins gemäß den Vorschriften der Preisangabenverordnung - Kosten einer Restschuld- oder sonstigen Versicherung, die im Zusammenhang mit dem Verbraucherdarlehen abgeschlossen wird - zu bestellende Sicherheiten
Pflichtangaben und Sanktionen bei Verstoß gegen die Angabepflicht	- Nettokreditbetrag, Höchstgrenze - Darlehensnennbetrag - Angabe des Gesamtbetrages - Rückzahlung des Kredits - Angabe des Zinssatzes und sonstige Kosten - effektiver Jahreszins - Kosten einer Restschuldversicherung - zu bestellende Sicherheiten

Nettokreditbetrag, Höchstgrenze	Der Nettokreditbetrag ist der auszuzahlende Betrag, d. h. es ist der dem Darlehensnehmer effektiv zur Verfügung stehende Betrag, der sich nach Abzug aller Kosten, Gebühren, Entgelte, Provisionen, Versicherungsprämien ergibt. Auch die Kosten einer Restschuldversicherung sind abzuziehen. Damit soll dem Verbraucher dargelegt werden, wie viel Geld ihm effektiv zur Verfügung steht.
Darlehensnennbetrag	Der Darlehensnennbetrag ist der Betrag, der dem Verbraucher zur Nutzung überlassen wird, und ist damit die Grundlage der Verzinsung. Fehlt die Angabe des Kreditbetrags, so ist der Kreditvertrag nichtig.
Angabe des Gesamtbetrages	Das Verbraucherkreditgesetz fordert die Angabe aller zur Tilgung eines Kredits, zur Zahlung der Zinsen und sonstigen Kosten zu entrichtenden Teilzahlungen (Gesamtbetrag). Mit der Angabe des Gesamtbetrages soll der Verbraucher auf die wirtschaftliche Tragweite seiner Verpflichtung hingewiesen werden. Das Fehlen des Gesamtbetrages hat die Nichtigkeit des Kreditvertrags zur Folge.
Rückzahlung des Kredits	In die Vertragsurkunde sind die Art und Weise der Rückzahlung des Kredits oder die Regelung der Vertragsbeendigung aufzunehmen. Bei Ratenkrediten ist die Anzahl der Raten, die Höhe der Raten und die Fälligkeit der Raten anzugeben. Anzugeben ist auch eine Abweichung der ersten oder letzten Rate in Betrag und Fälligkeit von der Regelrückführung. Auch die Zahlungsmodalitäten sind anzugeben, z. B. wenn die Ratenzahlung per Lastschrifteinzug erfolgen soll.
Angabe des Sollzinssatzes und sonstige Kosten	Die Bank hat den Sollzinssatz und alle sonstigen Kosten des Kredits zu bezeichnen. - Um dem Verbraucher eine Vergleichsbasis zu bieten, muss der Sollzinssatz angegeben werden. Der Sollzinssatz ist der Sollzinssatz, der als Jahreszins oder Monatszins ausgeworfen werden kann. Als Sollzinssatz sind alle laufzeitabhängigen Entgelte, wie Kreditprovision, Kreditgebühr und Disagio zu verstehen. - Neben dem Sollzinssatz sind die sonstigen Kosten anzugeben, die aus Gründen der Transparenz einzeln darzustellen und aufzuschlüsseln sind. Zu diesen Kreditkosten zählen sämtliche Aufwendungen, die der Kreditnehmer nach dem Vertrag neben den Zinsen zu zahlen hat, um den Kredit zu erhalten. - Das Bearbeitungsentgelt ist eine pauschalierte Vergütung für den mit der Bearbeitung des Kredits verbundenen Verwaltungsaufwand der Bank. Die Bearbeitungsgebühr fällt nur einmalig an. - Zu den sonstigen Kosten zählen u. a. Kosten für die Bestellung von Kreditsicherheiten, Schätzkosten sowie Entgelte für die Führung des Darlehenskontos und die Kosten der Restschuldversicherung. - Fehlt die Angabe des Sollzinssatzes, so ist der Kreditvertrag nichtig. Wird der Kredit trotzdem in Anspruch genommen, so ermäßigt sich der zugrunde gelegte Sollzinssatz auf den gesetzlichen Sollzinssatz von 4 %. Nicht angegebene Kosten werden nicht geschuldet.
Effektiver Jahressollzins	Der effektive Jahressollzins ist Vergleichsmaßstab für die Kreditkosten und damit wichtigster Bestandteil der Verbraucheraufklärung. Die Kosten von obligatorischen Restschuldversicherungen werden in die Berechnung des Effektivzinses einbezogen. Fehlt die Angabe des effektiven Jahressollzinses, so ist der Kreditvertrag nichtig. Wird der Kredit trotzdem in Anspruch genommen, so ermäßigt sich der zugrunde gelegte Sollzinssatz auf den gesetzlichen Sollzinssatz von 4 %.
Kosten einer Restschuldversicherung	Die Kosten einer Restschuldversicherung oder Kapitallebensversicherung sind im Kreditvertrag anzugeben. Nicht angegebene Kosten werden dem Gläubiger gegenüber nicht geschuldet. In Betracht kommen folgende Versicherungen: - Restschuldversicherung: Eine Restschuldversicherung ist eine Risikolebensversicherung auf den Todesfall, die um eine Berufsunfähigkeits- und/ oder Krankentagegeld-

	versicherung ergänzt werden kann. In die Restschuldversicherung kann auch das Risiko der Arbeitslosigkeit einbezogen werden. Der Versicherungsfall tritt ein, wenn der Kreditnehmer vor vollständiger Darlehenstilgung stirbt, arbeitsunfähig oder arbeitslos wird. Als Versicherungsleistung wird die im Zeitpunkt des Versicherungsfalls offene Restschuld gezahlt, sodass die Restschuldversicherung eine Risikolebensversicherung mit fallender Todesfallsumme gegen Einmalbetrag ist. - Kapitallebensversicherung: Endfällige Darlehen werden häufig gegen den Abschluss einer Lebensversicherung gewährt, die sowohl eine Sicherheit als auch Tilgungsersatz darstellen. Die Tilgung des Darlehens geschieht am Ende der Laufzeit aus der Leistung der Lebensversicherung. Zu diesem Zweck werden die Ansprüche aus der Versicherung an die Bank abgetreten.
Zu bestellende Sicherheiten	Der Kreditgeber hat das Recht, für seine Forderungen die Bestellung von Sicherheiten zu verlangen. Die zu bestellenden Sicherheiten sind konkret zu benennen, und zwar so genau, dass der Verbraucher über Art und Umfang der von ihm vorzunehmenden Rechtsgeschäfte unterrichtet ist. Sieht der Kreditvertrag eine Lohnabtretung vor, sollte mindestens die Deckungsgrenze angegeben werden. Sicherheiten, die im Kreditvertrag nicht genannt sind, können vom Kreditnehmer nicht gefordert werden. Damit soll der Verbraucher vor der nicht vereinbarten Nachforderung von Sicherheiten durch die Bank geschützt werden.

2 Abschlussprüfung Teil II

2.1 Vermögen aufbauen und Risiken absichern

Lösungen ab Seite 223

2.1.1 Festverzinsliche Effekten

Fall 1: Pfandbriefe und Bundesobligationen

Frau Andrea Lohmeier (54 Jahre alt und ledig) ist Depotkundin der *Nordbank AG*. Sie hatte aus einer fälligen Lebensversicherung einen Gutschriftsbetrag von rund 48.000,00 EUR erhalten. In einem Beratungsgespräch mit Frau Lohmeier erfahren Sie, dass die Kundin etwa 28.000,00 EUR dieses fälligen Betrages für ca. zwei bis drei Jahre in variabel verzinslichen öffentlichen Pfandbriefen der *NordHypo AG* anlegen möchte, um damit einen neuen Pkw zu finanzieren. Den Restbetrag von 20.000,00 EUR möchte sie in einer Bundesobligation oder einer Industrieschuldverschreibung mit einer 5-jährigen Laufzeit anlegen. Frau Lohmeier legt Wert darauf, dass bei diesem Anlagebetrag regelmäßig jährliche Zinszahlungen anfallen sollen und der Anlagebetrag jederzeit verfügbar ist.

Konditionen des öffentlichen Pfandbriefs der *NordHypo AG*

Zinstermine	vierteljährlich 15.03./15.06./15.09./15.12.
Zinsmethode	actual/actual
Zinssatz	3-Monats-EURIBOR am 15. des Monats der Zinszahlung + 0,5 Prozentpunkte

a Beurteilen Sie das Emittentenrisiko und das Kursrisiko dieses öffentlichen Pfandbriefs bei Änderung des Kapitalmarktzinsniveaus.

b Am 30.05.entscheidet sich Frau Lohmeier, für 28.000,00 EUR nominal öffentliche Pfandbriefe zu erwerben. Ermitteln Sie die Höhe der Zinsen für nominal 28.000,00 EUR des o. a. Pfandbriefs für den nächsten Zinszahlungstermin. Legen Sie dabei den aktuellen EURIBOR-Satz von 0,66 % p. a. zugrunde.

c Frau Lohmeier möchte von Ihnen wissen, wie die öffentlichen Pfandbriefe verwahrt werden können. Begründen Sie ihr die Verwahrart von öffentlichen Pfandbriefen.

Sie stellen Frau Lohmeier für die Anlage der restlichen 20.000,00 EUR die aktuelle Industrieschuldverschreibung der *Stahlbau AG* vor.

Stahlbau AG in Duisburg
Industrieschuldverschreibung mit 6,5 % p. a. Verzinsung
Emissionsvolumen: EURO 25.000.000,00
ISIN: DE0001564892

§ 1 - Ausstattungsbedingungen

Nach Maßgabe der Emissionsbedingungen wird zu einem Emissionskurs von 100,9 % eine 6,5 %-Industrieschuldverschreibung emittiert. Die Emissionsrendite beträgt 6,26 % p. a. Die Zinszahlung erfolgt jährlich, erstmals am 30. Juni des nächsten Jahres. Zinslaufbeginn ist der 30. Juni dieses Jahres. Die Stückelung beträgt 100,00 EUR. Die Rückzahlung erfolgt in fünf Jahren zum Nennwert am 30. Juni, falls die Emittentin ihr Kündigungsrecht gemäß § 2 nicht ausübt.

§ 2 - Kündigungsrecht der Emittentin

Die Stahlbau AG hat das Recht, die gesamte Emission jederzeit nach zwei Jahren Laufzeit ab dem 1. Dezember unter Einhaltung einer Kündigungsfrist von drei Monaten vorzeitig an die Erwerber zurückzuzahlen.

W. Grundmann, *Bankwirtschaft Teil 2*, Prüfungstraining für Bankkaufleute,
https://doi.org/10.1007/978-3-658-40392-8_2

§ 3 - Erwerb der Anleihe und Börseneinführung
Interessierte Anleger haben die Möglichkeit, in der Zeit vom 19.06. bis 27.06. dieses Jahres ein Kaufangebot bei ihrer Hausbank abzugeben. Die Industrieschuldverschreibung wird nach der Bezugsfrist in den Handel an den Wertpapierbörsen Düsseldorf und Frankfurt eingeführt.

Frau Lohmeier ist die Bedeutung des in den Anleihebedingungen genannten Kündigungsrechts der *Stahlbau AG* nicht ganz klar.

d Erklären Sie Frau Lohmeier, welche Situation am Kapitalmarkt dazu führen kann, dass die *Stahlbau AG* diese Schuldverschreibung kündigt.

e Frau Lohmeier möchte den Unterschied zwischen Nominalverzinsung und Emissionsrendite wissen. Erklären Sie Frau Lohmeier den Unterschied.

f Beschreiben Sie Frau Lohmeier zwei Risiken dieser Industrieschuldverschreibung, und beurteilen Sie die Bedeutung dieser Risiken für sie.

g Zeigen Sie Frau Lohmeier unter Angabe des Rechenweges, dass die Emissionsrendite der *Stahlbau AG*-Industrieschuldverschreibung korrekt angegeben wurde (auf zwei Stellen nach dem Komma runden).

h Begründen Sie Frau Lohmeier anhand von zwei Aspekten, warum die Rendite dieser Anleihe höher ist als die Rendite der aktuellen Bundesobligation Serie 160 mit vergleichbarer Restlaufzeit.

Bundesobligation Serie 160 dieses Jahres	
WKN	114160
Zinslauf ab	08.05.dieses Jahres
1. Zinszahlung	08.05.des nächsten Jahres
Nominalzins	1,75 %
Rendite am 30.05.dieses Jahres	1,57 %
Kurs am 30.05. dieses Jahres	100,65 %
Fälligkeit	in 5 Jahren am 08.05.
Mindestnennbetrag	100 EUR

Frau Lohmeier entscheidet sich, einen Nominalbetrag von 20.000,00 EUR in Bundesobligationen anzulegen.

i Erklären Sie Frau Lohmeier, warum beim Erwerb dieser Bundesobligationen Stückzinsen anfallen.

j Der Kaufauftrag wird am Morgen des 30.05. dieses Jahres (Freitag) ausgeführt. Ermitteln Sie …
1. die zu berücksichtigenden Stückzinstage.
2. die zu zahlenden Stückzinsen.

Fall 2: Null-Kupon-Anleihe, Bundeswertpapiere

Ihre Kundin Ursula Schierbaum (ledig, 56 Jahre alt, alleinstehend, Abteilungsleiterin einer Möbelgroßhandlung) besucht Sie heute wegen einer Geldanlage zu einem Beratungsgespräch. Sie möchte 75.000,00 EUR anlegen. Ihr Freistellungsauftrag ist bereits voll ausgeschöpft. Frau Schierbaum hat sich aus dem Handelsblatt die Daten von drei sie interessierenden Wertpapieren deutscher Emittenten herausgeschrieben, in die sie zum Zwecke der Altersvorsorge investieren möchte.

Xetra-Handel	Laufzeit	Zinstermine	Kurs	Rendite	Rating Moody's	Rating S&P
Zerobond Chemie AG	10 Jahre	-	80,60	5,74 %	Aa2	AA
Floating Rate Note Versicherungs AG	10 Jahre	24. A/O act/360	98,72	-	Aa1	AA+
1,75 % Bundesanleihe	10 Jahre	05.06. gzj.	100,00	1,75 %	Aaa	AAA

a Erläutern Sie ...
 1 drei Besonderheiten dieser Null-Kupon-Anlage (Zerobond *Chemie AG*) im Vergleich zu der Bundesanleihe.
 2 drei Besonderheiten dieser variabel verzinslichen Anleihe (Floating Rate Note *Versicherungs AG*) im Vergleich zu der Bundesanleihe.

b Wie beurteilen Sie auf der Grundlage der Daten (siehe Tabelle) das Bonitätsrisiko der drei Wertpapiere?

c Erklären Sie Frau Schierbaum vier Einflussfaktoren, die den Kurs der variabel verzinslichen Anleihe beeinflussen können.

d Frau Schierbaum wundert sich, dass bei der variabel verzinslichen Anleihe die Renditeangabe fehlt. Erklären Sie Frau Schierbaum diesen Sachverhalt.

e Frau Schierbaum fragt, welches Risiko sie hat, wenn sie die Papiere wider Erwarten vorzeitig während der Laufzeit der Wertpapiere verkaufen muss.
 1 Erläutern Sie die Auswirkungen für jedes der drei Wertpapiere, wenn in Zukunft mit einem leicht sinkenden Zinsniveau gerechnet wird.
 2 Welches Wertpapier empfehlen Sie Frau Schierbaum unter Berücksichtigung Ihrer Überlegungen unter e1?

Fall 3: Inhaberschuldverschreibung

Frau Irene Schönfelder kommt zu Ihnen an den Beratungspoint. Sie teilt Ihnen mit, dass sie auf ihrem Girokonto 15.000,00 EUR frei habe, die sie in festverzinslichen Wertpapieren für drei bis vier Jahre anlegen möchte. Sie bieten Frau Schönfelder in einem Beratungsgespräch die Inhaberschuldverschreibung der *Energie SE* zu folgenden Bedingungen an:

Nominalverzinsung	3,75 % p.a.
Fälligkeit	in 4 Jahren am 15.08.
Zinstermin	15.08. gzj.
Kurs	98,10 %
Börsennotierung	Ja

Zunächst informieren Sie sich über die Risikobereitschaft von Frau Schönfelder. Außerdem befragen Sie sie über ihre Vorkenntnisse und Erfahrungen, die sie bisher mit Geldanlagen gemacht hat.

a Aus welchem Grund müssen Sie die Befragung von Frau Schönfelder vornehmen?

b Nennen und beschreiben Sie zwei Risiken, die für Frau Schönfelder mit dem Erwerb dieser Inhaberschuldverschreibung verbunden sind.

c Wie sind diese Risiken zu beurteilen?

d Frau Schönfelder ist der Begriff „Nominalverzinsung" unklar. Erklären Sie ihr den Unterschied zwischen der Nominalverzinsung und der Rendite beim Erwerb von Inhaberschuldverschreibungen.

e Ermitteln Sie die Rendite dieser Inhaberschuldverschreibung für Frau Schönfelder unter der Voraussetzung, dass sie die Inhaberschuldverschreibung bis zum Ende der Laufzeit nicht veräußert (auf zwei Stellen nach dem Komma runden!). Gehen Sie bei der Berechnung von einer Restlaufzeit von genau 4 Jahren aus. Kosten bleiben unberücksichtigt.

f Frau Schönfelder entschließt sich auf Grund des ausführlichen Beratungs- und Informationsgesprächs zum Kauf der *Energie* SE Inhaberschuldverschreibung im Nennwert von 10.000,00 EUR und erteilt am Freitag, 06.06.dieses Jahrs eine Kauforder, Limit 98,30 %. Erklären Sie Frau Schönfelder die Bedeutung des angegebenen Limits.

g Bei der Auftragserteilung hat sich Frau Schönfelder nicht über die Gültigkeitsdauer geäußert. Sie empfehlen ihr, den Auftrag tagesgültig ausführen zu lassen. Welche Bedeutung hat diese Gültigkeitsdauer des Auftrages für Frau Schönfelder?

h Frau Schönfelder möchte von Ihnen wissen, mit welcher Kontobelastung sie rechnen muss, wenn ihr Wertpapierauftrag am 06.06.dieses Jahres (Freitag) ausgeführt worden ist. Erstellen Sie für Frau Schönfelder die Wertpapierabrechnung. Unterstellen Sie dabei, dass die Order am 06.06. zu 98,12 % ausgeführt wird (Stückzinsberechnung: actual/actual).

Folgende Kosten sind zu berücksichtigen:
- 0,5 Prozent Provision vom Kurswert, mindestens aber vom Nennwert
- 0,75 Promille Courtage vom Nennwert

i Wann wird das Konto von Frau Schönfelder valuta belastet?

j Beim Kauf der Inhaberschuldverschreibungen sind Stückzinsen angefallen. Erläutern Sie Frau Schönfelder, wie sich gezahlte Stückzinsen im Verlustverrechnungstopf auswirken.

Übersichten zu den festverzinslichen Effekten

1. Ausstattungsmerkmale bei festverzinslichen Effekten

Laufzeit	Es ist der Zeitraum zwischen den in den Anleihebedingungen genannten Verzinsungsbeginn und der Fälligkeit der Anleihe. Kurzfristige Laufzeit: bis zu 4 Jahre Mittelfristige Laufzeit: 4 bis 8 Jahre Langfristige Laufzeit: mehr als 8 Jahre Ewige Anleihen: keine festgelegte Laufzeit
Verzinsung	Festzinsanleihen: Fester Nominalzins über die gesamte Laufzeit Variabel verzinsliche Anleihen: Sie gewähren einen variablen Zinsertrag, der für jede Zinsperiode gültige Zinssatz wird auf der Grundlage eines Referenzzinssatzes, z. B. EURIBOR jeweils neu festgesetzt. Zerobonds: Keine Zinszahlung während der Laufzeit. Der Zinsertrag ergibt sich aus der Differenz zwischen Rückzahlungskurs und Emissionskurs, einmalige Zinszahlung bei Fälligkeit der Schuldverschreibung.
Zinszahlung	Zinszahlung kann jährlich oder halbjährlich erfolgen.
Rückzahlungsmodalitäten	Tilgungsanleihen: Der Anleihebetrag wird über die Laufzeit der Anleihe verteilt in Teilbeträgen zurückgezahlt. Die Tilgung erfolgt durch Auslosung von Serien bzw. Endziffern oder Rückkauf an der Börse. Gesamtfällige Anleihen: Der gesamte Anleihebetrag wird am Laufzeitende in einer Summe zurückgezahlt. Ewige Anleihen: Diese Anleihen müssen nicht zurückgezahlt werden. Emittent kann die Anleihe nach

	Ablauf einer Festzinsperiode durch Kündigung zur Rückzahlung fällig stellen. Rückzahlung durch Kündigung der Anleihegläubiger (Anleger): Eine Kündigung durch den Anleihegläubiger wird in den Anleihebedingungen i. d. R. ausgeschlossen. Die Anleihegläubiger können die Anleihen allerdings über die Börse verkaufen. Kündigung durch den Emittenten: Das Kündigungsrecht kann in den Anleihebedingungen vereinbart werden. Eine Kündigung kann dann zweckmäßig sein, wenn der Nominalzins der Anleihe höher ist als der aktuelle Marktzins.
Sicherheit	Sie hängt von der Bonität des Emittenten ab. Mündelsichere und deckungsstockfähige Wertpapiere sprechen für eine gute Bonität des Emittenten.

2. Bundeswertpapiere

Merkmale	**Bundesanleihen**	**Bundesobligationen**
Emissionsrhythmus	Einmalemission	Daueremission
Emissionsverfahren	Tenderverfahren (nur Mitglieder der Bietergruppe Bundesemissionen)	
Börsenhandel	Handel an allen deutschen Wertpapierbörsen	
Mindestauftragsgröße	Mindestauftragswert der Kreditinstitute	
Anlagehöchstbetrag	unbeschränkt	
Zinszahlung	jährlich nachträglich	
Zinsmethode	taggenau (actual/actual)	
Laufzeit	Neuemissionen: überwiegend 10 Jahre Börsennotierte Titel: ca. 1 Monat bis unter 30 Jahre	Neuemissionen: 5 Jahre Börsennotierte Titel: ca. 1 Monat bis unter 5 Jahre
Rückzahlung	zum Nennwert	
Erwerber	jedermann	
Verkauf bzw. vorzeitige Rückgabe	nach Börseneinführung täglicher Verkauf zum Börsenkurs; bei außerbörslichem Verkauf über die Deutsche Finanzagentur unter Abzug einer Gebühr von 0,4 % vom Kurswert	
Verkaufsstellen	Kreditinstitute	
Verwahrung/Verwaltung	Kreditinstitute	
Kosten des Erwerbs ex Emission	übliche Provision	
Kosten nach Einlösung bei Fälligkeit	gebührenfrei bei der Deutschen Finanzagentur	
Kosten der Verwaltung	- Depotgebühren bei Kreditinstituten - gebührenfreie Verwaltung durch Deutsche Finanzagentur	

3. Stückzinsberechnung

Beim Erwerb einer Anleihe zahlt der Käufer neben dem Kurswert auch die aufgelaufenen Stückzinsen an den Veräußerer. Bei einem Erwerb muss der Käufer dem Verkäufer die anteiligen Stückzinsen vom Beginn des Zinslaufs bis zum Kauf erstatten.

Geldvaluta: Börsengeschäfte werden zwei Börsentage nach dem Abschluss des Kaufvertrages erfüllt.

Stückzinsvaluta: Der Stückzinsvalutatag ist der Kalendertag vor dem Geldvalutatag.

Beispiel 1: Ermittlung der Geldvaluta und Zinsvaluta
Handelstag: Montag, 20.10.20..
\+ 2 Börsentage = Mittwoch, 22.10.20.. (= Geldvaluta)
\- 1 Kalendertag = Dienstag, 21.10.20.. (= Zinsvaluta)

Beispiel 2: Ermittlung der Geldvaluta und Zinsvaluta
Handelstag: Donnerstag, 23.10.20..
\+ 2 Börsentage = Montag, 27.10.20.. (= Geldvaluta)
\- 1 Kalendertag = Sonntag, 26.10.20.. (= Zinsvaluta)

4. Effektivverzinsung – Rendite

Die Effektivverzinsung (Rendite) ist der Anlageertrag bezogen auf eine Anlagedauer von einem Jahr und einem Kapitaleinsatz von 100,00 EUR.

Formel: $$Peff = \frac{\left[Pnom + \left(\frac{Rk - Ek}{J}\right)\right]}{Ek} \cdot 100$$

P_{eff} = Effektivverzinsung
P_{nom} = Nominalverzinsung
J = Anlagedauer in Jahren
E_k = Erwerbskurs
R_k = Rückzahlungskurs

Beispiel einer Renditeberechnung für eine Bundesanleihe

Nennwert: 10.000,00 EUR Restlaufzeit: 10 Jahre Nominalverzinsung: 5,5 % Erwerb bei einem Kapitalmarktzinsniveau von 6 % Erwerbskurs: 104,56 % Jahreskupon, Zinsen sind jährlich zahlbar	
P_{eff} = (5,5 + (100 – 104,56) : 10)) : 104,56 x 100 =	**4,824 %**

2.1.2 Teilhabereffekten

Fall 1 Aktien

Frau Irmgard Brüngel (54 Jahre alt) hat mit ihrem Kundenberater Herrn Engelhardt bei der *Nordbank AG* in Hamburg einen Beratungstermin vereinbart. Sie hatte Herrn Engelhardt telefonisch mitgeteilt, dass sie aufgrund einer Erbschaft 40.000,00 EUR in Aktien anlegen möchte.

Im Rahmen der Risikoanalyse hatte Herr Engelhardt festgestellt, dass der Wissensstand von Frau Brüngel bezüglich Aktien sehr gering ist.

a Nennen Sie drei Tätigkeiten, zu denen Herr Engelhardt als Berater der *Nordbank AG* im Zusammenhang mit dem Wertpapierhandelsgesetz verpflichtet ist.

b Erläutern Sie Frau Brüngel zwei Aktionärsrechte.

c Beschreiben Sie Frau Brüngel zwei mögliche Ursachen für Kursrückgänge bei Aktien.

Sie stellen Frau Brüngel die nachfolgenden zwei Aktienanlagen vor:

Name des WP	**Hoch/Tief Tag/52 Wochen**	**Volumen**	**Kurs/Vortag/ Eröffnung**	**Aktueller Kurs**
Solarenergie AG Namens-aktien	56,58-55,58/ 59,39-38,60	letzt: 77 ges: 156.857	55,93/56,49/ 56,41	XETRA, 15.08.20.., 13:15:33
Windenergia Inhaberaktien	97,60-96,18/ 100,63-63,20	letzt: 50 ges: 10.666	96,39/97,26/ 97,20	XETRA, 15.08.20.., 13:16:45

Herr Engelhardt geht auf ausgewählte Angaben der beiden Übersichten ein.

d Erklären Sie die Bedeutung der folgenden Kriterien für ihre Anlageentscheidung:

1 Handelsvolumen
2 Hoch/Tief (52 Wochen)
3 XETRA

Frau Brüngel möchte die Hälfte ihrer Erbschaft in einen der Energiewerte anlegen.

Zur Entscheidungsfindung legt Herr Engelhardt Frau Brüngel noch die nachfolgenden Infos zu den beiden Energiewerten vor:

	Solarenergie AG	**Windenergia AG**
KGV (Kurs-Gewinn-Verhältnis)		
1. Jahr	18,32	11,59
2. Jahr	16,38	11,41
3. Jahr erwartet	16,19	11,22
Dividendenrendite in %		
1. Jahr	2,46	4,06
2. Jahr	1,99	4,23
3. Jahr erwartet	1,93	4,46

e Erklären Sie Frau Brüngel, welche Informationen man allgemein aus den Kennzahlen KGV und Dividendenrendite entnehmen kann.

f Beurteilen Sie die Werte der beiden Kennzahlen im Hinblick auf die anstehende Anlageentscheidung von Frau Brüngel anhand von je zwei Aspekten.

Frau Brüngel entscheidet sich trotz einer negativen Geeignetheitserklärung auf eigenem Wunsch für den Kauf von 50 *Windenergia AG-Aktien*. Die Abwicklung dieses Kaufs erfolgt am Freitag, den 15.08. dieses Jahres (Handelstag), zu einem Kurs von 95,87 EUR.

Die *Nordbank AG* berechnet folgende Kosten:

Provision:	0,3 % vom Kurswert, mindestens jedoch 15,00 EUR
Abwicklungsentgelt:	3,50 EUR pro Auftrag

g Erstellen Sie die Abrechnung für Frau Brüngel.

Fall 2 Investmentzertifikate

Aus dem Rechenschaftsbericht des *NORDRENTA INTERNATIONAL* entnehmen Sie folgende Angaben:

Summe des Wertpapiervermögens	596.373.139,00	EUR
Bankguthaben	13.175.334,00	EUR
Sonstige Vermögensgegenstände	15.641.109,00	EUR
Sonstige Verbindlichkeiten	1.074.388,00	EUR
Umlaufende Anteile	15.699.829,00	Stück

Ausschüttung auf Ertragsschein Nummer 17 ab 01. Januar dieses Jahres 2,25 EUR. In der Ausschüttung sind 2,228 EUR abgeltungssteuerpflichtige Zinsen enthalten, auf die pro Anteil eine Abgeltungssteuer von 25 % = 0,56 EUR und darauf Solidaritätszuschlag von 5,5 % = 0,03 EUR je Anteil entfällt.

a Ermitteln Sie den Ausgabe- und Rücknahmepreis eines *NORDRENTA*-Anteils. Der Ausgabeaufschlag beträgt 3 %.

b Welchen Betrag bekommt ein Depotkunde gutgeschrieben, der 1.000 Anteile dieses Rentenfonds besitzt, wenn ein Freistellungsauftrag nicht erteilt wurde? Berücksichtigen Sie 25 % Abgeltungssteuer und 5,5 % Solidaritätszuschlag, die Kirchensteuer bleibt unberücksichtigt.

c Welche Vorteile hat die Anlage in einem Rentenfonds gegenüber einer Einmalanlage in festverzinslichen Wertpapieren?

Fall 3 Renten- und Aktienfonds

Susanne Fröhlich ist Kundenberaterin der *Nordbank AG*. Leo Wohltmann kommt heute wegen eines Beratungstermins zu Frau Fröhlich. Herr Wohltmann hatte vor einigen Wochen das Wertpapierdepot seines Vaters geerbt. Die Umschreibung des Depots erfolgte in der letzten Woche. Herr Wohltmann möchte nun über die Anlage mit Frau Fröhlich sprechen.

Kundenübersicht Leo Wohltmann		
Konto/Depot	**Saldo/ aktueller Wert**	**Anmerkungen**
Girokonto 4984381400	H 478,28 EUR	Dispositionskredit: 4.000,00 EUR
Sparkonto 4984381405	1.566,67 EUR	dreimonatige Kündigungsfrist, Verwendungszweck: Mietkaution
Sparkonto 4984381406	4.273,56,00 EUR	dreimonatige Kündigungsfrist
VL-Bausparkonto 4984381407	988,50 EUR	monatliche VL-Zahlung 40,00 EUR

Depot 50599739: Das Depot wird bei der Kapitalanlagegesellschaft mbH geführt.		
Dachfonds „Global Euro Profit" ISIN DE9876543210	6.104,31 EUR	Wertpapierfonds im Euro-Raum, Aktien- und Rentenwerte
Aktienfonds „Global Standard Profit" ISIN DE1234897654	4.797,48 EUR	weltweite Standardwerte
Es liegt ein Freistellungsauftrag über 801,00 EUR vor.		

Herr Wohltmann teilt Frau Fröhlich mit, dass er bisher keine Erfahrungen mit Investmentanteilen hat und deshalb keine Kenntnisse zu dieser Anlageform besitzt.

a Erklären Sie Herrn Wohltmann das Grundprinzip des Investmentsparens anhand von drei Merkmalen.

b Welche Vorteile und Nachteile hat die Anlage in Investmentanteilen gegenüber der Anlage auf dem Sparkonto?

Herr Wohltmann legt Frau Fröhlich die nachfolgende Übersicht über seine Investmentanteile vor und bittet um Informationen dazu.

Dachfonds:	**„Global Euro Profit"** Wertpapierfonds im Euro-Raum Aktien- und Rentenwerte	**Aktienfonds:**	**„Global Standard Profit"** weltweite Standardwerte
Ausgabeaufschlag:	3,00 %	Ausgabeaufschlag:	5,00 %
Ertragsbehandlung:	Ausschüttung 10.07. d. J.	Ertragsbehandlung:	Thesaurierung 31.10. d.J.
Ausgabepreis:	65,11 EUR	Ausgabepreis:	125,16 EUR
Rücknahmepreis:	63,21 EUR	Rücknahmepreis:	119,20 EUR
Verwaltungskosten:	0,50 % p. a.	Verwaltungskosten:	keine

c Welche unterschiedlichen Anlageziele verfolgen die beiden Investmentfonds?

d Erklären Sie Herrn Wohltmann, mit welchen Maßnahmen die Investmentgesellschaft ihre Anlageziele erreichen kann.

Herrn Wohltmann sind die Begriffe „thesaurierend“ und „ausschüttend“ nicht geläufig.
Daher bittet Herr Wohltmann Frau Fröhlich, ihm zu erklären, was unter der Ertragsverwendung „thesaurierend" zu verstehen ist.

e Erklären Sie dem Kunden diese Art der Ertragsverwendung!

Herr Wohltmann möchte sich noch über die Art von Erträgen informieren, die bei den beiden Aktienfonds jährlich anfallen.

f Nennen Sie Herrn Wohltmann 2 Arten von Erträgen seiner Investmentfonds!

g Wie behandelt die Fondsgesellschaft die Erträge der beiden unterschiedlichen Fonds?

h Herr Wohltmann möchte von Frau Fröhlich wissen, warum die Investmentgesellschaft beim Kauf von Investmentanteilen einen Ausgabeaufschlag erhebt.

Frau Fröhlich teilt Herrn Wohltmann mit, dass die Wertentwicklung der beiden Investmentfonds in den vergangenen Monaten positiv verlaufen ist.

i Nennen Sie Herrn Wohltmann Faktoren, die eine positive Auswirkung auf die Wertentwicklung seiner Fondsanteile gehabt haben können.

Frau Fröhlich empfiehlt Herrn Wohltmann, in Zukunft monatlich einen festen Betrag in diese beiden Fonds zu investieren.

j Erklären Sie Herrn Wohltmann, warum innerhalb eines Jahres dann eine unterschiedliche Anzahl von Anteilen durch die feste monatliche Sparleistung dem Depot gutgeschrieben werden.

Herr Wohltmann möchte lieber monatlich eine feste Anzahl von Fondsanteilen erwerben.

k Warum ist das monatliche Sparen eines konstanten Betrages in den Dachfonds für Herrn Wohltmann vorteilhaft?

Frau Fröhlich informiert Herrn Wohltmann, dass er anstelle der beiden vorgestellten aktiv gemanagten Investmentfonds auch einen Rentenindexfonds erwerben kann.

l Erklären Sie Herrn Wohltmann, inwieweit sich die Anlagestrategien dieser beiden Fondstypen voneinander unterscheiden!

m Beschreiben Sie Herrn Wohltmann einen Vorteil und einen Nachteil des Renten-Indexfonds gegenüber einem aktiv gemanagten Rentenfonds!

Fall 4 NORDINTERNET

Susanne Dehling (37 Jahre alt, leitende Angestellte bei der *Siemens AG*, Nettoeinkommen 6.000,00 EUR), hatte bisher nur festverzinsliche Wertpapiere (Bundeswertpapiere und Sparschuldverschreibungen der *Nordbank AG*) im Gesamtnennbetrag von 80.000,00 EUR in ihrem Girosammeldepot. Auf Grund des derzeit niedrigen Zinsniveaus in Deutschland interessiert sich Frau Dehling für eine Anlage in Aktien oder Investmentfonds. Sie sind Vermögensberater(in) von Frau Dehling.

a Aus welchen Gründen würden Sie Frau Dehling von einer Direktanlage in Aktien abraten?

b Erläutern Sie Frau Dehling zwei Vorteile einer Anlage in einem Investmentfonds, z. B. in dem *NORDINTERNET*, in dem schwergewichtig 30 Internet-Werte vertreten sind.

c Auf welchen Nachteil einer Investmentanlage sollten Sie Frau Dehling im Vergleich zur Direktanlage hinweisen?

d Frau Dehling möchte von Ihnen wissen, wie die unterschiedlichen Preise des *NORDINTERNET* an den verschiedenen Börsentagen zu erklären sind.

e Am 05. Mai dieses Jahres entscheidet sich Frau Dehling, für 1.000,00 EUR *NORDINTERNET*-Anteile zu erwerben. Weder Sie noch einer Ihrer Kollegen haben in der Vergangenheit Frau Dehling über eine Anlage in Investmentfonds beraten.

1 Nennen Sie drei Tätigkeiten, zu denen Sie als Berater(in) der *Nordbank AG* im Rahmen dieser Beratung gemäß Wertpapierhandels-Gesetz verpflichtet sind.

2 Zwei Tage später erhält Frau Dehling die nachstehende Kaufabrechnung: „38,285 Anteile zum Ausgabepreis von 26,12 EUR = 1.000,00 EUR“. Am 7. Mai möchte Frau Dehling von Ihnen wissen, warum ihr für einen *NORDINTERNET*-Anteil 26,12 EUR und nicht der günstigere Anteilpreis von 25,36 EUR berechnet worden ist. Erklären Sie Frau Dehling diesen Sachverhalt.

f Frau Dehling möchte künftig laufend *NORDINTERNET*-Anteile erwerben. Sie ist aber noch unschlüssig, ob sie eine monatlich konstante Anzahl von *NORDINTERNET*-Anteilen erwerben soll oder einen monatlich konstanten Geldbetrag in *NORDINTERNET*-Anteilen anlegen soll. Beraten Sie Frau Dehling!

Performance-Chart (KAG-Kurs)

Fall 5 Gemischte Fonds

Die *Nordbank AG* wirbt zurzeit mit dem Slogan: „Jetzt sparen, um für das Alter vorzusorgen"

Sie sind Kundenberater(in) der *Nordbank AG* und sprechen die Depotkundin Frau Christine Bergmann auf das Sparprogramm der *Nordbank AG* an. Da Ihre Kundin insbesondere an einer Anlage in Renten- und Aktienfonds interessiert ist, bieten Sie einen Investmentsparplan für Renten- und Aktienfonds an.

Die *Nordbank AG* hat folgende nicht börsennotierte Fonds im Angebot:

Fondsname	Fondsart	Verwaltungskosten	Fondstyp	Ausgabepreis EUR	Rücknahme-preis EUR
NordRent	EUR-Rentenfonds	0,50 % p. a.	Ausschüttend	57,94	56,25
NordAkt Typ A	Aktienfonds; europäische Standardwerte	1,00 % p. a.	Ausschüttend	34,02	32,40
NordAkt Typ 0	Aktienfonds; europäische Standardwerte	2,25 % p. a.	Thesaurierend	21,84	21,84
NordComfort	Dachfonds mit niedrigem Aktienfondsanteil	0,75 % p. a.	Thesaurierend	47,73	46,34

Hinweis: Die Fonds *NordAkt* Typ A und Typ 0 verfolgen die gleiche Anlagestrategie.

a Frau Bergmann möchte von Ihnen die Unterschiede in den Risiken von Renten- und Aktienfonds wissen. Welche Risiken bestehen für die Kundin bei der Anlage in Renten- und Aktienfonds?

b Welche Faktoren beeinflussen jeweils den Ertrag aus Renten- und Aktienfonds?

c Beschreiben Sie die Unterschiede zwischen den Aktienfonds *NordAkt* Typ A und *NordAkt* Typ 0.

d Warum müssen Sie Frau Bergmann auf Risiken bei der Anlage in Investmentfonds hinweisen?

e Erläutern Sie die Besonderheiten des Fonds *NordComfort* im Unterschied zu Aktien- und Rentenfonds.

Frau Bergmann ordert für 20.000,00 EUR Investmentanteile des *NordComfort*. Der restliche Betrag von 5.000,00 EUR soll mit geringem Risiko angelegt werden und jederzeit verfügbar sein.

f Unterbreiten Sie Frau Bergmann einen geeigneten Vorschlag und begründen Sie diesen.

Fall 6 Anlegerschutz bei Investmentfonds

Sie sind Kundenberater(in) der *Nordbank AG*. Ihre Kundin Tanja Müller, 42 Jahre alt und ledig, ist Versicherungsfachangestellte einer Lebensversicherungsgesellschaft. Frau Müller hat mit Ihnen telefonisch einen Beratungstermin vereinbart. Frau Müller teilt Ihnen mit, dass sie einen größeren Betrag in Investmentfonds anlegen möchte. Zur Vorbereitung des Gespräches haben Sie folgende Daten zusammengestellt:

Kundenübersicht: Tanja Müller		per 09.09.20..
Konto/Depot	Saldo / aktueller Wert	Anmerkungen
Girokonto 400983560	H 320,00 EUR	Dispositionskredit: 8.000,00 EUR
Sparkonto 500983560	3,600,00 EUR	dreimonatige Kündigungsfrist, Verwendungszweck: Mietkaution
Sparkonto 510983560	2.678,00 EUR	dreimonatige Kündigungsfrist
VL-Bausparkonto 835983560	1.432,45 EUR	monatliche VL-Zahlung 40,00 EUR
Es liegt ein Freistellungsauftrag über 801,00 EUR vor.		

Im Beratungsgespräch informieren Sie Frau Müller über drei unterschiedliche Investmentfondsanlagen der *NordInvest Kapitalanlagegesellschaft mbH*:

Dachfonds NordInvest „ErtragChance"	Anlageschwerpunkt: Wertpapierfonds im Euro-Raum ohne Aktienwerte Ertragsbehandlung: jährliche Ausschüttung
Aktienfonds NordInvest „GlobalChance"	Anlageschwerpunkt: weltweite Standardwerte Ertragsbehandlung: jährliche Thesaurierung
Rentenfonds NordInvest „NordRenta"	Anlageschwerpunkt: Anlage in europäische Staatsanleihen Ertragsbehandlung: jährliche Ausschüttung

a Frau Müller möchte von Ihnen über die unterschiedlichen Risiken von Aktien- und Rentenfonds informiert werden.

b Beschreiben Sie Frau Müller die Faktoren, die jeweils den Ertrag aus Renten- und Aktienfonds beeinflussen.

c Nennen Sie der Kundin die unterschiedlichen Anlageziele der beiden Fonds und wie die jeweiligen Anlageziele erreicht werden können.

d Erläutern Sie Frau Müller die Fondsarten:
1 Dachfonds
2 thesaurierende Fonds

e Informieren Sie Frau Müller über die Regelungen im Investmentgesetz zum Anlegerschutz. Nennen Sie vier unterschiedliche Regelungen.

Fall 7 Handel in Wertpapieren

Am Montag, den 30. März erfährt Jan-Sören Spiencke im Rahmen eines Geschäftsessens von seinem Geschäftsfreund, dem Finanzanalysten der *Hessenbank AG* Jens Marquard, dass detaillierte Recherchen ergeben hätten, dass sich die Ertragslage der *Chemie AG* stark verbessert habe. Außerdem beabsichtige der Vorstand im Rahmen eines Rückkaufsprogramms, bis zu 5 % eigene Aktien an der Börse im Laufe des nächsten halben Jahres zurückzukaufen. Diese Informationen seien in Börsenkreisen noch nicht bekannt, da die Ergebnisse der Recherche erst vor fünf Stunden auf einer Veranstaltung mit der Geschäftsführung der *Chemie AG* bestätigt worden seien. Diese Information solle erst in der nächsten Woche im Rahmen einer Ad-hoc-Mitteilung vom Vorstand der *Chemie AG* an der Börse veröffentlicht werden. Gleich am nächsten Tag erteilt Herr Spiencke rechtzeitig vor Börsenbeginn seiner Depotbank, der *Mainbank AG* in Frankfurt eine telefonische Kauforder über 1.000 Stück *Chemie*-Aktien. Der Auftrag wird vom Kundenberater Rainer Kaufmann entgegengenommen. Auf Empfehlung von Herrn Kaufmann wurde der Kaufauftrag mit 77,50 EUR limitiert. Herr Spiencke war bereits in einem persönlichen Beratungsgespräch auf die Risiken von Aktienanlagen hingewiesen worden, sodass die telefonische Order mit entsprechendem Kennwort entgegengenommen werden konnte (vgl. § 12 ff. Wertpapierhandelsgesetz).

a Nennen und begründen Sie zusätzliche Angaben, die Herr Kaufmann benötigt, um den Wertpapierauftrag kundengerecht auszuführen (vgl. Sonderbedingungen für Wertpapiergeschäfte).

b Die *Chemie*-Aktie wurde am 31. März im Xetra-Handel fortlaufend wie folgt notiert:

Chemie	Dividende	1,30			
	Anfang	78,05b			
	Verlauf	78,60	78,40	77,90	77,50
	Tages-H/T	78,60	77,50		
	Schluss	77,80b		+/-	+0,64

Prüfen Sie, ob der Auftrag von Herrn Spiencke an diesem Tag ausgeführt werden konnte!

c Beschreiben Sie Herrn Spiencke das Ausführungsverfahren im Xetra-Handelssystem!

d Welche Verwahrart würden Sie Herrn Spiencke für die *Chemie*-Aktien vorschlagen?

e Erklären Sie den Ausdruck „Ad-hoc-Mitteilung"!

f Welche Wirkung könnte die Ad-hoc-Mitteilung des Vorstands auf den Aktienkurs der *Chemie AG* haben?

g Vier Wochen später wird die *Chemie*-Aktie bereits mit 95,00 EUR notiert. Herr Spiencke entscheidet sich daher, seine *Chemie*-Aktien zu verkaufen, um den Spekulationsgewinn zu realisieren.

1 Errechnen Sie den Gewinn für Herrn Spiencke (ohne Gebühren und Steuern)!

2 Prüfen Sie, ob die Herren Spiencke, Marquard und Kaufmann mit diesem Wertpapiergeschäft gegen gesetzliche Vorschriften zum Insider-Handel verstoßen und sich damit strafbar gemacht haben.

Auszug aus dem Wertpapierhandelsgesetz (WpHG)

§ 38 Strafvorschriften

(1) Mit Freiheitsstrafe bis zu fünf Jahren oder mit Geldstrafe wird bestraft, wer

1. entgegen § 14 Abs. 1 Nr. 1 ein Insiderpapier erwirbt oder veräußert oder

2. a) als Mitglied des Geschäftsführungs- oder Aufsichtsorgans oder als persönlich haftender Gesellschafter des Emittenten oder eines mit dem Emittenten verbundenen Unternehmens,
   b) auf Grund seiner Beteiligung am Kapital des Emittenten oder eines mit dem Emittenten verbundenen Unternehmens,
   c) auf Grund seines Berufs oder seiner Tätigkeit oder seiner Aufgabe bestimmungsgemäß oder ...über eine Insiderinformation verfügt und unter Verwendung dieser Insiderinformation eine in § 39 Abs. 2 Nr. 3 oder 4 bezeichnete vorsätzliche Handlung begeht.

Fall 8 Wertpapier-Verkaufsabrechnung

Sie sind Anlageberater(in) der *Nordbank AG* und für den Wertpapierkunden Peter Sanders zuständig.

Rechtzeitig vor Börsenbeginn erteilt Ihnen am 1. Juli der Ihnen bekannte Wertpapierkunde Peter Sanders einen telefonischen Wertpapier-Verkaufsauftrag über 100 *Bio*-Aktien.

Am 1. Juli notierte die *Bio*-Aktie wie folgt:

ISIN DE0007600801
Letzte Div.: 1,90
Eröffnung: 87,10 bG
Tages H/T: 87,30 86,30
Schluss: 87,05 b
Veränderungen: + 2,20
Xetra (E): 86,00
Xetra (S): 87,80

a Herr Sanders teilt Ihnen mit, dass die Aktien an diesem Tag auf jeden Fall verkauft werden sollen. Beraten Sie den Kunden bei der Auftragserteilung im Hinblick auf eine entsprechende Limitierung!

b Begründen Sie zwei weitere Angaben, die Sie für eine sorgfältige Erledigung dieses Verkaufsauftrages von Herrn Sanders benötigen.

c Erstellen Sie die Abrechnung für Herrn Sanders. Wie viel EUR schreibt die *Nordbank AG* Herrn Sanders gut, wenn keine Abgeltungssteuer zu berücksichtigen ist?

Provision	Courtage
1 % vom Kurswert Mindestgebühr 15 EUR	0,04 % vom Kurswert

d Bis zu welchem Tag muss das Wertpapiergeschäft spätestens nach den Geschäftsbedingungen der Frankfurter Wertpapierbörse erfüllt werden?

e Am 8. Juli erscheint Herr Sanders an Ihrem Beratungspoint. Er legt Ihnen die Abrechnung vor, mit dem Hinweis, dass die *Nordbank AG* ihm die *Bio*-Aktien am 01. Juli nicht zum besten Tageshöchstkurs von 87,30 Euro bzw. Xetra-Kurs von 87,80 Euro beschafft habe. Erklären Sie Herrn Sanders den Sachverhalt!

Fall 9 Anlageberatung

Am 20. Juli bittet Herr Sanders Sie um eine Beratung über seinen Besitz an 500 Stück *Touristik AG* Aktien. Die Aktien wurden von Herrn Sanders vor 3 Jahren zum Kurs von 19,65 EUR erworben und werden zurzeit zwischen 32,00 und 38,00 EUR gehandelt. Herr Sanders ist unsicher, ob er die Aktien weiter halten soll.

a Erläutern Sie anhand des Auszuges aus der aktuellen Empfehlung der *Nordbank AG* Gründe für einen Verkauf oder für ein Halten der Position.

Aktuelle Empfehlung

ISIN:	DE0006951001		
Nordbank-Börsenbrief:	Touristik AG		
Branche:	Touristik		
Kurs am 20.07.	34,20 EUR		
Hoch/Tief seit 01.01.	41,22/29,71 EUR		
	Vorjahr	lfd. Jahr	nächst. Jahr
Ergebnis je Aktie	3,47	0,80	2,80
KGV	15,37	66,7	19
Dividende (Dividendenrendite)		2,10 EUR (4,4 %)	
Marktkapitalisierung/Free Float	48,6 Mrd. EUR/79,6 %		

Branchenkennzahlen		Vorjahr	lfd. Jahr
Buchungen (in Mio.)		5,13	5,00
Verkaufte Flugtickets (in Mio.)		3,38	3,40
Index	Dax		
Handelbarkeit	sehr gut handelbar		

b Herr Sanders bittet zum besseren Verständnis der Empfehlung um Erklärung folgender Begriffe:
  1 KGV
  2 Free Float
  3 Dividendenrendite

c Herr Sanders entschließt sich, 300 Stück seiner *Touristik AG* Aktien zu verkaufen. Er möchte einen Mindestpreis von 35,60 EUR je Aktie erzielen. Die Kurstabelle der *Touristik AG* im Terminal am Beraterplatz zeigt folgende Angaben:

Name	Ausführungsplatz	Last	Close	Bid	Ask
TAG	Berlin	35,50	35,80	35,40	35,60
TAG	Hamburg	35,55	35,85	35,50	35,60
TAG	Frankfurt	35,60	35,75	35,60	35,65
TAG	Xetra	35,63	35,79	35,62	35,64
TAG	Stuttgart	35,65	35,70	35,55	35,60

  1 Erklären Sie Herrn Sanders die Kurstabelle am Beispiel des Börsenplatzes Hamburg.
  2 Welchen Ausführungsplatz empfehlen Sie Herrn Sanders? Begründen Sie Ihre Empfehlung.

d Der Verkaufsauftrag wird zu 35,60 EUR ausgeführt. Ermitteln Sie den Kursverlust oder den Kursgewinn aus dem Verkauf unter Berücksichtigung von Kosten. Die Kosten betragen jeweils 1 % vom Kurswert bei Kauf und Verkauf sowie 0,04 % Courtage vom Kurswert.

e Erläutern Sie, wie der Kursverlust bzw. Kursgewinn steuerlich zu behandeln ist und ermitteln Sie den Gutschriftsbetrag. Im Verlustverrechnungstopf von Herrn Sanders sind keine Beträge zu berücksichtigen. Gehen Sie davon aus, dass Herr Sanders nicht kirchensteuerpflichtig ist.

Übersichten über die Teilhabereffekten

1. Aktien

Wesen	Teilhaberpapier: Es verbrieft Teilhaberrechte an einer AG, d. h. Beteiligung am Grundkapital einer AG. Man unterscheidet: - Nennbetragsaktien: Sie müssen mindestens auf 1 EUR lauten. - Stückaktien: Sie lauten auf einen Anteil am Grundkapital. Die Aktienurkunde besteht aus dem Mantel (Teilhaberrechte) und dem Bogen (Dividendenscheine und Erneuerungsscheine).
Aktienregister	Das Aktienregister ist ein Register, das von Aktiengesellschaften geführt wird, die Namensaktien oder Zwischenscheine emittieren. Während Inhaberaktien formlos durch bloße Einigung und Übergabe übertragen werden können (§§ 929 ff. BGB), gehören Namensaktien und Zwischenscheine zu den geborenen Orderpapieren, die zwecks Übertragung noch eines Indossaments bedürfen. Die Sonderform der vinkulierten Namensaktien macht deren Übertragung von der Zustimmung der Aktiengesellschaft abhängig, wodurch zur Übertragung eine Zession erforderlich wird.

	Namensaktien und Zwischenscheine erfordern die Führung eines Aktienregisters durch die Aktiengesellschaft, sodass neben Indossament/Zession auch das Aktienregister die Verkehrsfähigkeit dieser Aktienarten behindert. In § 67 Abs. 1 AktG wird bestimmt, dass die Inhaber von Namensaktien zur Eintragung ins Aktienregister Namen, Geburtsdatum, Beruf und Adresse sowie die Stückzahl oder die Aktiennummer (bei Nennbetragsaktien den Betrag) mitzuteilen haben. Die Eintragung ins Aktienregister ist für den konstitutiven Rechtserwerb der Aktionärsrechte jedoch nicht notwendig, sondern dient lediglich der Legitimation gegenüber der Gesellschaft. Das Aktienregister dient der Gesellschaft zur sicheren Identifikation des Aktionärs und dazu, den Mitteilungspflichten gegenüber den Aktionären nachkommen zu können. Das Aktienregister gibt die aktuelle Aktionärsstruktur und deren Veränderungen wieder. Aktienregisterführer kann sowohl die Gesellschaft sein oder eine von ihr hiermit beauftragte Registrargesellschaft. Diese führt dann das Aktienregister. Der Inhalt eines Aktienregisters ist in § 67 Abs. 1 AktG abschließend aufgezählt. Nach internationalem Recht sind ausländische Aktionäre überwiegend in Nomineebeständen als Fremdbesitz ins Aktienregister eingetragen. Während inländische Namensaktionäre direkt durch die Depotbanken über das zentrale System der Clearstream Banking AG an die Aktienregister gemeldet werden, werden ausländische Aktionäre häufig über eine Bank als Inhaberin eines sog. Omnibuskontos registriert. Damit wird in diesem Fall nur die Bank als Aktionärin im Aktienregister eingetragen.
Aktionärsrechte	- Recht auf Gewinnbeteiligung - Teilnahme an der Hauptversammlung - Stimmrecht in der Hauptversammlung - Auskunftsrecht in der Hauptversammlung - Angabe der Bezüge des Vorstands - Bezugsrecht zum Bezug z. B. junger Aktien im Rahmen einer Kapitalerhöhung - Anspruch auf Teilnahme am Liquidationserlös
Gesetzliches Bezugsrecht	Bei der Ausgabe junger Aktien steht den Aktionären aufgrund des Verwässerungsschutzes ein gesetzliches Bezugsrecht zu. Das Bezugsverhältnis ist das Verhältnis, in dem der Aktionär aufgrund des Bestandes an alten Aktien neue Aktien beziehen kann (Anzahl alter Aktien dividiert durch die Anzahl der jungen Aktien). Der Bezugsrechtshandel dauert mindestens 14 Tage. Die beiden letzten Tage der Bezugsfrist dienen der Erfüllung der am letzten Handelstag abgeschlossenen Geschäfte. Mit Beginn des Bezugsrechtshandels notieren die alten Aktien „ex Bezugsrecht". **Ermittlung des rechnerischen Werts des Bezugsrechts:** $B = K_a - K_n : (m : n + 1)$ B = rechnerischer Wert des Bezugsrechts K_a = Kurs der alten Aktien K_n = Ausgabepreis der neuen Aktien m : n = Bezugsverhältnis (= altes Kapital : Kapitalerhöhung) **Beispiel für die Berechnung des rechnerischen Werts des Bezugsrechts** Kurs der alten Aktie: 83 EUR altes Kapital: 65 Mio. EUR Kapitalerhöhung: 13 Mio. EUR Bezugspreis der jungen Aktie: 50,00 EUR B = (83 - 50) : (5 + 1) = **5,50 EUR**

	Wenn die neuen Aktien nicht voll dividendenberechtigt sind, muss die Formel um den Dividendennachteil/Dividendenvorteil erweitert werden: $B = K_a - (K_n$ +/- Dividendennachteil/Dividendenvorteil) : (m : n + 1) **Beispiel für die Berechnung des rechnerischen Werts des Bezugsrechts mit Dividendennachteil** Kurs der alten Aktie: 83 EUR altes Kapital: 65 Mio. EUR Kapitalerhöhung: 13 Mio. EUR Bezugspreis der jungen Aktie: 50,00 EUR Bardividende für die alten Aktien: 0,80 EUR Die jungen Aktien sind zu einem Viertel dividendenberechtigt. B = (83,00 – 50 – 0,60) : (5 + 1) = **5,40 EUR**
Aktienrückkauf	Es ist die Möglichkeit einer Aktiengesellschaft, eigene Aktien erwerben zu können. Ein Aktienrückkauf kann z. B. sinnvoll sein, wenn er aus Gründen der Kurspflege notwendig erscheint, der Erschwerung einer Unternehmensübernahme dient oder wenn die eigenen Aktien als Zahlungsmittel bei der Übernahme eines anderen Unternehmens verwendet werden sollen. Auf der anderen Seite kann sich das Unternehmen dadurch, dass es eigene Anteile erwirbt, teilweise der Kontrolle durch die Aktionäre entziehen. Für den Aktienrückkauf gilt gemäß Aktiengesetz eine Obergrenze von 10 % des Grundkapitals.
Aktienindizes	Hinter der Berechnung der Indexwerte steht ein Korb von Wertpapieren. Beim DAX (Deutscher Aktienindex) und beim amerikanischen Dow Jones handelt es sich um die Aktien der 30 größten, d. h. börsenumsatzstärksten deutschen bzw. amerikanischen Unternehmen. Im Gegensatz zum Dow Jones enthält der DAX jedoch eine Gewichtung: Je höher die Börsenkapitalisierung eines DAX-Wertes ist, desto höher sein Gewicht. Kursschwankungen von hoch gewichteten DAX-Werten führen damit zu einem größeren Einfluss auf die Indexentwicklung als Kursschwankungen geringer gewichteter Aktien. Wertpapierindizes erfüllen zum einen eine Informationsfunktion für den Anleger. Sie dienen aber auch als Benchmark, d. h. als Vergleichsmaßstab für Wertpapieranlagen. Ist z. B. der DAX innerhalb eines Zeitraums um 10 % gestiegen, so ist diese Veränderung eine wichtige Vergleichsziffer für Anleger, deren Aktiendepot aus Werten großer deutscher Unternehmen zusammengesetzt ist. Wertpapierindizes erfüllen aber auch eine operative Funktion, indem sie als Grundlage für Optionen und Futures fungieren. Ein Wertpapierindex kann auch ein Performance-Index sein. Bei dieser Indexart werden Kursrückgänge aufgrund von Ausschüttungen oder Kapitaländerungsmaßnahmen in der Indexformel berücksichtigt. Schüttet z. B. eine AG eine Dividende aus, so verringert sich durch den hiermit verbundenen Liquiditätsabfluss i. d. R. der Aktienkurs des Unternehmens. Die Aktie wird am Tag der Ausschüttung daher auch mit dem Kurszusatz „ex D" notiert. Für den Anleger ist rechnerisch dadurch kein realer Verlust verbunden, da der Kursrückgang durch die Dividendenzahlung entsprechend ausgeglichen wird. In einem Performanceindex würde daher im Gegensatz zu einem Kursindex der Kursrückgang korrigiert um die diesem Rückgang gegenüberstehende Dividendenzahlung. Der DAX wird sowohl als Kurs- als auch Performanceindex berechnet.

2. Aktienarten

Stammaktie (Querformat)	Aktie, die dem Inhaber die normalen Aktionärsrechte laut Aktiengesetz gewährt.
Namensaktie (Querformat)	Auf den Namen des Inhabers ausgestellte Aktien. Name, Wohnort und Beruf des Inhabers müssen im Aktienregister der Gesellschaft eingetragen werden. Namensaktien sind kraft Gesetzes Orderpapiere und können daher nur durch Indossament übertragen werden. Namensaktien bieten AGs die Möglichkeit, ihren Aktionärskreis besser zu kennen und einfacher mit den Aktionären direkt in Kontakt zu treten.
Vinkulierte Namensaktie (Querformat)	Sonderform der Namensaktie. Eine vinkulierte Namensaktie kann nur mit Zustimmung der AG an einen neuen Eigentümer übertragen werden. Die Vinkulierung von Namensaktien ist möglich, wenn die Satzung der Gesellschaft dieses vorsieht, so z. B. bei Versicherungsgesellschaften, deren Grundkapital nicht voll eingezahlt ist, oder bei Gesellschaften, die sich vor Überfremdung schützen wollen.
Vorzugsaktie (Hochformat)	Aktiengattung, der im Gegensatz zur Stammaktie das Stimmrecht fehlt. Als Ausgleich dafür sind i. d. R. Vorrechte bei der Gewinnverteilung und Abwicklung einer AG verbrieft. Eine AG kann neben Stammaktien auch Vorzugsaktien emittieren, allerdings darf deren Anteil am Grundkapital nicht höher sein als der Anteil der Stammaktien. Zu den Sonderrechten von Vorzugsaktionären gehört meist eine höhere Dividende.
Berichtigungsaktie (Gratisaktie)	Aktie, die durch die Umwandlung von offenen Rücklagen in Grundkapital entsteht und an die Aktionäre ohne Gegenleistung ausgegeben wird (§§ 207 bis 220 AktG). Die Bezeichnung „Gratisaktien" ist irreführend, weil der Aktionär bereits vor dem reinen Passivtausch an den Rücklagen durch seinen Aktienbesitz beteiligt war. Für den Aktionär ändert sich daher der Wert seiner Beteiligung nicht, obwohl die Aktie um den Berichtigungsabschlag leichter wird.
Aktienanleihe	Die Aktienanleihe wird auch Reverse Convertible Bond genannt. Sie ist eine Anleihe mit i. d. R. relativ kurzer Laufzeit. Der Schuldner hat bei diesem Wertpapier das Recht, die Anleihe am Ende der Laufzeit wahlweise zu 100 % oder durch Lieferung einer vorher festgelegten Zahl einer bestimmten Aktie zurückzahlen zu können. Da der Anleger bei einer Aktienanleihe dabei das Risiko übernimmt, dass die Aktien zum Rückzahlungszeitpunkt der Anleihe insgesamt einen Wert ergeben, der unter dem Anleihewert liegt, wird eine Aktienanleihe höher verzinst als eine „normale" Anleihe.

3. Investmentzertifikate

Wesen	Es handelt sich um ein in Wertpapieren oder Grundstücken angelegtes Sondervermögen einer Kapitalanlagegesellschaft. Fonds bündeln die Gelder vieler Anleger und investieren sie in Aktien, Anleihen und andere Anlageformen. Die Anteilsinhaber investieren mit einem geringen Betrag gleichzeitig in verschiedene Anlagen und streuen damit ihr Risiko. Investmentfonds werden von Investmentgesellschaften verwaltet. Das Fondsvermögen wird bei einer Depotbank verwahrt und bildet ein Sondervermögen, das von dem eigenen Vermögen der Gesellschaft getrennt gehalten wird. Das Fondsvermögen haftet nicht für Verbindlichkeiten der Gesellschaften
Ertragsausschüttung	Die Erträge aus Dividenden oder Zinsen schüttet die Investmentgesellschaft an die Anteilseigner aus oder legt sie wieder an (thesaurierende Fonds).
Errechnung des Wertes eines Anteils	Der Wert eines Fondsanteils wird errechnet, indem das Fondsvermögen durch die Anzahl der umlaufenden Anteilsscheine dividiert wird. Steigt der Wert der im Fondsvermögen enthaltenen Anlagen, erhöht sich das Fondsvermögen bzw. der Wert des Anteilsscheins. Beispiel: Fondsvermögen: 150.000.000 EUR Umlaufende Anteile: 4.500.000 Anteilwert: 33,33 EUR

Arten von Investmentfonds	- Publikumsfonds - Spezialfonds - Offene Investmentfonds - Geschlossene Investmentfonds: Anlagesumme ist begrenzt. - Ausschüttende Fonds: Die Fondserträge werden an die Anleger z. B. einmal jährlich ausgeschüttet. - Thesaurierende Fonds: Die Erträge werden wieder in Fondswerte angelegt. - Aktiv verwaltete Fonds: Das Management verfolgt eine eigene Strategie und versucht mit dieser, die zuvor festgelegte Benchmark zu schlagen. - Passiv verwaltete Fonds oder Indexfonds sind an die Wertentwicklung eines Index gekoppelt.
Vorteile	- Anlage durch Experten: Management der Kapitalanlagegesellschaft verwaltet den Fonds und analysiert den Markt. - Risikobegrenzung: Management investiert mittels Risikostreuung im Rahmen der Fondsbedingungen bzw. des Investmentgesetzes. - Risikomischung: Der Anleger erwirbt Miteigentum am Sondervermögen, das in verschiedenen Anlageformen investiert wird. - Der Anleger hat die Möglichkeit der Wertpapieranlage in kleineren Beträgen und kann den Cost-Average-Effekt nutzen.
Nachteile	- Der Anleger hat das Risiko der Kurs- und Ertragsschwankungen. - Es fallen beim Investmentsparen Kosten an, z. B. Ausgabeaufschlag und Verwaltungsprovision.
Cost-Average-Effekt	Kauft der Anleger regelmäßig Anteile einer Investmentgesellschaft in der Weise, dass er jeweils einen festen Betrag investiert, erwirbt er seine Anteile grundsätzlich zu einem günstigeren Durchschnittspreis als ein Anleger, der stets eine feste Stückzahl von Anteilen erwirbt. Der Anleger erwirbt weniger Anteile, wenn der Preis hoch ist und dagegen viele, wenn der Preis gering ist.

4. Aktienanalyse

Aktienanalyse	Die Fundamentalanalyse ist ein Verfahren zur Prognose zukünftiger Kursentwicklungen einer Aktie. Bei der Fundamentalanalyse wird der innere Wert einer Aktie mit Hilfe gesamtwirtschaftlicher Faktoren (z. B. Konjunktur), branchenspezifischer Faktoren (z. B. Geschäftsklima bei Anbietern von Internet-Software) und unternehmensindividueller Faktoren (z. B. Kurs-Gewinn-Verhältnis) ermittelt. Alle auf diese Weise prognostizierten zukünftigen Erträge werden auf den gegenwärtigen Betrachtungszeitpunkt abgezinst. Bei der technischen Analyse versucht man Aussagen über die zukünftige Kursentwicklung aus der Analyse vergangener Kursentwicklungsmuster abzuleiten. Börsenbezogene Daten wie Kursverlauf oder Handelsvolumen werden untersucht. Als Hilfsmittel werden Charts genutzt, d. h. grafische Darstellungen von Kurs- oder Umsatzentwicklungen zur Ermittlung von Trends. Kauf- bzw. Verkaufssignale werden aus typischen Erscheinungsbildern (Formationen) abgeleitet. So gilt z. B. ein Kursverlauf in „W"-Form mit zunächst sinkenden, dann steigenden, erneut sinkenden und wieder ansteigenden Kursen als Kaufsignal, da unterstellt wird, dass nach Erreichen des oberen rechten Punktes des „W" mit Kurssteigerungen zu rechnen ist. Umgekehrt wird eine „M"-Formation als Verkaufssignal gewertet.
Ertragskennziffern	Kurs-Gewinn-Verhältnis (KGV): Diese Kennziffer gibt die Anzahl der Jahre an, nach denen bei einem gleich bleibenden Gewinn des Unternehmens der Aktienkurs verdient ist. Das KGV errechnet sich aus dem Verhältnis des Aktienkurses zum geschätzten Gewinn je Aktie. Beträgt z. B. der aktuelle Aktienkurs 100 EUR, so ergibt sich bei einer voraussichtlichen Dividende für das laufende Jahr von 2 EUR ein KGV von 50. Je höher das KGV ist, desto teurer erscheint die Aktie. Im Beispiel müsste

	der Gewinn des Unternehmens in 50 Folgejahren verdient werden, um den hohen Kurs zu rechtfertigen. KGV-Analysen sind nur bedingt zur Bewertung von Aktien geeignet, da die Gewinnprognosen für die Zukunft schwierig sind. Das KGV ist ein Maßstab für die Vergleichbarkeit von Unternehmen einer Branche. Dividendenrendite: Sie gibt die Verzinsung des Aktienkurses an. Zur Ermittlung der Dividendenrendite wird die erwartete Dividende ins Verhältnis zum Börsenkurs der Aktie gesetzt.

5. Marktsegmente an der Effektenbörse

Aspekte	Regulierter Markt	Open Market (Freiverkehr)
Zulassungs-voraussetzungen	- Antrag durch Emittenten und Finanzdienstleistungsunternehmen - Emissionsprospekt mit Unternehmens- und Emissionsbeschreibung - Prospekthaftung des Emittenten und des Finanzdienstleistungsunternehmens für die Richtigkeit der Angaben	- Antrag auf Zulassung von Finanzdienstleistungsunternehmen - Jedes Unternehmen muss über einen Wertpapierprospekt verfügen oder - über ein Grundkapital von mindestens 500.000 EUR, das in Aktien mit einem Mindestnominalwert von 0,10 EUR eingeteilt ist. - Eine direkte Rechtsbeziehung zwischen der AG und der Börse besteht nicht. - Ein Unternehmen, das eine Notierung anstrebt, muss einen Handelsteilnehmer (i. d. R. eine Wertpapierhandelsbank) beauftragen, einen Antrag auf Einbeziehung seiner Aktien in den Open Market zu stellen. Dieser unterliegt den AGB und hat aufgrund seiner Zulassung als Händler eine Rechtsbeziehung zur Deutsche Börse AG. - Bestätigung des Grundkapitals durch Wirtschaftsprüfer
Handel	Reglementierung des Handels durch die Bestimmungen des Börsengesetzes	Geschäftsführung der Börse erlässt Handelsrichtlinien.
Publizitäts-vorschriften	Die Geschäftsführung kann verlangen, dass der Emittent Auskünfte veröffentlicht, wenn dies zum Schutz des Publikums oder für einen ordnungsgemäßen Börsenhandel erforderlich ist.	Es sind keine gesetzlichen Publizitätsvorschriften vorgesehen.
Teilbereiche des Markt-segments	**Prime Standard**: Die in diesem Segment gelisteten Unternehmen verpflichten sich zu hoher Transparenz, die internationalen Anforderungen entspricht (Quartalsberichte, Jahresabschluss nach IFRS oder US-GAAP, Analystenkonferenzen, Unternehmenskalender, Ad-hoc-Mitteilungen). **General Standard**: Es gelten die gesetzlichen Mindestanforderungen (Jahres-/Halbjahresbericht; Ad-hoc-Mitteilungen in deutscher Sprache usw.). Relativ niedrige Kosten in diesem Marktsegment.	Im **Entry Standard**, einem Teilbereich des Open Market gelten etwas strengere Vorschriften als im Open Market. Die testierten Jahresabschlüsse müssen veröffentlicht werden und kursbewegende Nachrichten müssen unverzüglich im Internet veröffentlicht werden. Der Entry Standard soll kleineren Unternehmen eine kostengünstige Börsennotierung ermöglichen.

6. Vollmachtstimmrecht

Ausübung des Stimmrechts auf einer Hauptversammlung	Banken sind nicht verpflichtet, die Ausübung von Stimmrechten aus Kundendepots zu übernehmen. Sofern Banken das Stimmrecht für Aktionäre ausüben wollen, müssen sie vom Kunden mit der Wahrnehmung der Stimmrechte aus den hinterlegten Aktien beauftragt werden.
Arten von Stimmrechtsvollmachten	Der Kunde kann eine Einzelstimmrechtsvollmacht oder eine allgemeine Stimmrechtsvollmacht der Bank erteilen. - Die Einzelstimmrechtsvollmacht gilt nur für eine Hauptversammlung. - Die allgemeine Stimmrechtsvollmacht gilt für alle Hauptversammlungen inländischer Aktien im Depot des Kunden. - Bei einer unbefristeten Erteilung muss die Bank einmal jährlich den Kunden auf die Möglichkeit des jederzeitigen Widerrufs der Vollmacht und auf andere Vertretungsmöglichkeiten hinweisen. Sie ist jederzeit widerruflich. Beispiele für Vertretungsmöglichkeiten: - Kreditinstitute - Schutzgemeinschaft der Kleinaktionäre (SdK) - Deutsche Schutzvereinigung für Wertpapierbesitz e.V. (DSW) Depotkunden können sich für einzelne Hauptversammlungen Eintrittskarten von ihrer Bank besorgen lassen, um selbst das Stimmrecht auszuüben oder ausüben zu lassen.
Vorschriften für die Ausübung von Vollmachten durch Kreditinstitute	- Das Kreditinstitut ist im Aktienregister anstelle des Depotkunden eingetragen: Mitteilung eigener Vorschläge zur Ausübung des Stimmrechts zu den einzelnen Tagesordnungspunkten an den Depotkunden durch das Kreditinstitut. - Der Aktionär ist im Aktienregister der AG eingetragen: Das Kreditinstitut muss dem Aktionär die eigenen Vorschläge z. B. auf der Homepage zugänglich machen. - Bei den eigenen Vorschlägen muss sich die Bank vom Interesse des Aktionärs leiten lassen. - Das Kreditinstitut verpflichtet sich zur Einhaltung der Pflichten sowie zur ordnungsgemäßen Ausübung der Stimmrechte. - Das Kreditinstitut muss den Depotkunden um Weisung für die Erteilung der Stimmrechtsausübung bitten. - Das Kreditinstitut stimmt entsprechend den eigenen Vorschlägen ab, falls Aktionär nicht andere Weisungen erteilt. - Hinweis auf personelle oder kapitalmäßige Verbindungen zwischen der Gesellschaft und dem Kreditinstitut - Besondere Vorschriften bei eigenen Hauptversammlungen und Hauptversammlungen bei AG, bei denen das Kreditinstitut mit mehr als 5 % beteiligt ist: Der Depotkunde muss ausdrücklich Weisungen zu den einzelnen Punkten der Hauptversammlungen erteilen.

7. Depotarten

Arten	- Girosammelverwahrung - Streifband- oder Sonderverwahrung
Girosammelverwahrung	Unter der Girosammelverwahrung bezeichnet man die Verwahrung von Wertpapieren bei einer Bank in einem sogenannten Girosammeldepot. Dabei werden alle Effekten derselben Gattung gemeinsam verwahrt. Der so verwahrte Bestand steht im Eigentum nach Bruchteilen aller Einlieferer. Jeder hat einen Herausgabeanspruch an Stücken der beschriebenen Wertpapiergattung, die als Gattungssache untereinander austauschbar sind.
Eigentumserwerb bei Girosammelverwahrung	Das Eigentum wird durch Buchung auf dem Depotkonto erworben, wenn der Verwahrer zugleich den Kauf vermittelt. Bei der Einlieferung effektiver Stücke geht das Einzeleigentum an den Papieren unter. Regelmäßig wird ein Sammelbestand nur von einer Wertpapiersammelbank gebildet. Diese kann innerhalb des Sammelbestandes problemlos den Effektengiroverkehr durchführen. Gemeinsame Aufbewahrung der von verschiedenen Kunden hinterlegten Effekten derselben Gattung, wobei die einlegenden Kunden Eigentumsrecht nicht an eingelieferten Effekten, sondern bruchteiliges Miteigentum am gesamten Sammeldepotbestand der Stücke gleicher Gattung erhalten.
Verwaltungsarbeiten bei der Girosammelverwahrung	Folgende Verwaltungsarbeiten werden von der Wertpapiersammelbank übernommen: - Zins- und Dividendenscheineinlösung - buchtechnische Abwicklung von Kapitalerhöhungen und -herabsetzungen - Durchführung der Verwaltungsaufgaben bei Auslosungen - Kündigungen Die Wertpapiersammelbank ist nicht berechtigt, Depotstimmrechte auszuüben.
Sonderverwahrung	Eine Streifbandverwahrung oder auch Sonderverwahrung genannt ist eine Form des offenen Depots, das dazu dient, Wertpapiere zu verwahren und zu verwalten. Es ist ein Bankgeschäft und obliegt einer Depotbank. Der Anleger hat bei einer Sonderverwahrung Eigentum an den verwahrten Wertpapierurkunden. Die Aufbewahrung dieser Stücke wird gesondert vorgenommen. Die Wertpapiere erhalten eine Kennzeichnung, die über den Hinterleger Auskunft gibt.
Gründe für die Sonderverwahrung	Eine Sonderverwahrung kommt nur in Frage, wenn Wertpapiere nicht sammelverwahrfähig sind oder wenn der Anleger ausdrücklich wünscht, dass die Wertpapiere gesondert verwahrt werden sollen.
Eigentumserwerb bei der Sonderverwahrung	Werden vom Bankkunden Wertpapiere käuflich erworben, erhält dieser ein sogenanntes Stückeverzeichnis. Dieses Stückeverzeichnis dient dem Anleger als Beweis dafür, dass er Eigentum an den Stücken besitzt. In einem Stückeverzeichnis werden alle erworbenen Stücke mit der jeweiligen Stücknummer für den Käufer aufgelistet.
Trennung von eigenen Wertpapierbeständen	Bei einer Streifbandverwahrung muss die Bank darauf achten, dass die Wertpapiere der Kunden auch getrennt von bankeigenen Wertpapierbeständen und den Wertpapieren dritter Personen aufbewahrt werden. Eine Streifbandverwahrung liegt dann vor, wenn Wertpapiere in sogenannten Streifbändern oder Mappen aufbewahrt werden. Die Kennzeichnung der Streifbänder beinhaltet Angaben zur Person, welche die Wertpapiere hinterlegt hat, und beispielsweise die Wertpapierkennnummer ISIN und die Art des Wertpapiers. Außerdem dürfen Mäntel und Bögen nicht zusammen verwahrt werden.
Kosten	Die Wertpapiere werden bei einer Streifbandverwahrung zum Beispiel im Safe der Bank verwahrt. Der Anleger muss damit rechnen, dass er die Kosten für die Verwaltung seiner Wertpapiere zu tragen hat.

8. Anlageberatung

<table>
<tr><td colspan="2">Vor Beginn der Beratung und vor Abschluss des Beratungsvertrages ist der Kunde in verständlicher Form darüber zu informieren, ob die Anlageberatung als unabhängige Honorar-Anlageberatung erbracht wird oder nicht.</td></tr>
<tr><td>Vergütungssysteme</td><td>Provisionsbasierte Anlageberatung: Dem Kunden wird die Beratungsleistung nicht ausdrücklich in Rechnung gestellt, sondern bei einem Geschäftsabschluss fällt eine Provision an.
Honorar-Anlageberatung: Bei einer unabhängigen Honorar-Anlageberatung erhält die Bank ausschließlich eine Vergütung vom Kunden, deren Höhe zumeist von der Dauer und Komplexität der Anlageberatung abhängig ist. Der Berater muss seinen Empfehlungen eine nach Art und Anbieter hinreichend gestreute Anzahl von Finanzprodukten zugrunde legen, die nicht auf verbundene Unternehmen beschränkt sein dürfen.</td></tr>
<tr><td>Sachkundenachweis für Anlageberater/-innen</td><td>Anlageberater/-innen müssen die für eine qualifizierte Beratung erforderliche Sachkunde besitzen. Dazu gehören Kenntnisse in den Bereichen Kundenberatung, Rechtsgrundlagen, Fachkenntnisse.</td></tr>
<tr><td>Kundengruppen</td><td>- Privatkunden: Zu einem Vermögensaufbau werden dem Kunden in erster Linie standardisierte Produkte in den Geschäftsstellen der Bank angeboten. Die Produkte sind auf die Bedürfnisse der unterschiedlichen Kundengruppen zugeschnitten und so gestaltet, dass sie dem Kunden ohne aufwendigen Beratungsbedarf erläutert werden können.
- Vermögende Privatkunden: Kriterien für die Zuordnung zu dieser Kundengruppe sind das Jahreseinkommen und das Vermögen der Kunden. Die Kunden werden aktiv von besonderen Beratern in speziellen Beratungszentren betreut und beraten.
- Firmenkunden: Bei dieser Kundengruppe werden komplexe Finanzierungsfragen, z. B. Zahlungsverkehrsleistungen, Unternehmensbeteiligungen und –übernahmen, Kreditgewährungen, Devisengeschäfte und -absicherungen, Anlagemöglichkeiten gelöst.</td></tr>
<tr><td>Verhaltensregeln nach dem Wertpapierhandelsgesetz (WpHG)</td><td>Das WpHG unterscheidet professionelle Kunden und Privatkunden.
- Professionelle Kunden sind Kunden, die über ausreichende Erfahrungen, Kenntnisse und Sachverstand verfügen, um ihre Anlageentscheidungen zu treffen und die damit verbundenen Risiken angemessen beurteilen zu können. Die Informations- und Aufklärungspflichten gegenüber diesen Kunden sind gering.
- Privatkunden sind vor dem Abschluss von Finanzdienstleistungsgeschäften umfangreich über die Art des Geschäftes und die damit verbundenen Risiken aufzuklären.
Allgemeine Regel: Ein Wertpapierdienstleistungsunternehmen muss alle Leistungen ehrlich, redlich und professionell im bestmöglichen Interesse seiner Kunden erbringen. Außerdem muss das Unternehmen angemessene organisatorische Maßnahmen treffen, um Interessenskonflikte zu vermeiden. Über trotzdem bestehende Interessenskonflikte ist der Kunde vor einem Geschäftsabschluss zu informieren. Das Unternehmen darf keine Anreize für Mitarbeiter schaffen, nicht im bestmöglichen Interesse ihrer Kunden zu handeln. Insbesondere dürfen Mitarbeiter nicht durch Vergütungsvereinbarungen oder Verkaufsziele Anreize erhalten, einem Privatkunden bestimmte Produkte zu empfehlen, obwohl ein anderes Finanzinstrument eigentlich geeigneter für ihn ist. Das Unternehmen muss Finanzinstrumente so ausgestalten, dass sie den Bedürfnissen eines bestimmten Zielmarktes entsprechen.</td></tr>
</table>

	Das WpHG verbietet, anderen unter Ausnutzung ihrer Unerfahrenheit zu Börsenspekulationsgeschäften zu verleiten. Das sind insbesondere Termin- und Optionsgeschäfte, die darauf gerichtet sind, aus dem Unterschied zwischen dem für die Lieferzeit festgelegten Preis und dem zur Lieferzeit vorhandenen Börsen- oder Marktpreis einen Gewinn zu erzielen.
Bearbeitung von Kundenaufträgen	Ein Wertpapierdienstleister muss geeignete Vorkehrungen treffen, um - Kundenaufträge unverzüglich auszuführen, - Vergleichbare Kundenaufträge nach der Reihenfolge ihres Eingangs auszuführen.
Aufzeichnungs- und Aufbewahrungspflicht	Ein Wertpapierdienstleister muss Aufzeichnungen erstellen über die von ihm erbrachten Wertpapierdienstleistungen sowie die von ihm getätigten Geschäften und über Vereinbarungen mit Kunden, die die Rechte und Pflichten der Vertragsparteien festlegen. Die Aufzeichnungen sind mindestens fünf Jahre ab dem Zeitpunkt der Erteilung aufzubewahren.
Anlagegespräch	Anlageberatung ist die Abgabe von persönlichen Empfehlungen an Kunden, die sich auf Geschäfte mit bestimmten Finanzinstrumenten beziehen, sofern die Empfehlung auf eine Prüfung der persönlichen Umstände des Anlegers gestützt oder als für ihn geeignet dargestellt wird. Vor einer Anlageberatung ist der Kunde darüber zu informieren, ob - die Anlageberatung als unabhängige Honorar-Anlageberatung erbracht wird oder nicht. Kreditinstitute erbringen die Anlageberatung i. d. R. nicht als unabhängige Honorar-Anlageberatung. Sie stellen dem Kunden kein zeitabhängiges Honorar für die Anlageberatung in Rechnung, sondern berechnen Provisionen und erhalten oft Zuwendungen von Vertriebspartnern. - sich die Anlageberatung auf eine umfangreiche Analyse verschiedener Finanzinstrumente von mehreren Emittenten stützt oder auf eine eher beschränkte Auswahl bezieht. - der Wertpapierdienstleister dem Kunden regelmäßig eine Beurteilung der Geeignetheit der empfohlenen Finanzinstrumente zur Verfügung stellt.
Ablauf eines Anlagegesprächs	Eine Anlageberatung vollzieht sich in folgenden Stufen: - Einholung der erforderlichen Kundeninformationen - Analyse der Kundendaten und Ermittlung geeigneter Finanzinstrumente - Information des Kunden über alle wesentlichen Aspekte der Geldanlage - Vertragsabschluss Die geführten Beratungsgespräche müssen aufgezeichnet und für mindestens fünf Jahre gespeichert werden. Der Kunde ist vorab über die Aufzeichnung des Gesprächs zu informieren. Wenn der Kunde der Aufzeichnung widerspricht, darf die Bank keine Wertpapierdienstleistungen erbringen.
Schadensersatz bei Falschberatung	Bei einer fehlerhaften Beratung hat der Kunde einen Anspruch auf Schadensersatz. Im Streitfall ist die Geeignetheitserklärung ein wichtiges Beweismittel und sollte deshalb sorgfältig ausgefüllt werden. Es ist üblich, dass der Berater am Schluss der Beratung noch einmal mit dem Kunden die Geeignetheitserklärung durchgeht und sich die Richtigkeit der Dokumentation vom Kunden unterzeichnen lässt. Schadensersatzansprüche verjähren nach drei Jahren.

Verzicht auf die Beratung des Kunden	Direktbanken bieten ihre Wertpapierleistungen ohne jede Beratungsleistung an. Der Kunde kann die Bankgeschäfte zu sehr günstigen Konditionen tätigen. Auch Filialbanken bieten ihren Kunden Onlinebanking bei Verzicht auf eine Anlageberatung zu verminderten Kosten an. Dies setzt allerdings voraus, dass der Kunde seine Anlageentscheidung entsprechend seinen finanziellen Verhältnissen in eigener Verantwortung trifft. Die Banken sind aber gehalten, von den Kunden Angaben über ihre Erfahrungen im Wertpapiergeschäft und ihre Anlageziele zu erfragen. Aufgrund dieser Angaben wird der Kunde einer Wertpapier-Risikoklasse zugeteilt, d.h., ohne eine Beratung kann der Kunde nur Wertpapiere dieser Risikoklasse kaufen. Zusätzlich lassen sich die Banken von den Kunden eine Bestätigung unterschreiben, dass - die Aufträge ohne Beratungsleistung erfolgen, - der Kunde keine Haftungsansprüche wegen einer fehlenden Beratung geltend machen kann, - der Kunde alle Vermögensverluste der Anlage selbst zu tragen hat.

9. Rating

Wesen	Es handelt sich hierbei um eine standardisierte Bonitätsbeurteilung von handelbaren Finanzpapieren, z. B. Anleihen oder Geldmarktpapiere, die Forderungsrechte verbriefen, und ihren Emittenten durch Kreditbewertungsagenturen (Ratingagenturen). Dabei geht es um eine bonitätsmäßige Einstufung von Kreditnehmern bzw. Anleiheschuldnern (Credit Rating, Unternehmensrating) nach einheitlichen und konsistenten Verfahren. Das Rating gibt internationalen Investoren gültige Maßstäbe als Grundlagen für Investitionsentscheidungen an die Hand. Damit werden Transparenz und Effizienz des Kapitalmarktes gesteigert.
Funktionen	Das Rating soll einem Käufer langfristiger Anleihen (Bonds) oder kurzfristiger Geldmarktpapiere (Commercial Paper, Certificates of Deposit) den Grad des Risikos eines Investments verdeutlichen. Die Rating-Agenturen verwenden für die Einstufung von Anleihen andere Symbole als für die Einstufung von Geldmarktpapieren und ähnlichen kurzfristigen Verbindlichkeiten, z. B. Banker´s Acceptances, Interbankguthaben und Verpflichtungen aus Devisenhandelsgeschäften. Das Rating ist vor allem für Emittenten und Finanzinstitute wichtig, die an den internationalen Finanzmärkten operieren.
Formen/Arten	Kurzfristiges Rating umfasst das Commercial Paper Rating (CP-Rating), das Certificates of Deposit Rating (CD-Rating) und das Bond Rating (auch als Longterm Debt Rating bezeichnet). Kurzfristiges Rating ist also das Rating kurzfristiger Titel und soll Aussagen ermöglichen über die Fähigkeit der Schuldner, ihre umlaufenden kurzfristigen Schuldverschreibungen einzulösen. Dabei kann sich das Rating auch vornehmlich auf die Bonität des Schuldners konzentrieren. Voraussetzung ist, dass der Emittent einen genügenden Kreditspielraum zur Einlösung fälliger Papiere nachweisen kann. Ihm muss eine Back-up Line of Credit (Vorsorgelinie) zur Verfügung stehen. Für Bond Rating haben die Agenturen Maßstäbe für verschiedene Schuldnergruppen entwickelt, so z. B. für unabhängige Staaten, vom Staat gestützte Einrichtungen, Gemeinden, Banken und Industrieunternehmen.
Rating-Gesellschaften	- Standard & Poor´s - Moody´s - Fitch

Rating-Symbole

Auch Schuldner sind bestrebt, ein gutes Rating zu erhalten, da es von Einfluss auf die Konditionen des Geld- bzw. Kapitalmarktes ist. Interne Faktoren (Umbesetzung des Managements usw.) und externe Faktoren (Reaktion der Märkte usw.) können zur Höherbewertung bzw. zur Abstufung führen.

CP-Ratings		Bond-Ratings	
CP´s	Moody´s	S&%P´s	Moody´s
A-1	P-1	AAA	Aaa
A-2	P-2	AA	Aa
A-3	P-3	A	A
B		BBB	Baa
		BB	Ba
C	P=Prime	B	B
D		CCC	Caa
		CC	Ca
		C	C
		D	

Bei Standard & Poor´s können einige Symbole noch mit Plus- oder Minus-Zeichen, bei Moody´s mit Ziffern versehen sein. Die Zusätze sollen die relative Bedeutung des Schuldners innerhalb einer Bewertungsstufe hervorheben. Im Folgenden werden die Bond-Rating-Symbole erläutert.

Gruppe I:

AAA, AA (S&P) / Aaa, Aa (Moody´s)

Zu dieser Gruppe zählen allererste Industrie-, Bank- und Staatsadressen bzw. Schuldtitel, die dem Anleger eine risikolose Anlage bieten.

Gruppe II:

A, BBB (S&P) / A, Baa (Moody´s)

Hierunter fallen Unternehmen mit einem guten bis durchschnittlichen Marktstanding. Deren Schuldtitel sind bei stabilen wirtschaftlichen Verhältnissen in der Regel als sichere Wertpapieranlage anzusehen.

Gruppe III:

BB, B, CCC, CC (S&P) / Ba, B, Caa, Ca (Moody´s)

Hier handelt es sich um Papiere mit spekulativem Charakter. Die Emittenten befinden sich in wirtschaftlichen bzw. finanziellen Schwierigkeiten. Zins- und Tilgungszahlungen sind nicht immer gewährleistet.

Gruppe IV:

C, D (S&P) / C (Moody´s)

Hierunter fallen notleidende Titel.

2.1.3 EUREX

Fall Options- und Indexgeschäfte an der Börse

Der Depotkunde der *Nordbank AG*, Herr Eckbert Meurer erwarb an der EUREX vier Kontrakte CALL (amerikanische Art) mit Optionen auf insgesamt 400 Stück Aktien der *Energie AG* zu den nachstehenden Konditionen. Am 15. Mai dieses Jahres möchte Herr Meurer diese Anlage liquidieren. Sein Kundenberater ist Herr Thomas Albers.

Konditionen

Verfallmonat	Juni
Basispreis	44,00 EUR
Preis CALL	2,75 EUR
Preis PUT	5,75 EUR

Folgende Notierungen der EUREX liegen vor:

Energie AG Aktienkurs: 47,75 EUR

Verfallmonat	**Basispreis**	**Preis CALL**	**Offene Kontrakte**	**Preis PUT**	**Offene Kontrakte**
06	44,00	5,25	877	2,95	4002
	46,00	3,15	1779	3,85	5827
	48,00	0,75	4885	5,15	9816
07	44,00	6,45	253	4,45	3867
	46,00	4,95	1664	4,70	6280
	48,00	3,65	1465	5,10	3208

a Welches Geschäft muss Herr Meurer zur Glattstellung seines Engagements abschließen?

b Ermitteln Sie den Gesamterfolg der Anlage, den Herr Meurer erzielt hat. Nebenkosten und Steuern sind nicht zu berücksichtigen.

Herr Meurer hat 20.000,00 EUR von einem nahen Verwandten geerbt, die er jetzt ertragbringend anlegen möchte. Bei der Suche nach einer attraktiven Anlage gibt Herr Meurer in Gespräch mit Herrn Albers zu erkennen, dass er bereit ist, ein höheres Risiko einzugehen, wenn die Ertragsaussichten ebenfalls entsprechend steigen. Er sucht eine langfristige Anlage, möchte sich aber die Möglichkeit einer jederzeitigen Verfügbarkeit des Geldes offen lassen.

Herr Albers stellt Herrn Meurer mehrere aktiv gemanagte Aktienfonds und Indexfonds vor. Zunächst erklärt Herr Albers die unterschiedlichen Anlagestrategien dieser beiden Fondsarten.

c Erklären Sie, inwieweit sich die Anlagestrategien dieser beiden Fondsarten unterscheiden.

d Beschreiben Sie einen Vorteil und einen Nachteil eines aktiv gemanagten Fonds gegenüber einem Indexfonds.

Herr Meurer ist besonders an den aktiv gemanagten *NordGlobal* Aktienfonds interessiert:

Fondsname	NordGlobal Aktienfonds CF	NordGlobal Aktienfonds TF
ISIN	LU0097500429	LU0097500428
Fondstyp	Aktienfonds	Aktienfonds
Region	international	international
KAG	Nordinvest Intern. S.A. Lux.	Nordinvest Intern. S.A. Lux.
Auflegedatum	15.03.20..	15.03.20..
Fondswährung	EUR	EUR
Ertragsbehandlung	Ausschüttung	Ausschüttung
Ausgabeaufschlag in %	3,75	----
Verwaltungsvergütung in % p. a.	1,00	1,75
Depotbankgebühr in % p. a.	0,10	0,10
Ausgabepreis	88,19 EUR	86,54 EUR
Rücknahmepreis	85,00 EUR	86,54 EUR

Mit den *NordGlobal*-Aktienfonds beteiligen sich Anleger an einer Auswahl der attraktivsten internationalen Aktien. Die Titelauswahl wird dabei durch das Fondsmanagement vorgenommen. Ziel der Anlagepolitik ist es, eine Wertentwicklung zu erzielen, die über der Entwicklung des Dow Jones-Indexes liegt.

e Welche der zur Wahl stehenden Fondsvarianten der *NordGlobal* Aktienfonds sollte Herr Albers Herrn Meurer vor dem Hintergrund seines Anlagehorizontes empfehlen? Begründen Sie die Empfehlung.

Herr Meurer hat von Freunden gehört, dass der Erwerb von Indexzertifikaten im Vergleich zu Anteilen an einem Aktienfonds interessant sein kann.

f Informieren Sie den Kunden über das Wesen von Indexzertifikaten.

g Beschreiben Sie drei Unterschiede zwischen einem Euro STOXX 50-Indexzertifikat und dem oben vorgestellten *NordGlobal Aktienfonds CF*.

In einem weiteren Beratungsgespräch teilt Herr Meurer Herrn Albers mit, dass in Kürze ein Termingeld in Höhe von 15.000 EUR frei wird, das er in Aktien anlegen möchte. Er teilt Herrn Albers mit, dass er zwei Kaufempfehlungen von Freunden erhalten hat. Er möchte evtl. in eine der beiden Aktien investieren. Folgende Angaben liegen Ihnen vor:

Techem-Aktie

Branche: Heizungszubehör; Streubesitz: 65 %; Wochenumsatz: 95.600

Wertangaben in EUR

Aktueller Kurs	Jahres-höchstkurs	Tief	Veränd. Aktie	Veränd. Branche	Dividende 1. Jahr	2. Jahr	3. Jahr	Div.Rendite	KGV	Volatilität
4,96	6,25	4,55	-1,59 %	-18,43 %	0,15	0,12	0,15	3,0 %	9,0	13,50

Energie-Aktie

Branche: Solartechnik; Streubesitz: 34,8 %; Wochenumsatz: 3.428.886

Aktueller Kurs	Jahres-höchstkurs	Tief	Veränd. Aktie	Veränd. Branche	Dividende 1. Jahr	2. Jahr	3. Jahr	Div.Rendite	KGV	Volatilität
4,15	17,50	4,05	-64,07 %	-26,41 %	0,08	0,08	0,08	1,9 %	5,9	69,84

h Nennen und erklären Sie Herrn Meurer drei Motive für eine Direktanlage in Aktien.

Die Anlage in Aktien ist mit Risiken verbunden.

i Erklären Sie Herrn Meurer drei Möglichkeiten, wie er seine Risiken bei einer Anlage in Aktien begrenzen kann.

Herr Meurer möchte zunächst wissen, welcher der beiden Aktienwerte unter Renditegesichtspunkten der für ihn günstigere sein könnte.

j Erklären Sie die Dividendenrendite und ihre Aussagekraft für seine Anlageentscheidung.

k Erklären Sie das Kurs-Gewinn-Verhältnis und seine Aussagekraft für seine Anlageentscheidung.

Außerdem möchte Herr Meurer von Ihnen erfahren, ob Sie seine positive Einschätzung über das zukünftige Kurspotential der beiden Aktienwerte teilen.

l Erklären Sie Herrn Meurer, was für und was gegen die Anlage in den beiden Aktienwerten spricht.

Übersichten zu EUREX

1. Optionen

Put (Verkaufsoption)	Option, die den Käufer berechtigt, einen bestimmten Basiswert in einer bestimmten Menge zu einem im Voraus festgelegten Ausübungspreis bis oder zu einem bestimmten Termin zu verkaufen. Käufer eines Puts erwarten, dass der Preis des Basiswertes während der Laufzeit der Option fällt.
Call (Kaufoption)	Standardisiertes, an einer Terminbörse gehandeltes Kaufrecht auf einen Basiswert. Ein Call ist ein verbrieftes Recht, aber nicht die Pflicht, eine bestimmte Menge eines Basiswertes zu einem vereinbarten Preis (Basispreis) innerhalb eines festgelegten Zeitraums zu erwerben.
Zeitwert eines Puts	Differenz zwischen aktuellem Kurs eines Basiswertes und dem Basispreis abzüglich des Optionspreises Beispiel: Optionstyp: Put Basispreis: 45,00 EUR Optionspreis: 3,00 EUR aktueller Börsenkurs des Basiswertes: 42,50 EUR Zeitwert: 0,50 EUR
Innerer Wert einer Option	Der innere Wert der Option (Call oder Put) ist u. a. abhängig von der Volatilität des Börsenkurses des Basiswertes. Der Optionspreis wird am Verfalltag dem inneren Wert der Option entsprechen, da der Zeitwert dann null ist. Er ist der Wert einer Option, die sich „im Geld“ befindet. Der innere Wert gibt denjenigen Optionspreis an, bei dem ein Erwerb der Aktie über die Börse genauso günstig ist wie der Erwerb über die Option. Beispiel: Kaufoption über X-Aktien, Basispreis 95 EUR. Bei einem aktuellen Kurs der X-Aktie von 100 EUR und einem Optionsverhältnis von 1 : 1 ist der innere Wert 5 EUR. Der Erwerb über die Option (95 + 5 = 100) entspricht dem aktuellen Börsenkurs. Der innere Wert einer Option liegt i. d. R. unter dem tatsächlichen Optionspreis an der Börse, da der tatsächliche Preis die Spekulationserwartung der Anleger widerspiegelt, die umso höher ist, je länger die Restlaufzeit der Option und die Volatilität des Basiswertes ist.

2.1.4 Eigenkapitalbeschaffung bei Aktiengesellschaften

Fall 1 Emission von Aktien

Die Firma *Ahrens AG* ist ein Unternehmen, das den Erwerb und die Verwaltung von Unternehmen und Beteiligungen an Unternehmen, insbesondere der Handels- und Dienstleistungsbranche, zum Gegenstand hat. Zudem ist die *Ahrens AG* im Immobiliengeschäft tätig. Weitere Daten sind aus dem Handelsregisterauszug des Amtsgerichts Hamburg, Abteilung B zu entnehmen:

Grundkapital:	150.000.000,00 EUR
Vorstand:	Kai Ahrens, Kaufmann, Hamburg Wolf-Jürgen Ahrens, Kaufmann, Hamburg
Gesamtprokuristen:	Ingo Petersen, Stade Ralf Reuther, Hamburg Jeder von ihnen vertritt mit einem anderen Vorstandsmitglied oder einem anderen Prokuristen.
Rechtsverhältnisse:	Aktiengesellschaft, die durch Umwandlung der offenen Handelsgesellschaft in Firma *Ludwig Ahrens Holding OHG* in Hamburg entstanden ist. Die Satzung ist am 28. April 1989 errichtet. Der Vorstand besteht aus zwei oder mehreren Personen. Die Gesellschaft wird durch zwei Vorstandsmitglieder oder einem Vorstandsmitglied in Gemeinschaft mit einem Prokuristen vertreten.

Alleinvertretungsbefugnis und Befreiung von den Beschränkungen des § 181 BGB können erteilt werden. Jedes der Vorstandsmitglieder Kai Ahrens und Wolf-Jürgen Ahrens vertritt die Gesellschaft allein und ist von den Beschränkungen des § 181 BGB befreit.

Durch Beschluss der Hauptversammlung vom 13. Juli 2017 ist der Vorstand ermächtigt worden, das Grundkapital bis zum 12. Juli 2022 mit Zustimmung des Aufsichtsrats durch Ausgabe neuer Aktien gegen Geldeinlagen einmalig oder mehrmals um bis zu insgesamt 40.000.000,00 EUR zu erhöhen (Genehmigtes Kapital). Dabei ist den Aktionären ein Bezugsrecht einzuräumen; der Vorstand ist jedoch ermächtigt, mit Zustimmung des Aufsichtsrats Spitzenbeträge von dem Bezugsrecht der Aktionäre auszunehmen.

Zurzeit informiert die *Nordbank AG* ihre anlagesuchenden Kunden über das nachstehende Verkaufsangebot der *Ahrens AG*.

Ahrens Aktiengesellschaft

Verkaufsangebot über EUR 10.000.000,00 auf den Inhaber lautende Stammaktien mit voller Gewinnanteilberechtigung für das diesjährige Geschäftsjahr der Ahrens AG, Hamburg.

Ein unter Führung der Vereinsbank AG stehendes Bankenkonsortium hat von Familienaktionären der Ahrens AG nom. EUR 15.000.000,00 auf den Inhaber lautende Stammaktien übernommen, um diese bei Anlegern breit gestreut zu platzieren. Die Stammaktien sind für das laufende Geschäftsjahr gewinnanteilberechtigt und werden ferner an der für Anfang Februar des nächsten Jahres geplanten Barkapitalerhöhung um EUR 40.000.000,00 stimmrechtslose Vorzugsaktien teilnehmen können.

Die nom. EUR 15.000.000,00 Stammaktien werden vom 21. bis 23. Mai dieses Jahres zum Preis von EUR 2,60 je Aktie im Nennbetrag von EUR 1,00 freibleibend zum Erwerb angeboten. Kaufanträge nehmen die nachstehend genannten Banken während der üblichen Schalterstunden entgegen:

Vereinsbank AG
Nordbank AG

Der Kaufpreis für die Aktien zuzüglich üblicher Effektenprovision ist am 27. Mai zu entrichten.

Die zu platzierenden Stammaktien werden in einer Globalurkunde verbrieft, die bei der *Clearstream Banking AG* hinterlegt wird.

Die Erwerber erhalten Gutschrift auf Girosammeldepotkonten. Die Ausgabe von Einzelurkunden ist ausgeschlossen. Sämtliche Stammaktien der *Ahrens AG* sollen in den Prime Standard der Frankfurter Wertpapierbörse zugelassen werden. Die Aufnahme der Preisfeststellung für die Stammaktien ist für den 06. Juni vorgesehen.

Der vollständige Verkaufsprospekt für die Platzierung der auf den Inhaber lautenden Stammaktien ist bei der Hanseatischen Wertpapierbörse in Hamburg hinterlegt. Exemplare sind bei den vorstehenden Banken erhältlich.

a Welche Personen können die *Ahrens AG* gemäß Handelsregisterauszug rechtswirksam vertreten (vgl. § 78 Aktiengesetz)?

b Was könnte die *Ahrens AG* als Familienunternehmen veranlasst haben, an die Börse zu gehen? Beschreiben Sie kurz zwei Gründe!

c Die *Ahrens-Aktien* sollen im Juni in den Prime Standard des geregelten Marktes zugelassen werden.
 1 Stellen Sie die wesentlichen Zulassungsbedingungen für eine Kursnotierung in diesem Marktsegment zusammen.
 2 Welche Unterlagen sind dem Zulassungsantrag beizufügen?

d Aus dem Handelsregister-Auszug ist zu entnehmen, dass die Hauptversammlung der *Ahrens AG* ein „genehmigtes Kapital" von 40 Millionen EUR beschlossen hat. Erklären Sie diesen Sachverhalt, und machen Sie den Vorteil dieses Verfahrens für den Vorstand deutlich (§ 202 Aktiengesetz)!

e Der Kunde Rainer Binczynski ist Depotkunde der *Nordbank AG*, die als Konsortialbank an der Emission der *Ahrens*-Aktien beteiligt war. Herr Binczynski hatte auf Grund des Bezugsangebots der *Ahrens AG* 6000 *Ahrens*-Aktien zum Emissionskurs von 2,60 EUR erworben. Auf Grund der günstigen Börsensituation entscheidet der Vorstand der *Ahrens AG*, die bereits genehmigte Kapitalerhöhung im Juni mit Hilfe des Bankenkonsortiums durchzuführen. Die *Nordbank AG* hat als Konsortialbank bereits ihre Depotkunden von der bevorstehenden Kapitalerhöhung informiert.
 1 Herr Binczynski hat ebenfalls die Bezugsunterlagen erhalten und gelesen. Er interessiert sich für die Emission der jungen Aktien der *Ahrens AG*. Zum Zeitpunkt der Kapitalerhöhung notiert der Kurs der *Ahrens*-Aktie 3,56 EUR b. Der rechnerische Wert des Bezugsrechts wird von der Gesellschaft mit 0,32 EUR angegeben. Zu welchem Bezugspreis können die jungen Aktien von den Altaktionären erworben werden (rechnerischer Nachweis)?
 2 Herr Binczynski ist sich noch unschlüssig, ob er von seinem Bezugsrecht Gebrauch machen soll. Beschreiben Sie ihm zwei Handlungsalternativen, wie er seine Bezugsrechte bei dieser Kapitalerhöhung einsetzen könnte! Gehen Sie bei Ihrer Ausführung auch auf die unterschiedlichen finanziellen Auswirkungen der Alternativen ein!
 3 Welchen Vorteil haben stimmrechtslose Vorzugsaktien gegenüber Stammaktien für Herrn Binczynski?

f Herr Binczynski entscheidet sich, den Gesamtbestand seiner Bezugsrechte bestens zu verkaufen. Ermitteln Sie die Gutschrift für Herrn Binczynski. Das Bezugsrecht erzielte einen Börsenpreis von 0,35 EUR. Abgeltungssteuer 25 %, 5,5 % SolZ, keine Berücksichtigung von Kirchensteuer.

g Beschreiben Sie kurz die Durchführung dieser Kapitalerhöhung vom Beschluss der Hauptversammlung bis zur Einführung der jungen Aktien an der Börse im Prime Standard (Regulierter Markt)!

Am 02. Mai wird im Handelsblatt die ordentliche Hauptversammlung der Ahrens AG angekündigt:

Einladung zur Hauptversammlung

Hiermit laden wir unsere Aktionäre zu der am Donnerstag, den 12. Juni um 10.00 Uhr ... stattfindenden ordentlichen Hauptversammlung ein.

Tagesordnung

1. Vorlage des festgestellten Jahresabschlusses und des Konzernabschlusses zum 31. Dezember des letzten Jahres des gemeinsamen Lageberichts für die Ahrens Aktiengesellschaft und des Berichts des Aufsichtsrats.
2. Beschlussfassung für die Verwendung des Bilanzgewinns für das Geschäftsjahr des letzten Jahres. Vorstand und Aufsichtsrat schlagen vor, den Bilanzgewinn von EUR 2,11 – resultierend aus dem Jahresfehlbetrag i. H. v. EUR 74.167.826,89 sowie dem Gewinnvortrag i. H. v. EUR 7.924.829,00 und der Entnahme aus der Gewinnrücklage i. H. v. EUR 88.243.000,00 – auf neue Rechnung vorzutragen.
3. Entlastung des Vorstands für das letzte Geschäftsjahr. Vorstand und Aufsichtsrat schlagen Entlastung vor.
4. Wahl des Abschlussprüfers für das diesjährige Geschäftsjahr. Der Aufsichtsrat schlägt vor, die Neptun Partner GmbH Wirtschaftsprüfungsgesellschaft, Hamburg, zum Abschlussprüfer für das diesjährige Geschäftsjahr zu wählen.

Teilnahme an der Hauptversammlung: Zur Teilnahme an der Hauptversammlung und zur Ausübung des Stimmrechts sind diejenigen Aktionäre berechtigt, die satzungsgemäß ihre Aktien spätestens am 30. Mai dieses Jahres bei der Gesellschaft, bei einem deutschen Notar, bei einer Wertpapiersammelbank oder bei einer der nachstehend genannten Banken und deren Niederlassungen hinterlegen und bis zur Beendigung der Hauptversammlung dort belassen ...

Die Hinterlegung ist auch dann ordnungsgemäß, wenn die Aktien mit Zustimmung einer Hinterlegungsstelle für sie bei einem anderen Kreditinstitut bis zur Beendigung der Hauptversammlung im Sperrdepot gehalten werden.

Im Falle der Hinterlegung der Aktien bei einem Notar oder einer Wertpapiersammelbank ist die Hinterlegungsbescheinigung des Notars oder der Wertpapiersammelbank spätestens am 03. Juni dieses Jahres bei der Gesellschaft einzureichen.

Die Hinterlegungsstellen oder die Gesellschaft stellen Eintrittskarten aus, die zum Besuch der Hauptversammlung berechtigen.

h Unter welchen Voraussetzungen könnte die *Nordbank AG* das Stimmrecht in der Hauptversammlung für Herrn Binczynski wahrnehmen?

Fall 2 Depotstimmrecht

Frau Hanna Facklam ist eine langjährige Kundin der *Nordbank AG* in Hamburg. Vor kurzem sind ihr aus einer Erbschaft 150 Aktien der *Thierbrau AG* überschrieben worden, die ihrem Girosammeldepot gutgeschrieben wurden. Wegen eines Schreibens der *Nordbank AG* anlässlich der im Juli anstehenden ordentlichen Hauptversammlung bittet Frau Facklam Sie als Anlageberater(in) um Unterstützung. Eine Stimmrechtsvollmacht liegt der *Nordbank AG* vor. Frau Facklam wurde bereits in einem Schreiben der Bank auf die Möglichkeit ihres jederzeitigen Widerrufs der Vollmacht und auf andere Vertretungsmöglichkeiten aufmerksam gemacht.

Nordbank AG, Hamburg

Sehr geehrte Depotkundin,

der Vorstand der Thierbrau AG hat uns über die Einberufung der bevorstehenden Hauptversammlung, deren Tagesordnungspunkte und die Vorschläge der Verwaltung unterrichtet. Wir gestatten uns hiermit, Ihnen diese Unterlagen gemäß § 128 Abs. 1 Aktiengesetz zu übersenden. Soweit uns Anträge von Aktionären mit Begründung und die Stellungnahme der Verwaltung hierzu von der Gesellschaft mitgeteilt worden sind, fügen wir sie ebenfalls bei.

Wir erlauben uns, Ihnen unseren Weisungsvorschlag zur Ausübung Ihres Stimmrechts mitzuteilen: Um für die Zukunft der Thierbrau AG weiter eine positive Geschäftsentwicklung zu gewährleisten, schlagen wir vor, eine Dividendenzahlung für das zurückliegende Geschäftsjahr auszusetzen. Nach sorgfältiger Prüfung des Geschäftsberichts empfehlen wir, zu allen Tagesordnungspunkten im Sinne der Verwaltungsvorschläge zu stimmen ...

Wir bitten Sie, Weisungen möglichst umgehend, spätestens bis zum letzten Anmelde- oder Hinterlegungstag, zu erteilen und sich hierbei des beigefügten Formulars zu bedienen. Sollten wir von Ihnen keine Weisungen erhalten, werden wir Ihr Stimmrecht zu den einzelnen Gegenständen der Tagesordnung entsprechend unseren Vorschlägen ausüben ...

Auszug aus dem Antrag auf Ergänzung der Tagesordnung der Hauptversammlung der Thierbrau AG

Die Aktionäre ... beantragen, die Tagesordnung der Hauptversammlung um folgende Punkte zu ergänzen:

Punkt 4: Antrag auf Beschlussfassung über die Durchführung einer Sonderprüfung nach § 142 Abs. 1 Aktiengesetz zur Überprüfung der Frage, ob der Erwerb der Mehrheit bei der Union Brauerei in Halberstadt mit der erforderlichen Sorgfalt durchgeführt wurde und der Kaufpreis in Höhe von rund 775,00 EUR pro Aktie vertretbar war.

Begründung: Nach den von der Gesellschaft selbst beauftragten Wirtschaftsprüfern beträgt der Wert einer Union Brauerei-Aktie 582,29 EUR. Im Rahmen eines gerichtlichen Vergleichs haben die Kleinaktionäre 600,00 EUR je Union-Aktie als Abfindung akzeptiert. Für ein Paket von etwa 95 Prozent wurden aber rund 775,00 EUR je Aktie bezahlt. Verkäufer war die inzwischen insolvent gewordene EOS-Gruppe, die bei unserem Großaktionär Südbank AG hoch verschuldet war. Es ist zu prüfen, wie die Kaufentscheidung zu Stande gekommen ist und aus welchen Gründen der Vorstand einen derart hohen Preis bezahlt hat.

Auszug aus dem Gegenantrag des Aktionärs Kruttke, Schutzvereinigung für Wertpapierbesitz e.V.

In der Einladung zur ordentlichen Hauptversammlung ... schlagen Vorstand und Aufsichtsrat vor, dem Vorstand Entlastung zu erteilen. Im Gegensatz hierzu wird die Deutsche Schutzvereinigung für Wertpapierbesitz e.V. (DSW) die Nichtentlastung des Vorstands beantragen und die übrigen Aktionäre auffordern, sich diesem Gegenantrag anzuschließen.

Begründung: In den vergangenen Jahren hat der Vorstand versucht, sich dem Umsatz- und Ertragsrückgang der deutschen Brauindustrie durch kreditfinanzierte Zukäufe von Marken, Stilllegung von Betriebsstätten und Verwertung des nicht betriebsnotwendigen Vermögens zu entziehen. Höhepunkt war der Erwerb der Neptun-Markenrechte für 500 Millionen EUR. Die dafür erforderliche Kapitalerhöhung hat der Vorstand zu einem ungünstigen Zeitpunkt durchgeführt. Die daraus herrührende hohe Schuldenlast und die bilanziellen Folgen von Wertberichtigungen der Beteiligungen bei fehlendem Ertrag zeigen das Scheitern der Strategie. Daher ist ihm die Entlastung zu verweigern.

Auszug aus dem Gegenantrag des Aktionärs Rainer Kindermann

Zu Ihrer Hauptversammlung ... stelle ich gemäß §§ 125/126 Aktiengesetz den Antrag, weder Vorstand noch Aufsichtsrat zu entlasten. Ich werde die übrigen Aktionäre bitten, meinen Antrag zu unterstützen.

Begründung: Ein glückloser Vorstand, der in sieben Jahren lächerliche 27 EUR Nettodividende erwirtschaftet und gleichzeitig eine gewaltige Kapitalerhöhung anfordert, aber dann das Kapital nicht bedient, kann keine Entlastung erwarten. Zumindest hätte er durchsetzen müssen, dass der Streubesitz wenigstens Dividende bekommt ...

a Warum wird Frau Facklam von der *Nordbank AG* über die anstehende Hauptversammlung informiert?

b Frau Facklam möchte den Gegenantrag von Herrn Kindermann unterstützen, aber nicht selbst an der Hauptversammlung teilnehmen. Prüfen Sie, ob die *Nordbank AG* dem Wunsch der Kundin entsprechen kann, obwohl in den bankeigenen Vorschlägen der Vorstand entlastet werden soll.

c Welche Mehrheitsverhältnisse sind für die Durchsetzung der Tagesordnungspunkte der Hauptversammlung der *Thierbrau AG* notwendig?

Auszug aus der Tagesordnung der Hauptversammlung der Thierbrau AG

2. Vorstand und Aufsichtsrat schlagen vor, für das abgelaufene Geschäftsjahr keine Dividende auszuschütten.

3. Vorstand und Aufsichtsrat schlagen vor, den Mitgliedern des Vorstands und des Aufsichtsrats im abgelaufenen Geschäftsjahr Entlastung für diesen Zeitraum zu erteilen.

d Frau Facklam hat noch die folgenden Fragen zu den nachstehend auszugsweise abgedruckten Tagesordnungspunkten der *Thierbrau AG*.

„... Beschluss über die Umstellung der *Thierbrau AG*-Inhaberaktien auf Namensaktien und Beschlussfassung über den grundsätzlichen Ausschluss des Anspruchs der Aktionäre auf Verbriefung ihrer Anteile. Die Umstellung der *Thierbrau AG*-Aktie auf die Namensaktie macht die Führung eines Aktienregisters durch die *Thierbrau AG* erforderlich, in dem die Aktionäre mit Namen, Vornamen, Anschrift, Beruf und der Anzahl der von ihnen gehaltenen Aktien eingetragen werden."

1 Frau Facklam möchte von Ihnen wissen, warum die *Thierbrau AG* die Inhaberaktien auf Namensaktien umstellt. Nennen Sie drei mögliche Gründe.
2 Darf die *Thierbrau AG* ihren Aktionären die Verbriefung der Aktien verweigern?
3 Erläutern Sie Frau Facklam, welche Vorteile die Umstellung auf Namensaktien für die Bewertung ihrer Aktien haben kann.

e Üblicherweise nehmen Kleinaktionäre – wie Frau Facklam – aus Kostengründen und mangelndem Interesse kaum an anstehenden Hauptversammlungen ihrer Gesellschaft teil.
1 Begründen Sie, warum die Ausübung des Stimmrechts auch für Kleinaktionäre grundsätzlich zweckmäßig ist!
2 Unter welchen Voraussetzungen kann die *Nordbank AG* das Stimmrecht für Frau Facklam ausüben?

f Wie kann Frau Facklam kontrollieren, dass in ihrem Sinne auf der Hauptversammlung abgestimmt wurde?

g An dem Beratungsgespräch hat auch der Auszubildende Uwe Hansen teilgenommen. Er hat sich während des Beratungsgesprächs zwei Fragen notiert und möchte nun von Ihnen wissen,
1 wie das Aktionärsstimmrecht ausgeübt werden kann, wenn die Aktien im Schließfach der Bank verwahrt werden;
2 wie bei einer persönlichen Ausübung des Stimmrechts durch den Depotkunden sichergestellt wird, dass er am Tag der Hauptversammlung auch tatsächlich über die entsprechende Anzahl von Aktien verfügt.

h Frau Facklam besitzt in ihrem Depot auch 500 Stück der *Fernheizwerke Altona AG*, die sie im Dezember 2019 zum Kurs von 9,50 EUR je Stück erworben hatte. Am 8. April dieses Jahres äußert Frau Facklam während eines Gesprächstermins bei Ihnen den Wunsch, die nächste Hauptversammlung der *Fernheizwerke Altona AG*, die am 16. Mai dieses Jahres stattfindet, zu besuchen. Frau Facklam möchte das Stimmrecht für ihre Stammaktien selbst ausüben. Erläutern Sie die in diesem Zusammenhang von Ihrem Kreditinstitut zu erledigenden Formalitäten.

i Aus der Tagesordnung der Hauptversammlung ist zu entnehmen, dass Vorstand und Aufsichtsrat der Hauptversammlung vorschlagen, die Hälfte des Jahresüberschusses in die „anderen Gewinnrücklagen" einzustellen.
  1 Mit welchen Argumenten könnten Vorstand und Aufsichtsrat ihren Aktionären diesen Vorschlag begründen?
  2 Erläutern Sie die Folgen der Rücklagenbildung für Frau Facklam (ein Vorteil, ein Nachteil).

j Aus der Tagesordnung der Hauptversammlung ist weiterhin zu entnehmen, dass der Vorstand von der Hauptversammlung die Zustimmung zum Erwerb von eigenen Aktien bis zu 10 % des Grundkapitals erbittet. Erläutern Sie Frau Facklam anhand von zwei Argumenten, dass diese Aktion für sie mit Vorteilen verbunden sein kann.

k Die Tagesordnung der Hauptversammlung sieht weiterhin die Schaffung eines „Genehmigten Kapitals" vor.
  1 Erläutern Sie Frau Facklam diesen Begriff und nennen Sie zwei einzuhaltende Vorschriften gemäß Aktiengesetz.
  2 Erläutern Sie zwei Vorteile dieser vom Aktiengesetz vorgesehenen Möglichkeit für das Management der *Fernheizwerke Altona AG*.
  3 Kurze Zeit später entschließt sich der Vorstand aufgrund der günstigen Kapitalmarktlage, sich von den Aktionären das genehmigte Kapital an der Börse zu beschaffen. Dabei soll das Grundkapital der Gesellschaft durch die Ausgabe von Stückaktien mit einem rechnerischen Anteil am Grundkapital von jeweils 1,00 EUR um 13 Mio. EUR auf 65 Mio. EUR erhöht werden. Diese Aktien werden den Aktionären zum Preis von 12,00 EUR angeboten. Sie haben weder einen Dividendenvorteil noch einen Dividendennachteil. Die Bezugsrechte werden in der Zeit vom 4. August (Montag) bis zum 11. August (Montag) einschließlich an den deutschen Börsenplätzen gehandelt. Die alten Aktien werden vor Beginn der Bezugsfrist an der Börse mit 15,50 EUR notiert. Berechnen Sie
     - das Bezugsverhältnis.
     - den rechnerischen Wert des Bezugsrechts.
  4 Mit welchem Kurszusatz notiert nach Trennung des Bezugsrechtsscheins von der Aktie die *Fernheizwerke Altona AG* am 4. August?

Fall 3 Aktienanleihe

Sie sind Kundenberater/-in der *Nordbank AG*. Ihr Kunde Sebastian Kohlmorgen hat mit Ihnen einen Gesprächstermin vereinbart, da er 15.000,00 EUR anlegen möchte.
Zur Vorbereitung auf das Beratungsgespräch haben Sie sich die nachstehende Übersicht über das Depot der Kundin ausgedruckt. Die Depotwerte hat die Kundin von ihrer kürzlich verstorbenen Großmutter geerbt.

Depotwerte	Stück bzw. Nennwert	aktueller Kurs
Energie AG-Aktie	300 Stück	13,348EUR
Immobilien AG-Aktie	280 Stück	30,32 EUR
3,1 % Handelsbank AG-Schuldverschreibung von einer diesjährigen Emission	nom. 5.000,00 EUR	99,65%

Herr Kohlmorgen interessiert sich für eine Anlage von 5.000,00 EUR in Aktienanleihen.
Frau Bettina Hollnagel ist Kundenberaterin der *Nordbank AG* und für die Anlageberatung in

Effekten zuständig. Sie stellt Herrn Kohlmorgen folgende Aktienanleihe vor, die Sie aus dem Intranet der *Nordbank AG* aufgerufen hat:

Emittentin	Handelsbank AG
Stückelung	1.000,00 EUR Nennwert
Ausgabetag	16. Oktober d. J.
Zinssatz	4,65 %
Zinstermin	16. Oktober
Fälligkeit	16. Oktober des übernächsten Jahres
Basiswert	Immobilien AG-Aktie
Feststellungstag	09. Oktober des übernächsten Jahres
Tilgung	Nennwert oder 33 Aktien je 1.000,00 EUR Nennwert
Basispreis	30,30 EUR

Herr Kohlmorgen möchte von Frau Hollnagel die Unterschiede zwischen der Handelsbank AG-Schuldverschreibung und der Immobilien AG-Aktienanleihe informiert werden.

a Erläutern Sie Herrn Kohlmorgen, wie sich diese beiden Schuldverschreibungen/Anleihen im Zusammenhang mit ihrer Rückzahlung unterscheiden!

b Herr Kohlmorgen möchte von Frau Hollnagel wissen, warum die Immobilien AG Aktienanleihe deutlich höher verzinst wird als seine im Depot befindliche Handelsbank AG-Anleihe.

Herr Kohlmorgen möchte von Frau Hollnagel über die Risiken von Anlagen in Aktienanleihen aufgeklärt werden.

c Erläutern Sie dem Kunden 2 Gründe, warum der Kurs der Aktienanleihe während der Laufzeit sinken könnte!

d Angenommen die Immobilien AG-Aktie notiert am Fälligkeitstag der Bankschuldverschreibung im Xetra-Handel bei 21,45 EUR. Erklären Sie Herrn Kohlmorgen, ob bei diesem Kurs der Immobilien-Aktie die Bankschuldverschreibung zum Nennwert zurückgezahlt oder eine entsprechende Anzahl von Immobilien-Aktien in das Depot von Herrn Kohlmorgen eingebucht werden. Geben Sie in diesem Fall auch die Anzahl der Immobilien-Aktien an, die Herr Kohlmorgen von der Handelsbank erhält. Gehen Sie in diesem Zusammenhang davon aus, dass Herr Kohlmorgen im Oktober diesen Jahres für 5.000,00 EUR Nennwert der Handelsbank AG Bankschuldverschreibungen erworben hatte.

Übersichten zu Eigenkapitalbeschaffung bei Aktiengesellschaften

1. Arten von Kapitalerhöhungen

Kapitalerhöhungen auf der Grundlage des Aktiengesetzes

Arten	Rechtsgrundlage	Kennzeichnung
Kapitalerhöhung gegen Einlagen: ordentliche Kapitalerhöhung und Genehmigtes Kapital	Die Hauptversammlung beschließt eine konkrete Kapitalerhöhung (ordentliche Kapitalerhöhung) oder sie ermächtigt den Vorstand, das Grundkapital in einem Zeitraum von maximal fünf Jahren bis zu maximal 50 % des bisherigen Grundkapitals zu erhöhen (Genehmigtes Kapital, sog. Vorratsbeschluss).	Die Hauptversammlung kann mit Dreiviertel des anwesenden Kapitals die Erhöhung des Grundkapitals durch Ausgabe neuer Aktien gegen Bezahlung des Ausgabepreises (ordentliche Kapitalerhöhung/Genehmigtes Kapital) beschließen. Mit der Eintragung ihrer Durchführung in das Handelsregister ist das Grundkapital erhöht. Da der Ausgabepreis der neuen Aktien in der Regel

		niedriger ist als der Börsenkurs der alten Aktien, wird deren Wert nach der Aktienausgabe sinken (Verwässerungseffekt). Der Kursverlust der alten Aktie (Bezugsrechtsabschlag) entspricht dem Wert des Bezugsrechts.
Bedingte Kapitalerhöhung	Die Hauptversammlung beschließt eine konkrete Kapitalerhöhung bzw. sie ermächtigt den Vorstand, das Grundkapital in einem Zeitraum von maximal fünf Jahren bis zu maximal 50 % des bisherigen Grundkapitals zu erhöhen.	Die Hauptversammlung kann mit Dreiviertel des anwesenden Kapitals eine Erhöhung des Grundkapitals beschließen, die nur insoweit durchgeführt werden soll, wie von einem Umtausch- oder Bezugsrecht (Wandelanleihen, Optionsanleihen) Gebrauch gemacht wird, das die Gesellschaft auf die neuen Aktien einräumt. Die bedingte Kapitalerhöhung soll nur zu folgenden Zwecken beschlossen werden: - Gewährung von Umtausch- oder Bezugsrechten an die Gläubiger von Wandel-/Optionsanleihen - Vorbereitung des Zusammenschlusses der Gesellschaft mit anderen Unternehmen - Ausgabe von Belegschaftsaktien Der Nennbetrag des bedingten Kapitals darf 50 % des bisherigen Grundkapitals nicht übersteigen.
Kapitalerhöhung aus Gesellschaftsmitteln und Aktiensplitt	Die Hauptversammlung beschließt eine konkrete Kapitalerhöhung bzw. sie ermächtigt den Vorstand, das Grundkapital in einem Zeitraum von maximal fünf Jahren bis zu maximal 50 % des bisherigen Grundkapitals zu erhöhen.	Die Hauptversammlung kann mit Dreiviertel des anwesenden Kapitals die Erhöhung des Grundkapitals durch Umwandlung von Kapital- und Gewinnrücklagen in Grundkapital beschließen. Mit der Eintragung des Beschlusses über die Erhöhung des Grundkapitals in das Handelsregister ist das Grundkapital erhöht. Die neuen Aktien (Berichtigungsaktien) gelten als voll eingezahlt. Sie stehen den Aktionären im Verhältnis ihrer Anteile am bisherigen Grundkapital zu. Die Hauptversammlung kann eine Neueinteilung des Grundkapitals durch die Ausgabe neuer Aktien (Aktiensplitt) beschließen. Der auf die einzelne Aktie entfallende anteilige Betrag des Grundkapitals (Nennbetrag) sinkt dadurch. Die neuen Aktien stehen den Aktionären der Gesellschaft entsprechend ihrer bisherigen Beteiligung zu. Ziel von Aktiensplitts ist die Verringerung des Aktienkurses, um die Verkehrsfähigkeit der Aktie zu erhöhen.

2.1.5 Sonderformen bei Wertpapieren

Fall 1 Optionsanleihe

Alfred Krogmann, 52 Jahre alt, ledig, ist Depotkunde der *Nordbank AG*. Herr Steffen, Kundenberater der *Nordbank AG*, hat wegen eines Anlagewunsches mit Herrn Krogmann einen Beratungstermin vereinbart. Herr Krogmann besitzt 800 Stück Aktien der *Bau AG*. Herr Krogmann hatte vor kurzem ein Zeichnungsangebot der *Bau AG* zum Erwerb von Optionsanleihen erhalten (siehe nächste Seite) und hat in dem Zusammenhang einige Fragen zu dieser Optionsanleihe.

a Aus welchen Gründen könnte die *Bau AG* diese Optionsanleihe emittiert haben? Erklären Sie zwei Motive der Emission einer Optionsanleihe anstelle einer Aktienemission.

b Welche Argumente sprechen für eine Anlage in Optionsanleihen?

c Aus welchen Gründen räumt der Gesetzgeber den Aktionären bei der Emission von Optionsanleihen ein gesetzliches Bezugsrecht ein?

Herr Krogmann entschließt sich, seine Bezugsrechte zunächst auf die Optionsanleihe und später auf die Aktien voll auszunutzen.

d Ermitteln Sie, ...

1 welchen Nominalbetrag der Optionsanleihe er bei seinem derzeitigen Depotbestand beziehen kann.

2 welchen Betrag er hierfür bezahlen muss.

3 wie viele Aktien er später aus diesen Optionsanleihen beziehen kann.

4 welchen Betrag er bei Ausübung der Option für die Aktien bezahlen muss.

e Ermitteln Sie den Betrag, um den das Eigenkapital der AG erhöht wird, wenn sämtliche Optionsscheine während der Optionsfrist zum Bezug von jungen Bauaktien genutzt werden.

Angebot zum Bezug einer Optionsanleihe der Bau AG

Aufgrund des Beschlusses der Hauptversammlung vom 24. Juni diesen Jahres emittieren wir eine **Optionsanleihe im Gesamtnennbetrag von 32.000.000,00 EUR**.

Ein Bankenkonsortium hat die nom. 32.000.000,00 EUR Optionsschuldverschreibungen mit der Verpflichtung übernommen, sie den Aktionären unserer Gesellschaft zum Bezug anzubieten.

Die Aktionäre können die Optionsschuldverschreibungen im nachstehenden Verhältnis beziehen: auf je 400 Stückaktien entfällt eine Optionsschuldverschreibung über nom. 1.000,00 EUR zum Ausgabekurs von 110 %.

Gemäß den Anleihe- und Optionsbedingungen hat die Optionsanleihe folgende wesentliche Ausstattungsmerkmale:

Stückelung: Die Optionsanleihe ist eingeteilt in unter sich gleichberechtigte, auf den Inhaber lautende Optionsschuldverschreibungen im Nennbetrag von 1.000,00 EUR.

Verzinsung: Die Optionsschuldverschreibungen werden vom 5. Dezember diesen Jahres an mit jährlich 2,15 % verzinst. Die Zinsen sind nachträglich am 5. Dezember des nächsten Jahres bis 2024 fällig. Die erste Zinszahlung erfolgt am 5. Dezember des nächsten Jahres.

Laufzeit und Rückzahlung: Die Laufzeit der Optionsanleihe beträgt zehn Jahre fest. Die Gesellschaft ist verpflichtet, die Optionsschuldverschreibungen in 10 Jahren am 5. Dezember zum Nennbetrag zurückzuzahlen.

Bedingtes Kapital: Zur Gewährung von Optionsrechten besteht ein bedingtes Kapital in Höhe von 60.000.000,00 EUR.

Optionsscheine: Jeder Optionsschuldverschreibung im Nennbetrag von 1.000,00 EUR sind 10 Inhaberoptionsscheine mit Berechtigung zum Bezug von je einer Stückaktie unserer Gesellschaft beigefügt.

Optionsrecht: Die Inhaber der Optionsscheine sind berechtigt, die auf den Optionsscheinen angegebene Anzahl von Stückaktien unserer Gesellschaft zum Optionspreis von 120,00 EUR je Stückaktie zu beziehen. Die Aktien sind gewinnanteilberechtigt vom Beginn des Geschäftsjahres an, in dem sie aufgrund der Ausübung von Optionsrechten entstehen.

Optionsfrist: Das Optionsrecht kann vom 10. Mai des nächsten Jahres bis zum 27. November 2024 einschließlich ausgeübt werden.

Zum **Bezug einer Optionsschuldverschreibung** im Nennbetrag von 1.000,00 EUR zum Kurs von 120 % berechtigen die Gewinnanteilscheine Nr. 11 von 400 Stückaktien.

Das **Bezugsrecht** auf die Optionsschuldverschreibungen wird vom 21. November d. J. bis 2. Dezember d. J. einschließlich an allen deutschen Wertpapierbörsen gehandelt und amtlich notiert. Die Bezugsstellen sind bereit, den An- und Verkauf von Bezugsrechten nach Möglichkeit zu vermitteln.

Fall 2 Wandelanleihe

Die *Nordbank AG* bietet ihren Kunden zurzeit eine Wandelschuldverschreibung der *Automobil AG* zur öffentlichen Zeichnung an:

Bezugsangebot der Automobil AG	
Stückelung	550.000 Wandelschuldverschreibungen zu 1.000,00 EUR
Verzinsung	1,75 % p. a. ab dem 20.01.d. J.
Zinszahlungstermine	1. Zinszahlung 20.01.des nächsten Jahres Letzte Zinszahlung in 5 Jahre am 20.01. Im Falle der Wandlung stehen dem Inhaber der Wandelanleihe Zinsen von dem der Wandlung unmittelbar vorausgehenden Zinszahlungstermin bis zum Tag der Wandlung zu.
	Die in fünf Jahren am 20.01. noch umlaufenden Wandelanleihen werden an diesem Tag zum Nennbetrag zurückgezahlt.
Kündigung	In der Zeit vom 20.01.20.. bis zum 20.12.20.. kann die *Automobil AG* die gesamten ausstehenden Wandelanleihen zum Nennwert plus aufgelaufene Zinsen zurückzahlen, wenn der Aktienkurs über einen bestimmten Zeitpunkt hinweg 130 % über dem Wandlungspreis liegt.
Wandelrecht	Umtausch der Wandelanleihen in Aktien der *Automobil AG* vom 01.02.d. J. bis in vier Jahren, den 21.12. (Wandlungsfrist)
Wandlungsverhältnis	Nominal 1.000,00 EUR Wandelanleihen können in 15,9128 Stückaktien der Gesellschaft gewandelt werden. Der Wandlungspreis pro Aktie beträgt 61,59 EUR. Ein Bruchteil in Höhe von 0,... Aktien ist als Differenzbetrag in bar auszugleichen.
Dividendenberechtigung	Aktien, die aufgrund einer Wandlung hervorgegangen sind, sind für das gesamte Geschäftsjahr, in dem die Wandlungserklärung wirksam ist, dividendenberechtigt.
Bezugsfrist	06.01.–17.01.d. J.
Bezugsrechtshandel	07.01.–13.01.d. J.
Gesamtemission der Wandelanleihe	550 Mio. EUR
Bisheriges Grundkapital	177,65 Milliarden EUR
Emissionskurs	98,5 %

a Erläutern Sie zwei Vorteile der Emission von Wandelanleihen für den Emittenten.

b Mit welchen Argumenten können Wandelanleihen einem potentiellen Anleger empfohlen werden?

c Erläutern Sie je einen Nachteil der Wandelschuldverschreibung für den Anleger und den Emittenten.

d Im welchem Verhältnis können Aktionäre der *Automobil AG* einen Nominalbetrag von 1.000,00 EUR der Wandelschuldverschreibung erwerben?

e Der Depotkunde Jürgen Plate hatte 10.000,00 EUR nominal Wandelanleihe zum Bezugskurs von 98,5 % erworben. Wie viele Aktien der *Automobil AG* kann Herr Plate innerhalb der Wandlungsfrist tauschen? Berechnen Sie in diesem Zusammenhang auch den Differenzbetrag, der in bar ausgeglichen wird.

f Kurz vor dem ersten Zinstermin am 20.01.des nächsten Jahres möchte Herr Plate von Ihnen wissen, mit welchem Zinsertrag er bei seinem Depotbestand von nominal 10.000 EUR Wandelanleihen rechnen kann. Ein Freistellungsbetrag von noch 50,00 EUR liegt der *Nordbank AG* vor (Abgeltungssteuer 25%, Solidaritätszuschlag 5,5%, keine Berücksichtigung der Kirchensteuer).

g Am 24.01.des nächsten Jahres notiert die Wandelanleihe mit 123,57 %. Herr Plate möchte von Ihnen wissen, ob es bei einem aktuellen Kurs der *Automobil*-Aktie von 75,25 EUR günstig sei, seinen Bestand an Wandelanleihen der *Automobil AG* in Aktien der Gesellschaft zu tauschen. Beraten Sie Herrn Plate.

Fall 3 Aktien und Optionsgenussscheine

Herr Klaus Renne ist Stammaktionär der *Elbebank AG* in Hamburg. Er besitzt 500 nennwertlose Aktien dieser Gesellschaft. An der Börse wird die *Elbebank*-Aktie zurzeit mit 45,00 EUR notiert. Die Aktien werden im Girosammeldepot der *Nordbank AG* in Ahrensburg verwahrt, bei der Herr Renne auch ein Girokonto unterhält. Am 18. Juli dieses Jahres hat Herr Renne von der *Nordbank AG* das nachstehende Bezugsangebot über Optionsgenussscheine der *Elbebank AG* erhalten und bittet seine Anlageberaterin Frau Vanessa Duckert um Beratungshilfe.

a Zunächst bittet Herr Renne Frau Duckert, ihm diese noch nicht bekannte Anlageform zu erklären. Wodurch unterscheiden sich die Rechte der Inhaber der Optionsgenussscheine von den Rechten der Aktionäre der *Elbebank AG*?

b Die *Elbebank AG* hat in den letzten Jahren auch Schuldverschreibungen emittiert. Worin unterscheidet sich diese Anlageart von Optionsgenussscheinen?

c Wie viele Optionsgenussscheine kann Herr Renne beziehen, wenn er von seinem gesetzlichen Bezugsrecht Gebrauch macht?

d Unter welchen Voraussetzungen kann der Zinsertrag Herrn Renne jährlich brutto gutgeschrieben werden?

e Bevor Herr Renne eine Kaufentscheidung trifft, informiert Frau Duckert ihn noch über das Risiko dieser Anlage. Beschreiben Sie den Umfang der Haftung der Gläubiger der Optionsgenussscheine!

f Herr Renne hat sich für den Erwerb von nominal 10.000,00 EUR Optionsgenussscheinen entschieden.
   1 Wie viele Bezugsrechte sind zum Erwerb des gewünschten Nennbetrages erforderlich?
   2 Mit welchem Betrag wird Herr Renne belastet, wenn keine Erwerbskosten anfallen?

3 Beraten Sie Herrn Renne, wie er sich bezüglich seiner verbleibenden Bezugsrechte verhalten soll!

g Bereits im darauf folgenden Jahr erwägt Herr Renne, die jungen *Elbebank*-Aktien zu beziehen.
Dem Börsenteil der Wirtschaftszeitung entnehmen Sie folgende Notierungen:

Elbebank AG-Aktien	Eröffnungskurs 43,00 EUR
Optionsschein *Elbebank AG*	79,00 EUR

1 Welche Schritte muss er unternehmen, um die jungen Aktien der *Elbebank AG* zu beziehen?
2 Prüfen Sie, ob Herr Renne zum jetzigen Zeitpunkt zum Erwerb von *Elbebank-Aktien* die Optionsscheine nutzen oder deren Verkaufserlös zum Kauf von *Elbebank*-Aktien an der Börse verwenden sollte (ohne Transaktionskosten). Erläutern Sie Herrn Renne den Rechenweg und welche Alternative empfehlen Sie Herrn Renne?

h 1 Prüfen Sie, ob diese Emission dem haftenden Eigenkapital der *Elbebank AG* zugerechnet werden kann!
2 Erklären Sie an Beispielen die Bedeutung des Genusskapitals für die *Elbebank AG*!

Angebot zum Bezug von Optionsgenussscheinen

Auf Grund der in der ordentlichen Hauptversammlung der *Elbebank AG* vom 27. Mai 20.. erteilten Ermächtigung hat der Vorstand die Ausgabe von Genussscheinen im Gesamtnennbetrag von 800.000.000 EUR verbunden mit Optionsrechten auf Aktien der *Elbebank AG* (Optionsgenussscheine) beschlossen.

Die Optionsgenussscheine werden den bezugsberechtigten Aktionären im Verhältnis 20:1 nach Nennbeträgen zum Ausgabekurs von 110 % je nominal 1.000 EUR-Optionsgenussschein zum Bezug angeboten.

Die Optionsgenussscheine haben im Wesentlichen folgende Ausstattung:

Ausschüttung: Die Genussscheininhaber erhalten eine dem Gewinnanteil der Aktionäre der *Elbebank AG* vorgehende jährliche Ausschüttung von 7,25 % des Nennbetrages der Genussscheine. Durch die Ausschüttung auf die Genussscheine darf kein Bilanzverlust entstehen. Im Falle einer Verminderung der Ausschüttung ist der fehlende Betrag in den folgenden Geschäftsjahren nachzuzahlen (...)

Besteuerung: Von den Ausschüttungen auf die Genussscheine wird eine Kapitalertragsteuer in Höhe von 25 % abgezogen.

Laufzeit: Die Laufzeit der Genussscheine ist mit dem Ende des Geschäftsjahres 20.. befristet.

Rückzahlung: Vorbehaltlich der Bestimmungen über die Teilnahme am Verlust werden die Genussscheine zum Nennbetrag zurückgezahlt (...)

Kündigung: Die Genussscheininhaber können ihre Genussscheine nicht kündigen.

Teilnahme am Verlust: Wird ein Bilanzverlust ausgewiesen oder das Grundkapital der *Elbebank AG* zur Deckung von Verlusten herabgesetzt, vermindert sich der Rückzahlungsanspruch jedes Genussscheininhabers.

Nachrangigkeit: Die Forderungen aus den Genussscheinen gehen den Forderungen aller anderer Gläubiger der *Elbebank AG*, die nicht ebenfalls nachrangig sind, im Range nach. Im Falle der Insolvenz oder der Liquidation der *Elbebank AG* werden die Genussscheininhaber nach allen anderen, nicht nachrangigen Gläubigern und vorrangig vor den Aktionären bedient.

Hinweis gemäß § 10 Abs. 5 Kreditwesengesetz: Nachträglich können die Teilnahme am Verlust nicht geändert, der Nachrang der Genussscheine nicht beschränkt sowie die Laufzeit und die Kündigungsfrist nicht verkürzt werden.

Weitere Ausstattung: Die Genussscheine verbriefen Gläubigerrechte, die keine Gesellschafterrechte, insbesondere keine Teilnahme-, Mitwirkungs- und Stimmrechte an der Hauptversammlung der *Elbebank AG* beinhalten.

Optionsscheine: Jedem Genussschein im Nennbetrag von 1.000 EUR sind vier auf den Inhaber lautende Optionsscheine beigefügt. Je zwei Optionsscheine berechtigen den Inhaber zum Bezug von zehn auf den Inhaber lautenden Aktien der *Elbebank AG*. Die Optionsscheine können ab 16. September dieses Jahres von den Genussscheinen getrennt und einzeln übertragen werden; im Falle der Trennung sind alle Optionsscheine von dem jeweiligen Genussschein zu trennen.

Optionspreis (Bezugspreis: Der Bezugspreis je Aktie beträgt 30 EUR.

Optionsfrist: Das Optionsrecht kann vom 1. Januar des nächsten Jahres bis zum 15. Dezember 20.. (4 Jahre) ausgeübt werden. Ausgenommen ist jedoch der Zeitraum zwischen dem Tag, an dem die Einberufung einer Hauptversammlung der *Elbebank AG* im Bundesanzeiger bekannt gemacht wird und dem zweiten Bankarbeitstag nach der Hauptversammlung.

Ausübung des Optionsrechts: Zur Ausübung des Optionsrechts muss der Inhaber der Optionsscheine eine schriftliche Erklärung unter Benutzung der bei den Annahmestellen erhältlichen Vordrucke gegenüber der *Elbebank AG* als Optionsstelle durch Vermittlung einer der Annahmestellen abgeben, den Optionspreis zahlen und die Optionsscheine mit allen noch nicht aufgerufenen Legitimationsscheinen auf das Konto der Optionsstelle bei der *Deutsche Börse Clearing AG* übertragen. Diese Optionserklärung ist bindend. Aktien, die auf Grund der Ausübung des Optionsrechts erworben werden, sind für das Geschäftsjahr dividendenberechtigt, in dem die Optionserklärung wirksam wird.

Börsenhandel: Die Bezugsrechte auf die Optionsgenussscheine werden in der Zeit vom 2. September bis 12. September dieses Jahres an allen deutschen Wertpapierbörsen gehandelt und amtlich notiert.

Die Genussscheine und die Optionsscheine lauten auf den Inhaber und sind jeweils in einer Globalurkunde verbrieft, die bei der *Deutsche Börse Clearing AG*, Frankfurt am Main, hinterlegt ist. Ansprüche auf Auslieferung von Einzelurkunden können nicht geltend gemacht werden. Die Bezieher erhalten Gutschrift auf das Girosammeldepotkonto.

Für die Genussscheine und die Optionsscheine ist die Zulassung zum Börsenhandel mit amtlicher Notierung an der *Frankfurter Wertpapierbörse* sowie für die Aktien aus der bedingten Kapitalerhöhung an allen deutschen Wertpapierbörsen beantragt.

Übersichten zu den Sonderformen bei Wertpapieren

1. Optionsschuldverschreibungen

Wesen	Eine Optionsschuldverschreibung ist eine festverzinsliche Schuldverschreibung mit zusätzlichen Optionsscheinen. Optionsanleihen unterscheiden sich von normalen Anleihen durch die Zugabe von Optionsscheinen. Diese berechtigen den Inhaber, Aktien oder Anleihen des Emittenten in der Regel nach einer bestimmten Frist zu einem festgelegten Kurs zu beziehen. Mit Beginn der Optionsfrist kann der Anleger über die Optionsscheine getrennt verfügen und diese an der Börse verkaufen. Die Anleihen notieren anschließend mit dem Kurszusatz „ex". Nicht getrennte Anleihen werden „cum", also mit Anleihe genannt. Mit der Ausübung der Option erlischt der Anspruch auf Rückzahlung des Nominalbetrages der Anleihe nicht.
Vorteile für den Anleger	Der Anleger erhält eine regelmäßig garantierte Zinszahlung. Die Rückzahlung zum Nennwert am Ende der Laufzeit ist ebenfalls garantiert. Das Kursrisiko ist begrenzt. Mit steigendem Aktienkurs des Unternehmens steigt auch der Kurs der Optionsanleihe. Bei fallendem Aktienkurs sinkt der Kurs der Optionsanleihe höchstens auf den Wert der Anleihe ex.
Vorteile für das emittierende Unternehmen	Durch die Ausgabe einer Optionsanleihe beschafft sich eine AG zunächst Fremdkapital (Anleihe). Zusätzlich hat sie die Möglichkeit zur Erhöhung des Eigenkapitals durch Emission von Aktien bei Ausübung der Optionsscheinrechte.

Arten	Man unterscheidet das Aufgeld- und das Abgeldmodell bei Optionsanleihen. Beim Aufgeldmodell ist die Verzinsung marktgerecht und der Aufpreis für den Optionsschein beträgt 30 % bis 40 % des Nominalwertes der Anleihe. Beim Abgeldmodell liegt die Verzinsung unterhalb des Marktzinsniveaus als Ausgleich für den Bezug des Optionsscheins. An der Börse werden drei Varianten von Rechten gehandelt: - Anleihen mit Optionsschein, volle Stücke im Rentenhandel - Anleihe ohne Optionsschein, ohne Optionsschein (o. O.) im Rentenhandel - Optionsschein ohne Anleihe, im Optionsscheinhandel
Steuerliche Behandlung	Zinsen aus Optionsanleihen unterliegen der 25 %igen Abgeltungssteuer. Die Veräußerungsgewinne unterliegen ohne Einhaltung einer Haltefrist ebenfalls der Abgeltungssteuer.

2. Wandelanleihe

Wesen	Die Wandelanleihe verbindet Elemente der Anleihe mit Elementen der Aktie. Wandelanleihen verbriefen ein Wandlungsrecht: Eine Wandelanleihe ist eine Unternehmensanleihe, die innerhalb einer vorher festgelegten Frist zu einem vorab festgelegten Kurs in Aktien des Unternehmens umgetauscht werden kann. Eine Wandelanleihe ist demnach eine Anleihe mit einer Kaufoption auf Aktien. Anleger haben auch die Möglichkeit, die Wandelanleihe – wie bei einer klassischen Anleihe – bis zur Endfälligkeit zu halten. In diesem Fall erhalten sie jährliche Zinszahlungen vom Schuldner, der am Ende der Laufzeit die Anleihe zurückzahlt. Der Anleiheninhaber wird also vom Gläubiger zum Unternehmensteilhaber. Aufgrund dieses Rechts hat eine Wandelanleihe eine niedrigere Verzinsung als andere Anleihen. Die Hauptversammlung muss der Begebung einer Wandelanleihe und der damit verbundenen Kapitalerhöhung mit einer Dreiviertel-Mehrheit zustimmen. Wandelanleihen können sich in verschiedenen Details unterscheiden, z. B. vorzeitige Kündigungsrechte des Schuldners oder Einschränkungen für Anleger bei der Möglichkeit, die Anleihe in Aktien zu tauschen.
Gründe für die Begebung von Wandelanleihen	Unternehmen können sich durch die Ausgabe von Wandelanleihen billig verschulden. Da die Wandelanleihe im Vergleich zur normalen Anleihe mit einem zusätzlichen Recht auf Umtausch in Aktien ausgestattet ist, liegt ihr Zinskupon unter jenem normaler Anleihen.
Vorteile für Anleger	Der Preis einer Wandelanleihe wird vom Aktienkurs des Unternehmens, dem Zinsniveau sowie der Bonität des Unternehmens beeinflusst. Erfahrungen mit der Anlage in Wandelanleihen zeigen, dass der Kurs einer Wandelanleihe tendenziell rund zwei Drittel der Hausse eines Aktienkurses mitmacht, aber nur ein Drittel der Baisse eines Aktienkurses. Wandelanleihen bieten dem Anleger die Möglichkeit einer kontrollierten Spekulation.
Risiken einer Wandelanleihe	Das größte Risiko liegt in der Möglichkeit der Insolvenz des Schuldners. Außerdem sind die Märkte für Wandelanleihen i. d. R. nicht so liquide wie die Aktienmärkte. Der Kurs der Wandelanleihe kann daher sehr volatil sein. Daneben müssen die Anleger wie auch bei Anleihen mit dem Zinsänderungsrisiko rechnen.
Anlegerkreis	Wandelanleihen können sich für Privatanleger eignen. Da das Produkt kompliziert ist, bietet sich als Alternative zur Direktanlage eine Anlage in Anteilen an einem auf diese Papiere spezialisierten Fonds an. Überwiegend werden Wandelanleihen von Großanlegern, wie Versicherungen und Investmentgesellschaften sowie von Hedgefonds erworben.
Steuerliche Behandlung	Zinsen aus Wandelanleihen und Stückzinsen unterliegen der 25 %igen Abgeltungssteuer. Die Veräußerungsgewinne unterliegen ohne Einhaltung einer Haltefrist ebenfalls der Abgeltungssteuer.

3. Genussscheine

Wesen	Genussscheine sind Wertpapiere, die Genussrechte verbriefen. Darunter versteht man das Recht, dem Inhaber einen Anteil am Reingewinn der betreffenden Unternehmung zufließen zu lassen, meistens verbunden mit dem Recht auf eine Mindestverzinsung (Basisrendite). Der Inhaber der Genussrechte hat kein Recht auf einen festen Ertrag und keine Stimmberechtigung auf einer Hauptversammlung. Die Kursentwicklung der Genussscheine entspricht je nach Ausstattung mehr den Aktien oder mehr den Schuldverschreibungen. Für Kreditinstitute ist die Ausgabe von Genussrechten interessant, da diese z. T. als haftendes Eigenkapital anerkannt werden.
Arten von Genussrechten	- Genussscheine, die eine Beteiligung am Gewinn und Liquidationserlös beinhalten. - Genussrechte, die eine feste oder variable Verzinsung ohne Beteiligung am Liquidationserlös beinhalten.
Steuerliche Behandlung	Die laufenden Kapitalerträge unterliegen der 25 %igen Abgeltungssteuer. Die Veräußerungsgewinne unterliegen ohne Einhaltung einer Haltefrist ebenfalls der Abgeltungssteuer.
Vorteile für Anleger:	- Genussscheine sind weniger risikobehaftet als Aktien und viele Derivate. - Die jährlichen Zinszahlungen (Ausschüttungen) liegen i. d. R. um ein Viertel Prozent höher als bei festverzinslichen Wertpapieren mit gleicher Laufzeit.
Risiken	- Das Genussscheinkapital steht den Gläubigern nur für begrenzte Zeit zur Verfügung. - Bei Unternehmensverlusten können die jährlichen Zinszahlungen ausfallen, bei Kapitalherabsetzungen sinken die Rückzahlungsansprüche der Anleger entsprechend. - Das Genussrechtskapital ist ein Zwitter zwischen Eigen- und Fremdkapital. Dass es nur bis zum Ende der Laufzeit der Genussscheine und damit nicht dauerhaft einer AG, z. B. einer Bank zur Verfügung steht, macht es fremdkapitalähnlich. - Der jährliche Zins auf die Genussscheine kann aber ausfallen, wenn eine Bank Verlust macht. Und im Extremfall kann Genussrechtskapital eben auch im Nennwert herabgesetzt werden, wenn damit Verluste abzudecken sind. Das macht es zu einem eigenkapitalähnlichen Instrument.

2.1.6 Besteuerung von Zinsen, Dividenden und Kursgewinnen

Fall 1: Dividendenbesteuerung

Der Depotkunde Klaus Müller hat 400 Aktien der *Touristik AG* in seinem Depot bei der *Nordbank AG*. Die *Touristik AG* schüttet für dieses Jahr eine Dividende in Höhe von 0,80 EUR pro Aktie aus.

a Ermitteln Sie die Dividendengutschrift für Herrn Müller. Ein Freistellungsauftrag liegt der *Nordbank AG* nicht vor. Herr Müller ist nicht kirchensteuerpflichtig.

b Welchen Gutschriftsbetrag hätte Herr Müller erhalten, wenn der *Nordbank AG* ein Freistellungsbetrag von 100,00 EUR vorgelegen hätte?

Fall 2: Besteuerung von Kursgewinnen

Herr Torben Schmidt ist Depotkunde der *Nordbank AG*. Herr Schmidt hatte aufgrund eines Aktienverkaufs einen Kursgewinn erzielt: Kaufpreis der Aktien zu 4.267,33 EUR, Verkaufspreis zu 6.378,69 EUR. Herr Schmidt ist nicht kirchensteuerpflichtig. Im Verlustverrechnungstopf sind noch 100,00 EUR Veräußerungsverluste aus Aktienverkäufen zu berücksichtigen. Ermitteln Sie den Gutschriftsbetrag für Herrn Schmidt.

Fall 3: Besteuerung von Zinserträgen mit Kirchensteuerpflicht

Frau Hanna Kemper ist Depotkundin der *Nordbank AG*. Frau Kemper hat einen Zinsertrag aus einer 4 %igen Industrieanleihe, Nennwert 10.000,00 EUR erhalten. Ein Freistellungsauftrag liegt der *Nordbank AG* nicht vor. Frau Kemper hatte der *Nordbank AG* mitgeteilt, dass sie kirchensteuerpflichtig ist, Kirchensteuersatz 9 %. Ermitteln Sie die Zinsgutschrift.

Fall 4: Stückzinsen und allgemeiner Verrechnungstopf

Die *Nordbank AG* führt am 23. November (Dienstag) für den Depotkunden Rainer Krause den folgenden Kaufauftrag aus:

- 50.000,00 EUR Nennwert 4,0 % *Software AG*-Inhaberschuldverschreibungen
- Zinstermin: 13. September, ganzjährig.

Der Auftrag wird zum Kurs von 100,75 % ausgeführt. Weder der von der *Nordbank AG* für Herrn Krause geführte allgemeine Steuerverrechnungstopf noch der Verlustverrechnungstopf weisen einen Bestand auf. Zurzeit liegt weder ein Freistellungsauftrag noch ein Auftrag zur Einbehaltung der Kirchensteuer vor.

a Ermitteln Sie die Stückzinsen für diesen Wertpapierkauf.

b Wie werden die gezahlten Stückzinsen von der *Nordbank AG* steuerlich behandelt?

Fall 5: Verlustverrechnungstopf

Der Depotkunde Hartmut Möller hatte aufgrund zweier Aktienverkäufe einen Kursgewinn in Höhe von 1.600,00 EUR und einen Kursverlust in Höhe von 1.100,00 EUR realisiert. Ein Freistellungsauftrag in Höhe von 801,00 EUR liegt der Bank vor. Aus den Verrechnungstöpfen sind zurzeit keine Beträge zu berücksichtigen. Herr Möller ist nicht kirchensteuerpflichtig.

Wie werden diese Aktienverkäufe steuerlich behandelt?

Fall 6: Wiederaufleben eines Freistellungsbetrages

Die Depotkundin der *Nordbank AG* Frau Vera Semmelbauer hatte im laufenden Jahr die nachstehenden Kursgewinne und -verluste sowie Zinserträge erhalten:

14.03.	Veräußerungsgewinn bei Bundesanleihen	400,00 EUR
15.06.	Zinsen auf Anleihen	150,00 EUR
12.10.	Verlust bei Optionen	850,00 EUR

Ein Freistellungsauftrag in Höhe von 801,00 EUR liegt der *Nordbank AG* am Anfang des Jahres vor. Es wurden keine weiteren Erträge in dem betreffenden Jahr erzielt.

a Ermitteln Sie die Höhe des jeweils verbleibenden Freistellungsvolumens und die jeweiligen Beträge im allgemeinen Verlustverrechnungstopf für die drei Zahlungstermine.

b Wie hoch sind das Freistellungsvolumen und der Endbestand im allgemeinen Verlustverrechnungstopf am Ende des Jahres?

c Prüfen Sie, ob die ermittelten Beträge im darauffolgenden Jahr von der Depotkundin weiter genutzt werden können.

Fall 7: Stückzinsen und allgemeiner Verlustverrechnungstopf

Herr Jens Krause ist Depotkunde der *Nordbank AG*. Ein Freistellungsauftrag in Höhe von 500,00 EUR liegt der *Nordbank AG* dieses Jahr für dieses Depot vor. Herr Krause ist nicht kirchensteuerpflichtig. Herr Krause hatte im März bereits eine Zinsgutschrift in Höhe von 200,00

EUR erhalten, die auf den Freistellungsbetrag angerechnet wurde.

Am 5. Mai diesen Jahres hatte Herr Krause eine Unternehmensanleihe im Nennwert von 30.000,00 EUR erworben. Für diesen Kauf waren Herrn Krause Stückzinsen in Höhe von 1.052,88 EUR berechnet worden, die in seinem allgemeinen Verlustverrechnungstopf eingestellt wurden.

Die laufende Zinsgutschrift in Höhe von brutto 2.100,00 EUR aus dieser Unternehmensanleihe hatte Herr Krause am 5. November diesen Jahres erhalten.

a Errechnen Sie die Abgeltungssteuer und den Solidaritätszuschlag für diese Zinsgutschrift.

b Ermitteln Sie die Zinsgutschrift für diese Unternehmensanleihe unter der Annahme, dass Herr Krause keine weiteren Zinsgutschriften im laufenden Jahr erhalten hat.

Fall 8: NV-Bescheinigung

Anja und Peter Müller sind Depotkunden der *Nordbank AG*. Das Ehepaar hatte vor einem Jahr für ihren Sohn Phillipp (17 Jahre alt) ein Depotkonto bei der *Nordbank AG* einrichten lassen. Inzwischen beträgt der Wert des Depotkontos 5.000,00 EUR und Kapitalerträge fallen regelmäßig an. Im Rahmen eines Beratungsgesprächs weist der Kundenberater Friedhelm Schäfer das Ehepaar auf zwei Möglichkeiten hin, für ihren Sohn eine Kapitalertragsbesteuerung zu vermeiden.

Erläutern Sie den Eheleuten Müller,

a anhand von drei Kriterien jeweils die beiden Möglichkeiten für Phillipps Depot!

b welchen Vorteil die Einreichung einer solchen Bescheinigung bei der *Nordbank AG* bietet.

Fall 9: Allgemeiner Verlustverrechnungstopf

In einem weiteren Beratungsgespräch bittet Herr Müller seinen Kundenberater Herrn Schäfer um Informationen über eine bevorstehende Zinszahlung aus einem seiner festverzinslichen Wertpapiere. Herrn Schäfer liegen folgende Informationen zu dieser Zinszahlung vor:

- nominal 15.000,00 EUR 2,5 % NordHypo Pfandbrief, Serie 15, 1.10. gzj.
- Bei der *Nordbank AG* liegt kein Freistellungsauftrag vor.
- Der aktuelle Saldo des allgemeinen Verlustverrechnungstopfs beträgt 185,00 EUR.
- Herr Müller gehört keiner Konfession an.

a Ermitteln Sie für Herrn Müller den zu erwartenden Gutschriftsbetrag auf seinem Konto.

b Dann teilt Ihnen Herr Müller mit, dass bei dem letzten Wertpapierkauf Stückzinsen angefallen sind. Erläutern Sie Herrn Müller die Bedeutung des allgemeinen Verlustverrechnungstopfes in diesem Zusammenhang.

c Im Zusammenhang mit den jährlichen Zinszahlungen aus den Schuldverschreibungen wurden durch die *Nordbank AG* Kapitalertragsteuer und Solidaritätszuschlag einbehalten. Herr Schäfer erklärt Herrn Müller, dass die *Nordbank AG* ihm zum Ablauf des Kalenderjahres eine Bescheinigung über die einbehaltene Kapitalertragsteuer und den einbehaltenen Solidaritätszuschlag ausstellen wird

Diese Bescheinigung könnte zu steuerlichen Auswirkungen bei Herrn Müller führen.

Erläutern Sie Herrn Müller 2 Situationen, in denen die Vorlage dieser Bescheinigung beim Finanzamt im Rahmen seiner Steuererklärung zu einer Steuererstattung führen kann!

d Der aktuelle Saldo des Aktien-Verlustverrechnungstopfs von Herrn Müller beträgt 455,00 EUR.

Erläutern Sie Herrn Müller, wodurch dieser Saldo entstanden sein kann!

e Herr Müller geht davon aus, dass dieser Saldo bis zum Jahresende bestehen bleiben wird und befürchtet, dass er anschließend verfällt.

Herr Schäfer teilt Herrn Müller mit, dass es zwei Möglichkeiten gibt, wie mit dem Saldo zum Jahresende verfahren werden kann.

Erläutern Sie Herrn Müller diese 2 Möglichkeiten!

2.1.7 Besteuerung von Investmenterträgen

Ausgangssituation

Für den thesaurierenden Fonds „Thesaurus“ wurde am 02.01.2020 ein Rücknahmepreis pro Anteil von 150,00 EUR ermittelt. Am 30.12.2020 wurde ein Rücknahmepreis je Anteil von 170,00 EUR ermittelt. 80 % des Fondsvermögens wird fortlaufend in inländischen und ausländischen Aktien angelegt; dies ist auch in den Anlagebedingungen niedergelegt Der Fonds hatte im laufenden Geschäftsjahr 2020 einen Ertrag von 0,50 EUR je Anteil erzielt, der nicht ausgeschüttet wurde, sondern im Fonds verblieben ist.

Informationen zur Investmentbesteuerung finden Sie in der nachfolgenden Übersicht!

Fall 1

Der konfessionslose Depotkunde Kevin Schulte besitzt 500 Anteile dieses Fonds.

Ermitteln Sie

a den Basisertrag

b die Vorabpauschale

c die steuerpflichtige Vorabpauschale und

d den steuerpflichtigen Ertrag für die 500 Investmentanteile für Herrn Schulte bei einem angenommenen Basiszinssatz von 1 %.

Teilfreistellung von Investmentfonds	
	Freistellungsquote
Aktienfonds (mind. 51 % Aktien)	30 %
Mischfonds (mind. 25 % Aktien)	15 %
Immobilienfonds (mind. 51 % Immobilien/ Immobiliengesellschaften)	60 %
Immobilienfonds mit Schwerpunkt im Ausland (mind. 51 % ausländische Immobilien / Immobiliengesellschaften)	80 %

Fall 2

Herr Schulte hatte seiner depotführenden Stelle einen Freistellungsauftrag in Höhe von 801,00 EUR erteilt. Ermitteln Sie den verbleibenden Freistellungsbetrag von Herrn Schulte.

Fall 3

Am 1. Februar 2021 gibt Herr Schulte seine „Thesaurus“ Fondsanteile zum Rücknahmepreis von 180,00 EUR an den Fonds zurück.

Ermitteln Sie

a den steuerpflichtigen Kapitalertrag pro Anteil unter Berücksichtigung der Teilfreistellung von 70 %

b den Gesamtertrag ohne Steuern und

c den Gesamtertrag ,den die depotführende Stelle unter Berücksichtigung der Abgeltungssteuer, des Solidaritätszuschlags und dem vorhandenen Freistellungsbetrag Herrn Schulte überweist.

Fall 4

Am 02.01. 2020 veröffentlichte der Aktienfonds TS3 folgende Infos an seine Anleger:

Der TS3 investiert mindestens 51 % des Fondsvermögens in inländische und ausländische Aktien.

Basiswert (Rücknahmepreis) am 02.01.2019	135,00 EUR;
Ausschüttung 2019 pro Anteil	0,30 EUR.
Rücknahmepreis am 30.12.2019	140,00 EUR.

Die Depotkundin Birgit Winter besitzt 1.500 Anteile des TS3-Invetmentfonds. Ein Freistellungsauftrag in Höhe von 500,00 EUR wurde der Depotbank für 2020 erteilt. Frau Winter gehört keiner Religionsgemeinschaft an.

a Ermitteln Sie für Frau Winter

a1 den Basisertrag

a2 die Vorabpauschale pro Anteil 2020 und

a3 die steuerpflichtige Vorabpauschale 2020 für einen Anteil unter Berücksichtigung der Teilfreistellung von 70% (Basiszinssatz 1 %).

b Ermitteln Sie

b1 den Gutschriftsbetrag für Frau Winter aufgrund der Ausschüttung von 2019 unter Berücksichtigung eines Freistellungsbetrages von 500,00 EUR!

b2 die steuerpflichtige Vorabpauschale für 2020 pro Anteil

b3 die steuerpflichtige Vorabpauschale 2020 für 1500 Anteile und

b4 die abzuführenden Kapitalertragssteuern für die 1500 Investmentanteile von Frau Winter für 2020. Berücksichtigen Sie auch hier einen Freistellungsbetrag von 500,00 EUR.

Übersichten zu Besteuerung von Wertpapiererträgen

1. Übersicht über die Besteuerung von Zins- und Dividendenerträgen

Besteuerung von Zinsen und Dividenden	Kapitalerträge unterliegen einer pauschalen 25 %igen Abgeltungssteuer. Kreditinstitute halten von den Kapitalerträgen die 25 %ige Abgeltungssteuer zuzüglich 5,5 % Solidaritätszuschlag (SolZ) und ggf. Kirchensteuer (KiSt) ein und führen die Steuern ans Finanzamt ab. Damit ist die Steuerpflicht des Anlegers abgegolten.
Besteuerung von Veräußerungsgewinnen	Veräußerungsgewinne bei Wertpapierverkäufen zählen zu den Einkünften aus Kapitalvermögen und unterliegen der Abgeltungssteuer. Ein Veräußerungsgewinn ist die Differenz zwischen dem bei dem Erwerb gezahlten Kaufpreis und dem bei der Veräußerung erzielten Verkaufserlös unter Berücksichtigung der An- und Verkaufskosten.
Abgeltungssteuer und Kirchensteuer	Wenn man einer Religionsgemeinschaft angehört, die Kirchensteuer verlangt, ist die Kirchensteuer eine Pflichtsteuer, die zusätzlich zur Abgeltungssteuer gezahlt werden muss. Die Kirchensteuer beträgt 8 % in Bayern und Baden-Württemberg. In allen anderen Bundesländern 9 %, prozentual berechnet von der Höhe der Abgeltungssteuer. Da man allerdings die Kirchensteuer als Sonderausgabe absetzen kann, ist die genaue Berechnungsgrundlage der Kirchensteuer nicht 9 % von 25 %, sondern die 25 % Abgeltungssteuer abzüglich des möglichen Sonderausgabenabzuges. Da die Kirchensteuer bei der Einkommensteuer als Sonderausgabe abzugsfähig ist, errechnet sich die Abgeltungssteuer nach folgender Formel: Abgeltungssteuer = Kapitalerträge : (4 + (Kirchensteuersatz : 100)) Bei 9 % Kirchensteuer ergibt dies die Berechnungsgrundlage von 24,45 %. Bei 8 % Kirchensteuer ist die Berechnungsgrundlage 24,51 %. Bei 9 % Kirchensteuer ergibt sich dann für 100,00 EUR Zinsen, Dividenden oder Kursgewinne folgende zu zahlende Gesamtsumme: 24,45 EUR Abgeltungssteuer, 1,34 EUR Solidaritätszuschlag (berechnet von 24,45 EUR) und 2,20 EUR Kirchensteuer, also insgesamt 27,98 EUR.
Verlustverrechnungstöpfe	Veräußerungsverluste können als negative Kapitalerträge mit positiven Kapitalerträgen verrechnet werden. Wenn keine sofortige Steuerverrechnung möglich ist, wird der Verlust in ein Verlustverrechnungskonto eingestellt. Veräußerungsverluste aus Aktiengeschäften dürfen nur mit Gewinnen aus Aktiengeschäften verrechnet werden. Veräußerungsgewinne aus Aktiengeschäften können hingegen mit allen anderen negativen Kapitalerträgen verrechnet werden. Andere negative Kapitalerträge (z. B. Veräußerungsverluste bei Zertifikaten oder Investmentanteilen, gezahlte Stückzinsen beim Erwerb von Anleihen oder Zwischengewinne beim Erwerb von Investmentanteilen) können mit allen positiven Kapitalerträgen (z. B. Zinserträgen, Dividenden, Veräußerungsgewinnen bei Aktien oder Zertifikaten) verrechnet werden. Die Bank führt deshalb den Aktienverlustverrechnungstopf (Erfassung der Veräußerungsverluste aus Aktiengeschäften; Verrechnung nur mit späteren Gewinnen aus Aktiengeschäften) und den allgemeinen Verlustverrechnungstopf (Erfassung aller anderen negativen Kapitalerträge; Verrechnung mit allen späteren positiven Kapitalerträgen einschl. der Gewinne aus Aktiengeschäften). Die Verlustverrechnung hat Vorrang vor der Belastung des Freistellungsauftrags.
Nichtveranlagungs-Bescheinigung (NV-Bescheinigung)	Bei Vorlage einer NV-Bescheinigung zahlt das Kreditinstitut die Kapitalerträge ohne Steuerabzug aus. Eine NV-Bescheinigung stellt das Finanzamt auf Antrag des Steuerpflichtigen aus, wenn seine Kapitalerträge voraussichtlich nicht einkommensteuerpflichtig sind. Die betraglich nicht begrenzte NV-Bescheinigung gilt für maximal drei Jahre und muss danach neu beim Finanzamt beantragt werden.

2. Besteuerung von Investmenterträgen

Allgemeines	Die Investmentsteuerreform ist mit Wirkung zum 1. Januar 2018 in Kraft getreten. Dadurch ergaben sich zahlreiche Neuerungen bei der Besteuerung von Erträgen aus Investmentfonds. Diese Reform bezieht sich unter anderem auf Aktienfonds, Mischfonds sowie Immobilienfonds. Allerdings werden die Auswirkungen der Investmentsteuerreform erstmals 2019 für den Anleger spürbar. Die Erträge der Investmentfonds stellen nach deutschem Recht „Einkünfte aus Kapitalvermögen" dar, die seit 2009 separat von anderen Einkünften besteuert werden (sog. Abgeltungsteuer). Sie unterliegen grundsätzlich einer 25%igen Kapitalertragsteuer, die sich um den Solidaritätszuschlag und ggf. um die Kirchensteuer erhöht. Dabei gilt derjenige als unbeschränkt steuerpflichtig, der in Deutschland seinen Wohnsitz oder gewöhnlichen Aufenthalt hat und mit seinen Einkünften der deutschen Einkommensteuerpflicht unterliegt. Die deutsche Steuerpflicht umfasst hierbei das Welteinkommen des Steuerpflichtigen, d. h. die Steuerpflicht gilt erst einmal unabhängig davon, ob er die Einkünfte in Deutschland oder im Ausland erzielt hat. Ausländische Privatanleger, die weder ihren Wohnsitz noch ihren gewöhnlichen Aufenthalt in Deutschland haben, unterliegen nicht dem Kapitalertragsteuerabzug in Deutschland, wenn die Ausländereigenschaft z.B. der deutschen Depotbank nachgewiesen wird.
Zahlung von Körperschaftsteuer aus dem Fondvermögen	Seit der Investmentsteuerreform müssen deutsche Fonds Körperschaftsteuer auf bestimmte inländische Erträge in Höhe von 15 % aus dem Fondsvermögen zahlen. inländische Dividenden und Immobilienerträge werden also bereits auf Fondsebene mit einer Körperschaftsteuer von 15 % (bei Immobilienerträgen. zzgl. SolZ) belastet. Damit behandelt der Gesetzgeber deutsche und ausländische Fonds im Hinblick auf deren Einkünfte aus Deutschland steuerlich gleich. Die Fonds zahlen Anlegern somit geringere Kapitalbeträge aus. Als Ausgleich bekommen Anleger je nach Fondsart eine Teilfreistellung für Dividenden und Verkaufsgewinne.
Teilfreistellung von der Abgeltungssteuer	Um die Vorbelastung mit Körperschaftsteuer und die mangelnde Anrechnungsfähigkeit ausländischer Quellensteuer zu kompensieren, gewährt der Gesetzgeber je nach Fondsart eine sogenannte Teilfreistellung von der Abgeltungsteuer. Die Anleger von Publikumsfonds unterliegen jetzt einer pauschalen Besteuerung von Investmenterträgen. Dazu zählen Ausschüttungen, die sogenannte Vorabpauschale sowie Gewinne aus der Rückgabe bzw. Veräußerung von Fondsanteilen.

	Teilfreistellungssätze Steuerbefreiung Aktienfonds (mind. 51 % Aktien): 30 % Mischfonds (mind. 25 % Aktien): 15 % Immobilienfonds (mind. 51 % Immobilien / Immobiliengesellschaften): 60 % Immobilienfonds mit Schwerpunkt im Ausland (mind. 51 % ausländische Immobilien / Immobiliengesellschaften): 80 % Die Fondsanleger müssen selbst die Mittel zur Zahlung der Steuer bereitstellen. Daher darf die depotführende Stelle die erforderlichen Beträge zur Abführung der Steuer auf die Vorabpauschale direkt vom Girokonto oder von einem anderen Referenzkonto des Anlegers einziehen — auch ohne dessen Einwilligung.
Vorabpauschale	Mit der Vorabpauschale soll sichergestellt werden, dass ein bestimmter Mindestbetrag versteuert wird, auch dann, wenn ein Fonds keine oder eine zu geringe Ausschüttung vornimmt. Diese sogenannte Vorabpauschale wird jährlich ermittelt und bezieht sich immer auf das Vorjahr. Die Vorabpauschale ist eine vorweggenommene Besteuerung zukünftiger Wertsteigerungen. Daher wird die Vorabpauschale beim Verkauf der Fondsanteile auch vom tatsächlichen Veräußerungsgewinn abgezogen. Die Berechnung der Vorabpauschale wird automatisch für jeden einzelnen Fonds / Anschaffungsposten vorgenommen. Basis für die Berechnung bildet die langfristig erzielbare Rendite öffentlicher Anleihen. Der Basiszins leitet sich aus der langfristigen Rendite öffentlicher Anleihen ab. Er orientiert sich am Zinssatz, den die Deutsche Bundesbank jeweils auf den ersten Börsentag des Jahres errechnet und im Bundessteuerblatt veröffentlicht wird. Auf die Vorabpauschale wird am Anfang des folgenden Kalenderjahres von der depotführenden Stelle Abgeltungsteuer einbehalten (zum ersten Mal 2019). Um eine Doppelbesteuerung zu vermeiden, kann auf die Vorabpauschale die einbehaltene Steuer später von den tatsächlichen Veräußerungsgewinnen beim Verkauf der Fondsanteile wieder abgezogen werden. Diese Berücksichtigung der zugerechneten Vorabpauschalen erfolgt durch die deutschen depotführenden Stellen automatisch, wenn diese den steuerpflichtigen Veräußerungsgewinn berechnen. Die Vorabpauschale ist die Differenz zwischen dem sogenannten Basisertrag des Fonds und der Ausschüttung. Hierzu wird zunächst zu Beginn eines Kalenderjahres (z. B. 01.01.2019) für das vorangegangene Kalenderjahr (z. B. 2018) der Basisertrag nach der Formel berechnet: Basisertrag = 70 % des jährl. Basiszinses x Rücknahmepreis der Fondsanteile zum Jahresbeginn des vorangegangenen Kalenderjahres (z. B. 2.1.2018).

	Dann wird vom Basisertrag die Ausschüttung des letzten Kalenderjahres (z. B. in 2018) abgezogen: Vorabpauschale = Basisertrag - Ausschüttung des letzten Kalenderjahres. Die Vorabpauschale kann niemals negativ werden. Der Basisertrag kann nicht höher sein als der Mehrbetrag, der sich aus dem zwischen dem ersten und dem letzten im Kalenderjahr festgesetzten Rücknahmepreis zuzüglich der Ausschüttungen innerhalb des Kalenderjahres ergibt.
Beispiel für die Vorabpauschale:	Gegeben sind folgende Daten: Fondspreis zum 2. Januar 2019: 100 EUR Fondspreis zum 30. Dezember 2019: 120 EUR Basiszins (angenommen): 1 % Ausschüttung für das Geschäftsjahr: 0,50 EUR je Anteil Der Anleger besitzt 500 Fondsanteile. Es handelt sich um einen Aktienfonds. Der Basisertrag beträgt (70% von 1%) 0,7% x 100 EUR = 0,70 EUR Die Vorabpauschale beträgt somit 0,70 EUR - 0,50 EUR = 0,20 EUR je Anteil. Die Erträge aus dem Fonds für das Geschäftsjahr 2019 umfassen die Ausschüttung in Höhe von 0,50 EUR je Anteil und die Vorabpauschale in Höhe von 0,20 EUR je Anteil, insgesamt also 0,70 EUR je Anteil. Davon sind nur 70 % steuerpflichtig (Teilfreistellung 30 %) = 0,49 EUR je Anteil bzw. bei 500 Anteilen insgesamt 245 EUR. Diese werden auf den Freistellungsauftrag angerechnet. Für thesaurierende Fonds und Fonds mit Teilausschüttungen ergeben sich unterschiedliche Ergebnisse, die sich auf den Zeitpunkt der Steuerpflicht auswirken.
Einbehalt der Steuer	Die Abgeltungsteuer ist ein Abzug der Steuer direkt an der Quelle. In den meisten Fällen wird daher die Abgeltungsteuer durch deutsche Kreditinstitute einbehalten. Das gilt auch für die Kirchensteuer, die seit 2015 automatisch einbehalten wird und über das Betriebsstätten-Finanzamt der Kreditinstitute an die Religionsgemeinschaften weitergeleitet wird. Zu diesem Zweck fragen die Banken einmal jährlich im Zeitraum vom 1. September bis 31. Oktober beim Bundeszentralamt für Steuern die Religionszugehörigkeit ihrer Kunden zum Stichtag 31. August des Jahres ab. Anleger können dem automatischen Datenabruf beim Bundeszentralamt für Steuern schriftlich widersprechen, indem sie einen Sperrvermerk einlegen. Der Sperrvermerk entbindet nicht von der Kirchensteuerpflicht. Sie müssen dann die Kirchensteuer auf die Abgeltungsteuer über die Steuererklärung ans Finanzamt abführen. Das Bundeszentralamt für Steuern ist gesetzlich verpflichtet, das zuständige Finanzamt über die Sperre zu informieren.
Sparer-Pauschbetrag und Werbungskosten	Es gilt ein Sparer-Pauschbetrag von 1.000 Euro. Für Ehegatten beträgt dieser im Falle der gemeinsamen Veranlagung 2.000 Euro. Mit dem Sparer-Pauschbetrag sind alle tatsächlich angefallenen

	Werbungskosten (z. B. Depotgebühren, Vermögensverwaltungsgebühren, Reisekosten für Fahrten zur Hauptversammlung) abgegolten und werden damit nicht gesondert berücksichtigt. Der Sparer-Pauschbetrag kann auch auf mehrere Kreditinstitute verteilt werden. Freistellungsaufträge sind nur wirksam, wenn bei Erteilung des Freistellungsauftrags die Steueridentifikationsnummer angegeben wurde. Bei gemeinsamen Freistellungsaufträgen sind auch die Steueridentifikationsnummern beider Ehegatten anzugeben.
Nichtveranlagungsbescheinigung (NV-Bescheinigung)	Anleger, bei denen eine Veranlagung zur Einkommensteuer nicht zu erwarten ist, weil z. B. das Einkommen den Grundfreibetrag nicht übersteigt, können alternativ durch eine NV-Bescheinigung den Steuerabzug vermeiden. Diese wird durch das Finanzamt des Wohnsitzes des Anlegers für einen Zeitraum von drei Jahren ausgestellt. Die Erteilung einer NV-Bescheinigung ist an enge Voraussetzungen geknüpft.
Verlustverrechnung	Für in einem Depot verwahrte Fondsanteile führt das inländische Kreditinstitut u. a. einen allgemeinen Verlustverrechnungstopf' um fortlaufend eine Verrechnung von Erträgen und Veräußerungsgewinnen mit Veräußerungsverlusten und anderen negativen Kapitalerträgen vorzunehmen. Zu den negativen Kapitalerträgen zählen insbesondere gezahlte Stückzinsen aus erworbenen Anleihen. Durch die unterjährige Verlustverrechnung kann es auch zur Erstattung einer zuvor einbehaltenen Abgeltungsteuer kommen. Auch die Teilfreistellung ist auf Verluste aus der Veräußerung der Fondsanteile anwendbar.
Vermögenswirksame Leistungen (VL-Fondssparer)	Für VL-Fondssparer gelten keine Sonderregelungen. Sie werden genauso besteuert wie die anderen Fondsanleger.

2.2 Finanzierungsvorhaben begleiten

Lösungen ab Seite 261

2.2.1 Firmenkredite

Fall 1 Firmenaval

Die *Behrens GmbH* ist ein mittelständisches Bauunternehmen in Mölln. Das Unternehmen existiert seit 1971 und ist überwiegend im Tiefbau tätig. Das Unternehmen beschäftigt 120 Mitarbeiter. Der Jahresumsatz der *Behrens GmbH* beläuft sich derzeit auf etwa 20 Millionen EUR. Die *Behrens GmbH* hat sich auf Arbeiten im Straßenbau im norddeutschen Raum spezialisiert. Deshalb ist der Geschäftsführer der *Behrens GmbH*, Herr Martin Bredekamp, an einer Ausschreibung des Stadtplanungsamts der Stadt Schwerin interessiert:

Öffentliche Ausschreibung der Stadt Schwerin
Stadtplanungsamt Schwerin
Schelfmarkt 2
19055 Schwerin
Öffentliche Ausschreibung VOB

Für die Erweiterung der verkehrsberuhigten Zone in Schwerin-Mitte durch die Schuster- und Buschstraße werden ausgeschrieben:

Straßenbauarbeiten

Ausführungszeit: Februar 2021 bis April 2021

Die Vergabeunterlagen können bis zum 09. Dezember 2020 gegen Einsendung von 10,00 EUR bei dem Stadtplanungsamt Schwerin bei obiger Adresse angefordert werden. Die Kostenvergütung ist mittels Verrechnungsscheck mit der Anforderung zu entrichten.

Eröffnungstermin: 05. Januar 2021 im Rathaus der Stadt Schwerin, Raum 107, Herr Tellmann. Es können Bieter und ihre Bevollmächtigten anwesend sein.

Dem Angebot sind Nachweise
- des Umsatzes an Bauleistung in den letzten drei Geschäftsjahren,
- der in den letzten drei Geschäftsjahren ausgeführten vergleichbaren Bauleistungen mit Angabe des Auftraggebers,
- die verfügbaren technischen Ausrüstungen sowie
- die üblichen Sicherheiten

beizufügen.

Die Bieter sind bis zum 20. Januar 2021 an ihr Angebot gebunden. Die Vergabeunterlagen können vor Anforderung bei dem Stadtplanungsamt Schwerin eingesehen werden.

a Die *Behrens GmbH* hat sich die Vergabeunterlagen vom Stadtplanungsamt Schwerin zuschicken lassen. Der Auftragswert beträgt 3 Millionen EUR. Mit dem Angebot sollen neben Angaben zu bisherigen Bauleistungen und verfügbaren technischen Ausrüstungen auch die „üblichen Sicherheiten“ in Höhe von 5 % der Auftragssumme eingereicht werden.
   1 Vor welchen Risiken will sich die Stadt Schwerin in der Phase der Ausschreibung durch die „üblichen Sicherheiten“ schützen?
   2 Herr Bredekamp vereinbart mit seinem Firmenkundenberater der *Nordbank AG*, Herrn Ingo Scharnweber, einen Gesprächstermin. Welche Bankdienstleistung könnte Herr Scharnweber der *Behrens GmbH* in dieser Situation anbieten? Verdeutlichen Sie den Vorteil dieser Bankdienstleistung für die *Behrens GmbH* und die *Nordbank AG*!
   3 Unter welcher Voraussetzung stellt die *Nordbank AG* die Bankleistung zur Verfügung?

b Bei der Festlegung der Kreditkosten haben die Firmenkundenberater der *Nordbank AG* einen Entscheidungsspielraum.
 1 Von welchen Faktoren hängt die Festsetzung der Höhe der Kosten des Avalkredits ab?
 2 Ermitteln Sie anhand der Konditionentabelle der *Nordbank AG* die Kosten dieses Avalkredits! Gehen Sie davon aus, dass das Stadtplanungsamt Schwerin in der Ausschreibung nur eine Bietungssicherheit verlangt hat. Nehmen Sie aus der Konditionentabelle den Mittelwert.

Konditionen für Avale der *Nordbank AG*

Bietungsaval:	2,00 % - 2,30 %
Vertragserfüllungsaval:	2,65 % - 2,95 %
Gewährleistungsaval:	2,95 % - 3,20 %
Anzahlungsaval:	2,45 % - 2,70 %
Zollaval:	2,55 % - 2,95 %
Mietaval:	2,40 %
Prozessaval:	2,75 % - 3,05 %
Einmalige Bearbeitungsgebühr:	30 EUR

c Die *Behrens GmbH* erhält den Zuschlag für den öffentlichen Auftrag. Beschreiben Sie, wie das Stadtplanungsamt Schwerin die Bietungssicherheit in Anspruch nehmen wird, wenn die *Behrens GmbH* aus Kapazitätsgründen den Auftrag nicht in der gebotenen Zeit ausführen kann und von ihren Auftragsverpflichtungen zurücktreten muss!

Fall 2 Firmenaval

Die Krones GmbH ist Firmenkundin der *Nordbank AG*. Die Krones AG produziert Getränkeautomaten für Supermärkte, Kantinen und Großküchen. Herr Rudolf Leineweber ist Kundenberater der *Nordbank AG*. Herr Leineweber hat im Rahmen der Jahresabschlussanalyse festgestellt, dass die Liquiditätslage der Krones GmbH angespannt ist. Um die Liquiditätslage der Krones GmbH zu verbessern, hat Herr Leineweber mit der Geschäftsführerin der Krones GmbH, Frau Sandra Schulz einen Beratungstermin vereinbart.
Im Verlauf dieses Gesprächs erfährt Herr Leineweber, dass ein Kunde der Krones GmbH vertragsgemäß 5% des Rechnungsbetrags von 400.000,00 EUR einbehält. Dieser Betrag dient dem Kunden als Sicherheit. Die Krones GmbH erhält den Restbetrag erst ein Jahr nach Abnahme der Getränkeautomaten, sofern bis dahin keine Mängel aufgetreten sind. Herr Leineweber schlägt Frau Schulz einen Avalkredit vor. Frau Schulz ist diese Kreditart unbekannt.

a Erklären Sie Frau Schulz das Prinzip des Avalkredits.

b Erklären Sie Frau Schulz die Auswirkung des Avalkredits auf die künftige Liquiditätslage der Krones GmbH.

Frau Schulz möchte von Ihnen nähere Einzelheiten über die Abwicklung dieses Avalkredits wissen.

c Beschreiben Sie Frau Schulz die Abwicklung dieses Avalkredits ab Vorliegen des Kreditantrags bis zur Bereitstellung des Avalkredits.

Frau Schulz möchte von Ihnen über Einzelheiten zu den Kosten des Avalkredits informiert werden.

d Nennen Sie Frau Schulz drei Faktoren, die Einfluss auf die Höhe der Kosten eines Avalkredits haben.

Frau Schulz erkundigt sich bei Ihnen nach den Kosten für diesen Avalkredit. Für die Bereitstellung dieses Avalkredits gelten bei der *Nordbank AG* folgende Konditionen:

- Avalprovision: 4,0% p.a.
- Einmaliges Entgelt für die Ausstellung der Avalurkunde: 50,00 EUR

e Ermitteln Sie unter Angabe des Rechenwegs die Gesamtkosten für diesen Avalkredit, die der Krones GmbH entstehen würden.

Frau Schulz ist der Meinung, dass die Ausnutzung der Kontokorrentkreditlinie möglicherweise günstiger für die Krones GmbH ist.

f Wie hoch ist die Differenz in EUR für die Krones GmbH, wenn sie in Höhe des Avalkreditbetrags den KK-Kredit mit 8,5% p.a. für ein Jahr in Anspruch nimmt? Ermitteln Sie den Differenzbetrag unter Angabe des Rechenwegs.

Frau Schulz entscheidet sich für den Avalkredit und erhält die Avalurkunde. Es wurde Zahlung auf erstes Anfordern vereinbart. Angenommen eine Supermarktkette wendet sich nach einem halben Jahr als Begünstigter aus dem Avals an die *Nordbank AG.*

Die Supermarktkette weist einen eingetretenen Schaden nach und fordert die *Nordbank AG* zur Zahlung des Gesamtbetrags aus dem Aval auf.

g Nennen Sie die Voraussetzung, unter der die *Nordbank AG* Zahlung leisten muss.

Sie informieren die Krones GmbH über die Inanspruchnahme aus dem Aval durch die Supermarktkette.

h Nennen Sie zwei notwendige Schritte, mit denen die *Nordbank AG* den Avalkredit abschließend bearbeitet.

Fall 3 Kontokorrentkredit

Die *Hellbrinck AG* ist jetzt schon seit zwei Jahren Firmenkunde der *Nordbank AG (vgl. Kontoeröffnung für eine AG)*. Während dieser Zeit wurde der AG auch ein Kontokorrentkredit in Höhe von 500.000,00 EUR eingeräumt. Dieser Kredit ist durch eine werthaltige Grundschuld über 500.000,00 EUR am privaten Grundstück des Vorstandsmitglieds Karl Hellbrinck abgesichert. Bei steigenden Umsätzen wird der Kredit zurzeit voll ausgeschöpft, gelegentlich wird das eingeräumte Limit aber auch deutlich überschritten. Der Firmenkundenberater der *Nordbank AG* bittet deshalb Herrn Karl Hellbrinck zu einem Gespräch.

a Begründen Sie mit zwei Argumenten, warum die Einladung zu diesem Gespräch aus der Sicht der *Nordbank AG* notwendig ist.

In dem Beratungsgespräch stellt sich heraus, dass die *Hellbrinck AG* aufgrund des schnell wachsenden Geschäfts inzwischen laufend ca. 800.000,00 EUR Forderungen an Kunden hat. Ferner erklärt Herr Hellbrinck, dass er die Zahlungsziele seiner Lieferanten von in der Regel 30 Tagen in Anspruch nimmt, obwohl er bei Zahlung innerhalb von 10 Tagen 2 % Skonto abziehen könnte. Der Firmenkundenberater empfiehlt, den Kontokorrentkredit um 200.000,00 EUR auf 700.000,00 EUR aufzustocken.

b Stellen Sie Herrn Hellbrinck unter Angabe des Rechenwegs für einen fiktiven Rechnungsbetrag von 100.000,00 EUR dar, welchen Betrag die AG sparen würde, wenn sie den Kontokorrentkredit zu 10 % Zinsen p. a. in Anspruch nehmen würde, um 2 % Skonto abziehen zu können.

c Erläutern Sie zwei weitere Argumente, die in diesem Fall für den Kontokorrentkredit anstelle des Lieferantenkredits als geeignete Kreditform sprechen.

Da die *Nordbank AG* den Kredit nicht ohne zusätzliche Sicherheiten erhöhen will, bietet Herr Hellbrinck alternativ die Abtretung von Forderungen in Form einer stillen Globalzession oder die Sicherungsübereignung von 7 kürzlich angeschafften, neuwertigen und bereits bezahlten Firmenwagen (Kaufpreis je Stück 45.000,00 EUR) an.

d Stellen Sie die beiden angebotenen Kreditsicherheiten anhand der folgenden Kriterien gegenüber:
  1 Bestellung
  2 Überwachung
  3 Bewertung und Wertbeständigkeit
  4 Probleme bei der Verwertung

e Begründen Sie, welche Sicherheit Sie akzeptieren würden.

f In dem Gespräch deutet Herr Hellbrinck die Absicht an, in Kürze die Produktionsstätten zu erweitern und die Investition über den aufgestockten Kontokorrentkredit zu finanzieren. Begründen Sie, warum Sie dies nicht für zweckmäßig halten und schlagen Sie Herrn Hellbrinck eine Finanzierungsalternative vor.

Fall 4 Zahlungsverkehr - Orderscheck

Am 27. Februar scheidet Ingo Petersen als Prokurist aus der *Hellbrinck AG* aus (vgl. Fall 9 Kontoeröffnung für eine AG). Die *Nordbank AG* erfährt davon nichts. Am 5. März hebt Herr Petersen 3.000,00 EUR vom Firmenkonto ab. Die *Hellbrinck AG* fordert die Rückerstattung des Betrags von der *Nordbank AG*.

a Wie ist die Rechtslage? Begründen Sie Ihre Entscheidung!

b Ein Großkunde der *Hellbrinck AG* hat vereinbarungsgemäß seine Rechnung mit dem nachfolgenden Scheck bezahlt. Karl Hellbrinck reicht diesen Scheck bei der *Nordbank AG* zur Gutschrift auf dem Firmenkonto ein. Welche Aufträge muss er der *Nordbank AG* erteilen?

  Scheckart: Orderscheck
  BIC: WELADED1REK
  Bezogene Bank: Unionbank AG in Frankfurt
  Währung: EUR
  Betrag: 6.605,00 EUR (Sechstausendsechshundertfünf)
  Empfänger: an Hellbrinck AG
  Ausstellungsort und -datum: Langen, 24. April 20..
  Verwendungszweck: keiner
  Unterschrift des Ausstellers: Ymox GmbH ppa. Kleinschmidt

c Beschreiben Sie die Arbeitsschritte der beteiligten Banken beim Scheckeinzug nach dem imagegestützten Scheckeinzugsverfahren (ISE-Verfahren).

d Die *Unionbank AG* hat den Scheck mangels Deckung nicht eingelöst. Nennen Sie vier erforderliche Tätigkeiten der *Unionbank AG*.

Fall 5 Investitionskredit mit Grundschuldbesicherung

Die Möbelfabrik *Horstmann KG* beabsichtigt die Erweiterung ihrer Verkaufsräume. Zur Finanzierung beantragt der persönlich haftende Gesellschafter Jürgen Horstmann bei der *Nordbank AG* ein langfristiges Darlehen über 600.000,00 EUR. Als Sicherheit bietet Herr Horstmann das auf seinen Namen eingetragene Grundstück Hauptstr. 23 in 23457 Lübeck an.

Sie sind Firmenkundenberater(in) der *Nordbank AG* und führen mit Herrn Horstmann das Kreditgespräch.

Herr Horstmann legt Ihnen den nachstehenden beglaubigten Handelsregisterauszug vor:

Handelsregister Abteilung A des Amtsgerichts Lübeck

Lfd. Nr.	a) Firma b) Sitz der Gesellschaft	Persönlich haftende Gesellschafter	Prokura	Rechtsverhältnisse	Tag der Eintragung
1	a) Möbel Horstmann KG b) Lübeck	Jens Horstmann, Kaufmann, Lübeck; Jürgen Horstmann, Kaufmann, Lübeck; Inge Horstmann, Lübeck	Rolf Hartenstein und Georg Wieser ist Gesamtprokura erteilt. Jeder vertritt gemeinsam mit einem persönlich haftenden Gesellschafter oder dem anderen Prokuristen	Kommanditgesellschaft, begonnen am 16. März 1995; Kommanditist: Andreas Schulz, Kaufmann, Lübeck mit Einlage von 50.000 EUR. Die Gesellschafterin Inge Horstmann ist von der Vertretung ausgeschlossen.	16. März 1995

a Prüfen Sie Art und Umfang der Haftung von Herrn Horstmann.

b Begründen Sie, warum das Grundstück Hauptstr. 23 zur Besicherung des Kredits herangezogen werden kann (§ 160 HGB).

Im aktuellen beglaubigten Grundbuchauszug des Eigentümers Jürgen Horstmann finden Sie die nachstehenden Eintragungen: Horstmann legt Ihnen den nachstehenden Grundbuchauszug vor:

I. Abteilung			
Lfd. Nr. der Eintragungen	Eigentümer	Lfd. Nr. der Grundstücke	Grundlage der Eintragung
1	Herbert Horstmann	1	Aufgelassen am 24. März und eingetragen am 12. Juni 1954
2	Jürgen Horstmann, Kaufmann in Lübeck, Gartenweg 12	1	Aufgelassen am 05. Mai und eingetragen am 04. Oktober 1978

II. Abteilung			
Lfd. Nr. der Eintragungen	Lfd. Nr. der Grundstücke	Lasten und Beschränkungen	Veränderungen
1	1	Lebenslanges unentgeltliches Wohnrecht zu Gunsten von Herbert Horstmann, eingetragen am 04. Oktober 1978 auf Grund der Bewilligung vom 05. Mai 1978	Dem Recht II/2 ist der Vorrang eingeräumt, eingetragen am 02. Mai 1982
2	1	Recht der Bundesrepublik Deutschland zur Auslegung und Unterhaltung eines Fernmeldekabels, eingetragen am 2. Mai 1982 auf Grund der Bewilligung vom 08. März 1982 mit Rang vor II/1.	

III. Abteilung				
Lfd. Nr. der Eintragungen	Lfd. Nr. der Grundstücke	EUR	Hypotheken Grundschulden Rentenschulden	Veränderungen
1	1	150.000,00	Einhundertfünfzigtausend Euro Hypothek mit 7 v.H. verzinslich für die *Bauspar AG*, Kiel. Vorbehalten bleibt der Vorrang für ein noch einzutragendes Grundpfandrecht von sechshunderttausend Euro nebst 15 v.H. Zinsen. Unter Bezug auf die Bewilligung vom 06. Mai 2001 eingetragen am 12. September 2001	

c Erklären Sie das Rangverhältnis zwischen den eingetragenen Rechten. (§ 879 BGB)

d Welche Gewähr hat die *Nordbank AG* für die Richtigkeit der Eintragungen im Grundbuch (§ 925 BGB)?

e Erläutern Sie die Bedeutung des Vermerks „aufgelassen am 05. Mai“ in der I. Abteilung des Grundbuchs.

f Herr Horstmann möchte von Ihnen wissen, ob das Grundstück Hauptstraße 23 zur Besicherung des Investitionskredits ausreicht. Ermitteln Sie die Beleihungsgrenze bei einem Beleihungssatz von 60 % des Beleihungswertes und runden Sie den Betrag auf volle 10.000 EUR ab. Gehen Sie von einem ermittelten Beleihungswert von 1.009.012,50 EUR aus.

Am 03. April 20.. erteilt die *Nordbank AG* eine Kreditzusage:

Kreditzusage (Auszug)

Kreditbetrag	600.000,00 EUR
Sollzinssatz	2,5 % p. a.
Tilgung	2 % p. a. zuzüglich der ersparten Zinsen
Auszahlung	100 %

Besicherung	Eintragung einer Buchgrundschuld über 600.000,00 EUR auf dem Grundstück in Lübeck, Hauptstr. 23 an 2. Rangstelle, verzinslich mit 15 %, bei gleichzeitiger Eintragung einer Zwangsvollstreckungsklausel

g Herr Horstmann möchte von Ihnen wissen, welche Bedeutung die Eintragung der Zwangsvollstreckungsklausel für ihn hat.

h Herr Horstmann bittet Sie, ihm einen Tilgungsplan für die ersten drei Jahre zu erstellen.

Am 05. April 20.. reicht die *Möbel Horstmann KG* eine Ausfertigung des Kreditbewilligungsschreibens rechtsgültig unterschrieben an die *Nordbank AG* zurück.

i Stellen Sie die rechtliche Bedeutung der Rückgabe dieser Ausfertigung fest.

j Erläutern Sie die Schritte, die für eine Eintragung einer Grundschuld rechtlich erforderlich sind. Gehen Sie dabei auch auf die Formvorschriften ein (vgl. § 1191 BGB).

k Wie kann die von der *Nordbank AG* gewünschte 2. Rangstelle für die einzutragende Grundschuld im Grundbuch gesichert werden?

Fall 6 Finanzierung von Gabelstaplern

Die *Supermarkt AG* hat einen Investitionskredit bei der *Nordbank AG* zur Finanzierung von zwei Gabelstaplern beantragt. Die *Nordbank AG* bietet zurzeit Investitionskredite mit den folgenden Konditionen an:

Kreditkonditionen der *Nordbank AG*

Kreditart	**Sollzinssatz**	**Tilgung**	**Laufzeit**
Investitionskredit (Tilgungsdarlehen)	8,0 % p. a.	25 % jährlich, eine Kreditrate pro Jahr	4 Jahre
Investitionskredit (Festdarlehen)	7,5 % p. a.	100 % am Ende der Laufzeit in einer Summe	10 Jahre
Kontokorrentkredit	10,5 %	unregelmäßig	bis auf Weiteres

a Welches Darlehen kommt für die Finanzierung der Gabelstapler in Frage? Begründen Sie Ihre Antwort.

Der Investitionskreditvertrag und Kreditsicherungsvertrag werden am 10.03.20.. abgeschlossen. Die Kreditsumme kann in den nächsten Tagen abgerufen werden. Am 15.03.20.. wird der Kaufvertrag über die Gabelstapler abgeschlossen, die Lieferung erfolgt am 20.03.20...

Folgender Textabschnitt ist dem Kaufvertrag entnommen:

1. Das Eigentum an der Ware geht erst mit der vollständigen Zahlung des Kaufpreises auf den Käufer über.
2. Der Rechnungsbetrag ist fällig innerhalb von 90 Tagen nach Lieferung der Ware. Bei Zahlung innerhalb von 10 Tagen gewähren wir 3 % Skonto.

b Wer ist Eigentümer der Gabelstapler
- mit Ablauf des 20.03.20..,
- nach Bezahlung der Rechnung?

Begründen Sie jeweils Ihre Auffassung.

c Berechnen Sie den Vorteil der Skontoausnutzung gegenüber der Zahlung am Ende des Zahlungszieles. Die Kreditkosten betragen 8 % p. a. (Berechnungsmethode 30/360). Die Rechnung über 36.000,00 EUR wird am letzten Tag der Skontofrist bezahlt.

Übersichten zu den Firmenkrediten

1. Allgemeines zu den Firmenkrediten

Wesen	Bei Firmenkrediten handelt es sich um Kredite an Unternehmen und Selbstständige. Mit dem Investitionskredit werden Gegenstände des Anlagevermögens finanziert. Vorstellbar sind auch langfristig geplante Finanzierungen von Vorratsinvestitionen. Die Laufzeit richtet sich bei der Anlagenfinanzierung i. d. R. nach der Abschreibungsdauer. Bei den Vorratsinvestitionen orientiert sich die Laufzeit an der Umschlagsgeschwindigkeit.
Arten	- Betriebsmittelkredit - Investitionskredit - Leasingfinanzierung
Betriebsmittelkredit	Der Betriebsmittelkredit ist in der Regel ein Kontokorrentkredit, der zur Finanzierung betrieblicher Umsatzprozesse, wie Vorratsbeschaffungen dient. Der Betriebsmittelkredit wird aus den Umsatzerlösen zurückgezahlt. Dadurch wird ebenfalls die Liquiditätslage der Unternehmung verbessert und somit ihre Dispositionsfreiheit erweitert.
Investitionskredit	Ist ein langfristiges Darlehen zur Finanzierung der Produktion.
Leasing	Es ist die Vermietung oder Verpachtung von beweglichen und unbeweglichen Gütern durch Leasinggesellschaften oder durch die Hersteller der Güter.
Kreditüberwachung	Sie dient zur Früherkennung von Kreditrisiken. Damit soll das Kreditinstitut in die Lage versetzt werden, möglichst früh Gegenmaßnahmen einzuleiten. - Kreditsicherheiten sind Vermögensgegenstände in Form von Sachen oder Rechten, durch deren Verwertung sich der Gläubiger gegen das Ausfallrisiko eines Kredites absichern will. - Bei der Bilanzanalyse handelt es sich um die Auswertung und Untersuchung einzelner Positionen des Vermögens und des Kapitals sowie die Ermittlung von Kennzahlen. I. d. R. wird auch die Analyse der Gewinn- und Verlustrechnung unter diesem Begriff verstanden. - Das Rating ist ein wesentliches Element zur Beurteilung der Bonität einer Unternehmung. Daneben spielen die nachhaltige Kapitaldienstfähigkeit, Sicherheiten, Kreditvolumen, Laufzeit, Verwendungszweck und die bisher mit der Unternehmung gemachten Erfahrungen eine wesentliche Rolle. Das Rating kann allerdings nicht alle in der Realität möglichen bonitätsrelevanten Risiken berücksichtigen. - Der Kapitaldienst besteht in der Zahlung der Tilgungsraten und der Zinsen. Ist das Unternehmen in der Lage, den Kapitaldienst auf Dauer zu leisten, spricht man von der Kapitaldienstfähigkeit eines Unternehmens.

2. Kreditfähigkeit und Kreditwürdigkeit

Die Kreditfähigkeit ist die Fähigkeit, rechtswirksam eine Kreditverpflichtung einzugehen. Sie ist gegeben, wenn der Kreditnehmer volljährig und somit voll geschäftsfähig ist. Minderjährige Personen (also beschränkt geschäftsfähige und geschäftsunfähige Personen) bedürfen zur Übernahme einer Kreditverpflichtung der Zustimmung der gesetzlichen Vertreter und des Familien- oder Betreuungsgerichts.
Güterstand: Für die Bestellung von Kreditsicherheiten und für eine Pfändung von Vermögenswerten bei Nichterfüllung des Kreditvertrages ist bei Eheleuten der Güterstand von Bedeutung:

- Zugewinngemeinschaft: Die Zustimmung des Ehepartners ist nicht erforderlich. Ausnahme: Verfügungen über das Vermögen im Ganzen;
- Gütergemeinschaft: Zustimmung des Ehepartners ist erforderlich;
- Gütertrennung: Zustimmung des Ehepartners ist nicht erforderlich;

Um Risiken zu umgehen, wird i.d.R. der Ehepartner im Kreditvertrag als Mitantragsteller mitverpflichtet. Antragsteller und Mitantragsteller haften dann als Gesamtschuldner.

Eingetragene Unternehmen können über ihre handelnden Personen, z. B. Geschäftsführung, Vorstand, Prokuristen, Kreditverpflichtungen übernehmen.	
Unterlagen zur Feststellung der Kreditfähigkeit	- Natürliche Personen: Gültiger Lichtbildausweis - Unternehmen: Beglaubigter Handels- bzw. Genossenschaftsregisterauszug - Eingetragener Verein: Beglaubigter Auszug aus dem Vereinsregister - Partnerschaft: Beglaubigter Auszug aus dem Partnerschaftsregister Vertretungsbefugnisse/Prüfungsunterlagen: Beglaubigter Registerauszug bzw. Kontounterlagen ggf. Vollmachtsurkunden, amtliche Lichtbildausweise der Vertretungsberechtigten
Kreditwürdigkeit	Wichtigste Voraussetzung für die Gewährung eines Kredites ist die persönliche und materielle Kreditwürdigkeit des Kunden. Sie erfolgt in zwei Schritten: - Prüfung der persönlichen Kreditwürdigkeit - Prüfung der materiellen Kreditwürdigkeit
Persönliche Kreditwürdigkeit	Die persönliche Kreditwürdigkeit des Kunden ist gegeben, wenn dieser persönliche Eigenschaften besitzt (z. B. Zuverlässigkeit, einwandfreier Ruf), die darauf schließen lassen, dass er den Willen zur Kreditrückzahlung hat. Unterlagen zur Prüfung der persönlichen Kreditwürdigkeit: - Schufa-Auskunft: Sie gibt Positiv- und Negativmerkmale zu dem Antragsteller wieder, z. B. Abwicklung früherer Kreditaufnahmen. - Bankauskunft: Sie gibt Auskunft über das Verhalten des Kunden im Zusammenhang mit Bankgeschäften in der Vergangenheit. Auskünfte der Kontoführung, sofern der Kreditnehmer bereits Kunde des Kreditinstituts ist, insbesondere die Überprüfung und Abwicklung früherer Kredite. Persönliche Verhältnisse: Familienstand, Kinderzahl, berufliche Stellung, Dauer des Arbeitsverhältnisses, ordnungsgemäße Erfüllung bisheriger Verpflichtungen / Unterlagen: Selbstauskunft, Kontounterlagen, SCHUFA-Auskunft, Arbeitsverträge, ggf. Bankauskünfte.
Kreditrating	Unter Kreditrating versteht man die Beurteilung von Kreditrisiken bei einem Unternehmen nach einem standardisierten Verfahren. Jede Bank muss aussagekräftige Risikoklassifizierungsverahren für die erstmalige bzw. turnusmäßige Beurteilung des personenbezogenen Ausfallrisikos sowie des Objekt- Projektrisikos einrichten. Es sind Kriterien festzulegen, die im Rahmen der Beurteilung eine nachvollziehbare Zuweisung in eine Risikoklasse gewährleisten. Es sind qualitative und quantitative Kriterien zu berücksichtigen. Indikatoren für das Kreditausfallrisiko sind z. B. Branche, Länderzugehörigkeit, Ertragskraft. Beurteilt werden folgende Merkmale: - Finanzierungsanlass (Investitionsarten: Ersatz-, Erweiterungs-, Rationalisierungsinvestitionen/Unterlagen: Investitionsrechnungen, Finanzplan, Kapitalflussrechnungen, Umsatzplanzahlen) - Wirtschaftliche Verhältnisse: Jahresabschlussanalyse, Vermögensverhältnisse/Unterlagen: Jahresabschlüsse der letzten drei Jahre, Bilanzen und GuV-Rechnungen, Kontounterlagen und Branchenzahlen - Weitere Unternehmensdaten: Auftragsbestand, Steuerbescheide, Auskünfte Ziel des Rating ist es, den Kreditnehmer einer bestimmten Ratingstufe zuzuordnen, für die jeweils bestimmte Ausfallwahrscheinlichkeiten gelten.
Materielle Kreditwürdigkeit	Der Kunde sollte vor allem in der Lage sein, seine finanziellen Möglichkeiten selbst realistisch einzuschätzen und genau zu prüfen, ob er die finanziellen Verpflichtungen, die er mit einem Kreditvertrag eingeht, erfüllen kann. Die materielle Kreditwürdigkeit des Kunden ist gegeben, wenn dessen Einkommens- und Vermögensverhältnisse zeigen, dass er in der Lage ist, den Kredit vertragsgemäß

	zurückzuzahlen. Unterlagen zur Prüfung der materiellen Kreditwürdigkeit: - Einkommensnachweise: Kreditinstitute verlangen Lohn- und Gehaltsnachweise der letzten 3 Monate. Sie bringen den Nachweis über die Höhe des Nettoeinkommens. - Steuerbescheide: Sie informieren über die gesamten Einkommensverhältnisse des letzten Jahres. - Selbstauskunft des Kunden: Sie gibt Einblick in die Vermögenssituation, weitere Einnahmen und die finanzielle Belastungen des Kreditnehmers. Bankauskünfte und Auskünfte der Kontoführung, sofern er bereits Kunde des Kreditinstituts ist, z. B. Umsatzentwicklung - Arbeitsverträge: Sie zeigen an, ob es sich um befristete oder unbefristete Arbeitsverträge handelt. - Grundbuchauszüge: Sie informieren über die Eigentumsverhältnisse am Grundstück und über Belastungen des Grundstücks.

Fall 7 Sicherungsübereignung des Fuhrparks

Die *Finnberg & Co., Alarm- und Sicherheitstechnik OHG* beabsichtigt, ihren Fuhrpark zu erneuern. Zu diesem Zweck sollen drei neue Pkw im Gesamtwert von 100.000,00 EUR angeschafft werden. Da die alten Pkw in Zahlung genommen werden und die *Finnberg & Co. OHG* mit dem Händler günstige Konditionen ausgehandelt hat, rechnet die Geschäftsführung mit einer Investitionssumme in Höhe von 60.000,00 EUR. Die *Finnberg & Co. OHG* unterhält bei der *Nordbank AG* in Hamburg seit Firmengründung vor 10 Jahren ein Geschäftskonto. Ein Kontokorrentkredit in Höhe von 100.000,00 EUR ist eingeräumt, der allerdings zurzeit zu 95 % ausgenutzt wird. Wegen der Finanzierung der Pkw beantragt der Prokurist der *Finnberg & Co. OHG,* Herr Volker Harms, ein Investitionsdarlehen in Höhe von 60.000,00 EUR. Als Sicherheit bietet er die Pkw an. Für die Bonitätsprüfung reicht Herr Harms die notwendigen Unterlagen seiner Kreditsachbearbeiterin Frau Ingrid Tüxen ein.

Neben ihrer Tätigkeit als Kreditsachbearbeiterin ist Frau Tüxen auch für die Auszubildenden in der Kreditabteilung der *Nordbank AG* zuständig. Zurzeit ist der Auszubildende Hartmut Fresenborg in der Kreditabteilung. In einem bankinternen Seminar hat er bereits Kenntnisse über Kreditsicherheiten erworben, die er jetzt in der praktischen Ausbildung in der *Nordbank AG* anwenden möchte.

Nachdem Frau Tüxen die von Herrn Harms eingereichten Kreditunterlagen geprüft hat und die für die Kreditwürdigkeitsprüfung erforderlichen Auskünfte über die *Finnberg & Co. OHG* eingeholt hat, bittet Frau Tüxen Herrn Harms, zu einem abschließenden Kreditgespräch in die *Nordbank AG* zu kommen. Ein Termin wird für den nächsten Tag vereinbart.

An dem Beratungsgespräch nimmt auch der Auszubildende Herr Fresenborg teil. Herr Harms ist mit der Anwesenheit von Herrn Fresenborg an dem Kreditgespräch einverstanden. Das Kreditgespräch wird mit der Zustimmung von Herrn Harms elektronisch aufgezeichnet. Frau Tüxen teilt Herrn Harms mit, dass die *Nordbank AG* bereit ist, das Investitionsdarlehen in der gewünschten Höhe zu gewähren. Allerdings verlangt die *Nordbank AG* als Sicherheit die Übereignung der erworbenen Pkw.

a Erklären Sie, warum eine Verpfändung der Pkw sowohl für die *Finnberg & Co. OHG* als auch für die *Nordbank AG* ungeeignet ist!

b Erläutern Sie die Rechtskonstruktion des Besitzkonstituts, das die *Nordbank AG* mit der *Finnberg & Co. OHG* vereinbart! Klären Sie in diesem Zusammenhang am Beispiel einer Kfz-Übereignung die Eigentums- und Besitzverhältnisse (§ 930 BGB)
   1 vor dem Abschluss des Sicherungsvertrages und
   2 nach dem Abschluss des Sicherungsvertrages!

c Im Sicherungsvertrag der *Nordbank AG* werden von Herrn Harms detaillierte Angaben über die Pkws verlangt. Warum ist eine Beschreibung der Pkw im Sicherungsvertrag erforderlich?

d Um auch während der Kreditlaufzeit jederzeit ausreichend gesichert zu sein, muss die *Nordbank AG* mit Herrn Harms zusätzliche vertragliche Regelungen vereinbaren.
   1 Frau Tüxen fordert Herrn Fresenborg auf, die Risiken einer Fahrzeugübereignung zusammenzustellen. Stellen Sie vier Risiken in einer Liste zusammen.
   2 Mit welchen Vertragsklauseln können diese Risiken in den Sicherungsverträgen eingegrenzt werden?

e Der Kfz-Übereignungsvertrag wird mit der *Finnberg & Co. OHG* abgeschlossen und Herr Harms übergibt vereinbarungsgemäß nach Bezahlung der Fahrzeuge die Zulassungsbescheinigung Teil II (ehemals Fahrzeugbrief). Bei der Nachbereitung des Kreditfalls fordert Frau Tüxen Herrn Fresenborg auf, einmal festzustellen, wie die *Nordbank AG* die Fahrzeuge bei einem Kreditausfall verwerten könnte. Wie können die Fahrzeuge bei einem Kreditausfall verwertet werden?.

f Die *Finnberg & Co. OHG* hat das Darlehen ordnungsgemäß getilgt und bittet die *Nordbank AG* um Freigabe der sicherungsübereigneten Pkw. Beschreiben Sie, wie die Freigabe erfolgen könnte.

Fall 8 Abtretung von Forderungen aus Warenlieferungen und –leistungen

Die Larsson & Zöbisch KG ist Firmenkundin der *Nordbank AG* in Hamburg. Die Firma bietet ihren Kunden Dachdecker- Klempner- und Sanitärarbeiten an. Die KG erhält sowohl von Privatkunden als auch von Firmenkunden Aufträge im größeren Umfang. Da sich die Umsatzentwicklung bei der Larsson & Zöbisch KG in den letzten Monaten aufgrund des niedrigen Zinsniveaus stark erhöht hat, bittet der für Finanzen zuständige Prokurist der KG, Herr Jürgen Eichhorn die *Nordbank AG* um ein Beratungsgespräch. Herr Eichhorn möchte den derzeitig von der KG genutzten Kontokorrentkredit von 50.000,00 EUR auf 150.000,00 EUR erhöhen.

a Erläutern Sie anhand von 2 Aspekten, warum es für die KG sinnvoll ist, eine Erhöhung der Kontokorrentkreditlinie zu beantragen.

Die *Nordbank AG* ist nach der Überprüfung der Geschäftsunterlagen von Herrn Eichhorn mit der Erhöhung des Kontokorrentkredits einverstanden und teilt Herrn Eichhorn mit, dass eine Erhöhung der Kreditlinie gegen die Stellung von Sicherheiten möglich ist.

b Erläutern Sie Herrn Eichhorn, warum die *Nordbank AG* die Stellung von Sicherheiten verlangt!

Die *Nordbank AG* schlägt als Sicherheit eine Globalzession des Forderungsbestandes der Larsson & Zöbisch KG vor.

c Erläutern Sie Herrn Eichhorn diese Sicherheit anhand von 3 Aspekten!

Die *Nordbank AG* informiert Herrn Eichhorn, dass es sich bei der Globalzession um eine stille Abtretung handeln wird.

d Welche Bedeutung hat die stille Abtretung für die Drittschuldner der KG?

e Welche Vereinbarungen muss die *Nordbank AG* mit der Larsson & Zöbisch KG im Zessionsvertrag treffen, damit sie die Sicherheit gegebenenfalls verwerten kann!

Aufgrund der Vereinbarungen im Sicherungsvertrag muss die Larsson & Zöbisch KG der *Nordbank AG* regelmäßig die Jahresabschlüsse einreichen und vierteljährlich die Debitorenlisten vorlegen.

f Begründen Sie anhand von jeweils zwei Aspekten, warum sich die *Nordbank AG* Jahresabschlüsse und Debitorenlisten einreichen lässt!

Fall 9 Übernahme einer Bürgschaft oder die Verpfändung eines Wertpapierdepots

Die Firma *Olaf Mayer GmbH* ist ein Unternehmen, das sicherheitstechnische Produkte wie Alarmanlagen und Dienstleistungen für den Gebäudeschutz anbietet. Auf Grund einer verstärkten Nachfrage nach Alarmanlagen für den privaten Gebäudeschutz bittet der geschäftsführende Alleingesellschafter der *Olaf Mayer GmbH,* Frank Heinemann, die *Nordbank AG* um die Erhöhung seines Kontokorrentkredits von derzeit 500.000,00 EUR auf 1 Million EUR. Zur Sicherung der Erhöhung der Kreditlinie möchte Herr Heinemann mit einem zeitlich unbegrenzten Höchstbetrag von 500.000,00 EUR selbst bürgen. Das Stammkapital der *Olaf Mayer GmbH* beträgt 50.000,00 EUR. Zur Sicherung des alten Kontokorrentkredits wurde das firmeneigene bebaute Grundstück bis zu 60 % des Beleihungswerts belastet. Die Führung des Geschäftskontos und seines Privatkontos wird von der *Nordbank AG* als zuverlässig eingeschätzt. Herr Heinemann unterhält bei der *Nordbank AG* ein Girosammeldepot mit den nachstehenden Wertpapieren:

	Standardaktien	**Festverzinsliche Wertpapiere**
Kurswert	400.000,00 EUR	
Nennwert insgesamt		500.000,00 EUR
davon		
300.000,00 EUR Nennwert (Kurswert zurzeit höher als Nennwert)		320.000,00 EUR (Kurswert)
200.000,00 EUR Nennwert (Kurswert liegt unter dem Nennwert)		180.000,00 EUR (Kurswert)

Herr Heinemann ist verheiratet und hat zwei volljährige Kinder. Beide Kinder studieren. Die Eltern bewohnen ein Eigenheim in einer guten Hamburger Wohngegend, derzeitiger Verkehrswert des Objektes eine Million EUR. Frau Heinemann ist als Eigentümerin im Grundbuch eingetragen. Beide Ehepartner unterhalten bei der *Nordbank AG* ein Gemeinschaftskonto. Herr Heinemann unterhält bei der *Nordbank AG* noch ein Girosammeldepot mit nationalen und internationalen Aktien und festverzinslichen Wertpapieren im Gesamtkurswert von etwa 800.000,00 EUR. Frau Heinemann ist nicht berufstätig. Dem Ehepaar Heinemann steht ein durchschnittliches monatliches Nettoeinkommen von ca. 12.000,00 EUR zur Verfügung. Sie haben durchschnittliche monatliche Ausgaben in Höhe von ca. 8.000,00 EUR.

a Warum verlangt die *Nordbank AG* von ihren Bürgen stets eine selbstschuldnerische Bürgschaft?

b Wie beurteilen Sie die Bonität von Herrn Heinemann als Bürgen?

c Prüfen Sie, ob eine Übernahme dieser Bürgschaft der Schufa übermittelt werden würde!

d Ermitteln Sie den Beleihungswert des angebotenen Wertpapierdepots.

Beleihungssätze der *Nordbank AG*	
Standardaktien:	Festverzinsliche Wertpapiere:
60 % des Kurswertes	80 % des Nennwertes (Liegt der Kurswert unterhalb des Nennwertes, dann ist der Kurswert die Bemessungsgröße für die Ermittlung des Beleihungswertes.)

e Begründen Sie, für welche Sicherheit sich die *Nordbank AG* entscheiden sollte. Vergleichen Sie in diesem Zusammenhang beide Sicherheiten im Hinblick auf
1 das Zustandekommen des Sicherungsvertrages,
2 die Kosten der Bestellung und Überwachung der Sicherheiten,
3 die Wertbeständigkeit der Sicherheiten,
4 das Verfahren bei der Verwertung der Sicherheiten!

f In der Verpfändungserklärung der *Nordbank AG* finden Sie den folgenden Hinweis:

4. Sicherungszweck

(1) Die Verpfändung erfolgt zur Sicherung aller bestehenden, künftigen und bedingten Ansprüche, die der *Nordbank AG* mit ihren sämtlichen in- und ausländischen Geschäftsstellen aus der bankmäßigen Geschäftsverbindung gegen den Verpfänder, der zugleich Kreditnehmer ist, ... zustehen."

Erklären Sie die Notwendigkeit dieser Klausel im Hinblick auf die Besicherung des beantragten Kontokorrentkredits.

g Im Wertpapierdepot von Herrn Heinemann befinden sich u. a. auch 3 %ige Bundesanleihen mit ganzjährigen Zinsterminen und Aktien der *Allianz AG*, die in Kürze ihre Hauptversammlung abhält.
1 Prüfen Sie, ob die Zinsen der Bundesanleihen abgeltungssteuerfrei ausgezahlt werden können, wenn der *Nordbank AG* zu diesem Zeitpunkt ein Freistellungsauftrag vorliegt und der Freibetrag noch nicht ausgeschöpft wurde!
2 Wem stehen die Zinsen gemäß Pfandvertrag zu?
3 Stellen Sie fest, wem das Stimmrecht in der Hauptversammlung der *Allianz AG* nach der Verpfändung der Wertpapiere zusteht.

Übersichten zu den Sicherheiten im Firmenkreditgeschäft

1. Sicherungsübereignung

Wesen	Zur Sicherung eines Kredits kann eine bewegliche Sache an das Kreditinstitut sicherungsübereignet werden.
Rechtskonstruktion	Nach § 930 BGB Einigung zwischen dem Sicherungsgeber und dem Sicherungsnehmer + Einräumung eines Besitzmittlungsverhältnisses (Besitzkonstitut)
Wirkung des Besitzkonstituts	Der Sicherungsgeber leiht die übereignete Sache vom Sicherungsnehmer. Der Sicherungsgeber verwahrt die übereignete Sache für die Bank.
Beispiele für Sicherungsübereignungen	- Kraftfahrzeuge - Maschinen - Warenlager
Risiken der Sicherungsübereignung	- Preisrückgang und Verwertungsschwierigkeiten - Sicherungsgut wurde mehrfach sicherungsübereignet. - Lieferung des Sicherungsgutes unter Eigentumsvorbehalt

	- Sicherungsgut haftet als wesentlicher Bestandteil oder Zubehör im Rahmen eines Grundpfandrechts. - Vermieterpfandrecht - Sicherungsgut geht durch Verarbeitung oder Veräußerung verloren - Diebstahl oder Beschädigung des Sichergutes - gutgläubiger Erwerb des Sicherungsgutes durch Dritte

Sicherungsübereignungsverträge

Arten von Sicherungsübereignungen	**Vertragsschluss**	**Besonderheiten**
Sicherungsübereignung von Kraftfahrzeugen	Einigung + Besitzkonstitut	Aus Sicherheitsgründen wird dem Sicherungsnehmer die Zulassungsbescheinigung II (vormals Kraftfahrzeugbrief) übergeben, um einen gutgläubigen Erwerb des Kfz durch Dritte zu verhindern. Für die Eigentumsübertragung ist die Übergabe der Zulassungsbescheinigung II nicht erforderlich.
Sicherungsübereignung einer Maschine	Einigung + Besitzkonstitut (Markierungsvertrag)	Individualisierung durch Markierungsvertrag (Typenbezeichnung, Fabrikationsnummer, Hersteller); Standortbestimmung durch Lageplanerstellung; Versicherungsabschlüsse, z. B. gegen Diebstahl oder Beschädigungen, Abtretung der Versicherungsansprüche und Überprüfung der Prämienzahlungen.
Sicherungsübereignung eines Warenlagers mit einem festen Bestand	Einigung + Besitzkonstitut (Raumsicherungsvertrag)	Raumsicherungsvertrag beschreibt: Räumliche Bestimmung des Warenlagers; Beschreibung der Ware im Sicherungsvertrag; Lagerskizze; Versicherung gegen Diebstahl und Beschädigung abschließen; Versicherungsansprüche abtreten lassen und Prämienzahlungen überwachen.
Sicherungsübereignung eines Warenlagers mit wechselndem Bestand	Einigung + Besitzkonstitut (Raumsicherungsvertrag) Sicherungsgeber darf Ware im Auftrag des Sicherungsnehmers verarbeiten.	Im Raumsicherungsvertrag wird geregelt: - Lagerauffüllungen, wenn erforderlich; - monatliche Bestandsmeldungen; - Einhaltung eines Mindestdeckungsbestandes; - Lagerführung wird von der Bank überwacht.

2. Globalzession

Wesen	Eine Forderung kann zur Sicherung eines Darlehens an die Bank abgetreten werden. Der Kreditnehmer (Zedent) tritt alle gegenwärtigen und zukünftigen Forderungen gegen bestimmte Kunden des Darlehensnehmers (Drittschuldner) ab. Die gegenwärtigen Forderungen gehen mit Zessionsvertragsabschluss auf die Bank über. Die zukünftigen Forderungen gehen bereits im Zeitpunkt ihrer Entstehung auf die Bank über.
Arten	- Offene Zession: Drittschuldner wird von der Abtretung benachrichtigt. - Stille Zession: Drittschuldner wird von der Abtretung nicht benachrichtigt; die Bank lässt sich allerdings Blankobenachrichtigungsschreiben übergeben, um ggf. den Drittschuldner von der Zession zu informieren.
Ausgestaltung und gesetzliche Grundlage	- Gesetzliche Grundlage ist § 398 BGB. - Die Forderungen müssen im Sicherungsvertrag hinreichend individualisiert sein, z. B. Forderungen von Kunden aus Hamburg von A bis M. - Folgende Vereinbarungen müssen im Sicherungsvertrag getroffen werden: Sicherungszweck, Deckungsgrenze, Freigabeklausel. - Der Kreditnehmer bleibt wirtschaftlicher Gläubiger. Die Bank wird rechtlicher, fiduziarischer Gläubiger und erwirbt ein bedingtes Verwertungsrecht. - Nach außen ist die Bank Dritten gegenüber uneingeschränkte Gläubigerin. - Im Innenverhältnis darf die Bank von ihrem Gläubigerrecht nur im Rahmen des Sicherungszwecks Gebrauch machen. - Die Sicherungsabtretung wird in der Bankpraxis als stille Zession vereinbart.
Risiken für die Bank	- Die Forderung wurde bereits im Rahmen eines verlängerten Eigentumsvorbehalts abgetreten. - Die abgetretene Forderung besteht nicht mehr bzw. nicht mehr in der angegebenen Höhe. - Der Kreditnehmer leitet die eingehenden Zahlungen der Drittschuldner nicht an die Bank weiter. - Die Drittschuldner zahlen nicht mehr. - Die Forderung wurde bereits an einen anderen Gläubiger abgetreten. - Die Abtretung der Forderung wurde vertraglich ausgeschlossen. - Der Drittschuldner kann alle Einreden auch gegen die Bank, z. B. Gewährleistungsansprüche, geltend machen.

3. Selbstschuldnerische Bürgschaft

Rechtsgrundlage und Rechtsverhältnisse	Der Bürge der selbstschuldnerischen Bürgschaft wird bei Zahlungsverzug des Schuldners laut Vertrag so behandelt, als sei er selbst Schuldner. Die selbstschuldnerische Bürgschaft wird durch einen einseitig verpflichtenden Vertrag geschlossen. Der Bürge besiegelt durch seine Unterschrift, dass er dem Gläubiger eines Dritten (des so genannten Hauptschuldners) für die Erfüllung der Verbindlichkeiten des Dritten zur Verfügung steht. Durch diesen Vertrag sichert sich der Gläubiger gegen eine mögliche Zahlungsunfähigkeit seines Schuldners ab. Das übliche Dreiecksverhältnis bei selbstschuldnerischer Bürgschaft besteht aus einem Darlehensnehmer, der die Rolle des Hauptschuldners einnimmt, einer Bank, die das Darlehen gewährt und dem selbstschuldnerischen Bürgen, der für Fehler in der Darlehensrückführung mit seinem privaten Vermögen gerade steht.

Gewöhnliche (BGB-) Bürgschaft und selbstschuldnerische Bürgschaft	Bei der gewöhnlichen Bürgschaft kann der Bürge die Zahlung verweigern, bis alle Mittel ausgeschöpft sind, das bewegliche Vermögen des Hauptschuldners ganz oder teilweise heranzuziehen. Erst dann darf der Bürge verpflichtet werden. Die selbstschuldnerische Bürgschaft ist strenger als die BGB-Bürgschaft. Bei der selbstschuldnerischen Bürgschaft darf sofort auf den Bürgen zugegangen werden. Das ist möglich, weil der Bürge auf die Einrede der Vorausklage verzichtet hat. Die Zwangsvollstreckung gegen den Hauptschuldner ist sofort möglich. Der Bürge haftet genauso wie der Hauptschuldner.
Arten	- Die Höchstbetragbürgschaft begrenzt die Haftung auf einen gewissen Höchstbetrag. - Bei der Zeitbürgschaft wird die Haftung nur für einen bestimmten Zeitabschnitt übernommen. - Bei der selbstschuldnerischen Bürgschaft kann darüber hinaus auch eine Mitbürgschaft eingetragen werden, bei der sämtliche Bürgen als Gesamtschuldner haften. - Bei der Teilbürgschaft haften mehrere Bürgen für bestimmte Teile der Gesamtschuld. Der einzelne Bürge kann hierbei nur für den von ihm verbürgten Betrag in Anspruch genommen werden.
Inhalt der selbstschuldnerischen Bürgschaft	- Bezeichnung des Bürgen und des Bürgschaftsgläubiger - Der Gegenstand der Bürgschaft wird benannt, also die Ansprüche, die der Bürgschaftsgläubiger gesichert wissen will. - Verzicht des Bürgen auf die Einrede der Vorausklage (§ 773 BGB) - Verzicht des Bürgen auf die Einrede der Anfechtbarkeit und der Aufrechenbarkeit (§ 770 BGB) - Höchstbetrag der Bürgschaft - zeitliche Begrenzung

4. Pfandrecht

Wesen	Das Pfandrecht ist ein zur Sicherung einer Forderung bestimmtes dingliches Recht an fremden Sachen oder Rechten, das den Gläubiger berechtigt, sich durch Verwertung des verpfändeten Gegenstandes zu befriedigen. Das Pfandrecht ist akzessorisch, d. h. vom Bestehen einer Forderung abhängig.
Haftung des Pfandrechts	Das Pfandrecht haftet für den jeweiligen Forderungsbestand und für Zinsen. Wurde eine Sache mehrfach verpfändet, so gilt das Prioritätsprinzip.
Arten	Man unterscheidet: - Pfandrecht an beweglichen Sachen (§§ 1204 ff. BGB) - Pfandrecht an Rechten (§§ 1273 ff. BGB): Pfandrecht an Wertpapieren (§ 1293 BGB) und Geldforderungen (§§ 1280 ff. BGB) - Grundpfandrechte: Hypothek (§§ 1113 ff. BGB) und Grundschuld (§§ 1191 ff. BGB)

Bestellung und Erwerb von Pfandrechten

Pfandrechte	Bestellung des Pfandrechts	Erwerb des Pfandrechts
Pfandrecht an beweglichen Sachen	Einigung über die Entstehung des Pfandrechts + Übergabe der Sache. Der Verpfänder bleibt Eigentümer, der Pfandgläubiger wird unmittelbarer Besitzer der Sache.	z. B. Auszahlung des Darlehens
Pfandrecht an Wertpapieren (entspricht einer Verpfändung an beweglichen Sachen)	Einigung über die Entstehung des Pfandrechts + Übergabe der Sache. Der Verpfänder bleibt Eigentümer, der Pfandgläubiger wird unmittelbarer Besitzer der Sache.	z. B. Auszahlung des Darlehens
Pfandrecht an Forderungen, z. B. Sparguthaben	Einigung über die Entstehung des Pfandrechts + Anzeige an den Drittschuldner, z. B. Kreditinstitut. Der Verpfänder bleibt Gläubiger, der Pfandgläubiger hat ein Verwertungsrecht, z. B. Einzug des Sparguthabens.	z. B. Auszahlung eines Darlehensbetrages
Hypothek	Einigung über die Entstehung des Pfandrechts + Eintragung im Grundbuch. Der Verpfänder bleibt Eigentümer des Grundstücks, der Pfandgläubiger hat ein dingliches Verwertungsrecht.	mit Auszahlung des Darlehensbetrages
Grundschuld	Einigung über die Entstehung des Pfandrechts + Eintragung im Grundbuch. Der Verpfänder bleibt Eigentümer des Grundstücks, der Pfandgläubiger hat ein dingliches Verwertungsrecht.	mit Eintragung im Grundbuch

Praxisübliche Verpfändungen

Verpfändungsbeispiele	**Pfandrechtsbestellung**	**Besonderheiten bei der Verpfändung**
Verpfändung von Aktien, die vom Eigentümer selbst verwahrt werden.	Einigung + Übergabe der Aktien	Verpfänder bleibt Eigentümer, Pfandgläubiger wird unmittelbarer Besitzer der Aktien.
Verpfändung von Goldbarren, die im Schließfach der Bank verwahrt werden.	Einigung + Einräumung des Mitbesitzes durch Mitverschluss. Die Übergabe entfällt, da Bank bereits unmittelbare Besitzerin der Sache ist.	Verpfänder bleibt Eigentümer, die Bank wird unmittelbare Besitzerin durch Mitverschluss.
Verpfändung der Ware im Lager des Eigentümers, die nicht in den Alleinbesitz des Gläubigers übergehen soll.	Einigung + Einräumung des Mitbesitzes durch Mitverschluss	Die Einräumung des Mitbesitzes ersetzt die Übergabe. Der Pfandgläubiger wird unmittelbarer Besitzer, d. h. er erlangt gemeinschaftlichen Besitz mit dem Eigentümer.
Ware, die in einem Lagerhaus gelagert ist.	Einigung + Übertragung des mittelbaren Besitzes durch Abtretung des Herausgabeanspruchs + Anzeige der Verpfändung an den unmittelbaren Besitzer.	Die Übertragung des mittelbaren Besitzes und die Anzeige an den unmittelbaren Besitzer ersetzen die Übergabe.

Verpfändung von Wertpapieren, die im Depot der Bank verwahrt werden.	Einigung über die Entstehung des Pfandrechts reicht aus.	Die Übergabe der Wertpapiere entfällt, da sie bereits im Depot der Bank verwahrt werden. Die Bank wird unmittelbare Besitzerin der Wertpapiere.
Verpfändung eines Sparguthabens, das bei einer fremden Bank unterhalten wird.	Einigung + Pfandanzeige an die fremde Bank	Aus Sicherheitsgründen wird das Sparbuch an den Pfandgläubiger übergeben.

2.2.2 Baufinanzierung

Fall 1 Finanzierung eines Eigenheims

Die Eheleute Martina und Helge Solthau beabsichtigen den Kauf eines etwa zehn Jahre alten Einzelhauses im Wert von 300.000,00 EUR. Wegen der Finanzierung des Eigenheims führen Sie als Kreditsachbearbeiter(in) der *Nordbank AG* mit dem Ehepaar Solthau ein Beratungsgespräch. Für Hypothekardarlehen mit einer 10-jährigen Zinsfestschreibung wirbt die *Nordbank AG* zurzeit mit einem Sollzinssatz von 2,5 % p. a.

Als Grundlage des Beratungsgesprächs gibt das Ehepaar folgende Informationen:

Gesamtkosten einschließlich Maklergebühren 330.000,00 EUR. Bei der *Nordbank AG* sind ein Sparguthaben in Höhe von 35.000,00 EUR und ein Termingeld in Höhe von 70.000,00 EUR vorhanden. Im Wertpapierdepot der Eheleute werden zurzeit Bundesanleihen im Gesamtwert von 5.112,92 EUR verwahrt. Außerdem können sie über zwei zuteilungsreife Bausparverträge bei der *Bauspar AG* in Höhe von 100.000,00 EUR (A) und 50.000,00 EUR (B) verfügen, die zu 50 Prozent eingezahlt sind.

Das Einzelhaus hat mitsamt Garage einen umbauten Raum von 810 m^3. Als Preis für den umbauten Raum werden 180,00 EUR pro m^3 angesetzt. Nach den Beleihungsgrundsätzen der *Nordbank AG* sind die Baukosten um einen Abschlag in Höhe von 25 Prozent zu vermindern. Das Grundstück ist 500 qm groß. Der Quadratmeterpreis wird mit 150,00 EUR angesetzt. Die *Nordbank AG* ist bereit, ein Hypothekardarlehen in Höhe von 60 Prozent des Beleihungswerts zu gewähren.

a Da die Eheleute Solthau noch keine Erfahrungen mit Grundstückskäufen besitzen, möchten sie zunächst von Ihnen wissen, wo sie sich detailliert über die Rechtsverhältnisse an dem Grundstück informieren können.

b Erklären Sie dem Ehepaar, welche Rechtshandlungen zur Eigentumsübertragung erforderlich sind.

c Ermitteln Sie die Höhe des Hypothekardarlehens für das Ehepaar Solthau, das die *Nordbank AG* gewähren muss, um die Finanzierung des Objektes zu gewährleisten!

d Welche Unterlagen benötigen Sie für die Kreditentscheidung und für die Ermittlung des Beleihungswerts?

e Prüfen Sie, ob das von dem Ehepaar Solthau beantragte Hypothekardarlehen in voller Höhe gewährt werden kann! Die *Nordbank AG* legt in ihren Beleihungsgrundsätzen bei Immobilienkäufen von Privatpersonen den Sachwert als Beleihungswert zu Grunde. Die Beleihungsgrenze beträgt 60 % des Beleihungswertes. Die Beleihungsgrenze ist auf volle 1.000,00 EUR abzurunden.

f Die *Bauspar AG* verlangt vom Ehepaar Solthau eine zweitrangige Besicherung der beiden Bauspardarlehen. Stellen Sie fest, ob die Bauspardarlehen im Grundbuch ausreichend besichert werden können! Gehen Sie dabei von einer Beleihungsgrenze von 80 % für nachrangig eingetragene Grundschulden aus!

g Welche Voraussetzungen muss das Ehepaar Solthau für die Zuteilung seiner Bauspardarlehen erfüllen?

h Das Ehepaar Solthau möchte von Ihnen die monatlichen Tilgungsraten für das Hypothekardarlehen wissen. Erstellen Sie für das Hypothekardarlehen einen Tilgungsplan für die ersten drei Monate! Verwenden Sie dabei die nachstehenden Kreditkonditionen:
Konditionen für Annuitätendarlehen mit zehnjähriger Zinsbindung:
Sollzinssatz: 2,5 % p. a.
Tilgung: 2 % p. a.
Auszahlungsbetrag: 100 %
Zins- und Tilgungsverrechnung: Die in den monatlichen Leistungsraten enthaltenen Tilgungsbeträge werden monatlich verrechnet.

i Kalkulieren Sie die monatliche Belastung aus den Baufinanzierungskrediten für das Ehepaar Solthau!
Konditionen für Bauspardarlehen der *Bauspar AG:*
Darlehenssollzinssatz: 2,5 % p. a. gebunden
Effektiver Sollzinssatz: 2,43 %
Monatlicher Beitrag für Zinsen und Tilgung je 1.000,00 EUR Bausparsumme: 6,00 EUR

j Welche gesetzlichen Beratungs- und Prüfungspflichten müssen Sie bei der Kreditvergabe an das Ehepaar Solthau nach der Wohnimmobilien-Kreditrichtlinie beachten?

k Entscheiden Sie, ob das Hypothekardarlehen von der *Nordbank AG* gewährt werden kann, wenn das Ehepaar Solthau zurzeit ein frei verfügbares Einkommen von 3.500,00 EUR hat!

l Das Ehepaar Solthau möchte von Ihnen wissen, warum im Grundbuch ein Hypothekardarlehen mit einem Sollzinssatz von 15 % statt der vereinbarten 2,5 % eingetragen wird.

m Erklären Sie die Bedeutung der nachstehenden Eintragung im Grundbuch für die *Nordbank AG*: „Der jeweilige Eigentümer ist der sofortigen Zwangsvollstreckung unterworfen" (vgl. § 800 ZPO).

Fall 2 Finanzierung einer Eigentumswohnung durch Bauspardarlehen

Gerhard Lange (32 Jahre alt) hat von seinem verstorbenen Vater einen Bausparvertrag geerbt. Auf Anfrage teilt ihm die *Bauspar AG* folgende Daten mit:

Bausparübersicht

Bausparsumme	75.000,00 EUR
Bausparguthaben am 31.12.2020 einschl. Zinsen	29.990,00 EUR
Sparzinssatz	0,075 % p. a.
Darlehenssollzinssatz	2,50 % p. a.
Mindestansparsumme	40 %
Mindestlaufzeit	36 Monate
Regelsparbeitrag pro Monat	3 Promille der Bausparsumme
Leistung nach Valutierung pro Monat	6 Promille der Bausparsumme

Zuteilung	01. Juli 2021
Vertragsabschluss	16. Mai 2015

Da Herr Lange einige Informationen dieses Auszuges nicht ganz versteht, wendet er sich an seinen Kundenberater bei der *Nordbank AG*.

a Erläutern Sie Herrn Lange
- die Bedeutung der „Zuteilung des Bausparvertrages“ und
- die zusätzlichen Voraussetzungen, die für die Zuteilung erfüllt sein müssen.

b Prüfen Sie, ob Herr Lange die Regelsparbeiträge weiter leisten muss, um bis zum 30. Juni 2021 die Mindestansparsumme zu erreichen. Begründen Sie Ihre Entscheidung mittels eines rechnerischen Nachweises (Berechnungsmethode 30/360).

c Berechnen Sie die monatliche Belastung nach erfolgter Zuteilung.

Herr Lange möchte sofort eine Eigentumswohnung mit Tiefgaragenstellplatz erwerben, die von der *NordImmobilien AG* aktuell angeboten wird. Die Gesamtkosten belaufen sich auf 115.000,00 EUR. Das Angebot der *NordImmobilien AG* ist auf Ende Februar 2021 befristet. Herrn Lange stehen keine weiteren Eigenmittel zur Verfügung. Aufgrund seines gesicherten und hohen Einkommens wird die Bonität von Herrn Lange als „gut“ eingeschätzt.

d Ermitteln Sie den Eigenfinanzierungsanteil von Herrn Lange.

e Wie kann die *Nordbank AG* Herrn Lange bei der Finanzierung des Erwerbs der Eigentumswohnung helfen?

f Entwickeln Sie einen Vorschlag zur Sicherung der notwendigen Darlehen.

Herr Lange und die *NordImmobilien AG* einigen sich über die Verkaufsmodalitäten. Der Verkauf wird vereinbarungsgemäß abgewickelt:

06.02.2021	Abschluss des Kaufvertrages per Handschlag
08.02.2021	10:00 Uhr Notarieller Abschluss des Kaufvertrages
08.02.2021	10:15 Uhr Auflassung (dingliche Einigung)
15.02.2021	Eintragung einer Auflassungsvormerkung zu Gunsten von Herrn Lange und erste Teilzahlung des Kaufpreises
12.03.2021	Eintragung der Eigentumsübertragung im Grundbuch und zweite Teilzahlung des Kaufpreises
26.03.2021	Eintragungsbestätigung des Notars und Aushändigung des neuesten Grundbuchauszuges
06.04.2021	Übergabe der Schlüssel zur renovierten Eigentumswohnung und Restzahlung des Kaufpreises

g An welchem Tag hat Herr Lange einen schuldrechtlichen Anspruch auf die Eigentumsübertragung erworben?

h Aus welchem Grund wurde für Herrn Lange eine Auflassungsvormerkung eingetragen?

i An welchem Tag hat Herr Lange das Eigentum an der Wohnung erworben?

j Erläutern Sie das mit dem Erwerb der Eigentumswohnung verbundene Eigentumsrecht.

k Kennzeichnen Sie den Ablauf eines Beratungsgesprächs nach den Vorschriften der Wohnimmobilien-Kreditrichtlinie!

Fall 3 Erstellung eines Finanzierungsplans

Die Eheleute Florian und Sophie Burger haben ein Einfamilienhaus zum Kaufpreis von 350.000,00 EUR erworben. Im Rahmen der Finanzierung hat die *Nordbank AG* als Finanzierungsinstitut folgende Daten ermittelt:

Voraussichtlicher Gesamtaufwand	350.000,00 EUR
Frei verfügbare Eigenmittel der Familie Burger	104.000,00 EUR
Zugeteilter Bausparvertrag (zu 40 % angespart) über	40.000,00 EUR

Der weitere Finanzierungsbedarf soll durch Darlehen der *Nordbank AG* geschlossen werden.

a Ermitteln Sie die Darlehenssumme der *Nordbank AG*.

Die *Nordbank AG* hat einen Beleihungswert von 290.000,00 EUR ermittelt. Die Haushaltsrechnung für die Familie Burger hat ein frei verfügbares Resteinkommen von 1.630,00 EUR für die Finanzierung ergeben.

b Entscheiden und begründen Sie unter Angabe des Rechenweges, ob die monatliche Gesamtbelastung tragbar ist.

Darlehen	**Konditionen**
Annuitätendarlehen der *Nordbank AG*	Darlehen bis 60 % des Beleihungswertes: - 2,5 % p. a. Sollzinssatz - 1,5 % p. a. anfängliche Tilgung - 10 Jahre Zinsfestschreibung Darlehen bis 80 % des Beleihungswertes: - 2,75 % p. a. Sollzinssatz - 2,0 % p. a. anfängliche Tilgung - 10 Jahre Zinsfestschreibung
Bauspardarlehen	- 2,5 % p. a. Sollzinssatz - 6 Promille monatliche Gesamtleistung von der Bausparsumme

Die *Nordbank AG* schließt mit dem Ehepaar Burger einen Darlehensvertrag ab.

c Welche Formvorschriften muss die *Nordbank AG* bei dem Abschluss von Darlehensverträgen mit Verbrauchern beachten?

d Welche Angaben muss der Darlehensvertrag nach § 247 EGBGB und § 491 a BGB enthalten?

e Welche Informationspflichten übernimmt die *Nordbank AG* während des Vertragsverhältnisses mit dem Ehepaar Burger nach § 493 BGB?

Fall 4 Finanzierungsplan und Berechnung der Annuitäten

Für den Bau eines Einfamilienhauses benötigt Familie Susanne und Stefan Aumann ein Hypothekardarlehen, das bei der *Nordbank AG* beantragt werden soll. Das zur Bebauung notwendige Grundstück wurde von Familie Aumann bereits aus eigenen Mitteln erworben. Aus dem Vorgespräch ist Ihnen folgendes bekannt:

Baukosten einschl. Baunebenkosten	260.000 EUR
Grundstückskosten 500 qm, 150 EUR pro qm	75.000 EUR
Von Ihnen errechneter Beleihungswert	220.000 EUR
Zuteilungsreifer Bausparvertrag Tarif Classic Mini Bausparsumme, Ansparung 50 %	50.000 EUR
Fälliges Sparguthaben	30.000 EUR
Junges Investmentdepot zur Altersvorsorge, Depotwert	35.000 EUR

Sollzinssätze und Vorschriften der *Nordbank AG*

Beleihungsgrenze 60 % (1a-Darlehen):	
Auszahlung Sollzinssatz Tilgung	100 % 2,5 % p. a. für 10 Jahre gebunden 2,35 % p. a. veränderlich 2 % zuzüglich ersparter Zinsen

Beleihungsgrenze 80% (1b-Darlehen):	
Auszahlung Sollzinssatz Tilgung	100 % 3,0 % p. a. für 10 Jahre gebunden; 2,85 % p. a. veränderlich 2 % zuzüglich ersparter Zinsen

a Stellen Sie einen Finanzierungsplan für Familie Aumann auf.

b Ermitteln Sie die monatlichen Belastungen der Familie Aumann aus den Darlehen. Berücksichtigen Sie dazu den Auszug aus dem Tariftableau der *Bauspar AG*. Gehen Sie davon aus, dass zurzeit mit steigenden Sollzinsen am Kapitalmarkt gerechnet wird und sich Familie Aumann eine möglichst langfristige Finanzierung wünscht.

Tarifmerkmale Classic (alle Tarifmerkmale auf einen Blick)

Sparphase

	Classic**	**Classic****	**Classic-Maxi**	**Classic-Mini**
Mindest-BS* in Euro	10.000,00	10.000,00	50.000,00	10.000,00
Monatlicher Regelsparbeitrag je 1000 Euro BS*	4,00 EUR	4,00 EUR	4,00 EUR	4,00 EUR
Guthabenzins p. a.	1,0 %	1,0 %	0,5 %	1,0 %
Mindestansparung (in % der BS*)	40 %	40 %	40 %	40 %
Mindestsparzeit	2 Monate	2 Monate	2 Monate	2 Monate
Abschlussgebühr (in % der BS*)	1 %	1 %	1 %	1 %

Darlehensphase

	Classic**	Classic**	Classic-Maxi	Classic-Mini
Gebundener Sollzins p. a.	3,75 %	3,75 %	2,90 %	1,95 %
Effektiver Jahressollzins ab Zuteilung	3,95 %	4,04 %	3,16 %	2,28 %
Maximaler Darlehensanspruch (in % der BS*)	60 %	60 %	60 %	60 %
Zins- und Tilgungsbeitrag je 1000 Euro BS*	4,00 EUR	6,00 EUR	6,00 EUR	8,00 EUR
Tilgungsdauer bei max. Darlehen	203 Monate	121 Monate	115 Monate	81 Monate

*BS=Bausparsumme
**In der Tarifvariante Classic kann der Bausparer bis zur Zuteilung zwischen einem Zins- und Tilgungsbeitrag von 6,00 oder 4,00 EUR je 1.000,00 Euro Bausparsumme wählen. Bis zur Ausübung des Wahlrechts wird der Vertrag für die Berechnung der Bewertungszahl mit einem Zins- und Tilgungsbeitrag von 6,00 EUR je 1.000,00 EUR BS geführt.

Fall 5 Finanzierung eines Mietobjektes

Die Wohnungsgesellschaft *Schaum GmbH* möchte ein Wohnobjekt mit 16 Wohnungen erwerben, die vermietet werden sollen. Zur Deckung des Finanzierungsbedarfs benötigt sie einen Kredit von 800.000,00 EUR.

Für die Ermittlung des Beleihungswerts stehen die folgenden Angaben zur Verfügung:

Baujahr des Wohnhauses	2005
Bodenwert	350.000,00 EUR
Herstellungskosten	1.230.000,00 EUR
Baunebenkosten	110.000,00 EUR
Risikoabschlag vom Herstellungswert	30 %
Wohnfläche je Wohnung	48 qm
Vergleichsmiete pro Quadratmeter monatlich	11,00 EUR
Bewirtschaftungskosten	30 % der Jahresnettomiete
Kapitalisierungszinsfuß	5 %

Ermitteln Sie im Rahmen der Beleihungswertermittlung (auf volle 10.000,00 EUR abrunden) …

a den Sachwert.
b den Ertragswert. Die Restnutzungsdauer des Objekts wird mit 30 Jahren angesetzt, bei einem Kapitalisierungsfaktor von 15,372451. Bei der Verzinsung des Bodenwertes ist ein Liegenschaftssollzinssatz von 4 % anzusetzen.
c die Beleihungsgrenze von 60 %, bis zu der das Objekt beliehen werden kann. Bei Mietobjekten verwendet die *Nordbank AG* das Ertragswertverfahren.

Übersichten zur Baufinanzierung

1. Baufinanzierung

Wesen	Langfristiges objektgebundenes Darlehen zur Finanzierung von Eigenheimen, Miethäusern, Mietwohnungen u. Ä. Man unterscheidet: - Annuitätendarlehen: jährlich gleichbleibende Leistungen in z. B. monatlichen Raten. Der Tilgungsanteil nimmt im Zeitablauf zu, der Zinsanteil ab. - Tilgungsdarlehen: Der Kreditnehmer erbringt jährlich abfallende Leistungen. - Festdarlehen: Der Kreditnehmer zahlt das Darlehen in einer Summe zurück.
Unterlagen für die Baufinanzierung	- Bauwert - Bodenwert - Bodenrichtwertkarte - Bauzeichnung - Erschließungskosten
Bauwert	Ermittelter Verkehrswert eines Objekts. Es ist der Betrag anzusetzen, mit dem ein gleichartiges Gebäude unter Berücksichtigung der örtlichen Verhältnisse errichtet werden kann. Je nach Alter ist ein entsprechender Abschlag zu machen. Ausschlaggebend ist der Zeitwert. Für die Berechnung bedient man sich entweder des Sachwertverfahrens oder des Ertragswertverfahrens.
Bodenwert	Der Verkehrswert eines jeden Grundstücks wird durch den Preis bestimmt, der in dem Zeitpunkt, auf den sich die Ermittlung bezieht, zu erzielen wäre. Bei der Ermittlung sind alle wertbeeinflussenden Faktoren wie z. B. Abstandszahlungen, Ersatzleistungen, Steuern, Gebühren usw. mit zu berücksichtigen.
Bodenrichtwertkarte	Aufgrund der Kaufpreissammlungen werden jährlich vom Gutachterausschuss für das Gemeindegebiet durchschnittliche Lagewerte für Boden unter Berücksichtigung des unterschiedlichen Entwicklungsstandes ermittelt.
Bauzeichnung	Maßgerechte Zeichnung eines Bauwerks, d. h. aller Geschosse und Außenansichten sowie eines Schnitts durchs Treppenhaus.
Erschließungskosten	Kosten, die durch die Erschließung im öffentlichen und privaten Bereich entstehen, z. B. Versorgung und Entsorgung, Wasser, Strom, Gas usw.
Objektunterlagen zur Beurteilung einer Baufinanzierung	- aktueller Grundbuchauszug - Foto des Objekts - Flurkarte - Baupläne oder Bauzeichnungen - Gebäudeversicherungsnachweis - Auszug aus dem Liegenschaftsbuch
Aktueller Grundbuchauszug	Abschrift des gesamten Grundbuchs, die heute überwiegend als Fotokopie vom Grundbuchamt erstellt wird. Daraus sind auch ältere, bereits gelöschte Eintragungen und Vermerke ersichtlich. Der Grundbuchauszug kann damit wertvolle Hinweise für den Finanzierer enthalten. Der Eigentümer hat immer ein berechtigtes Interesse und somit stets einen Anspruch auf einen Grundbuchauszug.
Foto des Objekts	Zu den Objektunterlagen gehören stets auch Lichtbilder des Objekts, um einen Eindruck von der Immobilie zu bekommen (Lage, Ausstattung).
Flurkarte	Die Gemarkungskarten der Katasterämter sind nach den natürlichen Zusammenhängen der Liegenschaften angelegt. Sie brauchen sich nicht mit den Grenzen der Gemeinde decken. Da sich das Kartenbild einer ganzen Gemarkung nicht immer auf einem Blatt darstellen lässt, ist oft eine Aufteilung auf mehrere Blätter erforderlich, die als Flurkarte bezeichnet werden.

<table>
<tr><td>Baupläne oder Bauzeichnungen</td><td>Es ist die maßgerechte Zeichnung eines Bauwerks, d. h. aller Geschosse und Außenansichten sowie eines Schnitts durchs Treppenhaus. Dem Finanzierer ermöglicht die Einsicht einen ersten Überblick über Zuschnitt der Wohnungen, Aufteilung der Zimmer, Grundrissgestaltung usw.</td></tr>
<tr><td>Gebäudeversicherungsnachweis</td><td>Bei der Gebäudeversicherung kann der Versicherer die Versicherungssumme mit Wirkung gegen die Grundpfandrechtsgläubiger an den Versicherten erst zahlen, wenn er oder der Versicherte den Eintritt des Schadens den Gläubigem angezeigt hat und seit dem Empfang der Anzeige ein Monat verstrichen ist. Der Gläubiger kann bis zum Ablauf dieser Frist der Zahlung widersprechen. Hat er dem Versicherer seine Grundschuld angemeldet, so kann der Versicherer mit Wirkung gegen den Gläubiger an den Versicherten nur zahlen, wenn der Grundpfandrechtsgläubiger der Zahlung schriftlich zustimmt.
Bei Neubauten ist der Abschluss einer Bauherrnhaftpflichtversicherung gegen Schäden, die durch das entstehende Gebäude verursacht werden können sowie eine Bauleistungsversicherung, die u. a. gegen Diebstahl während des Neubaus schützt, wichtig.</td></tr>
<tr><td>Sachwertermittlung für privat genutzte Objekte</td><td>Der Sachwert ist die Summe aus dem Bodenwert und dem Wert der baulichen Anlagen (Bauwert). Der Bodenwert errechnet sich aus dem Grundstückspreis pro Quadratmeter multipliziert mit der Grundstücksfläche.
Beispiel für die Berechnung des Sachwerts
Das Ehepaar Neumann, Kunde der Nordbank AG, möchte ein Grundstück kaufen und darauf ein Einfamilienfertighaus mit Garage zur Eigennutzung errichten.
Folgende Informationen hat das Ehepaar Neumann Ihnen zum Bauvorhaben gegeben:
<table>
<tr><td>Grundstücksgröße</td><td>640 qm</td></tr>
<tr><td>Preis für das erschlossene Grundstück</td><td>120,00 EUR /qm</td></tr>
<tr><td>Anzahl m^3 umbauter Raum
Haus:
Garage:</td><td>
600 m^3
60 m^3</td></tr>
<tr><td>Preis pro m^3 umbauter Raum
lt. Berechnungen des Architekten
Haus:
Garage:</td><td>

250,00 EUR
100,00 EUR</td></tr>
</table>
Berechnung des Sachwerts des Objekts unter Berücksichtigung eines Sicherheitsabschlags von 10 % auf den Bauwert und Festsetzung des Beleihungswerts unter Abrundung des Ergebnisses auf volle TEUR
<table>
<tr><td>Bodenwert</td><td>640 qm x 120,00 EUR /qm</td><td></td><td>= 76.800,00 EUR</td></tr>
<tr><td>Bauwert Haus</td><td>600 m^3 x 250,00 EUR /m^3</td><td>= 150.000,00 EUR</td><td></td></tr>
<tr><td>Bauwert Garage</td><td>60 m^3 x 100,00 EUR/m^3</td><td>= 6.000,00 EUR</td><td></td></tr>
<tr><td>Zwischensumme</td><td></td><td>156.000,00 EUR</td><td></td></tr>
<tr><td>abzgl. 10 % Abschlag</td><td></td><td>15.600,00 EUR</td><td></td></tr>
<tr><td>Bauwert</td><td></td><td></td><td>140.400,00 EUR</td></tr>
<tr><td>Sachwert</td><td></td><td></td><td>217.200,00 EUR</td></tr>
<tr><td>Beleihungswert</td><td></td><td></td><td>217.000,00 EUR</td></tr>
<tr><td>Beleihungsgrenze
(60 % des Beleihungswerts)</td><td></td><td></td><td>130.200,00 EUR</td></tr>
</table></td></tr>
</table>

Auszug aus dem Liegenschaftsbuch

Es wird beim zuständigen Katasteramt als Register geführt. Dort sind alle Grundstücke eines Bezirks erfasst. Die angegebenen Größen sind verbindlich und entsprechen den aktuellen Vermessungsergebnissen. Zu den Beleihungsunterlagen zählt der Auszug aus dem Liegenschaftsbuch.

Ertragswertermittlung für Renditeobjekte

Der Ertragswert ist der ((Jahresreinertrag – Bodenwertverzinsung) x Barwertrentenfaktor) + Bodenwert

Für Renditeobjekte ist der Ertragswert die wertbestimmende Größe. Der Wert des Objekts ist in erster Linie von dem erwarteten Ertrag und dem mit der Anlage verbundenen Risiko abhängig. Die Berechnung des Ertragswertes erfolgt bei Kreditinstituten mit Hilfe von Rentenbarwertfaktoren. Mietobjekte haben i. d. R. nur eine begrenzte Nutzungsdauer. Je niedriger die Restnutzungsdauer des Gebäudes ist, desto niedriger ist auch der Rentenbarwertfaktor.

Beispiel für eine Restnutzungsdauer eines Objektes

Rentenbarwertfaktoren

Restnutzungsdauer der Gebäude	Kapitalisierungszinssatz			
	5 %	6 %	7 %	8 %
15 Jahre	10,379658	9,712249	9,107914	8,559479
19 Jahre	12,085321	11,158116	10,335595	9,603599

Ermittlung des Ertragswertes:

Jahresrohertrag – Bewirtschaftungskosten = Jahresreinertrag
Jahresreinertrag – Bodenwertverzinsung = Gebäudereinertrag
Kapitalisierung des Gebäudereinertrags + Bodenwert = Ertragswert der Immobilie
Die Verzinsung des Bodenwerts richtet sich nach dem Kapitalmarktzins. Er wird häufig mit 5 % angesetzt.

Beispiel

Wichtige Angaben zur Ertragswertberechnung des Objekts	
Alter der Wohnanlage	Baujahr 1990
Restnutzungsdauer	50 Jahre
Kaufpreis des bebauten Grundstücks	750.000 EUR
Wohnfläche je Wohnung	85 qm
monatliche Vergleichsmiete pro qm	8,50 EUR
monatliche Miete je Stellplatz	35 EUR
Bewirtschaftungskosten pauschal	25 % des Jahresrohertrages
Kapitalisierungszinssatz	5 %
Bodenwertverzinsung	3 %
Bodenwert	350.000 EUR

Rentenbarwertfaktoren

Restnutzungsdauer	Kapitalisierungszinsfuß 5 %
40 Jahre	17,159086
45 Jahre	17,774070
50 Jahre	18,255925

Ermittlung des Jahresrohertrages	
4 x Monatsmiete (85 x 8,50)	2.890,00 EUR
Jahresmiete	34.680,00 EUR
4 x Stellplatzmieten jährlich (35 x 4 x 12)	1.680,00 EUR
Jahresrohertrag	**36.360,00 EUR**

<table>
<tr><td></td><td>Ermittlung des Jahresreinertrags
./. 25 % Bewirtschaftungskosten vom Jahresrohertrag — 9.090,00 EUR
= Jahresreinertrag — 27.270,00 EUR

Ermittlung des Gebäudereinertrags
./. 3 % Bodenwertverzinsung von 350.000 EUR — 10.500,00 EUR
= Gebäudereinertrag — 16.770,00 EUR

Ermittlung des Rentenbarwerts
Der Ertragswert wird auf volle 10.000 EUR abgerundet.
Rentenbarwert des Objekts (18,255925 x 16.770) — 306.151,86 EUR
+ Bodenwert — 350.000,00 EUR
= Ertragswert — 656.151,86 EUR
Rentenbarwert — 650.000,00 EUR</td></tr>
<tr><td>Verkehrswert</td><td>Der Verkehrswert ist der aktuell erzielbare Verkaufserlös eines Grundstücks, der im Zeitablauf Schwankungen unterliegt.</td></tr>
<tr><td>Zwangsvollstreckungsklausel</td><td>Die Akzeptierung der Zwangsvollstreckung aus notariellen Urkunden bedeutet, dass sich der Grundstückseigentümer der sofortigen Zwangsvollstreckung unterworfen hat.
Beispiel einer Zwangsvollstreckungsklausel:
<table>
<tr><td colspan="2">Grundbuch Abteilung III</td></tr>
<tr><td>Laufende Nummer der Eintragungen</td><td>Hypotheken, Grundschulden, Rentenschulden</td></tr>
<tr><td>1</td><td>Hundertfünfzigtausend Deutsche Mark Grundschuld, verzinslich mit 15% jährlich, für die Nordbank AG. Der jeweilige Eigentümer ist gern. § 800 ZPO der sofortigen Zwangsvollstreckung unterworfen. Unter Bezugnahme auf die Bewilligung vom 23.06.2008 eingetragen am 12.07.2008.</td></tr>
</table>
</td></tr>
</table>

2. Bauspardarlehen

Wesen	Das Bauspardarlehen ist der Anspruch auf ein wohnwirtschaftlich zu verwendendes Tilgungsdarlehen. Die Voraussetzungen für die Inanspruchnahme sind die Erreichung der Mindestansparsumme und der notwendigen Bewertungskennziffer. Die Darlehenshöhe ergibt sich aus der Differenz zwischen der Bausparsumme und dem Bausparguthaben.
Annuitätendarlehen	Es ist ein Kredit, der in gleichbleibenden Raten getilgt wird. Dabei setzt sich die Rate aus dem Zins und der Tilgung zusammen. Im Zeitablauf steigt der Tilgungsanteil zu Lasten des Zinsanteils an. Die monatliche Rückzahlungsrate ergibt sich bei Bausparkassen i. d. R. durch einen Promillesatz von der Bausparsumme, z. B. 6 Promille von der Bausparsumme von 20.000 EUR = monatliche Rate von 120 EUR.
Ansparphase	In der Ansparphase wird notwendiges Mindestguthaben durch regelmäßige Sparbeiträge und eventuelle Sonderzahlungen angesammelt. Die Höhe für die Guthabenzinsen hängt vom jeweiligen Tarif ab.
Darlehensphase	In der Darlehensphase wird das vereinbarte Bauspardarlehen zurückgezahlt. Dabei gelten die bei Vertragsschluss vereinbarten Darlehenszinsen. I. d. R. beläuft sich der Rückzahlungsbetrag (Tilgung + Zinsen) auf monatlich 6 Promille der Bausparsumme.

Laufzeit	Bei Bauspardarlehen werden gebundene Sollzinsen- und Tilgungsleistungen zugrunde gelegt. Deswegen lässt sich schon bei Darlehensauszahlung die Laufzeitdauer genau berechnen.
Tilgungs-verrechnung	Bei der taggenauen Tilgungsverrechnung werden die Rückzahlungsbeträge grundsätzlich taggenau analog der Kontokorrentmethode auf die Restschuld verrechnet.
Sicherheiten	Als Sicherheit werden i. d. R. nachrangige Grundpfandrechte verwendet. Sie belaufen sich auf 80 % des Beleihungswertes.
Zuteilung	Mit der Zuteilung erreicht der Bausparer sein Vertragsziel. Er kann ohne Kündigung und nach Stellung ausreichender Sicherheiten über das Bauspardarlehen verfügen.
Zwischen-finanzierung	Bereitstellung von kurz- und mittelfristigen Baugeldern, die durch die Endfinanzierungsmittel, z. B. durch ein Bauspardarlehen abgelöst werden.

Grundpfandrechte als Kreditsicherheiten

Fall 6 Grundbuch

Herr Reiche beabsichtigt den Kauf eines Zweifamilienhauses. Ihm wurde von einem örtlichen Grundstücksmakler ein entsprechendes Objekt im Werte von 550.000,00 EUR zuzüglich 5 % Courtage angeboten. Herr Reiche hat eigene Mittel in Höhe von 115.000,00 EUR. Die restlichen Mittel sollen durch die Aufnahme von Hypothekardarlehen bei der *Nordbank AG* (100.000,00 EUR), bei der *Elbebank AG* (100.000,00 EUR) und bei der *Bauspar AG* (50.000,00 EUR) aufgebracht werden. Die Eltern von Herrn Reiche wollen 200.000,00 EUR zur Finanzierung des Objektes beisteuern. Sie verlangen allerdings, dass zu ihren Gunsten in Abteilung II des Grundbuchs ein lebenslanges Wohnrecht eingetragen werden soll. Wegen einiger Fragen zum Grundbuch und zur Finanzierung bittet Herr Reiche seinen Kreditberater der *Nordbank AG*, Herrn Uwe Peters, um ein Informationsgespräch. Sie als Auszubildende(r) werden eingeladen, an diesem Beratungsgespräch teilzunehmen und sich entsprechend fachlich vorzubereiten.

a Wofür können Grundpfandrechte bestellt werden?

b Verdeutlichen Sie den Zusammenhang zwischen Grundstücken und Flurstücken!

c Erläutern Sie die nachstehenden Begriffe aus der Vermessungstechnik:
- Flurstück bzw. Parzelle
- Flur
- Gemarkung

d Welche Informationen können dem Liegenschaftsbuch und dem Gebäudebuch entnommen werden und wo werden beide Bücher geführt?

e 1 Wodurch sind wesentliche Bestandteile und Zubehör eines Grundstücks gekennzeichnet?
  2 Prüfen Sie, welche Bedeutung wesentliche Bestandteile und Zubehör eines Grundstücks für die Sicherung haben.

f Wie ist das Grundbuch gegliedert und welche Informationen können ihm entnommen werden?

g Erläutern Sie die Bedeutung des Grundbuchs.

h Beschreiben Sie das Verfahren bei einer Grundbucheintragung, wenn
  1 auf Grund eines Grundstückskaufvertrages der Grundstückseigentümer wechselt,
  2 zu Gunsten der Eltern von Herrn Reiche ein Nießbrauchrecht eingetragen werden soll,
  3 zu Gunsten der *Nordbank AG* ein Grundpfandrecht (Hypothek, Grundschuld) eingetragen werden soll.

i Beschreiben Sie, wie eine Eintragung im Grundbuch gelöscht werden kann.

j Beschreiben Sie Situationen, die zu einer Eintragung in Abteilung 1, 2 und 3 eines Grundbuchs führen können!

k Welche Bedeutung haben die Eintragungen in der 2. Abteilung für die Kreditsicherung?

Fall 7 Grundpfandrechte

Zur Besicherung des Hypothekardarlehens bei der *Nordbank AG* wurde Herr Reichelt aufgefordert, zu Gunsten der *Nordbank AG* eine Grundschuld in das Grundbuch eintragen zu lassen. Der Notar Klaus Heidorn beurkundete die nachfolgende Grundschuld (Ausschnitt):

... Der Eigentümer des im Grundbuch von Harckesheyde eingetragenen Grundstücks Band 0 Blatt/Nr. 14386 Bestandsverzeichnis Lfd. Nr. 1 Grundeigentum Bockenfelder Str. 315, 22850 Norderstedt, bestellt auf dem genannten Grundeigentum eine Grundschuld in Höhe von 100.000,00 EUR in Worten: Einhunderttausend EUR zu Gunsten Gläubigerin *Nordbank AG*, Präsident-Krahn-Str. 16, 20765 Hamburg nebst 15,00 Prozent Jahreszinsen vom heutigen Tag an. Die Zinsen sind am ersten Werktag eines jeden Jahres für das vorangegangene Kalenderjahr zahlbar, spätestens jedoch im Verteilungstermin.

Die Grundschuld ist fällig. Ein Grundschuldbrief soll nicht gebildet werden.

Ist die Grundschuld zunächst nicht bei dem gesamten aufgeführten Grundeigentum eingetragen, so soll sie bereits mit der Eintragung als Grundschuld entstehen.

Der Eigentümer unterwirft sich wegen aller Ansprüche an Kapital, Zinsen und Nebenleistung, welche der Gläubigerin aus der Grundschuld zustehen, der sofortigen Zwangsvollstreckung in das mit der Grundschuld belastete Grundstück, und zwar in der Weise, dass die Zwangsvollstreckung aus dieser Urkunde gegen den jeweiligen Eigentümer des Grundeigentums zulässig sein soll.

Der Eigentümer bewilligt und beantragt im Grundbuch die Eintragung der bestellten Grundschuld nebst Zinsen. (...)

a Kennzeichnen Sie die „Sicherungshypothek" und die „Sicherungsgrundschuld" und erläutern Sie ihren Unterschied.

b Beschreiben Sie die Entstehung und den Erwerb beider Grundpfandrechte durch ein Kreditinstitut und wie können beide Grundpfandrechte rechtswirksam auf einen Dritten übertragen werden?

c Warum sieht der Gesetzgeber bei der Bestellung einer Hypothek bzw. einer Grundschuld eine Briefausgabe gesetzlich vor?

d Aus welchem Grund verzichten Kreditinstitute im Zusammenhang mit der Bestellung von Grundpfandrechten auf die Erteilung eines Hypotheken- bzw. Grundschuldbriefs?

e Erklären Sie die Eigentümerhypothek und die Eigentümergrundschuld.

f Oft wird in der Bestellung eines Grundpfandrechts ein hoher Zinssatz, z. B. 18 %, angegeben, obwohl das Darlehen nur z-B. zu 2,5 % p. a. verzinst wird. Erklären Sie diesen Sachverhalt.

g Wie können Grundpfandrechte gelöscht werden?

h Warum verlangen Kreditinstitute zur Sicherung eines Hypothekardarlehens neben der Eintragung einer Grundschuld die Eintragung der Zwangsvollstreckungsklausel im Grundbuch?

i In der Abteilung III des zuständigen Grundbuchs befinden sich 3 Grundschulden:
1 100.000,00 EUR zu Gunsten der *Nordbank AG*, eingetragen am 1. August 2014
2 100.000,00 EUR zu Gunsten der *Elbebank AG*, eingetragen am 5. August 2014
3 50.000,00 EUR zu Gunsten der *Bauspar AG*, eingetragen am 19. September 2014
Bestimmen Sie die Rangordnung der in Abteilung III eingetragenen Rechte!

j Prüfen Sie, ob sich die von Ihnen festgelegte Rangordnung ändern würde, wenn – wie von den Eltern von Herrn Reiche verlangt – in Abteilung II des Grundbuchs zu ihren Gunsten am 29. Juli 2014 ein lebenslanges Wohnrecht eingetragen worden wäre.

k Die *Bauspar AG* möchte mit ihrer Grundschuld in Höhe von 50.000,00 EUR mit der *Nordbank AG* im Rang tauschen. Beschreiben Sie das Verfahren des Rangtauschs in diesem Falle.

l Das Darlehen der *Nordbank AG* (100.000,00 EUR) wird ordnungsgemäß getilgt. Prüfen Sie, ob Herr Reiche diesen Rang der *Nordbank AG* durch Umschreibung in eine Eigentümergrundschuld nutzen kann!

m Wie beurteilen Sie die Grundpfandrechte als Kreditsicherheit für ein Kreditinstitut?

Übersichten zum Grundbuch und den Grundpfandrechten

1. Grundbuch

Wesen	Es ist ein öffentliches Register, welches beim zuständigen Amtsgericht über alle Grundstücke des betreffenden Bezirks geführt wird. Es genießt öffentlichen Glauben. Grundbucheinsicht ist möglich, wenn ein Interesse nachgewiesen wird.
Teile des Grundbuchs	- Aufschrift und Bestandsverzeichnis (Gemarkung, Nummer der Flur, des Flurstücks und des Liegenschaftsbuches sowie Wirtschaftsart, Lage, Größe des Grundstücks und Vermerke über Rechte, die dem jeweiligen Eigentümer des Grundstücks zustehen) - Abteilung I informiert über Eigentümer und Art des Eigentums (Alleineigentum, gemeinschaftliches Eigentum) sowie Grundlage der Eintragung (Auflassung, Erbschein, Zuschlag bei Versteigerung). - Abteilung II informiert über die Lasten und Beschränkungen des Eigentums. - Abteilung III informiert über eingetragene Hypotheken, Grundschulden und Rentenschulden.
Arten von Belastungen in der II. Abteilung	- Reallast - Grunddienstbarkeit - Beschränkt persönliche Dienstbarkeit - Auflassungsvormerkung - Nießbrauch - Vorkaufsrecht - Wohnungsrecht
Reallast	Es sind wiederkehrende Leistungen aus dem Grundstück an eine bestimmte Person oder an den Eigentümer eines anderen Grundstücks zu entrichten. Der Eigentümer haftet für die Erbringung der Leistung.
Grunddienstbarkeit	Dem jeweiligen Eigentümer eines anderen Grundstücks (= herrschendes Grundstück) werden einzelne Rechte am dienenden Grundstück eingeräumt. Auf Antrag erfolgt eine Eintragung als Recht in das Bestandsverzeichnis des herrschenden Grundstücks.
Beschränkt persönliche Dienstbarkeit	Es ist eine Grundstücksbelastung, die dem Begünstigten das Recht gibt, das Grundstück in einzelnen Beziehungen zu nutzen. Im Unterschied zum Nießbrauch werden dem Berechtigten also nicht sämtliche, sondern nur bestimmte, im Einzelfall näher bezeichnete Nutzungen des Grundstücks übertragen. Von den Grunddienstbarkeiten unterscheiden sich die beschränkt persönlichen Dienstbarkeiten dadurch, dass sie nicht dem jeweiligen Eigentümer eines anderen Grundstücks, sondern nur einer bestimmten Person zustehen können. Belastet werden können nur Grundstücke bzw. reale Teile von Grundstücken, nicht jedoch Miteigentumsanteile.

Auflassungsvormerkung	Es ist eine Maßnahme zur Sicherung des schuldrechtlichen Anspruchs auf Übertragung des Eigentums an einem Grundstück. Sie kann z. B. angewendet werden bei Grundstücksverkäufen, wenn der Verkäufer bereits frühzeitig eine Zahlung verlangt, obwohl der Käufer erst nach Erlangung der Formalitäten als Eigentümer in das Grundbuch eingetragen wird.
Nießbrauch	Der Nießbraucher kann alle Nutzungen aus diesem Grundstück ziehen. Der Nießbrauch kann durch den Ausschluss einzelner Nutzungen beschränkt werden. Der Nießbraucher hat für die Erhaltung der Sache zu sorgen. Das Recht ist nicht vererbbar und nicht übertragbar.
Vorkaufsrecht	Der Vorkaufsberechtigte kann bei einem Grundstücksverkauf vom Eigentümer die Überlassung des Grundstücks zu den in dem Kaufvertrag mit einem Dritten vereinbarten Bedingungen fordern. Ein Vorkaufsrecht kann auch kraft Gesetzes bestehen.
Wohnungsrecht	Es ist eine Dienstbarkeit, die das Recht beinhaltet, eine oder mehrere Wohnungen zu nutzen. Das Wohnungsrecht kann entgeltlich oder unentgeltlich vereinbart werden. Um den Umfang des Rechts zu beurteilen, ist zu berücksichtigen, dass dies aus dem Grundbucheintrag allein kaum zu ersehen ist. Daher ist die Einsichtnahme in den zugrunde liegenden Vertrag empfehlenswert. Dieser befindet sich in der Grundakte. Kosten wie Steuern, öffentliche Lasten, Reparaturen usw. trägt der Eigentümer. Das Wohnungsrecht schränkt die Beleihbarkeit des Objekts ein. Bei der Bewertung des Grundstücks spielt die Bewertung des Wohnungsrechts daher eine große Rolle. Der Wert des Wohnungsrechts hängt von folgenden Faktoren ab: - Wohnfläche der Wohnung im Haus, die der Berechtigte nutzen darf - erzielbare Miete für die Wohnung des Berechtigten im Wohnhaus - Lebensalter des oder der Berechtigten - Lebenserwartung des oder der Berechtigten
Rangverhältnis im Grundbuch	Die zeitliche Reihenfolge des Einganges beim Grundbuchamt ist mitentscheidend für die Reihenfolge im Grundbuch. Innerhalb einer Abteilung bestimmt die Reihenfolge des Eintrags das Rangverhältnis im Grundbuch. Innerhalb der Abteilungen wird die Rangfolge durch den Eintragungstag bestimmt. Rechte mit gleichem Eintragungstag haben den Gleichrang. Eine Abweichung des Rangverhältnisses bedarf einer Eintragung im Grundbuch.
Rangänderung	Eine bestehende Rangfolge kann nachträglich geändert werden. Dies bedarf einer Einigung zwischen den Berechtigten, der Zustimmung des Grundstückseigentümers und der Eintragung in das Grundbuch.
Rangvorbehalt	Der Eigentümer kann sich bei der Eintragung eines Rechts den Rang für ein später einzutragendes Recht vorbehalten. In der Praxis ist der Rangvorbehalt gebräuchlich. Den Kreditinstituten, die erstrangige Grundschulddarlehen vergeben, wird häufig in Ausnutzung eines vorbehaltenen Ranges ein Grundpfandrecht bestellt. Bei der Bestellung von Grundpfandrechten für Institute, die nachrangige Hypothekendarlehen geben, wird ein Rangvorbehalt für ein später noch einzutragendes erstrangiges Recht eingetragen.

2. Grundpfandrechte

Arten	- Hypothek - Grundschuld
Wesen der Hypothek	Belastung eines Grundstücks, d. h. dass an denjenigen, zu dessen Gunsten die Hypothek eingetragen ist (Hypothekengläubiger) eine bestimmte Geldsumme aus dem Grundstück wegen einer Forderung zu zahlen ist. Der Hypothekengläubiger hat zwei Ansprüche: - dinglicher Anspruch = Zahlung einer Geldsumme aus dem Grundstück - persönlicher Anspruch = Zahlung einer Geldsumme wegen einer Forderung, z. B. Gewährung eines Darlehens - Der dingliche Anspruch und der persönliche Anspruch aus der Forderung gehören zusammen (Akzessorietät der Hypothek).
Entstehung und Erwerb der Hypothek	- Entstehung: Einigung über die Entstehung der Hypothek + Eintragung im Grundbuch - Erwerb: Mit Entstehung der Forderung, z. B. durch Auszahlung des Darlehens. Bei der Briefausgabe zusätzlich noch durch die Übergabe des Hypothekenbriefes
Wesen der Grundschuld	Belastung eines Grundstücks, d. h. dass an den Grundschuldgläubiger eine bestimmte Geldsumme aus dem Grundstück zu zahlen ist. Der Grundschuldgläubiger hat zwei Ansprüche: - dinglicher Anspruch - persönlicher Anspruch - Der dingliche Anspruch kann auch ohne den persönlichen Anspruch realisiert werden (Abstraktheit der Grundschuld).
Entstehung und Erwerb der Grundschuld	- Entstehung: Einigung über die Entstehung der Grundschuld und Eintragung im Grundbuch - Erwerb: Mit Eintragung im Grundbuch, bei der Briefausgabe zusätzlich noch die Übergabe des Grundschuldbriefes
Briefausgabe	- Die gesetzliche vorgeschriebene Form der beiden Grundpfandrechte ist die Briefausgabe. - Soll die Briefausgabe entfallen, enthält die Eintragung im Grundbuch den Vermerk „brieflos“.
Eigentümergrundschuld	Bestellung einer Grundschuld zugunsten des Grundstückseigentümers: Vorteile: - Der Grundstückseigentümer kann damit eine Rangstelle für eine später einzutragende Fremdgrundschuld als Sicherheit für ein Darlehen freihalten. - Er kann durch Abtretung und Übergabe des Grundschuldbriefes jederzeit eine Sicherheit für einen Kredit geben, ohne dass der Begünstigte im Grundbuch eingetragen wird und Umschreibungskosten entstehen.

2.2.3 Maßnahmen gegen Kreditausfälle

Fall: Bilanzanalyse

Sie sind Kundenberater(in) der *Nordbank AG*. Die *Brauerei Keller AG* ist seit kurzem Firmenkundin der *Nordbank AG*. Der Prokurist der *Brauerei Keller AG*, Harald Bredstedt, wünscht eine kurzfristige Erhöhung des Kontokorrentkredits, um den verstärkten Getränkeabsatz in den Sommermonaten besser bewältigen zu können. Zur Vorbereitung auf dieses Gespräch haben Sie Herrn Bredstedt vorab gebeten, Ihnen den aktuellen Jahresabschluss der *Brauerei Keller AG* und eine aktuelle Debitorenliste zur Verfügung zu stellen.

a Aus welchen Gründen wird ein Kontokorrentkredit von Firmenkunden nachgefragt?

Zur Beurteilung der Kreditwürdigkeit der *Brauerei Keller AG* ermitteln Sie anhand des Ihnen vorliegenden aufbereiteten Jahresabschlusses einige Kennzahlen.

Aufbereitete Bilanz der Brauerei Keller AG zum 31.12. diesen Jahres

AKTIVA	**TEUR**	**PASSIVA**	**TEUR**
Anlagevermögen		**Eigenkapital**	
Sachanlagen	1.658,0	Gezeichnetes Kapital	176,0
Finanzanlagen	167,0	Kapitalrücklagen	548,0
		Gewinnrücklagen	899,0
		Bilanzgewinn	145,0
Umlaufvermögen		**Rückstellungen** (kurzfristig)	28,0
Vorräte	557,0	Verbindlichkeiten gegenüber Kreditinstituten	824,0
Forderungen aus Lieferungen und Leistungen	129,0	- darunter langfristig 790 TEUR	
Kassenbestand, Guthaben bei Kreditinstituten	174,0	- darunter kurzfristig 34 TEUR	
	---------	Verbindlichkeiten aus Lieferungen und Leistungen	65,0
Summe der Aktiva	**2.685,0**	**Summe der Passiva**	**2.685,0**

Aufbereitete Gewinn- und Verlustrechnung der Brauerei Keller AG zum 31.12. d. J.:

	TEUR
Umsatzerlöse	1.354,0
Materialaufwand	636,0
Personalaufwand	319,0
Planmäßige Abschreibungen auf Sachanlagen	43,0
Betriebssteuern	15,0
Sonstige ordentliche Aufwendungen	90,0
Zinserträge	1,0
Zinsaufwendungen	48,0
Betriebsergebnis	**204,0**

b Ermitteln Sie unter Angabe des Rechenwegs den Anlagendeckungsgrad II. Runden Sie die Ergebnisse auf eine volle Stelle nach dem Komma.

c Beurteilen Sie den von Ihnen ermittelten Anlagendeckungsgrad II im Hinblick auf Ihre Kreditentscheidung.

Anschließend überprüfen Sie die Kapitaldienstfähigkeit der *Brauerei Keller AG* und legen dazu u. a. die folgenden Informationen zugrunde: Die in der Bilanz vom 31.12. d. J. ausgewiesenen langfristigen Verbindlichkeiten gegenüber Kreditinstituten in Höhe von 790,0 TEUR entsprechen dem Restbetrag eines von der *Unionbank AG* gewährten Tilgungsdarlehens mit einer jährlichen Tilgungsleistung von 98,0 TEUR.

d Ermitteln Sie unter Angabe des Rechenwegs aus dem Ihnen vorliegenden aufbereiteten Jahresabschluss den Cashflow der *Brauerei Keller AG*.

e Entscheiden Sie, ob die Kapitaldienstfähigkeit der Brauerei Keller AG für dieses langfristige Restdarlehen in Zukunft weiter gewährleistet ist, und begründen Sie Ihre Entscheidung unter Angabe des Rechenwegs.

Zur Besicherung des aufgestockten Kontokorrentkredits ziehen Sie unter anderem die Globalzession von Forderungen aus Lieferungen und Leistungen der *Brauerei Keller AG* in Betracht. Um die Werthaltigkeit der abzutretenden Forderungen beurteilen zu können, ist für die *Nordbank AG* das Zahlungsverhalten der Kunden der Brauerei von Bedeutung.

f Ermitteln Sie für die *Brauerei Keller AG* das Debitorenziel. Runden Sie das Ergebnis auf volle Tage auf.

g Der Branchendurchschnitt für das Debitorenziel vergleichbarer Brauereien liegt bei 42 Tagen. Beurteilen Sie das von Ihnen ermittelte Debitorenziel der *Brauerei Keller AG* unter Berücksichtigung dieser Information.

In der Kreditverhandlung teilt Ihnen Herr Bredstedt mit, dass die *Brauerei Keller AG* vorwiegend in die norddeutschen Bundesländer und nach Nordrhein-Westfalen liefert. Sie schlagen Herrn Bredstedt die Abtretung von Forderungen der Brauerei gegenüber Abnehmern mit Firmensitz in Schleswig-Holstein und Hamburg vor.

h Erläutern Sie Herrn Bredstedt, warum Sie eine Einschränkung der abzutretenden Forderungen vornehmen.

i Erläutern Sie Herrn Bredstedt im Zusammenhang mit dem geplanten Sicherungsvertrags, ...

   1. wann im Falle des Vertragsabschlusses die Abtretung gegenwärtiger und zukünftiger Forderungen jeweils rechtswirksam werden würde.
   2. zu welchem Zweck die *Nordbank AG* die monatliche Einreichung aktueller Debitorenlisten von der *Brauerei Keller AG* verlangt.
   3. aus welchem Grund die *Nordbank AG* Herrn Bredstedt um die Unterzeichnung von Blankobenachrichtigungsschreiben bittet.

j In der Kreditverhandlung hatte Herr Bredstedt im Rahmen der Besicherung des Kontokorrentkredits auch die Sicherungsübereignung des Getränkelagers der Brauerei in die Diskussion gebracht. Stellen Sie die beiden Sicherungsvorschläge „Globalzession von Forderungen“ und „Sicherungsübereignung des Getränkelagers“ anhand folgender Kriterien gegenüber:
- Bestellung
- Überwachung
- Bewertung und Wertbeständigkeit
- Probleme bei der Verwertung

Übersichten zu Maßnahmen gegen Kreditausfälle

1. Bilanzanalyse

Wesen	Nach § 18 Kreditwesengesetz sind Kreditinstitute verpflichtet, sich bei einer Kreditaufnahme von mehr als 750.000 EUR die wirtschaftlichen Verhältnisse, insbesondere durch Vorlage der Jahresabschlüsse, offen legen zu lassen. Daneben hat die Bank ein elementares Eigeninteresse an dem Zahlenmaterial, um die finanzielle Situation des Unternehmens beurteilen zu können. Zur Auswertung der Bilanzen und der Gewinn- und Verlustrechnungen der letzten 3 Jahre werden die Zahlen in einer sogenannten Bilanzgliederung aufbereitet. In der Bilanzgliederung werden aussagekräftige Kennzahlen und deren Veränderungen im Zeitablauf dargestellt.
Jahresabschluss-analyse	Finanzielle Kennzahlen dienen bei der Unternehmensbeurteilung durch den Kapitalmarkt als Maßstab für den innerbetrieblichen und zwischenbetrieblichen Vergleich. Kennzahlen sind Maßgrößen, die über quantitativ erfassbare Sachverhalte berichten. Ziel der Kennzahlen ist es, komplizierte betriebliche Informationen möglichst einfach und nachvollziehbar abzubilden. Die Auswertung des Jahresabschlusses ergibt Informationen über die derzeitige Vermögens-, Finanz- und Ertragslage einer Unternehmung. Aus den Zahlen des Jahresabschlusses werden die einzelnen Kennzahlen gebildet. Eine interne Abschlussanalyse führt zu aussagefähigen Ergebnissen, da betriebsinterne Unterlagen aus der Finanzplanung zur Verfügung stehen. Eine externe Bilanzanalyse kann sich nur auf den veröffentlichten Jahresabschluss stützen.
Bilanzkennziffern	**Eigenkapitalquote** Bei der Ermittlung der Eigenkapitalquote werden alle in der Bilanz ausgewiesenen Eigenkapitalpositionen berücksichtigt, nicht aber eventuelle stille Reserven. Die Eigenkapitalquote gibt an, wie groß der Anteil des Eigenkapitals an der Bilanzsumme ist. $Eigenkapitalquote = \frac{Eigenkapital \times 100}{Bilanzsumme}$ Ein hoher Eigenkapitalanteil gewährleistet der Unternehmensleitung Dispositionsfreiheit, schützt vor Unternehmenszusammenbrüchen infolge von Überschuldung, vermindert das Risiko für die Gläubiger und stellt eine gute Grundlage für neue Kreditaufnahmen dar. Je höher die Eigenkapitalquote ist, desto günstigere Konditionen lassen sich bei Kreditgesprächen aushandeln. Um ein abschließendes Urteil fällen zu können, kann ein Branchenvergleich sinnvoll sein, da bestimmte Branchen nur eine geringe Eigenkapitalausstattung haben. Die Eigenkapitalausstattung bei Industrieunternehmen liegt zwischen 15 % und 40 %. **Beispiel:** Eigenkapital 2010: TEUR 8.700 Bilanzsumme: TEUR 33.780 Eigenkapitalquote: 25,75 % **Anlagendeckungsgrad** Das Anlagevermögen sollte möglichst mit Eigenkapital finanziert sein. $Anlagendeckungsgrad\ I = \frac{Eigenkapital \times 100}{Anlagevermögen}$ $Anlagendeckungsgrad\ II = \frac{(Eigenkapital + langfristiges\ Fremdkapital) \times 100}{Anlagevermögen}$

	Ein Anlagendeckungsgrad II unter 100 % bedeutet eine Anlagenunterdeckung. Es wurde mittel- und/oder kurzfristiges Fremdkapital zur Finanzierung des Anlagevermögens eingesetzt. **Beispiel:** Eigenkapital 2010: TEUR 8.700 Anlagevermögen: TEUR 13.870 Langfristiges Fremdkapital: TEUR 14.200 Anlagendeckungsgrad I: 8.700 x 100 : 13.870 = 62,73 % Anlagendeckungsgrad II: (8.700 + 14.200) x 100 : 13.870 = 165,10 % **Liquidität** Liquidität ist die Fähigkeit des Unternehmens, jederzeit fällige Zahlungsverpflichtungen erfüllen zu können. Je mehr die flüssigen Mittel die kurzfristigen Verbindlichkeiten decken, umso liquider ist das Unternehmen. $Liquiditätsgrad\ I = \frac{liquide\ Mittel\ 1.\ Grades \times 100}{kurzfristiges\ Fremdkapital}$ Die Kennzahl „Liquidität I. Grades“ zeigt, wie weit das kurzfristige Fremdkapital mit vorhandenen liquiden Mitteln (Kasse, Kontoguthaben, Scheck) zurückgezahlt werden kann. Üblicherweise sollten mindestens 20 % der Rechnungen sofort beglichen werden können, um auch eine Skontoausnutzung zu ermöglichen. $Liquiditätsgrad\ II = \frac{liquide\ Mittel\ 2.\ Grades \times 100}{kurzfristiges\ Fremdkapital}$ Die Liquidität 2. Grades gibt an, wie weit kurzfristig realisierbare Vermögenswerte das kurzfristige Fremdkapital decken. Sie sollte mindestens 100 % betragen. Die liquiden Mittel 2. Grades setzen sich zusammen aus den liquiden Mitteln 1. Grades und den Forderungen aus Lieferungen und Leistungen sowie den Wertpapieren und gängigen Waren. $Liquiditätsgrad\ III = \frac{liquide\ Mittel\ 3.\ Grades \times 100}{kurzfristiges\ Fremdkapital}$ Die liquiden Mittel 3. Grades setzen sich zusammen aus den liquiden Mitteln 2. Grades und den Vorräten. Die liquiden Vermögensteile 1., 2. und 3. Grades (Umlaufvermögen) zusammengenommen müssen merklich größer sein als die kurzfristigen Verbindlichkeiten, wenn ein Bankkredit vertretbar sein soll. Bei der umsatzbedingten Liquidität 3. Grades liegt der kritische Wert bei 100 %, denn dann könnten durch Umsetzung des Umlaufvermögen genau alle Verbindlichkeiten ausgeglichen werden. Liegt die Kennzahl unter 100 %, hat das Unternehmen ernste Zahlungsschwierigkeiten (Insolvenzgefahr). Die Zielvorgabe liegt bei 120 %. Liegt der Wert über 150 %, so deutet dies möglicherweise auch ein zu großes Warenlager mit überhöhter Kapitalbindung hin. Nachteil dieser Kennzahlen ist, dass die Kennzahlen zum Zeitpunkt der Berechnung längst überholt sind. Sie beziehen sich auf den Bilanzstichtag. Für die Einordnung in die Bilanz ist jeweils die Fristigkeit, d. h. die Gesamtlaufzeit, maßgeblich. Für die Liquidität ist dagegen die Fälligkeit, d. h. die Restlaufzeit, entscheidend. **Beispiele:** Liquiditätsgrad I: Liquide Mittel I: TEUR 1.360 Kurzfristige Fremdkapital: TEUR 10.000 Liquiditätsgrad I: 1.360 x 100 : 10.000 = 13,6 %

Liquiditätsgrad II:
Liquide Mittel I: TEUR 1.360
Forderungen aus L. u. L.: TEUR 4.560
Kurzfristiges Fremdkapital: TEUR 10.000
Liquiditätsgrad II: 1.360 + 4.560) x 100 : 10.000 = 59,2 %

Liquiditätsgrad III:
Liquide Mittel I: TEUR 1.360
Liquide Mittel II: TEUR 4.560
Liquide Mittel III: TEUR 13.990
Liquiditätsgrad III: (1.360 + 4.560 + 13.990) x 100 : 10.000 = 199,1 %

Eigenkapitalrentabilität
Sie zeigt die Effizienz der Kapitalverwendung und ist Maßstab für den Erfolg des Betriebes.
Eigenkapitalrentabilität = Jahresüberschuss vor Steuern x 100 : Eigenkapital

Beispiel:
Eigenkapitalrentabilität:
Jahresüberschuss vor Steuern: TEUR 750
Eigenkapital: TEUR 8.700
Eigenkapitalrentabilität: 750 x 100 : 8.700 = 8,62 %

Gesamtkapitalrentabilität
Sie gibt die Verzinsung des gesamten eingesetzten Kapitals an.
Gesamtkapitalrentabilität = (Jahresüberschuss vor Steuern + Fremdkapitalzinsen) x 100 : Gesamtkapital

Beispiel:
Jahresüberschuss vor Steuern: TEUR 750
Fremdkapitalzinsen: TEUR 1.240
Gesamtkapital: TEUR 32.900
Gesamtkapitalrentabilität: (750 + 1.240) x 100 : 32.900 = 6,05 %

Umsatzrentabilität
Sie gibt Auskunft über die ordentlichen Betriebserfolge.
Umsatzrentabilität = Gewinn einer Periode x 100 : Jahresumsatz

Beispiel:
Gewinn einer Periode: TEUR 1.680
Jahresumsatz: TEUR 39.850
Umsatzrentabilität: 1.680 x 100 : 39.850 = 4,22 %

Cashflow
Der Cashflow ist der Überschuss der zahlungswirksamen Erträge über die zahlungswirksamen Aufwendungen.
Cashflow = Jahresüberschuss + Abschreibungen +/- Veränderungen der langfristigen Rückstellungen

Beispiel:
Jahresüberschuss: TEUR 750
Abschreibungen: TEUR 1.850
Veränderungen der langfristigen Rückstellungen: TEUR 20
Cashflow: 750 + 1.850 + 20 = 2.620

Debitorenziel
Das Ergebnis gibt an, wie lange das Unternehmen durchschnittlich auf die Begleichung seiner Rechnungen warten muss
Debitorenziel = (Forderungen aus Lieferungen und Leistungen zum Jahresende x 365) : Umsatzerlöse

	Beispiel: Forderungen: TEUR 4.560 Umsatzerlöse: TEUR 39.850 Debitorenziel: 4.560 x 365 : 39.850 = 41,77 = 42 Tage **Kreditorenziel** Das Kreditorenziel gibt an, in welchem Umfang das Unternehmen Zahlungsziele bei seinen Lieferanten in Anspruch nimmt. Kreditorenziel = (Verbindlichkeiten aus Lieferungen und Leistungen zum Jahresende x 365) : Materialaufwand bzw. Wareneinsatz Beispiel: Verbindlichkeiten aus L. u L: TEUR 4.250 Materialaufwand bzw. Wareneinsatz: TEUR 16.430 Kreditorenziel: 4.250 x 365 : 16.430 = 94,42 = 95 Tage

2. Das gerichtliche Mahnverfahren

Wesen	Das gerichtliche Mahnverfahren ist ein formularmäßig durchgeführter, abgekürzter Zivilprozess, der dem Gläubiger (Antragsteller) schnell und kostengünstig einen Vollstreckungstitel verschafft. Der Vollstreckungstitel berechtigt den Gläubiger zur Zwangsvollstreckung in das Vermögen des Schuldners (Antragsgegner). Grundsätzlich ist das Amtsgericht des Gläubigers für das Mahnverfahren zuständig. Anträge auf Erlass eines Mahnbescheids können auch im Wege des Datenträgeraustauschs eingereicht werden. Bei einem streitigen Verfahren (Widerspruch, Einspruch) ist das Gericht, bei dem der Antragsgegner seinen allgemeinen Gerichtsstand hat, örtlich zuständig. Dies ist i. d. R. das Gericht, in dessen Bezirk der Antragsgegner (Schuldner) wohnt oder seinen Geschäftssitz hat. Rechnet der Gläubiger beim Mahnverfahren mit Einwendungen des Schuldners (Widerspruch) wird er zur Durchsetzung seiner Forderungen direkt das Klageverfahren einleiten.
Ablauf eines gerichtlichen Mahnverfahrens an einem Beispiel	Die Rechtsabteilung der *Nordbank AG* kündigt einen Kredit und schaltet die Rechtsanwaltssozietät Rechtsanwälte und Notare Becker, Müller & Partner ein. Die Rechtsanwälte beantragen einen Mahnbescheid beim Amtsgericht Hamburg. Hierzu zahlen die Rechtsanwälte die Gerichtskosten mittels Gerichtskostenmarke ein. Das Amtsgericht prüft nur die Einhaltung der Formalien, nicht aber die Richtigkeit der Forderung und stellt den Bescheid durch „Niederlegung als Schriftstück" dem Schuldner zu. Von diesem Vorgang wird die *Nordbank AG* als Gläubigerin bzw. die prozessbevollmächtigten Anwälte informiert. 14 Tage sind seit der Zustellung des Mahnbescheids vergangen, es erfolgte keine Zahlung, aber noch fristgemäß geht beim Amtsgericht Hamburg ein formgerechter Widerspruch gegen den Mahnbescheid des Schuldners ein. Hierzu wurde dem Amtsgericht lediglich kurz schriftlich mitgeteilt: „Ich erhebe Widerspruch. Der Widerspruch richtet sich gegen die Gesamtforderung. Der Schuldner". Wenige Stunden nach Eingang des Widerspruchs beim Amtsgericht wird per Boten der Antrag auf Vollstreckungsbescheid der Rechtsanwälte Becker, Müller & Partner dem Amtsgericht Hamburg überstellt. Aufgrund des rechtzeitig erfolgten Widerspruchs gegen den Mahnbescheid fordert das Amtsgericht Hamburg einen Gerichtskostenvorschuss von den Rechtsanwälten und einen begründeten Klageantrag mit einer 6-Monats-Frist an. Der bereits geleistete Gerichtskostenvorschuss für den Mahnbescheid ist damit verfallen.

3. Gerichtsorganisation

Ordentliche Gerichtsbarkeit	Arbeitsgerichtsbarkeit	Sozialgerichtsbarkeit	Verwaltungsgerichtsbarkeit	Finanzgerichtsbarkeit
- Amtsgericht für Zivilsachen - Amtsgerichte, z. B. Mietsachen, Nachlasssachen, Betreuungssachen	Arbeitsgerichte	Sozialgerichte	Verwaltungsgerichte	Finanzgerichte
Landgericht, z. B. Zivilsachen ab 5.000,00 EUR	Landesarbeitsgerichte	Landessozialgerichte	-	-
Oberlandesgerichte	-	-	Oberverwaltungsgerichte	-
Bundesgerichtshof in Karlsruhe	Bundesarbeitsgericht in Erfurt	Bundessozialgericht in Kassel	Bundesverwaltungsgericht in Leipzig	Bundesfinanzhof in München

3 Auslandszahlungsverkehr

3.1 Nichtdokumentäre Zahlungen

Lösungen ab Seite 280

Fall 1: Auslandsüberweisung

Die Firma *Metallbau J. A. Behrends & Co. GmbH*, Hamburg, hat am 13. März mit der Firma *Shapple & Russel plc*, London einen Kontrakt über die Lieferung einer Verpackungsmaschine zum Preis von 25.150 GBP geschlossen und Zahlung bei Lieferung vereinbart. Am 24. April geht die Maschine bei der *Metallbau* ein, am 05. Mai (Freitag, Eingangsdatum bei der *Nordbank AG*) erteilt die *Metallbau* der *Nordbank AG* brieflich die folgende Weisung:

Metallbau J. A. Behrends & Co. GmbH

Heideallee 30-32, 22055 Hamburg

An die Nordbank AG

Auslandszahlung

Bitte führen Sie zu Lasten unseres EUR-Kontos 1220/4455661 folgende Auslandszahlung auf dem schnellsten und kostengünstigsten Weg aus:

Betrag: 25.150,00 GBP
Zahlungsempfänger: Shapple & Russel plc
92 Curtain Road
London EC2P 2 JX
Bankverbindung: Midland Bank
60, Gracechurch Street
London EC3P 3 BN
Konto: IBAN: GB19MIDL30961700708844
BIC: MIDLGBLL
Zahlungsgrund: Invoice No. 1298/Wds.

Hochachtungsvoll ...

Sie sind Auszubildende(r) bei der *Nordbank AG* und werden beauftragt, diese Auslandszahlung abzuwickeln.

a Grundlage für die Durchführung der Auslandszahlung ist ein Zahlungsauftrag im Außenwirtschaftsverkehr. Blatt 2 des Zahlungsauftrages ist für die *Deutsche Bundesbank* bestimmt. Die *Nordbank AG* hat eine direkte Kontoverbindung mit der *Midland Bank*, wird also die Deutsche Bundesbank für die Abwicklung der Zahlung gar nicht einschalten. Wozu dient Blatt 2 des Zahlungsauftrages?

b Prüfen Sie, ob in diesem Fall auch die Erteilung einer SEPA-Überweisung möglich gewesen wäre!

c Erstellen Sie die Abrechnung für den Kunden! Benutzen Sie die abgedruckten Devisen- und Sortenkurse und die Gebühren bei Devisenankäufen und -verkäufen! Das Abrechnungskonto der *Metallbau GmbH* wird in Euro geführt.

W. Grundmann, *Bankwirtschaft Teil 2*, Prüfungstraining für Bankkaufleute,
https://doi.org/10.1007/978-3-658-40392-8_3

Devisen- und Sortenkurse für GBP

Referenzkurse EuroFX		Sortenkurse
Geldkurs:	0,8655	Verkauf: 0,8475
Briefkurs:	0,8659	Ankauf: 0,8915

Gebühren bei Devisenan- und -verkäufen

Bearbeitungsgebühr		
bis	100 EUR	7,50 EUR
bis	500 EUR	15,00 EUR
bis	13.500 EUR	20,00 EUR
ab	13.500 EUR	1,25 Promille
Courtage		
bis	12.000 EUR	3,00 EUR
ab	12.000 EUR	0,25 Promille
Auslagen		
bei Überweisungen		5,00 EUR
bei Schecks		10,00 EUR

Gebühren bei standardisierten Euro-Überweisungen
bis 5.000,00 EUR oder Gegenwert in Fremdwährung 15,00 EUR

d Die *Metallbau J. A. Behrends & Co. GmbH* hat um Ausführung auf dem schnellsten Weg gebeten. Welche Abwicklungsmöglichkeit wählen Sie für den Kunden? Begründen Sie Ihre Entscheidung!

e Ermitteln Sie das Datum, bis zu dem der Zahlungsbetrag auf dem Konto des Zahlungsempfängers in Großbritannien sein muss.

Fall 2: Bankenorderscheck

Die *CEPACO Export-Import GmbH* unterhält bei der *Nordbank AG* ein US-Dollar-Fremdwährungskonto. Mit der *Overprint Ltd.* in New York wurde ein Kontrakt über die Lieferung einer Druckmaschine im Wert von 280.000,00 US-Dollar geschlossen, der Bestimmungshafen ist Hamburg. Die *CEPACO GmbH* ist daran interessiert, nach Erhalt der Druckmaschine den Rechnungsbetrag von ihrem US-Dollar-Fremdwährungskonto zu überweisen. Der amerikanische Exporteur verlangt allerdings einen auf US-Dollar ausgestellten Bankenorderscheck der *Nordbank AG*. Der Prokurist der *CEPACO GmbH*, Harald Schreiner, bittet den Kontoführer bei der *Nordbank AG* um einen entsprechenden Bankenorderscheck zu Lasten des US-Dollar-Fremdwährungskontos. Die *Nordbank AG* unterhält mit der *BankAmerica Intern.* in New York ein A-Korrespondenzverhältnis. In dem Agenturvertrag ist vereinbart, dass die *Nordbank AG* zur Ausstellung von Orderschecks berechtigt ist.

a Die *Nordbank AG* händigt Herrn Schreiner den geforderten Scheck sofort aus. Aus welchem Grund verlangt der amerikanische Exporteur einen Bankenorderscheck?

b Warum avisiert die *Nordbank AG* der *BankAmerica Intern.* die Scheckziehung?

c Beschreiben Sie Vorteile eines Fremdwährungskontos für die *CEPACO GmbH.*

d Worin unterscheidet sich aus der Sicht der *Nordbank AG* ein A-Korrespondenzverhältnis von einem B-Korrespondenzverhältnis im Auslandsgeschäft?

3.2 Dokumentäre Zahlungen

Lösungen ab Seite 282

Fall 1: Dokumenten-Inkasso

Die *Nordbank AG* erhält am 24. April mit der Post von einer Korrespondenzbank in Mexiko Dokumente im Wert von 46.000,00 US-Dollar zum Inkasso (d/p-Inkasso). Der bezogene Importeur, die Hamburger Firma *Schröder & Söhne GmbH*, ist langjähriger Kunde der *Nordbank AG*. Die importierte Ware befindet sich auf dem Seeweg nach Hamburg. Als Lieferungsbedingung wurde CIF Hamburg vereinbart.

Die Auszubildende Sonja Rasmussen arbeitet am Ende ihrer zweijährigen Bankausbildung in der Auslandsabteilung. Ihre Ausbilderin Renate Freese übergibt ihr diesen Geschäftsvorgang zur Bearbeitung (vgl. Einheitliche Richtlinien für Inkassi).

a Zunächst überprüft Frau Rasmussen, ob die für einen Inkassoauftrag notwendigen Dokumente vorhanden sind. Welche Arten von Dokumenten gehören wenigstens zu diesem Inkassogeschäft?

b Beschreiben Sie stichwortartig die Abwicklung dieses Inkassos!

c Die *Nordbank AG* dient der *Schröder & Söhne GmbH* die Dokumente „zu getreuen Händen" an. Erklären Sie diesen Vorgang! Bei welchen Kunden ist die Anwendung dieser Usance unbedenklich?

d Die importierte Ware ist bereits „durchgehandelt". Mit dem Eingang der Verkaufserlöse rechnet die Firma *Schröder & Söhne GmbH* allerdings erst in ca. zwei Monaten, da sie ihren Abnehmern ein Zahlungsziel einräumen musste. Wegen der Kreditierung der Dokumente bittet der Importeur Frau Freese um Beratung. Wie könnte die *Schröder & Söhne GmbH* das eingeräumte Zahlungsziel finanzieren?
   1 Schlagen Sie eine geeignete Finanzierung vor!
   2 Wovon wird die Höhe des zu gewährenden Kredits abhängig gemacht?
   3 Wie könnte der Importkredit während der Kreditlaufzeit gesichert werden?

e Zum Schluss erteilt Frau Freese der Auszubildenden Frau Rasmussen den Auftrag, die Abrechnung für die Firma *Schröder & Söhne GmbH* zu erstellen. Ermitteln Sie den Betrag, mit dem das Konto des Importeurs belastet werden kann, wenn der US-Dollar zurzeit mit einem Referenzkurs von 1,1181 G - 1,1241 B notiert.

Inkassigebühren für den Importeur

1	Courtage	0,025 %
	mindestens	1,50 EUR
2	Bearbeitungsgebühr	0,3 %
	mindestens	60,00 EUR
3	Porto/Auslagen	5,00 EUR

f Nach Aufnahme der Dokumente und Abholung der Ware durch ein örtliches Speditionsunternehmen stellt die Firma *Schröder & Söhne GmbH* fest, dass die gelieferte Ware des mexikanischen Exporteurs mangelhaft ist. Mit welcher Bankdienstleistung hätte das Lieferungs- und Leistungsrisiko des Importeurs von vornherein eingegrenzt werden können?

Fall 2: Incoterms, Dokumenten-Inkasso und Zahlungsabwicklung

Die *Gerresheimer GmbH,* Hamburg möchte ihr Sortiment durch den Import von zehn Verpackungsmaschinen erweitern. Erste Verhandlungen mit der Firma *Shapple & Russel plc*, London wurden bereits geführt und in einem Ergebnisprotokoll festgehalten. Die *Nordbank AG* als Hausbank der *Gerresheimer GmbH* soll die Zahlungsabwicklung und die Finanzierung für die Verpackungsmaschinen übernehmen. Herr Schreiner, der Prokurist der *Gerresheimer GmbH*, bittet Sie als Firmenkundenbetreuer/in, vor Abschluss des Kaufvertrages mit ihm noch einige Probleme zu klären. Über die Lieferungsbedingung ist noch keine Einigung erfolgt. Es stehen FOB London oder CIF Hamburg zur Diskussion.

a Erläutern Sie Herrn Schreiner jeweils den Kosten- und Gefahrenübergang bei diesen Klauseln und erklären Sie, welche Kriterien bei seiner Entscheidung für eine der beiden Lieferungsbedingungen den Ausschlag geben sollten.

b Der britische Exporteur hat der *Gerresheimer GmbH* folgendes Angebot unterbreitet. Ermitteln Sie jeweils den CIF-Preis und den FOB-Preis für eine Verpackungsmaschine.

Kosten pro Verpackungsmaschine	
Verpackungsmaschine	45.000,00 EUR
Verpackungskosten	400,00 EUR
Bahn-/Lkw-Fracht nach London	500,00 EUR
Umschlagkosten/Hafengebühren London	700,00 EUR
Seefracht	1.500,00 EUR
Seeversicherung	300,00 EUR
Löschkosten/Hafengebühren Hamburg	500,00 EUR
Transportkosten in Hamburg	250,00 EUR

c Für welche Lieferungsbedingung sollte sich die *Gerresheimer GmbH* entscheiden, wenn sie für Seefracht 1.450,00 EUR und für Seeversicherung 475,00 EUR bei heimischen Anbietern bezahlen soll?

d Die Kontraktpartner einigen sich auf die Lieferungsbedingung CIF Hamburg. Herr Schreiner möchte von Ihnen wissen, wie der britische Geschäftspartner ihm gegenüber bei dieser Lieferungsbedingung

1 die Erfüllung seiner Lieferpflicht beweisen kann;
2 seine Versicherungspflicht zu erfüllen hat.

Bei der Zahlungsabwicklung ist der britische Exporteur laut Protokoll mit der Auslieferung der Dokumente gegen Zahlung einverstanden.

e Welche Vorteile ergeben sich aus dieser Zahlungsweise für die *Gerresheimer GmbH* und den britischen Exporteur?

f Beschreiben Sie Herrn Schreiner ein Risiko dieser Zahlungsweise.

g Mit welchem Betrag wird die *Gerresheimer GmbH* belastet? Die *Nordbank AG* berechnet Bearbeitungsgebühren von 0,3 %, mindestens jedoch 60 EUR und für Porto bzw. Auslagen 20,00 EUR.

Fall 3: Incoterms und Zahlungsbedingungen

Die *Hauni AG* steht in Vertragsverhandlungen mit der *Morris Inc.*, San Francisco, über die Lieferung von 2 Fertigungsautomaten, Gesamtpreis (unverpackt ab Werk), 1.500.000,00 EUR, Lieferung über die Schiffsroute Hamburg – New York in zwei Monaten, Zahlung in drei Monaten.

Devisenkursnotierungen / Basis 1 EUR

USD-Kassa	1,1167	1,1227
USD-3-Monate	1,1120	1,1180

Lieferkosten

Verpackungskosten	1.400,00 EUR
Bahn-/LKW-Fracht nach Hamburg	2.300,00 EUR
Umschlagkosten/Hafengebühren Hamburg	700,00 EUR
Seefracht	11.500,00 EUR
Seeversicherung	3.000,00 EUR
Löschkosten/Hafengebühren New York	400,00 USD
Transportkosten New York – San Francisco	2.400,00 USD

Der Prokurist der *Hauni AG*, Herr Ingo Schmieding, möchte sich für diesen Kontrakt eine sichere Kalkulationsbasis verschaffen. Er wendet sich mit seinem Anliegen an Sie als Firmenkundenbetreuer(in) der *Nordbank AG*.

a Kalkulieren Sie den Angebotspreis sowohl auf EUR-Basis als auch auf USD-Basis jeweils für die Lieferungsbedingungen FOB Hamburg und CIF New York. Runden Sie die Ergebnisse auf volle 10,00 EUR bzw. USD auf.

b Die Kontraktpartner einigen sich auf die Lieferungsbedingung CIF New York. Der Prokurist der *Hauni AG* möchte von Ihnen wissen, wie er bei dieser Lieferungsbedingung gegenüber seinem amerikanischen Geschäftspartner
- die Erfüllung seiner Lieferpflicht beweisen kann,
- seine Versicherungspflicht zu erfüllen hat.

Informieren Sie Herrn Schmieding.

c Offen ist noch die Frage der Zahlungsbedingung. Empfehlen Sie Herrn Schmieding eine Zahlungsbedingung, die sowohl dem Sicherheitsbedürfnis der *Hauni AG* als auch dem Wunsch des amerikanischen Geschäftspartners nach Einräumung eines Zahlungsziels Rechnung trägt. Begründen Sie Ihre Empfehlung.

Fall 4 Dokumenten-Akkreditiv

Die *Jean Simon GmbH* in Hamburg verkauft in ihren norddeutschen Kleidermärkten modische Herren- und Damenbekleidung. Für die Produktion der kommenden Modesaison wurde am 08. Juli 2020 von der *Jean Simon GmbH* ein Kontrakt mit der türkischen Firma *Yapas A.S.* in Mahmut Pasa Mah. in der Nähe von Istanbul im Werte von 300.000,00 EUR geschlossen. Die Firma *Yapas* wurde im Kontrakt verpflichtet, bis zum 04. Januar 2021 40.000 T-Shirts und Sweatshirts in den neuen Modefarben zu liefern. Als Zahlungsbedingung wurde ein unwiderrufliches Dokumenten-Akkreditiv vereinbart, zahlbar bei Dokumentenvorlage bei der *Hamburger Sparkasse*. Als Lieferungsbedingung wurde FOB Istanbul vereinbart. Neben einem 3/3 Seekonnossement und einer Handelsrechnung in sechsfacher Ausfertigung werden ein Ursprungszeugnis und eine Packliste für die ordnungsgemäße Verzollung der Ware in Hamburg gefordert (vgl. Einheitliche Richtlinien und Gebräuche für Dokumenten-Akkreditive).

Im Einzelnen enthält der Vertrag die nachstehenden Angaben:

Exporteur: Yapas A.S, Asir Efendi Sok. 11, Mahmut Pasa Mah.
Importeur: Jean Simon GmbH, Schwenckestr. 91, 20255 Hamburg

Vertragsnummer: W-88104
Vertragsdatum: 08. Juli 2020
Warenbeschreibung:
20.000 T-Shirts à 5 EUR, design/colour 310-320, S/M/L,
20.000 Sweatshirts à 10 EUR, design/colour 510-530, S/M/L
Gesamtpreis: 300.000,00 EUR
Lieferungsbedingung: FOB Istanbul
Verladefrist: 07. Dezember 2020
Zahlungsbedingung: Unwiderrufliches Dokumenten-Akkreditiv
Korrespondenzbank: Türkiye Halk Bankasi S.A.

Sonstiges: Die Dokumente sollen mit 2/3 Erstpost per Kurier und mit 1/3 Zweitpost per Luftpost/Einschreiben verschickt werden.

Die *Jean Simon GmbH* unterhält eine Kontoverbindung bei der *Hamburger Sparkasse*. Die *Hamburger Sparkasse* ist Korrespondenzbank der *Türkiye Halk Bankasi A.S.* Zwischen beiden Kreditinstituten besteht seit langem eine Kreditlinie, derzeit in Höhe von 10 Millionen EUR.

Am 13. Juli 2020 ruft Herr Benedict Collin, Prokurist der Firma *Jean Simon GmbH*, in der Auslandsabteilung der *Hamburger Sparkasse* an und bittet wegen des Importakkreditivs um einen Gesprächstermin.

Sybille Zellober ist Sachbearbeiterin für Dokumenten-Akkreditive bei der *Hamburger Sparkasse*. Zurzeit betreut sie den Auszubildenden Uli Lehmann, der im Herbst seine Abschlussprüfung zum Bankkaufmann absolvieren wird.

a Welche Verpflichtungen ergeben sich aus dem Kaufvertrag für die *Jean Simon GmbH* und die *Yapas A.S.*?

b Am 15. Juli 2020 spricht Herr Collin in der Auslandsabteilung vor und reicht Frau Zellober den bereits ausgefüllten Importakkreditiv-Eröffnungsauftrag herein. Er bittet um die baldige Eröffnung eines unwiderruflichen Dokumenten-Akkreditivs zu Lasten der Akkreditivkreditlinie der *Jean Simon GmbH*. Die Akkreditivkreditlinie in Höhe von 1 Million EUR ist bis auf 400.000,00 EUR bereits ausgenutzt. Frau Zellober bittet nun zunächst ihren Auszubildenden Herrn Lehmann, die Angaben im Akkreditiveröffnungsantrag auf Vollständigkeit zu prüfen.
   1 In der Rubrik „Benutzbar gegen Übergabe folgender Dokumente:“ sind keine Versicherungsdokumente angekreuzt worden. Prüfen Sie, ob hier Angaben nachgetragen werden müssen!
   2 Erklären Sie die Bedeutung folgender von der Firma *Jean Simon GmbH* gemachten Angaben im Akkreditivauftrag:
      - Im Akkreditivauftrag wurde angekreuzt: „Teilverladungen unzulässig, Umladungen unzulässig, verladen von Istanbul Port nach Hamburg Port spätestens am 07. Dezember 2020“ und
      - die Importware beschrieben und die Lieferbedingung FOB eingetragen!
   3 Weiter heißt es: „Die Dokumente sind innerhalb von ... Tagen nach dem Ausstellungsdatum des (der) Verladedokumente(s) vorzulegen“.
      - Bis wann sind die Dokumente der *Hamburger Sparkasse* vorzulegen, wenn keine Frist im Akkreditivauftrag angegeben wurde?
      - Warum ist eine Fristsetzung für die Dokumentenvorlage zweckmäßig?

c In einem Ausbildungsgespräch fordert Frau Zellober ihren Auszubildenden auf, einige Sachverhalte aus dem Akkreditiv zu erläutern.
   1 Aus welchen Gründen werden die einzelnen Dokumente von der *Jean Simon GmbH* benötigt?

2 Warum könnte sich die *Jean Simon GmbH* für die Lieferungsbedingung FOB entschieden haben?

d Auf Grund der guten Bonität der *Jean Simon GmbH* ist die *Hamburger Sparkasse* bereit, das Akkreditiv zu eröffnen. Welche Verpflichtung ergibt sich daraus für die *Hamburger Sparkasse*?

e Die Verladung der Ware verzögert sich auf Grund eines Streiks der Hafenarbeiter um einen Tag auf den 08. Dezember 2020. Die vereinbarte Verladefrist kann nicht eingehalten werden. Wie könnte die Firma *Yapas A.S.* in dieser Situation akkreditivgemäß reagieren?

f Die Dokumente werden von der *Yapas A.S.* am 08. Dezember 2020 der *Türkiye Halk Bankasi* vorgelegt und wie vereinbart mit der Erst- und Zweitpost an die *Hamburger Sparkasse* weitergeleitet. Warum sind zwei unterschiedliche Postwege vorgesehen?

g Die *Jean Simon GmbH* möchte der Sparkasse den Akkreditivbetrag erst nach dem Verkauf der Frühjahrskollektion bereitstellen. Machen Sie Herrn Collin einen Finanzierungsvorschlag mit den entsprechenden Sicherheiten.

Fall 5 Dokumenten-Akkreditiv

Sie sind Kundenberater/-in der *Nordbank AG*. Zu Ihren Kunden gehört die Krones Getränkeautomaten GmbH.

Die Krones GmbH produziert und verkauft weltweit Getränkeautomaten an Hotelketten und Restaurants.

Dem Kundeninformationssystem der *Nordbank AG* können Sie unter anderem die folgenden Daten entnehmen:

Konten der Krones Getränkeautomaten GmbH	Kontostand
Kontokorrentkonto	H 51.424,23 EUR
US-Dollar-Fremdwährungskonto	S 34.112,86 USD

Rainer Bichler ist alleiniger Geschäftsführer der Krones Getränkeautomaten GmbH. Er teilt Ihnen in einem Beratungsgespräch mit, dass er in wenigen Tagen nach Mexiko City fliegen wird, um dort mit der Arca Continental S.A. Vertragsverhandlungen über die Lieferung von Getränkeautomaten zu führen.

Herr Bichler entscheidet sich zur Mitnahme von mexikanischen Pesos für umgerechnet 500,00 EUR. Bei der *Nordbank AG* gelten zurzeit die nachstehenden Sortenkurse für mexikanische Pesos (Stückelung in Banknoten 100 MXN):

	Verkauf	Ankauf
1 EUR	21,0979 MXN	32,9496 MXN

Für Beträge unter 1.000,00 EUR berechnet die *Nordbank AG* ein zusätzliches Entgelt von 5,00 EUR.

a Berechnen Sie den Betrag, der dem Geschäftskonto der Krones Getränkeautomaten GmbH belastet wird (Runden Sie die mexikanischen Pesos auf volle hundert MXN ab!)!

Des Weiteren teilt Ihnen Herr Bichler mit, dass er mit der Arca Continental S.A. einen Vorvertrag über den Verkauf von 15 Getränkeautomaten abschließen konnte. Allerdings wurden einzelne Vertragsbestandteile noch nicht abschließend festgelegt. Hier hat sich die Krones Getränkeautomaten GmbH jeweils ein Wahlrecht einräumen lassen.

Im Zusammenhang mit der Währung stehen die Zahlungen in US-Dollar (USD) oder in mexikanischen Pesos (MXN) zur Auswahl. Sie empfehlen Herrn Bichler die Zahlung in US-Dollar.

b Erläutern Sie Herrn Bichler einen Vorteil der Zahlung in US-Dollar gegenüber der Zahlung in mexikanischen Pesos (MXN) unter der Voraussetzung, dass kein Kurssicherungsgeschäft abgeschlossen wird!

Im Zusammenhang mit der Zahlungsbedingung stehen das Dokumentenakkreditiv (gegen Zahlung) und das Dokumenteninkasso (d/p) zur Auswahl.

c Erläutern Sie Herrn Bichler einen Vorteil und einen Nachteil des Dokumentenakkreditivs (gegen Zahlung) gegenüber dem Dokumenteninkassos (d/p) für die Krones Getränkeautomaten GmbH!

Herr Bichler teilt Ihnen mit, dass mit der Arca Continental S.A. als Lieferungsbedingung CIF Acapulco vereinbart wurde. Zudem entscheidet sich Herr Pichler für das Dokumentenakkreditiv (gegen Zahlung).

d Beschreiben Sie Herrn Bichler vier Aufgaben, die aufgrund der gewählten Lieferungsbedingung und der gewählten Zahlungsbedingung auf die Krones Getränkeautomaten GmbH im Zusammenhang mit den Dokumenten zukommen!

Die *Nordbank AG* erhebt für die Bearbeitung eines Dokumentenakkreditivs ein Entgelt. Sie begründen dies unter anderem mit der für die *Nordbank AG* bestehenden Pflicht zur Prüfung, ob die Dokumente ihrer äußeren Aufmachung nach den Akkreditivbedingungen zu entsprechen scheinen.

e Beschreiben Sie Herrn Bichler drei Bestandteile der Dokumentenprüfung durch die *Nordbank AG*!

Herrn Bichler teilt Ihnen mit, dass die Banco de Mexico Hausbank der Arca Continental S.A. ist. Es handelt sich dabei um ein regionales mexikanisches Kreditinstitut. Die *Nordbank AG* bietet an, Dokumentenakkreditive zu bestätigen. Hierdurch erhält ein Exporteur ein zweites Zahlungsversprechen.

f Entscheiden Sie, ob im vorliegenden Fall ein zweites Zahlungsversprechen durch die *Nordbank AG* für die Krones Getränkeautomaten GmbH sinnvoll ist und begründen Sie Herrn Bichler Ihre Entscheidung!

Fall 6 Devisentermingeschäft

Die *Metallbau GmbH* in Hamburg, Produzentin von Gabelstaplern, schließt mit einem koreanischen Importeur den ausschnittweise abgebildeten Kontrakt ab. Die Unternehmen unterhalten bereits seit zehn Jahren intensive Geschäftsbeziehungen. Sie haben schon mehrere Großprojekte zur gegenseitigen Zufriedenheit abgewickelt.

Kaufvertrag (Ausschnitt des übersetzten Textes)
Kaufvertrag Nr. 47111 über 5 Gabelstapler
Artikelnummer XY 789 1234 555

Verkäufer	Metallbau GmbH Bahnhofstr. 7 20559 Hamburg/Deutschland
Käufer	Talus Inc. P. O. Box 23 4567 1234567 Seoul/Korea

Gesamtpreis	750.000,00 USD
Lieferbedingung	FOB Hamburg
Liefertermin	frühestens 15. Oktober 2020 spätestens 3. Dezember 2020
Zahlungsbedingung	250.000,00 USD: spätestens bis 15.09.2020 500.000,00 USD: 30 Tage nach Erhalt der Lieferung am Bestimmungsort Seoul

a Nennen Sie zwei Pflichten der *Metallbau GmbH* in Hinblick auf die Lieferbedingung.

Die *Talus Inc.* steht in Geschäftsverbindung mit *der Korea Exchange Bank Seoul*. Die *Metallbau GmbH* nutzt für den mit Auslandsgeschäften verbundenen Zahlungsverkehr ihre Hausbank, die *Nordbank AG* in Hamburg. Beide Banken sind A-Korrespondenten der *Bank of America*, bei der sie USD-Konten unterhalten. Die genannten Bankverbindungen sollen wie bisher für die Abwicklung der sich aus dem Kontrakt ergebenden Zahlungen eingesetzt werden.

Die *Metallbau GmbH* erhält am 12.09.2020 aus Seoul einen Banken-Orderscheck über 250.000,00 USD wegen des Kontraktes 47111.

b Stellen Sie fest, wer
   1. Aussteller,
   2. Bezogener des Bankenorderschecks ist.

Die *Metallbau GmbH* reicht den Scheck am 14.09.2020 bei der *Nordbank AG* zur Gutschrift des Gegenwertes ein.

c Beschreiben Sie zwei von der *Nordbank AG* bei der Hereinnahme des Schecks durchzuführende Prüfhandlungen.

Der Kundenberater der *Nordbank AG* bietet der *Metallbau GmbH* die Gutschrift des Scheckgegenwertes E.v. mit Wertstellung 18.09.2020 an.

d Erläutern Sie zwei Risiken, die die *Nordbank AG* bei dieser Form der Abwicklung eingeht und bewerten Sie diese Risiken.

e Berechnen Sie mit Hilfe der nachstehenden Informationen
   1. den Umrechnungskurs,
   2. den Gutschriftbetrag in Euro.

Devisenkassakurs am 18.09.2020 1 EUR = USD	Geldkurs 1,1136	Briefkurs 1,1196

Konditionen der *Nordbank AG* am 18.09.2020

Scheckankaufskurs	halbe Geld-Briefspanne auf den EUR-Verkaufskurs
Provision bei Scheckankäufen	0,25 % vom EUR-Gegenwert, mindestens 100,00 EUR

Die *Metallbau GmbH* rechnet in sechs Monaten mit der Zahlung der Restsumme von 500.000,00 USD. Sie möchte sich auf der Kursbasis vom 18.09.2020 mit einem Kurssicherungsgeschäft vor dem Kursrisiko schützen.

f Beschreiben Sie aus der Sicht der *Metallbau GmbH* die Sicherungswirkung eines Devisentermingeschäfts.

Die *Nordbank AG* berücksichtigt bei der Kalkulation des Terminkurses den aktuellen Kassakurs vom 18.09.2020 sowie die Zinssätze für 6-Monatsgelder in den USA von 2,0 % p. a. und in Euroland von 0,0 % p. a.

g Berechnen Sie für das Termingeschäft mit der *Metallbau GmbH* den
  1 Terminkurs,
  2 Gutschriftsbetrag in EUR (ohne Spesen).

Übersichten zum Auslandszahlungsverkehr

1. SEPA-Überweisung

Ausführungsfristen im nationalen und internationalen Überweisungsverkehr

Überweisungsraum	Überweisungsart	Währung	Ausführungsfrist
Deutschland und Europäischer Wirtschaftsraum	elektronisch	Euro	maximal 1 Geschäftstag
	beleghaft	Euro	maximal 2 Geschäftstage
	elektronisch oder beleghaft	andere EWR-Währung als Euro, z. B. Zloty	maximal 4 Geschäftstage
	elektronisch oder beleghaft	Drittstaatenwährung, z. B. US-Dollar	baldmöglichst

2. Incoterms: FOB und CIF

Klauselabkürzung Wortlaut:	**FOB** {... benannter Verschiffungshafen} dt.: Frei an Bord {... benannter Verschiffungshafen} engl.: free on board {... named port of shipment}
Geeignet für:	Schiffstransport (See- und Binnenschiffstransport)
Ausfuhrabfertigung:	durch den Verkäufer
Einfuhrabfertigung:	durch den Käufer
Abschluss des Fracht- bzw. Transportvertrages:	durch den Käufer
Lieferort:	an Bord des Schiffs im Verschiffungshafen
Kostenübergang vom Verkäufer auf den Käufer:	Verladung an Bord des Schiffs im Verschiffungshafen
Gefahrenübergang vom Verkäufer auf den Käufer:	Verladung an Bord des Schiffs im Verschiffungshafen

Klauselabkürzung Wortlaut:	**CIF** {... benannter Bestimmungshafen} dt.: Kosten, Versicherung und Fracht {... benannter Bestimmungshafen} engl.: cost, insurance and freight {... named port of destination}
Geeignet für:	Schiffstransport (See- und Binnenschiffstransport)
Ausfuhrabfertigung:	durch den Verkäufer
Einfuhrabfertigung:	durch den Käufer

Abschluss des Fracht- bzw. Transportvertrages:	durch den Verkäufer
Lieferort:	an Bord des Schiffs im Verschiffungshafen
Kostenübergang vom Verkäufer auf den Käufer:	am Bestimmungshafen
Gefahrenübergang vom Verkäufer auf den Käufer:	Verladung an Bord des Schiffs im Verschiffungshafen

3. Dokumente im Außenwirtschaftsverkehr

Konnossement	**Versicherungs-dokumente**	**Handelsfaktura**	**Konsulats- und Zollfaktura**	**Qualitätszerti-fikate**
Bill of Lading: Transportdokument im Seefrachtverkehr Nachweis: Frachtvertrag und Übergabe der Ware an den Verfrachter Übertragung des Konnossements: Einigung und Übergabe des indossierten Wertpapiers (ersetzt die Übergabe der Ware)	Sie beweisen den Abschluss einer Transportversicherung, mit der die Ware gegen Transportrisiken versichert wird. Wertpapierart: Gekorene Orderpapiere, die auf den Inhaber ausgestellt werden. Versicherungssumme: 110 % des Warenwerts	Informiert über das Handelsgeschäft. Sie enthält: Name und Sitz des Verkäufers und Käufers, genaue Warenbezeichnung, Warenmenge, Verpackung, Preis und Preisbasis, Lieferungs- und Zahlungsbedingungen, Transportweg und -mittel. Zweck: Grundlage für vertragsgemäße Abwicklung des Geschäfts sowie Unterlage für Einfuhrprüfung und Verzollung	Zweck: Grundlage für Verzollung im Einfuhrland	Z. B. das Ursprungszeugnis bescheinigt die Herkunft der Ware.

4. Dokumenten-Inkasso

Wesen	Eine dokumentäre Zahlung wird über ein D/P-Inkasso abgewickelt, wenn zwischen dem Exporteur und dem Importeur die Zahlungsbedingungen „Dokumente gegen Zahlung“ vereinbart worden ist. Der Inkassoauftrag enthält die Weisung, die Dokumente gegen Zahlung des Gegenwertes auszuhändigen. Diese Zahlungsbedingung gibt dem Exporteur Sicherheit. Er hat noch bis zur Übergabe der Dokumente durch die Importbank die Verfügungsgewalt über die Ware.
Abwicklungs-schritte	1. Kaufvertrag zwischen Importeur und Exporteur 2. Exporteur verbringt die Ware zum Abladehafen. 3. Exporteur erhält vom Reeder die Dokumente. 4. Exporteur reicht seiner Bank die Dokumente ein und erteilt einen Inkassoauftrag. 5. Dokumente und Inkassoauftrag werden an die Bank des Importeurs weitergeleitet. 6. Bank des Importeurs dient die Dokumente dem Importeur zur Aufnahme an. 7. Bank des Importeurs belastet das Konto des Importeurs aufgrund des Einlöseauftrags. 8. Importeur kann mit den Dokumenten über die Ware im Bestimmungshafen verfügen. 9. Verrechnung zwischen den Banken 10. Gutschrift von der Bank des Exporteurs auf das Konto des Exporteurs

5. Dokumenten-Akkreditiv

Wesen	Es handelt sich um ein bedingtes, abstraktes Schuldversprechen des eröffnenden Kreditinstituts, im Auftrag und nach den Weisungen des ausländischen Importeurs gegen Übergabe vorgeschriebener Dokumente eine Zahlung an den inländischen Exporteur zu leisten, sofern die Akkreditivbedingungen erfüllt sind.
Wichtige Inhalte des Akkreditivs	Das Akkreditiv muss eindeutig angeben, ob es durch z. B. Sichtzahlung benutzbar ist. Das Akkreditiv muss genau angeben, gegen welche Dokumente Zahlung vorgenommen werden soll. Es muss ein Verfalldatum für die Vorlage der Dokumente enthalten. Alle Dokumente müssen spätestens am Verfalldatum vorgelegt werden. Es muss das Datum der spätesten Verladung der Ware enthalten.
Rechtsfolgen beim Akkreditiv	- Das eröffnende Kreditinstitut geht eine feststehende Verpflichtung gegenüber dem Begünstigten ein, sofern die Akkreditivbedingungen erfüllt werden. - Das unwiderrufliche Akkreditiv kann vom Importeur nicht einseitig abgeändert werden. - Unwiderrufliche Akkreditive können von dem avisierenden Kreditinstitut bestätigt werden. Gegen eine Bestätigungsprovision übernimmt das avisierende Kreditinstitut eine zusätzliche Einlösungsverpflichtung. Dem Exporteur haften nebeneinander wahlweise das Kreditinstitut im eigenen Land und das eröffnende Kreditinstitut. Als Grund für die Bestätigung können die Vorsorge gegen eine Zahlungsunfähigkeit des eröffnenden Kreditinstituts und Transferrisiken im Importland angeführt werden.
Abwicklungsschritte	- Kaufvertrag zwischen Exporteur (Begünstigter) und Importeur (Akkreditiv-Auftraggeber) - Importeur erteilt den Akkreditivauftrag der eröffnenden Bank. - Akkreditiveröffnung der Importbank - Avisierung des Akkreditivs (abstraktes bedingtes Zahlungsversprechen der eröffnenden Bank) durch beauftragte Bank an den Exporteur - Warenversand und Beschaffung akkreditivgerechter Dokumente durch Exporteur - Dokumente werden von der avisierenden Bank zur eröffnenden Bank aus Sicherheitsgründen in zwei Postsendungen versandt. - Dokumentenprüfung beim eröffnenden Kreditinstitut - Aushändigung der Dokumente an den Importeur unter gleichzeitiger Belastung mit dem Akkreditiv-Betrag zuzüglich Provision und Spesen - Anschaffung des Akkreditivbetrags (Verrechnung zwischen den beiden Kreditinstituten) - Empfang der Ware durch den Importeur gegen Vorlage entsprechender Dokumente
Vorteile für den Exporteur	- Die Zahlung erfolgt auch für den Fall, dass der Importeur zahlungsunfähig oder -unwillig ist. - Die Zahlung erfolgt auch für den Fall, dass der Importeur die gelieferte Ware nicht abnehmen will - Bei einem bestätigten Akkreditiv gibt ein zweites Kreditinstitut, meist die Hausbank des Exporteurs, ein weiteres Zahlungsversprechen ab. - Der Exporteur erhält sein Geld auch, wenn die Auslandsbank insolvent/zahlungsunfähig wird. - Der Exporteur wird erst tätig (z. B. mit Versand der Ware), wenn das Akkreditiv eröffnet/avisiert worden ist.

Aktuelle Eurobeträge, Freigrenzen und Freibeträge

	EUR-Betrag
Meldung an die Erbschaft-steuerstelle im Todesfall eines Kontoinhabers	Kontoguthaben über 5.000,00 EUR
Pfändungsschutz auf dem P-Konto	1.339,99 EUR im Kalendermonat pro Person ab 30.06.2022
Identifizierungspflicht des Kunden nach dem GwG	bei der Annahme oder Abgabe von Bargeld, Wertpapieren oder Edelmetallen im Wert von 15.000,00 EUR oder mehr
Verfügung über Spareinlagen ohne vorherige Kündigungsfrist nach der Rechnungslegungs-verordnung	2.000,00 EUR
Belegloser Scheckeinzug im GSE-Verfahren	Schecks bis 6.000,00 EUR
Scheckeinzug nach dem ISE-Verfahren	Schecks ab 6.000,00 EUR
Sparen nach dem Vermögensbildungsgesetz	
Bausparen	
Sparhöchstbetrag für Bausparen u. ä.	470,00 EUR jährlich pro Arbeitnehmer
Arbeitnehmersparzulage für Arbeitnehmer in % pro Jahr	9 % höchstens 43,00 EUR
Einkommensgrenzen	17.900,00 EUR / 35.800,00 EUR jährlich für Ledige / Verheiratete
Mindestsparleistung	13,00 EUR monatlich regelmäßig bzw. 39,00 EUR im Kalenderjahr
Sperrfrist	7 Jahre ab Vertragsschluss
Beteiligungssparen	
Arbeitnehmersparzulage für Beteiligungssparen pro Jahr	20 %
Sparhöchstbetrag für Beteiligungssparen u. ä.	400,00 EUR jährlich je Arbeitnehmer
Einkommensgrenzen	20.000,00 EUR / 40.000,00 EUR jährlich für Ledige / Verheiratete
Sperrfrist	Ansparzeit 6 Jahre, 7 Jahre ab 01.01. des Jahres der ersten Einzahlung
Mindestsparleistung	13,00 EUR monatlich regelmäßig bzw. 39,00 EUR im Kalenderjahr

Sparen nach dem Wohnungsbauprämiengesetz	
Jährlicher Sparhöchstbetrag	700,00 EUR pro Person
Wohnungsbauprämie	10 % jährlich
Einkommensgrenzen	35.000,00 EUR / 70.000,00 EUR p.a. für Ledige / Verheiratete
Sperrfristen	Bei Bausparverträgen: 7 Jahre beginnend mit dem Tag des Vertragsabschlusses Bei Wertpapiersparverträgen: 7 Jahre beginnend mit dem 01.01. des Jahres der ersten Einzahlung
Mindestsparleistung	50,00 EUR je Person
Freibeträge bei Einkünften aus Kapitalerträgen nach dem EStG	
Sparer-Pauschbetrag für Ledige/Verheiratete pro Jahr	1.000,00 EUR / 2.000,00 EUR
Werbungskostenpauschbetrag	2023: 1.230,00 EUR jährlich pro Arbeitnehmer
Sonderausgaben-Pauschbetrag **Kinderfreibetrag (nur alternativ zum Kindergeld)** **Entlastungsbeitrag für Alleinerziehende,** **für jedes weitere Kind zusätzlich** **Ausbildungsfreibetrag (auswärtige Unterbringung)**	36,00 EUR / 72,00 EUR Ledige/Verheiratete 8.388,00 EUR Verheiratete 1.908,00 EUR 240,00 EUR 924,00 EUR
Eingangssteuersatz **Spitzensteuersatz**	14 % 45 %
Abgeltungsteuer **Körperschaftsteuer**	25 % 15 %
Grundfreibetrag	2022: 10.347,00 / 20.694,00 EUR Ledige/Verheiratete
Offenlegungspflicht § 18 KWG	ab 750.000,00 EUR
Internationaler Zahlungsverkehr	
EU-Überweisung	Gemäß der EU-Preisverordnung darf ein Kreditinstitut für grenzüberschreitende Überweisungen in EUR bis zu einem Betrag von 50.000 EUR, die mit S.W.I.F.T.-BIC und IBAN und Kontonummer versehen sind, keine höheren Entgelte erheben, als für entsprechende Inlandsüberweisungen.
Meldepflichten im Außenwirtschaftsverkehr: Geleistete und empfangene Zahlungen aus Transithandel, sonstigem Warenverkehr, Dienstleistungen, Übertragungen, Kapitalverkehr	ab 12.500,00 EUR

LÖSUNGEN

1. Abschlussprüfung Teil I

1.1 Inländischer Zahlungsverkehr

1.1.1 Konto

Fall 1.1: Privatkonto als Einzelkonto

a - Grundsatz der Kontenwahrheit nach § 154 AO, um Steuerhinterziehungen zu verhindern.
- Pflicht zur Identifizierung von Kontoinhabern nach GwG

b - Prüfung der Geschäftsfähigkeit, um die Rechtswirksamkeit künftiger Kontoverfügungen sicherzustellen.
- Prüfung der devisenrechtlichen Stellung, da für Gebietsfremde ggf. Sonderbestimmungen gelten, sodass das Konto als Ausländer-Euro-Konto gekennzeichnet werden muss.

c Möglichkeiten der Verfügungsberechtigung:
- alleinige Verfügungsberechtigung
- Erteilung einer Vollmacht an eine vertraute Person

Nutzungsmöglichkeiten des Kontos:
- Verfügung mittels SEPA-Überweisung, Dauerauftrag, Scheck oder SEPA-Lastschrift im Rahmen des Kontoguthabens (einschl. des Dispos)
- Übertragung von Beträgen auf Sparkonto oder andere Geldanlagekonten
- Teilnahme am halbbaren bzw. bargeldlosen Zahlungsverkehr mittels BankCard, Kreditkarte oder Geldkarte

d - Anfertigung einer Kontoleitkarte
- DV-Eingabe der Kundenstammdaten und Kontomerkmale
- Aktualisierung des Stockregisters

e Nach § 165 BGB wird die Wirksamkeit einer von einem Vertreter abgegebenen Willenserklärung nicht dadurch beeinträchtigt, dass der Vertreter in der Geschäftsfähigkeit beschränkt ist. Dem 17-jährigen Bruder kann somit Kontovollmacht erteilt werden. Wäre Frau Esch minderjährig, dann wäre die Erteilung einer Vollmacht nach § 111 BGB (einseitiges Rechtsgeschäft mit Minderjährigen) nichtig gewesen.

f1 Nach § 154 Abs. 2 der AO ist die *Nordbank AG* auch bei den Bevollmächtigten aus Gründen der Vermeidung der Steuerhinterziehung zur Legitimationsprüfung verpflichtet.

f2 Nach § 19 des BDSG hat Herr Esch ein Auskunftsrecht über die zu seiner Person bei der *Nordbank AG* gespeicherten Daten. Zudem finden Sie auf dem Vollmachtsformular den Hinweis, dass die Bank verpflichtet ist, Name und Anschrift des Bevollmächtigten festzuhalten und sie deshalb diese Daten speichern muss.

g Da keine Negativmerkmale über Frau Esch bei der Schufa gespeichert sind, kann das Girokonto eröffnet werden.

Fall 1.2: Verfügungen über Einzelkonten

a SEPA-Lastschriftverfahren: Beim Elektronischen Lastschriftverfahren gestattet Frau Esch dem Händler durch Erteilung einer Einzugsermächtigung den Kaufpreis mittels Lastschrift direkt von ihrem Konto einzuziehen. Es besteht allerdings keine Zahlungsgarantie für den Händler. Das Verfahren weist für den Händler einige Risiken auf. Bei Nichteinlösung der Lastschrift sind die Kreditinstitute nicht verpflichtet, dem Händler auf Anfrage Namen und An-

W. Grundmann, *Bankwirtschaft Teil 2*, Prüfungstraining für Bankkaufleute,
https://doi.org/10.1007/978-3-658-40392-8

schrift des Kunden mitzuteilen, auch wenn der Kunde bei Erteilung der Einzugsermächtigung sein Einverständnis abgegeben hat.

b *Optik Ruge* hat bei dieser Zahlungsweise keine Zahlungsgarantie. Außerdem besteht weder die Pflicht noch die Möglichkeit zur Abfrage einer Sperrdatei. Das SEPA-Lastschriftverfahren wird von den Banken nicht aktiv angeboten.

c *Optik Ruge* kann damit per Lastschrift in Höhe des Rechnungsbetrags über das Kontoguthaben verfügen. Bei Nichteinlösung der Lastschrift oder bei Widerspruch durch die Kontoinhaberin kann *Optik Ruge* von der *Nordbank AG* die Adresse der Kundin verlangen, um ggf. zivilrechtliche Schritte gegen sie einleiten zu können. Bei Nichteinlösung der Lastschrift sind die Kreditinstitute nicht verpflichtet, dem Händler auf Anfrage Namen und Anschrift des Kunden mitzuteilen.

Fall 1.3: Kontoabschluss

a Die *Nordbank AG* ist bis zum Saldoanerkenntnis von Frau Esch verpflichtet, ihr auf Verlangen die Richtigkeit des Abschlusssaldos nachzuweisen und zu erläutern. Sofern nicht spätestens innerhalb von 6 Wochen nach Zugang der Abschlussrechnung Einwendungen erhoben werden, gilt der Rechnungsabschluss als genehmigt. Danach ist die Kundin der *Nordbank AG* beweispflichtig (vgl. AGB Ziffer 7).

B	Alter Habensaldo	326,95
	Sollumsatz	17,13
	Sollumsatz	335,74
	Sollsaldo	25,92
	Sollzinsen für 17 Tage 11,75 % p. a.	0,14

Fall 1.4: Buchungsstornierung

- Der Belastung mit 200,00 EUR kann Frau Esch nicht widersprechen, da die Zahlung an einem Geldausgabeautomaten erfolgte; für diese Zahlung ist die Eingabe der PIN notwendig. Wahrscheinlich hatte die Kundin ihre PIN zusammen mit der BankCard verloren.
- Die Zahlung von 104,59 EUR erfolgte im SEPA Lastschrift-Verfahren. Daher hat der *Kaufhof* keine Zahlungsgarantie. Ein Widerspruch gegen diese Belastung ist möglich.

Fall 1.5: Online-Banking

a
- Unabhängigkeit von Öffnungszeiten und Standorten der Bankfilialen
- Schnelle, kostengünstige und einfache Zahlungsverkehrsabwicklung
- Zeitersparnis durch die Nutzung der jederzeitigen Kontostandsabfrage per Smartphone oder PC

b
- Vereinbarungen über die Teilnahme am Online-Banking mit der *Nordbank AG*
- PC muss vorhanden sein.
- Oder ein Smartphone muss vorhanden sein.

c
- Kontostand abfragen
- Überweisungen ausführen
- Daueraufträge einrichten
- Kontoauszüge und Kontoumsätze überprüfen

- Wertpapiergeschäfte abwickeln
- Depotbestände und Wertpapierumsätze einsehen

d
- Frau Esch erhält nach Eingabe ihrer Benutzerkennung (Kontonummer oder Kundenkennung) und ihrer PIN einen Online-Zugang zu ihrem Bankkonto.
- Alternativ kann Frau Esch sich durch Übermittlung ihrer elektronischen Signatur legitimieren.
- Wenn sie auf der Internetseite der *Nordbank AG* eingeloggt ist, muss sie ihr entsprechendes Girokonto aufrufen und den Button „Überweisung" anklicken.
- Danach muss sie die Empfängerdaten (Name, IBAN, Betrag, Überweisungsdatum und Verwendungszweck) in die Überweisungsmaske eintragen.
- Die Transaktion autorisiert Frau Esch durch Eingabe der z. B. auf ihrem Handy übermittelten TAN oder durch elektronische Signatur.
- Die *Nordbank AG* übermittelt die TAN bzw. den Nutzungscode für die elektronische Signatur mit Hilfe von Authentifizierungsinstrumenten an Frau Esch.

e und f

Der Kunde erteilt im Online-Banking seiner Bank einen Auftrag, z. B. einen Überweisungsauftrag. Danach gibt der Kunde einen Freigabecode auf seinem Handy ein und bestätigt den Code. Der Auftrag wird ausgeführt.

Eine Alternative: Der Kunde fordert nach der Auftragseingabe von seiner Bank eine Photo-TAN an, die er in seinem PC eingibt und bestätigt. Die Transaktion wird durchgeführt. iste mit einer einmal

TAN-Generator als Bestandteil einer Chipkarte oder eines anderen elektronischen Gerätes zur Erzeugung von TAN (chipTAN; smartTAN)

Zur Erzeugung der TAN benötigt der Kunde einen TAN-Generator und eine zum Konto gehörende Chipkarte (Girocard), die in den Generator eingeschoben wird. Nach der Auftragserteilung wird auf dem Bildschirm ein Code angezeigt, den der Kunde mit Daten der Transaktion (z. B. Empfängerkontonummer, Betrag) in den Generator eingibt. Aus den eingegebenen Daten errechnet der Generator über den Chip eine auftragsbezogene TAN. Außerdem zeigt er noch einmal die Daten der Transaktion an. Die TAN ist nur zeitlich begrenzt nutzbar.

Vorteile:

- Da die TAN aus den Auftragsdaten errechnet wird, kann sie für andere Transaktionen nicht missbraucht werden.
- TAN-Generator und PC sind zwei voneinander unabhängige Geräte.
- Transaktionen können nur zusammen mit der für das Konto freigeschalteten Chipkarte ausgeführt werden.
- Der Kontoinhaber muss auch die Auftragsdaten anhand des Generators prüfen.
- Es besteht beim TAN-Generator kein Virenrisiko.

Mobiltelefon zum Empfang von TAN per SMS (smsTAN, mobileTAN)

Die TAN wird von der Bank aus Bestandteilen des Kundenauftrages ermittelt. Es besteht also ein Zusammenhang zwischen TAN und Kundenauftrag. Die Bank übermittelt die TAN und die

Auftragsdaten per SMS an eine vom Kunden hinterlegte Handynummer. Die TAN ist nur zeitlich begrenzt nutzbar.

Vorteile:

- Der Kontoinhaber kann die Auftragsdaten auch anhand der SMS auf Stimmigkeit prüfen.
- Das Mobiltelefon darf nicht zugleich für die Eingabe der Transaktion und die Übermittlung der SMS genutzt werden. Dadurch besteht eine höhere Sicherheit.

Nachteil:

- Es besteht bei Mobiltelefonen ein Viren- und Diebstahlrisiko.

Chipkarte mit Signaturfunktion (z. B. HBCI-Verfahren)

Für das HBCI-Verfahren (Homebanking-Computer-Interface-Verfahren) benötigt der Kunde eine HBCI-Chipkarte, einen HBCI-Kartenleser und eine HBCI-Software. Auf der Chipkarte ist ein spezieller Online-Banking-Schlüssel gespeichert. Nach Eingabe der PIN in den Kartenleser werden die Daten mit einer elektronischen Signatur versehen und verschlüsselt an die Bank übertragen. Die Bank entschlüsselt die Daten und prüft die elektronische Signatur mit Hilfe eines öffentlichen Prüfschlüssels.

Vorteile:

- Bankgeschäfte sind nur unter Eingabe der PIN und unter Verwendung der Chipkarte möglich.
- Die Verschlüsselung mit einem geheimen Signaturschlüssel und die Entschlüsselung mit dem öffentlichen Schlüssel bieten den höchsten Sicherheitsstandard im Online-Banking.

Nachteile:

- Es besteht ein Diebstahlrisiko der Chipkarte.
- Die Anschaffungskosten für die Chipkarte und für das Lesegerät sind relativ hoch.

g **Giropay** ist ein Online-Bezahlverfahren der deutschen Kreditwirtschaft, das eine für Käufer und Verkäufer sichere Zahlung im Internet ermöglicht.

Die Kunden (Zahler) müssen für die Nutzung von Giropay am Online-Banking teilnehmen und sich einmalig bei Giropay registrieren lassen.

Die Verkäufer, die dieses Verfahren ihren Kunden anbieten wollen, müssen zuvor eine entsprechende Vereinbarung mit ihrer Bank treffen.

Wenn ein Käufer beim Bezahlvorgang in einem Onlineshop die Zahlungsart Giropay wählt, öffnet sich in einer gesicherten Verbindung ein neues Fenster von Giropay. Nach Eingabe seines Benutzernamens und seines Passwortes werden dem Käufer die Kaufdaten zur Prüfung angezeigt. Nach einer Zahlungsbestätigung belastet die Bank das Konto des Zahlers und leitet den Betrag an den Verkäufer weiter.

Sicherheit:

- Sollte der Kunde die bestellte Ware später nicht erhalten, erhält der Käufer von Giropay eine Erstattung des Kaufpreises, wenn der Verkäufer den Versand der Ware nicht nachweisen kann.
- Schon unmittelbar nach der Zahlung erhält der Verkäufer eine Zahlungsgarantie von der Bank und kann die Ware versenden.

Vorteile:

- Giropay-Zahlungen gelten als sicher, da die Zahlung im direkten geschützten Dialog auf den Online-Banking-Internetseiten der Bank ausgeführt wird.
- Der Zahlungsempfänger (Onlineshop) hat keine Einsicht in die Kundendaten.
- Die Daten werden nur auf Servern in Deutschland verarbeitet.

h Sorgfaltspflichten des Kontoinhabers:

- Der Kunde muss darauf achten, dass er sich tatsächlich auf der Internetseite der Bank befindet. Er darf nie auf Links klicken, die ihm per E-Mail zugeschickt werden. Denn diese könnten ihn auf gefälschte Internetseiten leiten.
- Kontrolle der Auftragsdaten mit den von der Bank angezeigten Daten
- Geheimhaltung der personalisierten Sicherheitsmerkmale
- Sichere Aufbewahrung der Authentifizierungsinstrumente
- Keine Speicherung der Sicherheitsmerkmale auf dem PC
- Keine Weitergabe der Sicherheitsmerkmale an andere Personen
- Getrennte Aufbewahrung von PIN und Authentifizierungsinstrumenten

i - Vor der Sperranzeige haftet der Kunde bei nicht autorisierten Zahlungsvorgängen unbeschränkt für den Schaden, wenn er seine Sorgfaltspflichten grob fahrlässig verletzt hat.

- Nach der Sperranzeige haftet der Kunde nicht mehr für den Schaden.

j Beim Phishing schaltet sich ein Unberechtigter mittels Schadsoftware in die Kommunikation zwischen Kunde und Kreditinstitut, um Zahlungen auf eigene Konten zu leiten. Der Kunde gibt also irrtümlich Daten auf einer gefälschten Internetseite ein.

Fall 1.6: Münzgeld

111,00 EUR

Rechenweg: 0,01 x 50 + 0,02 x 50 + 0,05 x 50 + 0,10 x 40 + 0,20 x 40 + 0,50 x 40 + 1,00 x 25 + 2,00 x 25 = 111,00

Fall 1.7: Ident-Verfahren

a

Kreditinstitute prüfen die Identität des Antragsstellers und der Verfügungsberechtigten aus einem Eigeninteresse heraus. Die Bank prüft die Geschäftsfähigkeit von natürlichen Personen und die Handlungsfähigkeit von juristischen Personen. Zudem möchte die Bank Gewissheit über den Namen und die Anschrift des Antragssteller haben, um eine Bonitätsprüfung durchführen zu können (z. B. SCHUFA-Abfrage) und um ggf. spätere Ansprüche (z. B. Tilgung von Darlehen) durchsetzen zu können.

Die gesetzliche Pflicht zur Identitätsfeststellung soll Geldwäsche und Steuerhinterziehungen verhindern bzw. erschweren.

b

Die Identität von Kunden kann ohne deren persönliche Anwesenheit durch folgende Verfahren geprüft werden:

- Videoident-Verfahren: Der Kunde tätigt einen Videoanruf bei einem Bankmitarbeiter und hält dabei die Vorder- und Rückseite seines Personalausweises vor die Webcam. Dabei muss er den Ausweis kippen und bewegen, damit der Mitarbeiter die Sicherheitsmerkmale (z. B. Hologramm) prüfen kann. Es werden Fotos vom Kunden und von seinen Ausweisdokumenten angefertigt und das Gespräch wird aufgezeichnet. Abschließend erhält der Kunde per E-Mail oder per SMS eine TAN, die er in das Online-Kontoeröffnungsformular einträgt.

- Postident-Verfahren: Bei diesem Verfahren legitimiert sich der Kunde am Postschalter mit seinem amtlichen Lichtbildausweis. Der Postmitarbeiter leitet eine Bestätigung der Legitimationsprüfung und eine Fotokopie des Ausweises an das Kreditinstitut weiter.

c

Herr Esch muss
- unverzüglich
- die kontoführende Stelle oder die zentrale Sperrhotline über den Diebstahl in Kenntnis setzen und
- den Diebstahl bei der örtlichen Polizei anzeigen.

d

Die *Nordbank AG* muss
- Details (z. B. Belegdatum) zur reklamierten Zahlung aufnehmen.
- die Kundenanzeige über die nicht autorisierte Zahlung an die Kreditkartengesellschaft weiterleiten.

Fall 2: Kontoeröffnung für einen Minderjährigen

a Carsten ist beschränkt geschäftsfähig. Die Wirksamkeit des Kontovertrages hängt von der Genehmigung seiner Erziehungsberechtigten ab (§§ 107 und 108 BGB).

b Möglichkeiten der Verfügungsberechtigung
- Carsten allein auf Grund einer bereits bei der Kontoeröffnung von den Eltern erteilten Einverständniserklärung (zweckmäßig und praxisüblich)
- Carsten in Gemeinschaft mit seinen Eltern bzw. einem Elternteil, wenn der andere Elternteil ihn entsprechend bevollmächtigt hat oder er allein zur Vermögenssorge für das Kind berechtigt ist
- Die Eltern können kraft ihres gesetzlichen Vertretungsrechts in jedem Fall über das Konto verfügen.

Nutzungsmöglichkeiten des Kontos
- Teilnahme am halbbaren und bargeldlosen Zahlungsverkehr auf Guthabenbasis, z. B. Einzahlungen, Auszahlungen, Überweisungsverkehr, Einlösungen von Lastschriften, Daueraufträge, Übertrag vom Girokonto auf ein bestehendes Sparkonto

c Vor- und Zuname, Anschrift, Geburtsdatum und –ort, Staatsangehörigkeit

d Legitimationsprüfung durch einen amtlichen Lichtbildausweis, grundsätzlich Personalausweis oder Reisepass
- Gültigkeit des Ausweises
- Überprüfung der augenscheinlichen Identität von Foto und Person
- Vergleich der Unterschriften auf dem Kontoeröffnungsantrag und im Ausweis
- Festhalten von Ausstellungstag und Nummer des Ausweises sowie ausstellende Behörde
- Nur wenn die Eltern von Carsten eine Kontoverbindung bei der *Nordbank AG* unterhalten, kann auf die Legitimationsprüfung der Eltern verzichtet werden. Ansonsten muss eine Legitimationsprüfung der Eltern mit Personalausweis oder Reisepass durchgeführt werden.

e Nein, da Konten für Minderjährige grundsätzlich nur auf Guthabenbasis geführt werden.

f „Carsten Hensel“ (Minderjähriger)

g Die Erteilung einer Kontovollmacht ist ein einseitiges Rechtsgeschäft (§ 167 BGB). Die Erteilung einer Kontovollmacht durch einen Minderjährigen ist unwirksam (§ 111 BGB), es sei denn, dass die Eltern als gesetzliche Vertreter der Vollmacht zustimmen.

h Nutzungsmöglichkeiten der Bankcard
- Verfügungen am Geldautomaten
- Electronic-Cash-Verfügungen
- Benutzung des Kontoauszugsdruckers
- Nutzung des SB-Terminals

i1 10 x 98,50 EUR = 985,00 EUR

i2 - Kontostand 250 EUR: Keine Ausführung, da Konto auf Guthabenbasis geführt werden muss (ggf. Zustimmung der Eltern und des Familiengerichts).

- Kontostand 1.150,00 EUR: Ja, da die Eltern das Verfügungsrecht von Carsten ggf. nicht beschränkt haben. Die *Nordbank AG* muss jedoch die Verhaltensregeln gemäß §§ 31, 32 des Wertpapierhandelsgesetzes (Beratungspflicht) beachten. Das Volumen der Kauforder bewegt sich im Rahmen des vorhandenen Kontoguthabens.

j Er muss die Belastungsbuchung hinnehmen, da die *Nordbank AG* von ihrem Recht Gebrauch gemacht hat, Fehlbuchungen durch Stornobuchungen rückgängig zu machen, wenn die Vorgänge vor dem Rechnungsabschluss liegen.

k Kreditinstitute haben nach dem BGB für institutsübergreifende elektronische Überweisungen im Inland 1 Bankarbeitstag Zeit, um das Geld auf das Konto des Empfängers zu übertragen (bis Montag, 19.04.). Eine Reklamation ist angebracht.

Ausführungsfristen im nationalen Überweisungsverkehr

Überweisungsart	Währung	Ausführungsfrist
elektronisch	Euro	maximal 1 Geschäftstag
beleghaft	Euro	maximal 2 Geschäftstage

Fall 3 Gemeinschaftskonto

a Aus Gründen der Kontenwahrheit (vgl. § 154 AO) könnte z. B. das Gehalt von Frau Paulsen nicht auf das Konto ihres Mannes überwiesen werden. Aus Gründen der Gleichberechtigung könnte in diesem Fall ein Gemeinschaftskonto angeboten werden.

b Identifizierung der Ehepartner gemäß Geldwäschegesetz § 1 Absatz 6 (Feststellung des wirtschaftlich Berechtigten)

c - Telefonbanking
- Nutzung des Kontoauszugsdruckers
- Nutzung einer BankCard bzw. Kreditkarte u. a. m.

d Die dänische Staatsbürgerschaft von Frau Paulsen hat keine devisen- und steuerrechtlichen Auswirkungen, da sie ihren ständigen Wohnsitz in Deutschland hat und damit Steuerinländerin ist (vgl. § 1 EStG).

e1 - Schnelle und rationelle Bonitätsprüfung durch Datenabfrage

- Schutz vor Kreditgefährdungen, wenn in Zukunft ein Dispo eingeräumt wird (Einlagenschutz)
- Schutz individueller Daten der Kunden (Grundgesetz, Datenschutzgesetz)

e2 - Personenbezogene Daten beider Ehepartner, z. B. Name, Anschrift, Geburtsdatum, Familienstand usw.
- Eröffnung eines Gemeinschaftskontos

f Beide haften nach § 421 BGB als Gesamtschuldner mit ihrem gesamten Vermögen.

g - Der Freistellungsauftrag kann bis zum Höchstbetrag von 2.000,00 EUR bei zusammen veranlagten Ehegatten erteilt werden.
- Eheleute können einen gemeinschaftlichen Freistellungsauftrag erteilen, der alle Einzel- und Gemeinschaftskonten bei der *Fördebank AG* erfasst. Dieser ermöglicht dann eine ehegattenübergreifende Verlustverrechnung.

h1 Überziehungen sind im Rahmen der Einzelverfügungsmöglichkeit jedes Kontoinhabers möglich.

h2 Nach Verlustanzeige wird eine zweite BankCard ohne Zustimmung des anderen Ehepartners ausgehändigt.

h3 Kontovollmachten können nur von beiden Kontoinhabern gemeinsam erteilt werden.

h4 Grundsätzlich ist die Kündigung eines Gemeinschaftskontos nur gemeinschaftlich möglich.

i	Buchungsposten für 48 Buchungen/0,50 EUR	24,00 EUR
	Habenzinsen	4,79 EUR
	Sollzinsen	171,19 EUR
	Gesamtkosten an Kontoführungsgebühren	190,40 EUR

j - Die *Fördebank AG* erteilt keine Auskunft über die Konten von Herrn Paulsen. Bei einem Scheidungsverfahren handelt es sich um einen Zivilprozess.
- Nur wenn Herr Paulsen einer Auskunftserteilung ausdrücklich eingewilligt hat, ist die *Fördebank AG* berechtigt, Auskünfte zu erteilen.

k Die Konten sind für alle Verfügungen durch Herrn Paulsen zu sperren.

l Die *Fördebank AG* muss erklären, ob und inwieweit sie die Forderung als begründet anerkennt und Zahlung zu leisten bereit ist.

- Die *Fördebank AG* muss erklären, ob und welche Ansprüche andere Personen an die Forderung geltend machen.
- Die *Fördebank AG* muss erklären, ob es sich bei einem der Konten, deren Guthaben gepfändet worden sind, um ein Pfändungsschutzkonto handelt.

m Die *Fördebank AG* darf nur das Girokonto (Einzelkonto) in ein Pfändungsschutzkonto umwandeln.

n Dem Pfändungsschutz unterliegen Einkünfte unabhängig von ihrer Art.

o Für Herrn Paulsen wird der gesetzlich festgelegte pfändungsfreie Betrag durch die *Fördebank AG* berücksichtigt. Er beträgt zurzeit 1.339,99 EUR.

Fall 4 Kontovertrag zu Gunsten eines Dritten

a Kontoinhaber und Gläubiger der Einlage ist Willem Fuhrmann, vgl. § 328 BGB.

Willem Fuhrmann für Gudrun Pawlik

b Bis zum Tode ist Herr Fuhrmann Gläubiger der Spareinlage.

c Legitimation von Herrn Fuhrmann und Existenznachweis von Frau Pawlik, z. B. ihre Geburtsurkunde

d Da Herr Fuhrmann Kontoinhaber ist, kann ein Freistellungsauftrag für ihn beantragt werden.

e Mit dem Tod von Herrn Fuhrmann kann Frau Pawlik über die Spareinlage verfügen. Schenkungsvertrag (möglichst zu Lebzeiten rechtswirksam notariell abschließen) und persönliche Legitimation von Frau Pawlik (vgl. § 516 BGB).

Fall 5 Eröffnung eines Anderkontos

a Herr Ehlers ist laut Registerauszug Partner der Partnerschaftsgesellschaft und nach § 7 Abs. 3 PartGG sowie § 125 HGB alleine vertretungsberechtigt.

b - Dr. Ehlers, Gruttke, Dr. Volkmann und Partner Wirtschaftsprüfungsgesellschaft – Steuerberatungsgesellschaft – Notariat = Kontobezeichnung für die Partnerschaftsgesellschaft

- Dr. Ehlers, Gruttke, Dr. Volkmann und Partner Wirtschaftsprüfungsgesellschaft – Steuerberatungsgesellschaft – Notariat = Anderkonto Stegen/Faber

c - Registerausweis wegen § 154 AO

- Vorlage der Bestallungsurkunde des Landgerichts
- Personalausweis von Ehlers wegen Nachprüfung der Vertretungsberechtigung und Identität

d Aus Sicherheitsgründen: Der Notar überweist erst das Geld an den Verkäufer des Grundstücks, wenn die neuen Eigentumsverhältnisse eingetragen sind.

e 1 nach Ziffer 1 der Bed. für Anderkonten möglich

2 nach Ziffer 11 möglich

3 nach Ziffer 11 möglich

4 nach Ziffer 11 möglich

5 nach Ziffer 6 nicht zulässig

6 nach Ziffer 11 in Verbindung mit Ziffer 6 nicht möglich

7 nach Ziffer 7 möglich

f

Geschäftsgirokonto	12.560,90 EUR
Sparkonto	25.600,90 EUR
Sparzinsen	250,80 EUR
Depotkonto	65.300,00 EUR
Summe	103.712,60 EUR

g 1 Verfügungsberechtigt ist der vom Landesjustizminister bestellte Notariatsverweser.

2 Steuerpflichtig ist der jeweilige Treugeber.

Fall 6 Betreuerkonto

a
- Barverfügungen
- Ausführung von Überweisungen
- Einrichtung von Daueraufträgen
- Einreichung von Schecks
- Erteilung von SEPA-Lastschriftmandaten und damit Abbuchung von Lastschriften
- Aufladen von Geldkarten und Verfügungen mittels kontaktlosem Bezahlen mit der Geldkarte in Supermärkten

b Das Girokonto darf nicht auf einen falschen oder erdichteten Namen eröffnet werden, um Steuerhinterziehung zu vermeiden
- Herr Schröder muss auch nach dem Geldwäschegesetz den wirtschaftlich Berechtigten des Girokontos prüfen und feststellen. (Abgabenordnung § 154)
- Mit dem PA prüft Herr Schröder die Identität von Frau Lange.
- Der Betreuerausweis weist Frau Lange als Betreuerin für Herrn Schön aus.

c Die vollständige Adresse von Herrn Schön und damit die Info, ob Herr Schön Steuerinländer oder Steuerausländer ist. Nach sechs Monaten dauerhaftem Aufenthalt in Deutschland ist man Steuerinländer.

d Nach § 1813 BGB kann Frau Lange über Guthaben auf dem Betreuungskonto ohne Betragsgrenze verfügen.

e
- Verfügungen über das Vermögen von Herrn Schön im Ganzen;
- Übernahme einer Bürgschaft für Herrn Schön;
- Grundstücksgeschäfte;
- Kreditaufnahme für Herrn Schön.

f
- Termineinlagen
- Spareinlagen
- Auf den Namen lautende Sparbriefe
- Auf den Namen lautende Schuldverschreibungen der *Nordbank AG*
- Tagesgeldkonten,
- Geldmarktkonten,
- Sparverträge für VL

g 100.000,00 EUR

h 15 % des haftenden Eigenkapitals der *Nordbank AG*

i
- Der Preisaushang enthält die Regelsätze im standardisierten Privatkundengeschäft.
- Das Preis-/Leistungsverzeichnis enthält darüber hinausgehende Konditionen und Regelungen im Kundengeschäft.
- Preisaushang nennt Preise für die wesentlichen Leistungen z.B. im Sparbereich
- Preis-Leistungs-Verzeichnis regelt die Preise (und Wertstellungen) für Leistungen, die nicht im Preisaushang geregelt werden.
- Das Preis-Leistungsverzeichnis enthält auch Konditionen für Firmen/Geschäftskunden.

j Frist: sechs Wochen nach Zugang des Rechnungsabschlusses

k Der Rechnungsabschluss gilt als genehmigt. Bei einer späteren Reklamation muss die Kundin beweisen, dass eine Buchung vor Rechnungsabschluss unrechtmäßig war. Der Abschlusssaldo ersetzt die ursprünglichen Einzelansprüche.

l - Giropay

Es ist ein Online-Bezahlverfahren der deutschen Kreditwirtschaft, das eine für Käufer und Verkäufer sichere Zahlung im Internet ermöglicht. Zahler müssen für die Nutzung von Giropay am Onlinebanking teilnehmen und sich einmalig bei Paydirekt registrieren. Verkäufer, die dieses Verfahren ihren Kunden anbieten möchten, müssen zuvor eine entsprechende Vereinbarung mit ihrem Kreditinstitut treffen. Sollte Frau Lange die bestellte Ware nicht erhalten, erhält sie von „Giropay" eine Erstattung

des Kaufpreises, wenn der Verkäufer den Versand der Ware nicht nachweisen kann.

- Verwendung der Kreditkarte

Bei Kreditkartenzahlungen muss Frau Lange die Kartennummer, das Gültigkeitsdatum und die drei- oder vierstellige Kartenprüfziffer angeben. Zur Erhöhung der Sicherheit bieten Kreditkartengesellschaften besondere Authentifizierungsverfahren an, die zusätzlich genutzt werden müssen.

m Wenn Frau Lange beim Bezahlvorgang in einem Online-Shop die Zahlungsart „Giropay" wählt, öffnet sich in einer gesicherten Verbindung ein neues Fenster von Giropay nach Eingabe ihres Benutzernamens und ihres Passwortes werden Frau Lange die Kaufdaten zur Prüfung angezeigt. Nach einer Zahlungsbestätigung belastet die *Nordbank AG* das Konto von Herrn Schön und leitet den Betrag an den Verkäufer weiter. Schon unmittelbar nach der Zahlung erhält der Verkäufer eine Zahlungsgarantie von der *Nordbank AG* und kann die Ware versenden.

Fall 7 Verfügungen über Betreuerkonten

a Frau Sommer legitimiert sich mit ihrem aktuellen Lichtbildausweis. Zusätzlich legt sie einen Betreuerausweis (Bestellungsurkunde) vor. Da der Betreuerausweis keinen Gutglaubensschutz genießt (bei Beendigung der Betreuung wird er nicht von Amts wegen eingezogen) ist es sinnvoll, den wahren Sachverhalt unter Vorlage des Anordnungsbeschlusses zu prüfen. D. h. die Bank kann sich von der Existenz der Betreuung Gewissheit verschaffen, indem sie beim Betreuungsgericht anfragt, ob die Betreuung überhaupt oder/und in dem von der Betreuerin behaupteten Umfang fortbesteht.

b Gemäß § 154 AO sind der ausgeschriebene Vor- und Zuname, das Geburtsdatum und der Wohnsitz der Betreuerin auf den Kontounterlagen festzuhalten.

c Umfangreiche Betreuung: Der Betreuer vertritt den Betreuten in seinem Aufgabenbereich gerichtlich und außergerichtlich. Er ist der gesetzliche Vertreter des Betreuten. Im Anschluss an eine vom Familiengericht angeordnete amtsärztliche Untersuchung kann aufgrund festgestellter körperlicher und fortgeschrittener seelischer Behinderung infolge hohen Alters für den Betreuten zunächst eine Betreuung mit dem Aufgabenkreis Vermögenssorge als ausreichend angesehen werden. Eine umfangreiche Betreuung umfasst aber auch die Vertretung bei Behörden und die Gesundheitsfürsorge.

Spezielle Betreuung: Der Betreuer vertritt die zu betreuende Person bei einzelnen, genau bestimmten Rechtsgeschäften, z. B. Abschluss eines besonderen Kaufvertrages, Erbangelegenheiten.

d Durch den erteilten Einwilligungsvorbehalt wird Frau Marten grundsätzlich einem beschränkt Geschäftsfähigen gleichgestellt.

Willenserklärungen von Frau Marten sind grundsätzlich schwebend unwirksam.

Verfügungen von Frau Marten bedürfen grundsätzlich der Einwilligung von Frau Sommer.

e 1 Gemäß § 1807 BGB gelten insbesondere folgende Anlagen als mündelsicher:

- Forderungen gegen den Bund und gegen Bundesländer,

- Pfandbriefe, die von der Bundesregierung für die Anlage von Mündelgeld als geeignet erklärt sind,
- Spareinlagen bei einer öffentlichen Sparkasse oder bei einem anderen Kreditinstitut, das einer für die Anlage ausreichenden Sicherungseinrichtung angehört.

Die Spareinlage bei der *Kreissparkasse Pinneberg* ist mündelsicher.

2 Die Investmentanteile müssen in mündelsicheren Wertpapieren z. B. Pfandbriefen angelegt werden. Über das Guthaben auf dem Girokonto kann Frau Sommer nach § 1813 BGB entsprechend den anfallenden Ausgaben für Frau Marten ohne Zustimmung des Betreuungsgerichts verfügen. Da das Girokonto von Frau Marten zurzeit einen relativ hohen Habensaldo aufweist, könnte ein Teil der Rente z. B. monatlich gleich auf das Sparkonto übertragen werden.

f Zur Vereinfachung des Betreuerverhältnisses kann Frau Sommer beim Betreuungsgericht die Anordnung einer allgemeinen Ermächtigung gemäß § 1825 BGB beantragen. Dies hat zur Folge, dass sie von der Verpflichtung zur Einholung betreuungsgerichtlicher Genehmigungen bei Verfügungen über die Konten der Betreuten künftig befreit ist (befreite Betreuung).

g Da es sich in diesem Fall um eine befreite Betreuung handelt, ist eine Überweisung an die Wohnungsgesellschaft ohne Zustimmung des Betreuungsgerichts zulässig.

Fall 8 Kontoverfügungen im Todesfall

a -Girokonto: Guthaben zu Beginn des Todestages 29. Dezember 20.. 00:00 Uhr: 14.796,98 EUR.

- Depotbestand zu Beginn des Todestages: 500 *Chemie AG* Aktien, 31.200 EUR Kurswert vom 28. Dezember 20..

Kontostand alt 03.12.20..	15.740,48 EUR
- Miete	850,00 EUR
- Verrechnungsscheck	400,00 EUR
- Überweisung	347,50 EUR
- Barabhebung	1.500,00 EUR
+ Pension	2.154,00 EUR
Summe	14.796,98 EUR

b - Der Dispositionskredit wird gelöscht.
- Die BankCard von Herrn Henkel wird eingezogen.
- Der Freistellungsauftrag wird gelöscht.
- Das Konto wird als Nachlasskonto gekennzeichnet.
- Das Vorhandensein eines Schließfaches wird gemeldet.

c Alle Aufträge können ausgeführt werden, da die Kontoverbindung weiter besteht und die Beträge gedeckt sind. Herr Henkel besitzt Kontovollmacht über den Tod hinaus und kann den Überweisungsauftrag unterzeichnen.

d1 Die Beerdigungskosten sind angemessen und können vom Nachlasskonto überwiesen werden, Guthaben ist vorhanden. Ohne Vorlage eines Erbscheins bezahlt die *Sparkasse Vest*

Recklinghausen vom Nachlasskonto die Beerdigungskosten, lässt sich aber aus Gründen der Sicherheit eine Haftungserklärung von Frau Schmitt geben.

d2 und d3: Solange sich Frau Schmitt nicht als Erbin ordnungsgemäß ausweist, darf sie nicht über das Nachlasskonto verfügen. Frau Schmitt benötigt einen Erbschein oder ein Testament mit Eröffnungsprotokoll.

e 5. Februar 20..

Fall 9: Kontoeröffnung für einen Verein

a - aktueller Vereinsregisterauszug des Sportclub Lüneburg e. V.

- gültiger amtlicher Lichtbildausweis von Herrn Florian Eich

b - Anhand des Vereinsregisterauszugs werden die Rechtsfähigkeit des Sportclub Lüneburg und die Vertretungsberechtigung des Herrn Eich überprüft.

- Anhand des Lichtbildausweises wird überprüft, ob es sich bei dem Auftretenden um den Vorsitzenden Herrn Eich handelt.

c Sportclub Lüneburg e. V.;

Begründung: Die Kontobezeichnung muss dem Namen des Vereins gemäß Vereinsregistereintragung entsprechen.

d - keine Überwachung der Zahlungstermine erforderlich

- Vermeidung von Mahnkosten durch pünktliche Zahlung am Fälligkeitstag
- Erstattungsanspruch auch bei autorisierten Zahlungen

e - geringerer Verwaltungsaufwand bei Überwachung und Mahnung

- bessere Liquiditätsplanung durch Bestimmung des Zeitpunkts des Geldeingangs
- Zinsvorteil durch Buchung aller Beiträge in einer Summe zum Fälligkeitstag
- ggf. geringere Entgelte für Buchungsposten im Vergleich zu Zahlungen durch Überweisungen

f - Der Sportclub Lüneburg muss mit der *Nordbank AG* die Vereinbarung über den Einzug von Forderungen durch SEPA-Lastschriften abgeschlossen haben.

- Die Vereinsmitglieder müssen dem Verein SEPA-Lastschriftmandate erteilen.
- Die Deutsche Bundesbank muss dem Sportverein eine Gläubiger-Identifikationsnummer (Gläubiger-ID) zugewiesen haben.

Der Verein muss für jedes SEPA-Mandat eine Mandatsreferenz vergeben.

Die Lastschrift enthält Mandatsinformationen, z. B. Gläubiger-ID und Mandatsreferenz. Die Gläubiger-Identifkationsnummer dient der Identifikation des Lastschrifteinreichers und kann bei der Deutschen Bundesbank im Internet beantragt werden,

Mandatsreferenz: Die Mandatsreferenz dient in Verbindung mit der Gläubiger-ID der Identifizierung des SEPA-Mandats. Sie wird vom Lastschrifteinreicher individuell für jedes Mandat vergeben.

g Der Sportclub Lüneburg ist verpflichtet,

- ein Fälligkeitsdatum anzugeben.
- den Mitgliedern spätestens 14 Tage vor Fälligkeit den Einzug mit Betrag und Datum anzukündigen (Erstinformation).

- nur SEPA-Lastschriften einzureichen, bei denen dem Verein ein SEPA-Lastschriftmandat vorliegt.
- einen Widerruf des SEPA-Lastschriftmandats zu beachten.
- eine Rücklastschrift wegen ungerechtfertigter Belastung innerhalb von 13 Monaten und wegen fehlender Kontodeckung oder Unanbringlichkeit innerhalb von acht Wochen nach Belastungsbuchung zuzulassen.

Fall 10 Kontoeröffnung für eine Aktiengesellschaft

a Herr Petersen ist nur gemeinsam mit Herrn Schmalenbach oder einem der Vorstandsmitglieder berechtigt, eine neue Kontoverbindung für die *Hellbrinck AG* einzugehen.

b *Hellbrinck Aktiengesellschaft*

c Die Identität des Einzahlers wird überprüft und festgehalten, bei

- Bareinzahlungen über 15.000 EUR
- oder bei Teilbeträgen, die zusammen 15.000 EUR und mehr ausmachen, sofern ein Zusammenhang zwischen den Einzahlungen besteht.
- In Verdachtsfällen muss die *Nordbank AG* eine Meldung an die Strafverfolgungsbehörde machen. Vgl. Geldwäschegesetz

d - Einschränkung der Haftung der ehemals vollhaftenden Gesellschafter
- Verbesserte Möglichkeiten der Eigenkapitalbeschaffung

e Der Vorstand wurde von der Hauptversammlung ermächtigt, innerhalb von fünf Jahren die vorgesehene Kapitalerhöhung in einer Summe oder in verschiedenen Tranchen durchzuführen. Der Zeitpunkt der Kapitalerhöhung kann vom Vorstand während dieses Zeitraumes frei gewählt werden.

f Unterschriftsblatt für Geschäfts-Girokonten, *Hellbrinck AG*

Nr.	Name	Funktion	Art	Unterschriftsprobe
1	Karl Hellbrinck	Vorstand	einzeln	
2	Hans-Jürgen Hellbrinck	Vorstand	einzeln	
3	Ingo Petersen	Prokurist	allgemein (mit einem Vorstandsmitglied oder einem Prokuristen gemeinsam)	
4	Ralf Schmalenbach	Prokurist	allgemein (mit einem Vorstandsmitglied oder einem Prokuristen gemeinsam)	

Fall : Auskunftsanfrage

a Die *Hellbrinck AG* kennt den neuen Kunden nicht und möchte vor Lieferung eine Beurteilung der Bonität des Kunden haben.

b Kreditinstitute sollen Auskunftsanfragen schriftlich gestellt werden. In der Auskunftsanfrage ist der Anfragegrund, mit dem das berechtigte Interesse an der Bankauskunft glaubhaft gemacht wird, anzugeben. Das anfragende Kreditinstitut hat klarzustellen, ob es die Auskunft im eigenen oder im Kundeninteresse einholt. Die Bankauskünfte sollen allgemein gehalten werden. Sie sollen schriftlich erteilt werden.

c Es kann von einer guten Bonität der *Abaton GmbH* ausgegangen werden:
- langjährige Geschäftsverbindung (sieben Jahre)
- gedeckter Kredit nur teilweise in Anspruch genommen
- werthaltige Grundstücke, gute Umsätze
- pünktliche Rückführung eingegangener Zahlungsverpflichtungen

1.1.2 Zahlungsformen

Fall 1: Zahlung mittels SEPA-Überweisung

a Mit der SEPA-Überweisung kann Frau Schröder grenzüberschreitend Beträge im einheitlichen EUR-Zahlungsverkehrsraum schnell und sicher an den italienischen Reiseveranstalter weiterleiten.

b -BIC ist eine standardisierte internationale Bankkontonummer.

-Bei nationalen und grenzüberschreitenden SEPA-Überweisungen werden die Kreditinstitute der Begünstigten und der Überweisenden durch den BIC identifiziert.

c -Name des Empfängers, hier: italienischer Reiseveranstalter

-IBAN des italienischen Reiseveranstalters

-Betragsangabe, hier 500,00 EUR

-IBAN von Frau Schröder

-Name von Frau Schröder

d -SEPA-Lastschrift

-SEPA-Kartenzahlungen

Fall 2.1: Zahlung mittels SEPA-Lastschrift

a - Erklärung der *Plambeck GmbH*, dass Frau Hochstädter regelmäßig auf das Geschäftskonto einzahlen soll.
- Einmalige Identifizierung von Frau Hochstädter durch die Bank gemäß GwG.
- Bei künftigen Einzahlungen genügt die Namensaufzeichnung auf dem Einzahlungsbeleg.

b - Herr Roland bestimmt selbst den Zeitpunkt des Forderungseinzugs durch Einsetzen eines Fälligkeitsdatums in den SEPA-Lastschriftdatensatz. Dadurch ist eine bessere Kontodisposition möglich und ggf. Zinsvorteil durch pünktliche Buchung zum Fälligkeitstag.
- pünktlicher Zahlungseingang
- Rückführung von Außenständen
- Abwicklung kann beleglos erfolgen.
- geringerer Verwaltungsaufwand bei Überwachung und Mahnung
- höhere Liquidität, da sofortige Gutschrift

c Bankprodukt: SEPA-Firmen-Lastschriftverfahren

Begründung: Nur gewerbliche Kunden kaufen auf Rechnung.

d Widerspruch gegen Belastungsbuchung mit gültigem Lastschriftmandat:

- Bei der SEPA-Basis-Lastschrift kann der Kunde binnen einer Frist von acht Wochen ab Belastungsbuchung (Fälligkeit) ohne Angabe von Gründen Erstattung des Lastschriftbetrags verlangen.
- Bei der SEPA-Firmen-Lastschrift hat der Kunde keinen Erstattungsanspruch nach Einlösung zum Fälligkeitstag.

e Voraussetzungen:

- Abschluss einer Inkassovereinbarung zwischen 1. Inkassostelle (*Nordbank AG*) und Zahlungsempfänger (*Plambeck GmbH*)
- Erteilung des SEPA-Lastschriftmandats durch den gewerblichen Kunden an die *Plambeck GmbH* vor dem Zahlungsvorgang
- Gewerblicher Kunde (Zahlungspflichtiger) muss seinem Kreditinstitut die Erteilung des SEPA-Lastschriftmandats bestätigen.
- Ohne Mandatsbestätigung werden keine Lastschriften eingelöst.
- Die Deutsche Bundesbank muss der Plambeck GmbH eine Gläubiger-Identifikationsnummer (Gläubiger-ID) zugewiesen haben.

f
- Die *Plambeck GmbH* ist verpflichtet, ein Fälligkeitsdatum anzugeben.
- Die *Plambeck GmbH* ist verpflichtet, den Kunden spätestens 14 Tage vor Fälligkeit den Einzug mit Betrag und Datum anzukündigen (Erstinformation).
- Die *Plambeck GmbH* ist verpflichtet, eine Rücklastschrift wegen ungerechtfertigter Belastung innerhalb von 13 Monaten nach Belastungsbuchung zuzulassen.
- Die Kunden der *Plambeck GmbH* haben keinen Erstattungsanspruch nach Einlösung am Fälligkeitstag.
- Der gewerbliche Kunde (Zahlungspflichtiger) hat das SEPA-Lastschriftmandat für die *Plambeck GmbH* gegenüber seiner Bank nicht bestätigt.
- Die SEPA-Firmen-Lastschrift war unanbringlich, z. B. wegen einer falschen IBAN-Nummer des Kunden.

g
- Das Lastschriftlimit soll eine mögliche Überziehung begrenzen, da die 1. Inkassostelle für rechtzeitig vorgenommene Lastschriften haftet.
- Kommt es nach Gutschrift der eingereichten Lastschriften und anschließender Verfügung durch die *Plambeck GmbH* zu Rücklastschriften, kann dies zu einer Überziehung des Firmenkontos führen.

h
- Der gewerbliche Kunde (Zahlungspflichtiger) hat das SEPA-Lastschriftmandat für die *Plambeck GmbH* gegenüber seiner Bank nicht bestätigt.
- Die SEPA-Firmen-Lastschrift war unanbringlich, z. B. wegen einer falschen IBAN-Nummer des Kunden.

i Produkt z. B. Online-Banking

Merkmale:

- Teilnahme an einem Online-Dienst
- Freischaltung der Konten beim Kreditinstitut
- Leistungsumfang: Kontoinfos, Umsatzabfragen, Auftragserteilungen usw.

- Sicherung entweder durch
  1. Verwendung von z. B. Photo-TAN oder TAN-Übermittlung über SMS für Aufträge
  2. oder durch HBCI-Standard, d. h. Identifizierung des Kunden durch elektronische Signatur auf Chipkarte oder Diskette.

Fall 2.2: SEPA-Basis-Lastschrift

a - Der Zeitpunkt des Zahlungseingangs wird vom SC Norderstedt bestimmt, dadurch genauere Gelddisposition möglich.

- Für den Sportverein ergibt sich ein Zinsvorteil durch Gutschrift des Gesamtbetrags der fälligen Mitgliedsbeiträge in einer Summe.
- Für den Sportverein ergeben sich ein geringerer Verwaltungsaufwand und damit geringere Kosten im Rahmen des Mahnwesens.

b - Die Vereinsmitglieder brauchen keine Zahlungstermine für die Beitragszahlung mehr überwachen.

- Die Vereinsmitglieder vermeiden Kosten für Mahnungen bei Zahlungsversäumnis.
- Die Vereinsmitglieder haben die Möglichkeit des Widerspruchs gegen SEPA-Lastschriften bei ungerechtfertigt eingezogenen Beträgen innerhalb von 13 Monaten.

c - Abschluss einer Inkassovereinbarung zwischen der *Nordbank AG* (1. Inkassostelle) und dem SC Norderstedt

- Akzeptierung der Bedingungen für das SEPA-Lastschriftverfahren
- Erteilung des SEPA-Lastschriftmandats durch das Vereinsmitglied an den SC Norderstedt vor Zahlungseingang
- Die Deutsche Bundesbank muss dem Sportverein eine Gläubigeridentifikations-Nummer (Gläubiger-ID) zugewiesen haben.

d Der SC Norderstedt verpflichtet sich,

- nur SEPA-Lastschriften der *Nordbank AG* zum Einzug einzureichen, bei denen dem Sportverein eine vom Vereinsmitglied unterschriebene Einzugsermächtigung (SEPA-Lastschriftmandat) vorliegt.
- einen Widerruf des SEPA-Lastschriftmandats durch das Vereinsmitglied jederzeit zuzulassen.
- eine Rücklastschrift eines Vereinsmitglieds wegen mangelnder Kontodeckung oder Unanbringlichkeit innerhalb von 8 Wochen nach Belastungsbuchung zuzulassen.
- dem Vereinsmitglied spätestens 14 Tage vor Fälligkeit der ersten Beitragszahlung den Lastschrifteinzug mit Betrag und Datum anzukündigen (Vorabinformation), z. B. im Rahmen der Mitgliedsrechnungsstellung. Dabei übernimmt der SC die Autorisierungsdaten in den Datensatz zur Einziehung der SEPA-Lastschrift.
- Der Sportverein verpflichtet sich, im Lastschriftdatensatz ein bestimmtes Fälligkeitsdatum (Belastungsdatum) anzugeben.

e Autorisierungsdaten im SEPA-Lastschriftmandat:

- Bezeichnung des Zahlungsempfängers

- Kontounabhängige Gläubiger-Identifikationsnummer, die auf Antrag online von der Bundesbank erteilt wird.
- Kennzeichnung, ob es sich um einen einmaligen oder wiederkehrenden Lastschrifteinzug handelt.
- Name, Adresse, Kontoverbindung des Vereinsmitglieds
- Name, Adresse des Sportvereins
- Kundenkennung (IBAN, BIC) des Sportvereins
- Vom Sportverein individuell vergebene Mandatsnummer
- Unterschrift und Unterschriftsdatum

f - Hat der SC Norderstedt bereits über den nach Einreichung einer Lastschriftdatei gutgeschriebenen Betrag verfügt, kann es zu einer Kontoüberziehung kommen.
- Obergrenze soll den Umfang der möglichen Kontoüberziehung begrenzen.
- *Nordbank AG* als 1. Inkassosteile haftet für Rücklastschriften.

g

Kosten pro Quartal	Kontomodell 1	Kontomodell 2
Grundpreis	3 x 6 = 18,00 EUR	3 x 12 = 36,00 EUR
Beleglose Buchungen	11 x 0,60 = 6,60 EUR	11 x 0,15 = 1,65 EUR
Beleghafte Buchungen	90 x 1,50 = 135,00 EUR	90 x 2,50 = 225,00 EUR
Gesamtkosten pro Quartal	159,60 EUR	407,325 EUR

Empfehlung: Kontomodell 1

h Maßgebend als Kontobezeichnung ist der im Vereinsregister eingetragene Name, also hier: SC Norderstedt – 1985 e.V.

i Der Kontoeröffnungsantrag muss gemäß Auszug aus dem Vereinsregister von zwei Vorstandsmitgliedern gestellt werden. Beide Vorsitzenden (Herr Krause und Herr Müller) müssen gemeinsam den Kontoantrag stellen.

Fall 3 Bundesbankscheck

a Bei einem Verrechnungsscheck ist die Schecksumme nicht von der Bank garantiert. Ist z. B. keine Kontodeckung vorhanden, wird der Scheck nicht eingelöst. Ein bestätigter Bundesbankscheck dagegen wird in der vorgesehenen Höhe von 80.000,00 EUR von der Deutschen Bundesbank garantiert und ist daher „wie Bargeld" anzusehen.

b Die bezogene Zweiganstalt der Deutschen Bundesbank versieht auf sie gezogene Schecks auf Antrag eines Kreditinstituts mit einem Bestätigungsvermerk und belastet den Gegenwert dem Konto des Ausstellers. Sie übernimmt mit der Bestätigung die Verpflichtung zur Einlösung des Schecks bei Vorlegung innerhalb von 8 Tagen nach Ausstellung. Wird der Scheck danach vorgelegt, behandelt ihn die Bundesbank wie einen unbestätigten Scheck. 15 Tage nach der Ausstellung schreibt die Bundesbank dem Aussteller den Scheckbetrag wieder gut, wenn der Scheck nicht verwendet wurde.

Fall 4 Bezahlen im kontaktlosen Girogo-Verfahren

a - Im Girogo-Verfahren kann Frau Esch kleine Beträge kontaktlos bis zu einem Betrag von 50,00 EUR mit ihrer Girocard oder ihrem Smartphone ohne Eingabe der PIN zahlen, z.B. Einkäufe im Einzelhandel, Fahrkarten im öffentlichen Nahverkehr, Taxifahrten, Zigaretten- und Getränkeautomaten usw.

- Mit dem Girogo-Verfahren kann Frau Esch kontaktlos mit der Girocard oder ihrer Kreditkarte bzw. ihrem Smartphone kontaktlos bezahlen.
- Die Kartenarten verfügen über einen Funkchip, der eine Nahfeldkommunikation (NFC = Near Field Communication) mit dem Kassenterminal ermöglicht.
- Beim Zahlungsvorgang muss Frau Esch die jeweilige Karte in einem Abstand von einigen Zentimetern an die Bezahlfläche des Terminals halten. Der Rechnungsbetrag wird dann sofort dem Händler garantiert.
- Ein optisches oder akustische Signal bestätigt die erfolgreiche Zahlung.
- Der Höchstbetrag für eine einzelne Girogo-Zahlung beträgt bei allen Kartenarten 50,00 EUR.

b Abwicklung von Girocard-Zahlungen

1. Bei der Zahlung ist die Girocard in das Terminal einzuführen oder bei kontaktlosen Zahlungen nah an das Terminal zu halten. Die Kartendaten werden eingelesen und der Karteninhaber zur Eingabe der PIN aufgefordert (Ausnahme: Kontaktlose Zahlungen bis 50,00 EUR).
2. Der Netzbetreiber stellt eine Autorisierungsabfrage bei der kartenausgebenden Bank bzw. bei deren Autorisierungszentrale.
3. Nach Prüfung der Gültigkeit der Karte, Sperre der Karte, der Pin und der Kontodeckung bzw. des Verfügungsrahmens autorisiert die kartenausgebende Bank die Zahlung.
4. In der Regel reicht der Netzbetreiber einmal täglich die Lastschriftdateien über die Zahlungen bei der Händlerbank zum Inkasso ein. Der Händler benötigt dazu eine entsprechende Lastschriftvereinbarung mit seinem Institut.
5. Das Lastschriftinkasso erfolgt über die banküblichen Verrechnungswege (z. B. Bundesbank). Der Händler erhält eine entsprechende Gutschrift auf seinem Konto.
6. Das kartenausgebende Institut belastet den Karteninhaber mit dem Zahlungsbetrag. Eine Rückgabe der Lastschrift mangels Kontodeckung oder Widerruf ist nicht möglich.

c Händler können Bank- und Sparkassenkarten auch für das elektronische Lastschriftverfahren (ELV) nutzen. Der Karteninhaber steckt wie beim Girocard-System die Karte in das Terminal, die Kartendaten (Kontoinhaber, IBAN) werden ausgelesen und auf dieser Basis erteilt der Karteninhaber ein SEPA-Basismandat.

Im Unterschied zum Girocard-System erfolgt beim ELV keine Autorisierung und keine Garantie der Zahlung durch das kartenausgebende Kreditinstitut.

Der Händler trägt das Zahlungsrisiko,

- da die Lastschrift nur bei ausreichender Kontodeckung eingelöst wird,
- da der Zahlungspflichtige die Lastschrift wegen Widerspruchs zurückgeben kann,
- wenn eine gestohlene oder gefälschte Karte missbräuchlich verwendet wurde.

Um im Vergleich zum Girocard-System Kosten zu sparen, nehmen Händler das höhere Risiko in Kauf.

d Zur Risikobegrenzung haben Händler folgende Möglichkeiten:
- Prüfung der persönlichen Legitimation des Karteninhabers
- Abfrage von Sperrdateien

Verlorene oder gestohlene Debit- und Kreditkarten werden von der Polizei in der bundesweiten „KUNO-Datenbank" (Kriminalitätsbekämpfung im unbaren Zahlungsverkehr unter Nutzung nichtpolizeilicher Organisationsstrukturen) erfasst, sofern der rechtmäßige Karteninhaber bei Anzeige des Diebstahls bzw. des Verlustes dazu seine Zustimmung erteilt hat.

e Handyzahlungen am Kassenterminal - Mobile Payment

Ist in der Banking-App auf dem Smartphone eine digitale Debitkarte (Girocard, Mastercard, VPay) oder eine digitale Kreditkarte installiert, kann der Kunde mit seinem Handy auch ohne Vorlage der Karte Kartenzahlungen veranlassen. Für die sichere Speicherung der Kartendaten auf dem Handy wird die sog. HCE-Technik (Host Card Emulation) genutzt.
- Bei Android-Smartphones sind die Daten der Zahlungskarte in einer Banking-App für mobiles Bezahlen gespeichert (z. B. App „mobiles Bezahlen" bei Sparkassen, „Pay App" bei Kreditgenossenschaften).
- Für mobile Zahlungen mit einem Apple-Smartphone kann der Nutzer in der Banking-App die App „Apple Pay" hinzufügen („Zur Apple Wallet hinzufügen"). Alternativ kann der Nutzer die digitale Zahlungskarte in der Apple „Wallet App" aktivieren.
- Hat der Nutzer die digitale Zahlungskarte z. B. in der Apple „Wallet App" aktiviert

Ist beim Bezahlen das Handy z. B. durch den Fingerabdruck zu entsperren und nahe an das Bezahl-Terminal zu halten. Über die NFC-Schnittstelle (Near Field Communication) des Smartphones werden die Daten in das Terminal eingelesen. Die Zwei-Faktor-Authentifizierung der Zahlung erfolgt durch
- Besitz des Handys und

Entsperrung des Handys durch Fingerabdruck

Die Zwei-Faktor-Authentifizierung der Zahlung erfolgt durch
- Besitz des Handys und
- Entsperrung des Handys durch Fingerabdruck, Gesichtserkennung, Gerätecode oder Eingabe eines Musters.

Die Zahlung wird – unabhängig von der Betragshöhe – mit der im Smartphone hinterlegten Entsperrmethode freigegeben. Die Eingabe einer PIN ist nicht erforderlich.

f Haftung bei Kreditkarten:

Bei einer nicht autorisierten oder fehlerhaften Ausführung einer autorisierten Kartenverfügung ist das KI verpflichtet, dem Kontoinhaber den Betrag unverzüglich und ungekürzt zu erstatten. Ansprüche gegen das KI müssen binnen 13 Monaten nach dem Tag der Belastung geltend gemacht werden.

Das Abhandenkommen der Zahlungskarte (Bankkarte, Kreditkarte) ist unverzüglich der kontoführenden Stelle oder dem zentralen Sperrannahmedienst (Tel.: 116116) zu melden (Sperranzeige). Bei einem Diebstahl oder Missbrauch ist zudem Anzeige bei der Polizei zu erstatten.

Handelt es sich bei dem Konto- bzw. Karteninhaber um einen Verbraucher, ist seine Haftung für Schäden, die bis zum Eingang der Verlust- bzw. Schadenanzeige (Sperranzeige) entstehen, gesetzlich auf maximal 50,00 EUR begrenzt.

Nur bei grober Fahrlässigkeit oder Vorsatz haftet er bis zur Höhe des Verfügungsrahmens.

Nach der Sperranzeige haftet der Konto- bzw. Karteninhaber nicht mehr für Schäden bei missbräuchlichen Verfügungen sofern er nicht in betrügerischer Absicht gehandelt hat.

g - schnelle Zahlungsabwicklung ohne PIN-Eingabe

- kontaktloses Bezahlen ist hygienisches Bezahlen
- einfaches Bezahlen am Terminal, meistens ohne PIN-Eingabe

Fall 5 Verlust einer Girocard

a Der BGH sieht diese Art der Aufbewahrung nicht als grob fahrlässig an, sodass die Bank für die unbefugte Abhebung haften würde (AZ: XI ZR 42/00), wenn Frau Schöpf nachweisen kann, dass die PIN nicht aufgrund eines selbst verschuldeten Verhaltens in den Besitz Unberechtigter gelangen konnte.

b - Der Belastung mit 400,00 EUR kann sie nicht widersprechen, da die Zahlung an einem Geldausgabeautomaten erfolgte; für diese Zahlung ist die Eingabe der PIN notwendig. Kann Frau Schöpf den Verdacht der groben Fahrlässigkeit nicht entkräften, dann muss Frau Schöpf diesen Schaden selbst tragen.

- Die Zahlung von 993,75 EUR erfolgte im SEPA-Basislastschriftverfahren (SLV-Verfahren). Daher hat der Händler keine Zahlungsgarantie. Ein Widerspruch gegen diese Belastung ist möglich, da Frau Schöpf die Lastschrift nicht unterschrieben und sich damit nicht verpflichtet hat.
- Die Zahlung von 809,32 EUR erfolgte im Electronic-Cash-Verfahren mit Eingabe der PIN. Hier kommt es wieder darauf an, ob Frau Schöpf grobe Fahrlässigkeit nachgewiesen werden kann. Ist dies der Fall, muss sie den Schaden aus dieser Belastung selbst tragen.

c Bei Verlust der BankCard ist Frau Schöpf verpflichtet, sofort den Sperrannahmedienst zu benachrichtigen. Vor der Verlustanzeige haftet Frau Schöpf mit maximal 50,00 EUR. Nach der Verlustanzeige keine Haftung mehr für Frau Schöpf.

Fall 6 Das Bezahlen mit Kreditkarten

a - Bargeldbeschaffung an Geldautomaten und bei Kreditinstituten im In- und Ausland mit PIN im Rahmen des persönlichen Verfügungsrahmens

- Bargeldlose Bezahlung von Waren und Dienstleistungen bei Vertragsunternehmen des Kartenherausgebers
- Weitere mögliche Funktionen der Kreditkarte: Geldkartenfunktion, Telefonkartenfunktion, Electronic-Cash-Funktion für automatisierte Kassen, Zusatzangebote wie Versicherungsleistungen, z. B. Reiserücktrittsversicherung

b Bei bargeldlosem Bezahlen muss entweder ein von einem Vertragsunternehmen ausgestellter Belastungsbeleg unterschrieben werden (Unterschriftenvergleich) oder etwa an Geldausgabeautomaten die PIN eingegeben werden (PIN ist nur dem Karteninhaber bekannt).

c Dadurch Datenweitergabe von Herrn Wollner möglich. Über die Schufa kann eine Bonitätsprüfung durchgeführt werden.

d1 Unterschrift auf dem Zahlungsbeleg, Eingabe der PIN

d2 Herr Wollner legt zur Bezahlung der Ware oder Dienstleistung dem Vertragsunternehmen seine Kreditkarte vor. Bei der **beleghaften Bezahlung** unterzeichnet er einen von der Akzeptanzstelle auf Grund der in der Karte gespeicherten Daten erstellten Beleg. Alternativ kann Herr Wollner bei der **beleglosen Bezahlung** die Zahlung mit Eingabe der PIN autorisieren, wenn das jeweilige Kassenterminal diese Funktion unterstützt. Das Vertragsunternehmen stellt in der Regel über ein elektronisches Terminal die Verbindung mit dem Rechenzentrum der Kreditkartengesellschaft oder ihrer Autorisierungsstelle her. Mit dem Einlesen der Karte erfolgt die Überprüfung des Verfügungsrahmens und einer eventuellen Sperre der Kreditkarte. Bei positiver Autorisierung erscheint im Display des Terminals eine Autorisierungsnummer und die Angabe „Genehmigung erteilt“. Die Autorisierungsnummer ist für das Vertragsunternehmen die Zahlungsgarantie. Bei Vertragsunternehmen mit geringen Kreditkartenumsätzen wird die Autorisierungsabfrage auch telefonisch durchgeführt oder es wird ganz auf die Autorisierung verzichtet. Bei der Terminallösung werden die Rechnungsdaten beleglos übertragen, andernfalls müssen die Belege an die Abwicklungsstelle der Kreditkartenorganisation gesandt werden.

d3 - Sammlung der Kreditkartenzahlungen auf einem Kreditkartenkonto
- Monatliche Abrechnung der Kreditkartenzahlungen
- Einzug des Abrechnungsbetrags mittels Lastschrift

d4 - Kreditkarte sofort nach Erhalt unterschreiben
- Kreditkarte sicher und getrennt von der PIN aufbewahren
- Kreditkarte und PIN keiner dritten Person zur Verfügung stellen
- Beachtung des Verfügungsrahmens
- Bereithaltung einer ausreichenden Kontodeckung für den monatlichen Einzug des Abrechnungsbetrags
- Bei Verlust, Diebstahl bzw. missbräuchlichen Verfügungen unverzügliche Benachrichtigung der kontoführenden Stelle oder des Zentralen Sperrannahmediensts und ggf., der Polizei

e Bei Zahlungen mit der Kreditkarte im Internet sind folgende Eingaben notwendig: Name des Karteninhabers, Kartennummer, Gültigkeitsdatum und Kartenprüfziffer (CVC – Card Validation Code). Die Kartenprüfziffer ist eine drei- oder vierstellige Zahl, die auf der Rückseite der Kreditkarte aufgedruckt ist.

3D-Secure: Dieses Verfahren soll das Bezahlen mit Kreditkarten im Internet sicherer machen, indem man den Bezahlvorgang noch einmal bestätigt, beispielsweise mit einem Passwort oder einem Fingerabdruck. Das Verfahren soll dabei helfen, nachzuweisen, dass hinter der Zahlung mit einer Kreditkarte auch wirklich der Besitzer der Karte steckt. Dieser zusätzliche Sicherheitsschritt ist seit 2020 verpflichtend, vgl. 2. Zahlungsdienstrichtlinie (Payment Service Directive 2, kurz PSD2). Sie sieht vor, das man bei allen elektronischen Zahlungen in der EU seine Identität zweifach nachweisen muss.

Den besten Schutz bietet das 2FA-Verfahren, etwa den Computer für das Online-Banking und das Handy für den Empfang des Codes. Es ist schwierig, gleich beide Geräte als Angreifer unter seine Kontrolle zu bringen.

f Da sich das Funkwellen-Symbol auf der Kreditkarte von Herrn Wollner befindet, kann er mit ihr kontaktlos bezahlen. Die Karte ist dafür mit einem Funkchip ausgestattet und nutzt die NFC-Technologie (Near Field Communication). Mit dieser Technologie kann über wenige Zentimeter eine Verbindung zwischen Kreditkarte und Bezahlterminal hergestellt werden. Dazu muss Herr Wollner seine Kreditkarte nicht aus der Brieftasche herausholen, allerdings würden evtl. andere Funkchip-Karten in seiner Brieftasche die Verbindung stören, so dass es zu einem Abbruch des Bezahlvorgangs kommen könnte. Bei der VISA-Card wird die Funkchiptechnologie als payWave bezeichnet und MasterCard vertreibt die Funktion als paypass. Bei der BankCard heißt das kontaktlose Verfahren girogo.

g - Verfügungsrahmen ist überschritten.
- Karte wurde gesperrt.
- Karte ist defekt.

h Unverzüglich Meldung an den Kartenherausgeber bei Verlust der Karte durch den Karteninhaber (Sperre der Karte)

i Nach der Benachrichtigung haftet der Karteninhaber nicht für Schäden aus missbräuchlicher Verwendung. Für Schäden, die vor der Sperre entstanden sind, haftet er bis zu 50 EUR.

j Bei Verlust oder Diebstahl der Kreditkarte erhält Herr Wollner umgehend eine Ersatzkarte von *VISA-CARD*, kostenlos und weltweit innerhalb von i. d. R. 24 Stunden.

k Der Dollarumsatz ist richtig in EUR umgerechnet worden: 1.300 : 1,1224 = 1.158,23 EUR

Fall 7 Das bargeldlose Bezahlen an automatisierten Kassen

a1 Legitimation durch Eingabe der PIN

a2 Das Hotel hat kein Zahlungsrisiko, da nach positiver Autorisierung die Bank die Zahlung garantiert.

b - Das Hotel kommt ggf. bereits nach einigen Tagen zu seinem Geld. Beim Einsatz der Kreditkarte erfolgt die Gutschrift erst nach einem längeren Zeitraum von einigen Wochen.
- Die Kosten einer Zahlung mittels Kreditkarte sind durch das relativ hohe Disagio deutlich höher als die Kosten einer Zahlung durch BankCard im Rahmen des Electronic-Cash-Verfahrens.

c - Viele internationale Hotelgäste nutzen i. d. R. die Kreditkarte.
- Durch die Nutzung moderner Zahlungsweisen – insbesondere durch die Nutzung der Kreditkarten – wird das Image des Hotels international aufgewertet.
- Für das Bezahlen kleinerer Beträge im Hotelshop bieten sich für deutsche Hotelgäste die Nutzungsmöglichkeiten der Geldkarte im Girogo-Verfahren an.

d1 Zahlungsabwicklung mit der Kreditkarte:
- Die Kreditkarte wird in das Terminal eingeführt.
- Die Kreditkartendaten auf dem Magnetstreifen der Karte werden ausgelesen. Außerdem wird ein Leistungsbeleg gedruckt.

- Der Beleg wird vom Karteninhaber unterschrieben. Mit der Unterschrift erklärt der Karteninhaber sein Einverständnis zur Abbuchung des Zahlungsbetrags von seinem Kartenkonto.
- Mit dem Einlesen der Kartendaten erfolgt zugleich eine Überprüfung des dem Hotelgast eingeräumten Verfügungsrahmens sowie einer evtl. Kartensperre.
- Nach positiver Autorisierung erscheint im Display des Händlerterminals eine Autorisierungsnummer und die Angabe „Genehmigung erteilt". Die Autorisierungsnummer ist für das Hotel die Zahlungsgarantie. Ein Widerruf des Zahlungsbetrags durch den Karteninhaber ist nicht mehr möglich.
- Alternativ zur Unterschrift erfolgt bei einigen Kreditkarten die Autorisierung der Zahlung durch Eingabe der PIN.
- Das Hotel leitet nun die autorisierten Kartenumsätze über das Kartenterminal elektronisch an den Kreditkartenprozessor weiter.
- Der Kreditkartenprozessor wickelt Kartenzahlungen im Auftrag des Kartenherausgebers ab.
- Der Kartenprozessor zieht per Lastschrift den gesamten Rechnungsbetrag in einer Summe vom Girokonto des Hotelgastes ein.
- Der Kartenprozessor schreibt dem Hotel den Gegenwert der angefallenen Kartenumsätze unter Abzug eines Disagios gut.

d2 Zahlungsabwicklung mit der Girocard:

- Der Kassierer gibt den Rechnungsbetrag in die Kasse ein.
- Der Hotelgast schiebt seine Karte in das Electronic-Cash-Terminal.
- Der Hotelgast tippt seine PIN ein und bestätigt die Transaktion. Damit wird gleichzeitig die Autorisierungsanfrage bei der Autorisierungszentrale veranlasst (Ordnungsmäßigkeit der Zahlung).
- Die Autorisierungsstelle prüft: Kontrolle der eingegebenen PIN, Echtheit der Karte, Kontrolle einer möglichen Sperre, Einhaltung des Verfügungsrahmens.
- Bei positiver Autorisierung erscheint die Antwort: „Zahlung erfolgt". Das ist die Zahlungsgarantie des Karten ausgebenden Instituts gegenüber dem Hotel.
- Das Hotel übermittelt die Beträge aus den EC-Zahlungen beleglos über den jeweiligen Terminal-Netzbetreiber an sein Kreditinstitut und erhält den Gesamtbetrag gutgeschrieben.
- Das Kreditinstitut zieht die Forderungsbeträge bei den Banken der Hotelgäste ein.

d3 Zahlungsabwicklung mit der Girocard im Girogo-Verfahren:

- Girogo ermöglicht ein kontaktloses Bezahlen mit der Girocard. Die Karten verfügen über einen Funkchip, der eine Nahfeldkommunikation (Near Field Communication, NFC) mit dem Kassenterminal ermöglicht.
- Beim Zahlungsvorgang hält der Hotelgast die Karte in einem Abstand von wenigen Zentimetern an die Bezahlfläche des Terminals. Ein optisches Signal bestätigt die erfolgreiche Zahlung.
- Der Höchstbetrag für eine einzelne Girogo-Bezahlung beträgt 50,00 EUR.
- Für das Hotel entstehen Terminalkosten und eine Bankprovision von maximal 0,2 %, mindestens 0,01 EUR pro Umsatz.

Fall 8 Das Bezahlen mit BankCard und SEPA-Basislastschrift

a
- Erklärung der *Schnellsener Mühle GmbH*, dass Herr Kaus regelmäßig auf das Geschäftskonto einzahlen soll.
- Einmalige Identifizierung von Herrn Kaus durch die *Nordbank AG* gemäß GwG
- Bei künftigen Einzahlungen genügt die Namensaufzeichnung auf dem Einzahlungsbeleg.

b
- Prüfung der PIN
- Prüfung der Gültigkeit der Karte
- Prüfung einer möglichen Sperre der Karte
- Prüfung der Einhaltung des Verfügungsrahmens

c
- Die Kundenbindung wird durch diese Serviceleistung gestärkt.
- Die tägliche Kassenaufnahme/-abstimmung wird erleichtert.
- Die Prämie für die Versicherung des Bargeldbestands wird reduziert.
- Der Aufwand für den Geldtransport zur *Nordbank AG* wird reduziert.

d Vorteil: Da es zu keiner Online-Autorisierung kommt, entstehen der *Schnellsener Mühle* bei Anwendung dieses Verfahrens geringere Kosten.

Nachteil: Die Zahlung wird der *Schnellsener Mühle GmbH* nicht garantiert; daher trägt sie das Risiko der Rückgabe der Lastschrift.

e1
- bessere Kontodisposition möglich.
- pünktlicher Zahlungseingang – Rückführung von Außenständen
- geringerer Verwaltungsaufwand bei Überwachung und Mahnung
- bessere Liquiditätsplanung durch Bestimmung des Zeitpunkts des Geldeingangs
- Zinsvorteil durch Buchung aller Rechnungen in einer Summe zum Fälligkeitstag
- ggf. geringere Entgelte für Buchungsposten im Vergleich zu Zahlungen durch Überweisungen
- Überwachung vereinzelter Retouren ist einfacher als Überwachung von Überweisungseingängen.
- höhere Liquidität, da sofortige Gutschrift

e2
- keine Überwachung der Zahlungstermine erforderlich
- Vermeidung von Mahnkosten durch pünktliche Zahlung am Fälligkeitstag
- Erstattungsanspruch auch bei autorisierten Zahlungen

f
- Empfehlung: SEPA-Basis-Lastschriftverfahren
- Begründung: Einfachere Handhabung, weil die Zustimmung der Kunden direkt bei der *Schnellsener Mühle GmbH* vorliegt und nur ihr gegenüber widerrufen werden kann.

  oder
- Empfehlung: SEPA-Firmenlastschriftverfahren
- Begründung: keine Rückgabe wegen Widerspruch möglich

g
- Nachteil SEPA-Basislastschriftverfahren: Der Lastschrift kann innerhalb von acht Wochen widersprochen werden.

  oder
- Nachteil SEPA-Firmenlastschriftverfahren: Der Kunde kann das Lastschriftmandat direkt bei seiner Bank widerrufen.

h Voraussetzungen für das Basislastschriftverfahren und das Firmenlastschriftverfahren

- Die *Schnellsener Mühle GmbH* muss mit der *Nordbank AG* eine Inkassovereinbarung über den Einzug von Forderungen durch SEPA-Lastschriften abgeschlossen haben.
- Die Kunden müssen der *Schnellsener Mühle GmbH* schriftlich SEPA-Lastschriftmandate erteilen und ihre Bank über das Lastschriftmandat informieren.
- Die Deutsche Bundesbank muss der *Schnellsener Mühle GmbH* eine Gläubiger-Identifikationsnummer (Gläubiger-ID) zugewiesen haben.
- Die *Schnellsener Mühle GmbH* muss für jeden Lastschrifteinzug eine individuelle Mandatsreferenznummer vergeben. Sie dient in Verbindung mit der Gläubiger-ID der Identifizierung des SEPA-Mandats.
- Zahlungsavis: Die *Schnellsener Mühle GmbH* ist verpflichtet, den Kunden spätestens 14 Kalendertage vor dem ersten Lastschrifteinzug über Betrag und Datum des Einzugs zu informieren.
- Die Lastschriften müssen der Zahlstelle bei Erst- und Einmallastschriften spätestens fünf Geschäftstage, bei wiederkehrenden Lastschriften spätestens zwei Geschäftstage vor Fälligkeit vorliegen.
- Bei SEPA-Firmenlastschriften müssen die Lastschriften der Zahlstelle spätestens einen Geschäftstag vor Fälligkeit vorliegen.

i Die *Schnellsener Mühle GmbH* ist verpflichtet,

- ein Fälligkeitsdatum anzugeben.
- den Kunden spätestens 14 Tage vor Fälligkeit den Einzug mit Betrag und Datum anzukündigen (Erstinformation).
- nur SEPA-Lastschriften einzureichen, bei denen der *Schnellsener Mühle GmbH* ein SEPA-Lastschriftmandat vorliegt.
- einen Widerruf des SEPA-Lastschriftmandats zu beachten.
- eine Rücklastschrift wegen ungerechtfertigter Belastung innerhalb von 13 Monaten und wegen fehlender Kontodeckung oder Unanbringlichkeit innerhalb von acht Wochen nach Belastungsbuchung zuzulassen.

j
- Kommt es nach Gutschrift der eingereichten Lastschriften und anschließender Verfügung durch die *Schnellsener Mühle GmbH* zu Rücklastschriften, kann dies zu einer Überziehung des Geschäftskontos führen.
- Das Lastschriftlimit soll diese mögliche Überziehung begrenzen, da die erste Inkassostelle für rechtzeitig vorgenommene Lastschriften haftet.

k
- Widerspruch des Kunden.
- fehlende Einzugsermächtigung,
- Unanbringlichkeit der Lastschrift z.B. nach Kontoauflösung
- Nichteinlösung mangels Kontodeckung beim Zahlungspflichtigen

l Produkt z.B. Online-Banking

Merkmale:
- Teilnahme an einem Online-Dienst
- Freischaltung der Konten beim Kreditinstitut
- Leistungsumfang: Kontoinfos, Umsatzabfragen, Auftragserteilungen usw.

- Sicherung entweder durch Verwendung von PIN und TAN bzw. eTAN als elektronische Unterschrift für Aufträge oder durch HBCI-Standard, d.h. Identifizierung des Kunden durch elektronische Signatur auf Chipkarte.

Fall 9 Nutzung von Reisezahlungsmitteln im Ausland

a Sortenumrechnung:

1,00 EUR = 1,4061 AUD

2.000 AUD = X EUR

X = 2.000 : 1,4061 = 1.422,37 EUR

b - kein Zinsertrag bei Sorten/Bargeld
- höheres Kursrisiko bei Sorten
- bei Sorten sind z. B. folgende Kosten höher als bei Devisen:
  - Lagerkosten
  - Versicherungskosten
  - Transportkosten
  - Verwaltungskosten

c - Bargeldbeschaffung an Geldausgabeautomaten
- bargeldloses Bezahlen an Electronic-Cash-Kassen

d Vorteile Kreditkarte:
- weltweit einfach und bequem nur mit der Unterschrift bargeldlos bezahlen
- weltweiter Ersatzservice bei Kartenverlust
- Haftung des Kunden bei Kartenverlust auf 150,00 EUR begrenzt, wenn der Kunde nicht grob fahrlässig handelt
- mögliche Zinsersparnis bei Soll-Kontostand, da nur einmal im Monat die Kreditkartenumsätze abgebucht werden
- Sparen von Buchungsgebühren, da Abbuchung in einer Summe
- Je nach Kreditkarte und Ausgestaltung sind verschiedene Versicherungen oder Serviceleistungen eingeschlossen.
- insbesondere bei Mietwagen häufig obligatorisch

e Für Schäden, die bis zum Zeitpunkt der Sperranzeige verursacht werden, besteht eine Haftung in Höhe von maximal 50,00 EUR. Ab der Sperranzeige haftet der Karteninhaber nicht mehr.

f - Da der Kunde die Kreditkarte nicht mehr aus der Hand gibt, wird ein Missbrauch der Karte beim Bezahlvorgang eingeschränkt.
- Der Bezahlvorgang erfolgt schneller, da bis zu einem Betrag von 25,00 bzw. 50,00 EUR der Karteninhaber weder eine Unterschrift leisten, noch eine PIN eingeben muss.
- Der Bezahlvorgang erfolgt hygienischer, da bis zu einem Betrag von 25,00 bzw. 50,00 EUR der Karteninhaber keine Tastatur bedienen muss.

g - Name des Karteninhabers
- Kreditkartennummer

- Gültigkeitsdatum der Karte
- Persönlicher Sicherheitscode oder Fingerabdruck)

Um beim Online-Shopping mit der Kreditkarte zu zahlen, reichen die Kartennummer und der Sicherheitscode (Prüfziffer) auf der Rückseite nicht aus. Man muss sich zusätzlich mit einem Passwort einer PIN oder TAN oder dem Fingerabdruck identifizieren.

Zwei-Faktor-Authentifizierung:

Es ist eine zusätzliche Sicherheitsmaßnahme zum Schutz von Benutzerkonten: Zusätzlich zum Passwort muss beim Login eine weitere Sicherheitskomponente eingegeben werden, z.B. ein PIN-Code. Dieser Code wird etwa auf die im Konto hinterlegte Handynummer des/der Nutzer/in gesendet oder es kommt ein Code-Generator zum Einsatz, z. B. Facebook-Anmeldebestätigungen.

Welche Zwei-Faktor-Authentifizierung gibt es?

Folgende Gruppen dieser Verfahren lassen sich unterscheiden: TAN/OTP-Systeme als zweiter Faktor nach einem Passwort: eine TAN bzw. ein OTP ist ein Einmalkennwort, das als zweiter Faktor übermittelt werden kann.

Den besten Schutz bietet das 2FA-Verfahren, etwa den Computer für das Online-Banking und das Handy für den Empfang des Codes. Es ist schwierig, gleich beide Geräte unter als Angreifer unter seine Kontrolle zu bringen.

Die Zwei-Faktor-Authentifizierung ist aktuell die sicherste Methode, um einen Login zu Onlinekonten abzusichern.

h
- Mit dem SEPA-Formular sind nur Überweisungen in Euro möglich,
- Im Rahmen von SEPA sind keine Überweisungen in ein Land außerhalb von Europa möglich, die USA gehören nicht zu den Teilnehmerländern von SEPA.

i
- Mit dem SEPA-Formular sind nur Überweisungen in Euro möglich,
- Im Rahmen von SEPA sind keine Überweisungen in ein Land außerhalb von Europa möglich, die USA gehören nicht zu den Teilnehmerländern von SEPA.

j Der Gegenwert des Überweisungsbetrags übersteigt die Meldegrenze von 12.500,00 EUR, es erfolgt eine Zahlung eines Inländers an einen Ausländer.

1.2 Anlagen auf Konten

Fall 1 Festgeld oder Sparbrief

a Abgezinster Sparbrief:

- Festlegungszeitraum: 1 bis 6 Jahre
- Liquidität: Während der Laufzeit ist die Rückzahlung ausgeschlossen; Beleihungsmöglichkeit
- Zinsgutschrift und Anfall der Abgeltungssteuer am Ende der Laufzeit

Festgeld:

- Festlegungszeitraum: 30, 60, 90 Tage
- Liquidität: Keine vorzeitige Verfügung möglich; Beleihungsmöglichkeit
- Zeitpunkt der Zinsgutschrift und des Anfalls der Abgeltungssteuer: nach Ablauf der Festlegungsfrist

b Sparbrief:

- Kapitalmarktzins
- Anlagezeitraum
- Bonität des Kunden

Termingeld:
- Geldmarktzinssatz
- Anlagebetrag
- Anlagezeitraum
- Bonität des Kunden

c

Anlage	Nettozuflüsse	Verbleibender Freibetrag	Abgeltungssteuer	SolZ
Sparbrief	350,00 EUR	451,00 EUR	--	--
Sparschuldverschreibung	1.039,26 EUR	--	199,75 EUR	10,99 EUR
Sparbrief	--	--	--	--
Festgeld	14,17 EUR	--	5,00 EUR	0,83 EUR
Spareinlage	38,37 EUR	--	13,18 EUR	0,72 EUR
Summe	1.441,80 EUR			

Fall 2 Bausparen

a Bausparen ist kollektives Zwecksparen mit dem Ziel einer zinsgünstigen Finanzierung eines Wohngebäudes bzw. einer Eigentumswohnung. Grundgedanke des Bausparens ist die Idee der Selbst- bzw. Gemeinschaftshilfe. Bausparer schließen sich zu einem Kollektiv zusammen, das aus eigener Kraft eine zinsgünstige Finanzierung ihrer Bauvorhaben ermöglichen soll. In der Sparphase sammeln die Bausparer durch Bauspareinlagen Eigenkapital auf Bausparkonten an. Die Bauspareinlagen fließen zusammen mit den Tilgungsrückflüssen aus gewährten Bauspardarlehen in die sog. Zuteilungsmasse. Aus der Zuteilungsmasse wird bei Zuteilung und Annahme der Zuteilung die vertraglich vereinbarte Bausparsumme zur Verfügung gestellt. Sie setzt sich aus dem angesparten Guthaben und einem zinsgünstigen, nachrangig gesicherten Bauspardarlehen zusammen. In der Darlehensphase wird das ausgezahlte Darlehen in monatlichen Raten getilgt.

b Wohnungsbau-Prämie nach dem Wohnungsbau-Prämiengesetz, Einkommensgrenze von 70.000,00 EUR für Verheiratete; Arbeitnehmer-Sparzulage nicht möglich, da das zu versteuernde Einkommen über 35.800,00 EUR beträgt.

c Wohnungsbau-Prämie für höchstens 700,00 EUR Bausparbeiträge je Person (§ 3 WoPG)

d 10,0 % Wohnungsbau-Prämie für insgesamt 1.400,00 EUR = 140,00 EUR

e - Finanzierung des beabsichtigten Erwerbs einer Eigentumswohnung mittels eines zinsgünstigen Bauspardarlehens
- Inanspruchnahme der Wohnungsbau-Prämie im Rahmen der staatlichen Sparförderung
- Der Zinssatz für ein Bauspardarlehen ist von vornherein bei Abschluss des Bausparvertrags festgelegt und ist unabhängig von der Kapitalmarktsituation.

f - relativ geringer Guthabenzins bei Bausparverträgen im Vergleich zu langfristigen festverzinslichen Wertpapieren
- relativ hohe Gebühren (Abschlussgebühr 1 % der Bausparsumme, Kontoführungsgebühren, Gebühren bei Darlehensauszahlung)
- lange Frist bis zur Zuteilungsreife
- relativ hohe Annuitäten bei der Darlehenstilgung wegen kurzer Tilgungsdauer bei Bausparkassen
- relativ hohe Mindestansparsumme

g Das Ehepaar Philipp sollte sich für den Tarif Classic-Maxi entscheiden, da bei diesem Tarif der effektive Jahreszins relativ niedrig ist (3,16 %) und der Tilgungsbeitrag bei einer Bausparsumme von 50.000 EUR monatlich 300 EUR beträgt. Die Rückzahlungsfrist beträgt bei diesem Tarif 115 Monate. Der Tarif Classic-Mini hat zwar den niedrigsten Nominalzins/Effektivzins (1,95 %/2,28 %), aber eine relativ hohe Tilgungsrate von 400 EUR monatlich. Die Rückzahlungsfrist beträgt allerdings auch nur 81 Monate.

h Der Anspruch auf Wohnungsbau-Prämie nach § 4 Abs. 1 WoPG entsteht mit Ablauf des Sparjahrs. Die Bausparprämie ist vom Ehepaar nach § 4 Abs. 2 WoPG jährlich bei der *Bauspar AG* zu beantragen. Nach § 5 Abs. 2 WoPG werden die Prämien dem Bausparkonto gutgeschrieben und sind vom Ehepaar Philipp zu vertragsgemäßen Zwecken zu verwenden.

Fall 3 Sparen nach dem Vermögensbildungsgesetz

a Gemäß Manteltarifvertrag stehen den Auszubildenden vermögensbildende Leistungen des Arbeitgebers in Höhe von 40 EUR monatlich zu.

b1 Geförderter Personenkreis: Arbeitnehmer, Auszubildende, Beamte, deren zu versteuerndes Einkommen 17.900,00 EUR (Alleinstehende) und 35.800,00 EUR (Verheiratete) nicht übersteigt (vgl. § 13 Abs. 1 VermBG Bausparen). Die Einkommensgrenze beim Beteiligungssparen beträgt 20.000,00 EUR/40.000,00 EUR für Ledige/Verheiratete. Die Einkommensgrenzen beziehen sich auf das zu versteuernde Einkommen.

b2 Vertragsart/Anlageform:

- Erwerb von Vermögensbeteiligungen, z. B. Aktien, Anteile an Aktienfonds, Genussscheine, Genossenschaftsanteile u. a. im Rahmen eines Wertpapier-Sparvertrages oder Wertpapier-Kaufvertrages u. a. m.

- Anlage auf Konten und Erwerb von Wertpapieren, die nicht als Vermögensbeteiligung gelten, z. B. Sparverträge für vermögenswirksame Leistungen sowie Erwerb von festverzinslichen Wertpapieren und Anteilen an Rentenfonds
- Anlagen nach dem Wohnungsbauprämiengesetz und für andere begünstigte Baumaßnahmen, z. B. Bausparen und ähnliche Anlageformen des WoPG (vgl. § 2 ff. VermBG)
- Anlagen auf Grund von Kapitalversicherungsverträgen, z. B. Kapitalversicherung auf den Erlebens- und Todesfall mit einer Mindestdauer von 12 Jahren

b3 Festlegungsfrist (vgl. § 4 ff. VermBG):

- 6 Jahre bei Wertpapier-Kaufverträgen
- 7 Jahre bei Sparverträgen und Sparverträgen über Wertpapiere
- 12 Jahre bei Kapitalversicherungsverträgen

b4

Vermögensbeteiligungen jährlich	Bausparen jährlich	Sparerhöchstbetrag nach VermBG, jährlich je Arbeitnehmer (AN)
Anlagebetrag 400 EUR	Anlagebetrag 470 EUR	870 EUR
AN-Sparzulage 20 %	AN-Sparzulage 9 %	

c *Grundzüge des Investmentsparens:* Grundidee des Investmentsparens ist es, privaten Anlegern bereits mit kleinen Beträgen eine Vermögensanlage nach dem Prinzip der Risikostreuung zu ermöglichen, die von Fachleuten erfolgsorientiert betreut und verwaltet wird.

Grundzüge des Bausparens: Sparvertrag mit einer Bausparkasse zur Erlangung eines zinsgünstigen Darlehens für den Wohnungsbau und zur Ausnutzung der Vergünstigung des Wohnungsbau-Prämiengesetzes. Gleichzeitig soll der Bausparer regelmäßig vereinbarte Sparbeiträge leisten. Mit Erfüllung bestimmter Voraussetzungen, z. B. Mindestsparbetrag, Wartefrist, erwirbt der Bausparer Anspruch auf die Zuteilung des Vertrages.

d **1**, **4** und **5** sind zu wählen.

e Nur der Europe Stars ist als Vermögensbeteiligung sparzulagenberechtigt.

f Da das zu versteuernde Einkommen der Auszubildenden i. d. R. unter 17.900,00 EUR jährlich liegt, sind sie im Rahmen des Höchstbetrages von 870,00 EUR sparzulagenberechtigt. Der Auszubildende erhält für 470,00 EUR jährlich (Anlage in einen Bausparvertrag) eine AN-Sparzulage von 9 % = 42,30 EUR, aufgerundet 43,00 EUR und für 400,00 EUR (Anlage z. B. in einen sparzulagenberechtigten Aktienfonds) 72,00 EUR jährlich. Voraussetzung ist jedoch, dass der Auszubildende 390,00 EUR zusätzlich jährlich von seiner Ausbildungsvergütung als vermögenswirksame Leistungen erbringt.

g1 Beim Sparen nach dem 5. VermBG müssen bestimmte Bindungsfristen bei den Verträgen beachtet werden. Beim Bausparvertrag ist zu beachten, dass die Zuteilung eines Bauspardarlehens zweck- und objektgebunden ist (Wohnungsbau). Ein fälliger Investmentsparvertrag kann dann nach einer Sperrfrist von 7 Jahren für einen Autokauf verwendet werden.

g2 - Vertragsabschluss mit der Investmentgesellschaft
- Mitteilung an den Arbeitgeber über Vertragsabschluss
- Der Arbeitgeber überweist regelmäßig monatlich oder einmal jährlich von der Ausbildungsvergütung insgesamt pro Jahr 400,00 EUR auf den Investmentsparvertrag und 470,00 EUR auf den Bausparvertrag (vgl. § 10 VermBG).

g3 Die Arbeitnehmer-Sparzulage wird auf Antrag des Arbeitnehmers im Rahmen seiner jährlichen Einkommensteuererklärung vom zuständigen Finanzamt festgesetzt. Der Arbeitnehmer hat den Antrag spätestens bis zum Ablauf des 4. Kalenderjahres nach dem Kalenderjahr zu stellen, in dem die vermögenswirksamen Leistungen angelegt worden sind. Die Arbeitnehmer-Sparzulage wird mit Ablauf des Wertpapiersparvertrages fällig. Die Arbeitnehmer-Sparzulage wird aus den Einnahmen an Lohnsteuer gezahlt (vgl. §§ 6, 7 VermBDV).

g4 Beim Abschluss eines Bausparvertrages können 700,00/1.400,00 EUR bei Ledigen/Verheirateten zusätzlich prämienbegünstigt (10 % Wohnungsbau-Prämie) gespart werden.

g5 Die Bindungsfrist bei Verträgen über vermögenswirksame Leistungen ist i. d. R. 7 Jahre. Eine vorzeitige prämienunschädliche Verfügung ist nur in Ausnahmefällen möglich, z. B. im Falle der völligen Erwerbsunfähigkeit oder Arbeitslosigkeit (vgl. § 4 Abs. 4 VermBG bzw. § 2 Abs. 2 WoPG).

h Beteiligungsverträge:

- Beteiligung der Arbeitnehmer am Produktivkapital
- Stärkung der Eigenkapitalbasis für Unternehmen durch vermögenswirksame Leistungen
- Erhöhung der Attraktivität der Anlage in Aktien bzw. aktienähnlichen Wertpapieren für Arbeitnehmer und zusätzliche Einkommensquelle über Kapitalerträge

Bausparverträge:

- Förderung der Bildung von Wohneigentum und damit Wohnraumschaffung
- Förderung der sozialen Gerechtigkeit
- Förderung der Vermögensbildung
- Arbeitsplatzsicherung durch Investitionen im Baugewerbe
- Vorsorge für das Alter

Fall 4 Riester-Rente

a Versorgungslücke:

- Rentenversicherung kann in Zukunft nur noch Grundsicherung gewährleisten.
- private Vorsorge zur Sicherung eines angestrebten Alterseinkommens

Demografischer Wandel:

- rückläufige Geburtenrate
- In Zukunft müssen immer weniger sozialversicherungspflichtige Arbeitnehmer für immer mehr Rentner aufkommen.

b
- Bevölkerungsstruktur entwickelt sich ungünstig, längere Lebenserwartung.
- Geburtenrückgang, sodass immer weniger Erwerbstätige mehr Rentner finanzieren müssen.
- Beitragssätze für Erwerbstätige müssen steigen bzw. Beitragsbemessungsgrenzen müssen angehoben werden oder zukünftige Renten müssen sinken (Vergrößerung der Versorgungslücke).

c

Basisversorgung	- gesetzlicher Rentenanspruch - Versorgungsleistungen der berufsständischen Versorgungseinrichtungen - kapitalgedeckte private Leibrenten (Rürup-Rente)
Kapitalgedeckte Zusatzversorgung	- Riester-Verträge im Rahmen der privaten Altersvorsorge - betriebliche Zusatzversorgung in Form von Pensionszusagen - Direktversicherungen
Sonstige Kapitalanlagen und Versicherungsprodukte	- Kapitalanlageprodukte, die der Altersvorsorge, aber auch anderen Zwecken dienen können

d
- Herr und Frau Schmidt gehören zum geförderten Personenkreis.
- Sie sind sozialversicherungspflichtige/r Arbeitnehmer bzw. Angestellte im öffentlichen Dienst.

e

Eigenbeitrag Frau Schmidt 2019	EUR
4 % von 25.000,00 EUR	1.000,00
- Grundzulage	175,00
- Kinderzulage	300,00
- Kinderzulage	300,00
= Eigenleistung	225,00

Eigenbeitrag Herr Schmidt 2019	EUR
4 % von 38.000,00 EUR	1.520,00
- Grundzulage	175,00
= Eigenleistung	1.345,00

f
- Banksparpläne
- Investmentfondssparpläne
- Private Rentenversicherungen
- Fondsgebundene Lebensversicherungen
- Wohn-Riester gefördertes Bausparen

g Z. B. Altersvorsorgefonds:

Der Ertrag ist abhängig
- von der Zusammensetzung des Fonds,
- von der Zinsentwicklung am Kapitalmarkt,
- von der Qualität des Fondsmanagements,
- von der Kursentwicklung am Aktienmarkt.

Rentenversicherung:

Der Ertrag ist abhängig
- von der Höhe der Grundverzinsung,
- von der erwirtschafteten Überschussbeteiligung,
- von der Laufzeit,
- vom Kostenanteil.

h - Zugehörigkeit zum geförderten Personenkreis
- Einzahlungen in einen zertifizierten Vertrag
- Mindestens Leistung des Sockelbetrags
- Antrag auf Zulage beim Anbieter des Vertrags

i - Beiträge für die Altersvorsorge mindern in der Ansparphase das zu versteuernde Einkommen.
- Die daraus entstehenden Renten unterliegen in der Auszahlphase (Rentenphase) der Besteuerung.

j - verzinsliches Ansparen von Guthaben zum Bau eines Hauses
- bedingter Anspruch auf ein zinsgünstiges Darlehen für den Wohnungsbau
- staatliche Förderung während der Anspar- und der Tilgungsphase möglich
- von Anfang an festgelegte Darlehenszinsen

k Jährliche Beitragsleistung von Frau Schmidt auf den Bausparvertrag: 1000,00 EUR
Monatliche Beitragsleistung: 83,33 EUR

Die monatlichen Beitragsleistungen von Frau Schmidt entsprechen 4 Promille der zu berechnenden Bausparsumme.

83,33 : 4 x 1000,00 = 20.832,50 EUR

aufgerundet auf 1000,00 EUR = 21.000,00 EUR

l - Absicherung der Familie im Todesfall
- Verrentung des angesammelten Vermögens bei Renteneintritt
- Kapitalerhaltungsgarantie durch den Anbieter
- Anlage der Beiträge am Kapitalmarkt, Chance auf höhere Gewinne
- Einmalige Teilkapitalauszahlung von bis zu 30 % des zu Beginn der Auszahlungsphase zur Verfügung stehenden Kapitals möglich
- Sonderausgabenabzug der Sparbeiträge möglich
- Thesaurierung der Erträge

m - Jährlicher Antrag
- Dauerantrag (praxisüblich)

n1 Auszahlung des Altersvorsorgevermögens
- Auszahlung bis zu 30 % des angesparten Kapitals bei Rentenbeginn möglich
- lebenslange Rente mit Restkapital, z. B. Zahlung einer lebenslangen gleichbleibenden oder steigenden Rente

n2 Auszahlung des Altersvorsorgevermögens
- vor Rentenbeginn ganz oder teilweise
- im Todesfall an die Erben (nicht Ehegatte)
- nach Rentenbeginn außerhalb der Rentenzahlung ganz oder teilweise

o - Rückzahlung der Zulagen bzw. Steuererstattungen durch den Sonderausgabenabzug
- Besteuerung von Ertragsanteilen zum Zeitpunkt der Auszahlung und nicht erst im Rentenalter

2 Abschlussprüfung Teil II

2.1 Vermögen aufbauen und Risiken absichern

2.1.1 Festverzinsliche Wertpapiere

Fall 1 Pfandbriefe und Bundesobligationen

a Emittentenrisiko: Das Emittentenrisiko ist gering, da Verbindlichkeiten aus den ausgegebenen Pfandbriefen durch Kredite an die öffentliche Hand gedeckt sind (Deckungsmasse).

Kursrisiko: Das Kursrisiko ist gering, da die Nominalverzinsung dieses Pfandbriefes alle drei Monate an das aktuelle Geldmarktzinsniveau für 3-Monats-Anlagen angepasst wird.

b Zinssatz: 0,66 % + 0,5 % = 1,16 %

Zinszahlung am 15.06.dieses Jahres(vom 15.03. bis 14.06.dieses Jahres = 91 Tage):

28.000 x 1,16 x 91 : (100 x 365) = 80,98 EUR

c - Girosammelverwahrung bei der *NordHypo AG*

- Gutschrift auf dem Depotkonto von Frau Lohmeier bei der *Nordbank AG*; Vorteile: Beratung/ Rundumbetreuung bei der *Nordbank AG*, einfachere Abwicklung

d - Die *Stahlbau AG* wird diese Anleihe kündigen, wenn zwischenzeitlich das Zinsniveau gefallen ist und die *Stahlbau AG* den Emissionsbetrag am Kapitalmarkt neu günstiger refinanzieren kann.

e

Nominalverzinsung	Emissionsrendite
Es handelt sich um den jährlichen Zinsertrag von Frau Lohmeier auf den erworbenen Nominalwert der Industrieanleihe.	Es handelt sich dabei um den durchschnittlichen jährlichen Kapitalertrag unter Berücksichtigung von Zinsertrag und Rückzahlungsgewinn bzw. Rückzahlungsverlust der Industrieanleihe im Verhältnis zum eingesetzten Kapital.
Nominalzins der Industrieanleihe: 6,5 % jährlich bezogen auf 100,00 EUR Nominalwert	Emissionsrendite der Industrieanleihe: 6,26 % durchschnittlich jährlich bezogen auf den Ausgabekurs von 100,90 % und einer Laufzeit von 5 Jahren

f

Anlagerisiken	Beschreibung des Risikos	Beurteilung des Risikos
Kursrisiko	Steigt das Zinsniveau für Anlagen vergleichbarer Laufzeit, sinkt der Kurs der *Stahlbau AG*-Industrieschuldverschreibung.	Nur relevant, wenn Frau Lohmeier die Schuldverschreibung vor Fälligkeit veräußern möchte.
Bonitätsrisiko	Risiko, dass die *Stahlbau AG* Zinszahlungen und/oder die Rückzahlung der Schuldverschreibung nicht (vollständig) erbringen kann.	Hängt vom aktuellen Rating ab; für die Dauer der Anlage nicht einschätzbar.
Zinsänderungsrisiko	Steigt das Zinsniveau für Anlagen vergleichbarer Laufzeit, sinkt der Kurs der *Stahlbau AG*-Industrieschuldverschreibung.	Nur relevant, wenn Frau Lohmeier die Schuldverschreibung vor Fälligkeit veräußern möchte.

W. Grundmann, *Bankwirtschaft Teil 2*, Prüfungstraining für Bankkaufleute,
https://doi.org/10.1007/978-3-658-40392-8

g Berechnung der Emissionsrendite

Zinsertrag pro Jahr	6,50 EUR
Rückzahlungsverlust pro Jahr = 0,90 EUR : 5 Jahre Laufzeit = 0,18 EUR	-0,18 EUR
Gesamtertrag pro Jahr	6,32 EUR
Emissionsrendite = Gesamtertrag pro Jahr x 100 : Kurs der Anleihe Emissionsrendite = 6,32 x 100 : 100,90	6,263627
Emissionsrendite gerundet	6,26 %

- Der Nominalzins wird auf den Nennwert berechnet.
- Die Rendite wird auf das tatsächlich eingesetzte Kapital berechnet unter Berücksichtigung eines hier anfallenden Rückzahlungsverlusts.

h Die Rendite ist höher, weil

- für den Anleger ein höheres Risiko besteht aufgrund der schlechteren Bonität der *Stahlbau AG* (Risikoaufschlag).
- die Kündigungsmöglichkeit der Emittentin für den Anleger einen Nachteil darstellt.
- Bundesobligationen eine größere Marktliquidität besitzen und daher für Großanleger auf dem Kapitalmarkt interessanter sind.

i - Frau Lohmeier erhält am ersten Zinszahlungstermin (08.05.des nächsten Jahres) Zinsen für ein ganzes Jahr, der Zinsanspruch besteht aber erst ab dem 03.06.dieses Jahres.

- Stückzinsen stellen den Ausgleich für den Bund als Schuldner dar.

j1 26 Stückzinstage (vom 08.05. einschließlich bis zum 02.06. einschließlich)

j2 Stückzinsen = 20.000 x 1,75 x 26 : (100 x 365) = 24,93 EUR

Fall 2 Null-Kupon-Anleihe, Bundeswertpapiere

a1 Bei Zerobonds handelt es sich um abgezinste Schuldverschreibungen; die Bundesanleihe wird zum Nennwert herausgegeben. Zinsansammlung bei Zerobonds und jährliche Zinszahlung bei der Bundesanleihe. Zinseszinseffekt bei den Zerobonds, aber kein Zinseszins bei der Bundesanleihe

a2 Bei Floating Rate Notes gibt es während der gesamten Laufzeit eine variable Verzinsung, feste Verzinsung bei Bundesanleihen. Bei den Floaters orientiert sich die Verzinsung am Geldmarkt, bei Bundesanleihen orientiert sich die Verzinsung im Zeitpunkt der Emission am Kapitalmarkt. Unterjährige Zinszahlung bei Floaters, jährliche Zinszahlung bei Bundesanleihen (Die erste Zinszahlung kann bei Bundesanleihen überjährig oder unterjährig sein).

b Die aufgezeigten Ratings der unabhängigen amerikanischen Agenturen Moody's und Standard & Poor's dokumentieren eine sehr gute Bonität der Emittenten. Die Bundesrepublik Deutschland weist mit „Aaa“ und „AAA“ die beste Bonität als Staatsschuldner auf.

c - Häufigkeit der Zinsanpassung

- Referenzzinssatz

- Spread (Abschlag/Aufschlag auf den Referenzzinssatz)
- Laufzeit
- Veränderung des Ratings
- Evtl. Kündigungsrecht des Emittenten

d Bei Floating Rate Notes ist keine Renditeangabe möglich, da die Höhe der Zinsen der Papiere in der Zukunft nicht feststeht.

e1 Floating Rate Notes: Der Kurs bleibt (zumindest an den Zinsterminen) bei 100 %.

Zerobond: Er ist wegen seiner Hebelwirkung auf den Kurs (wg. Zinseszinseffekt) eine Anleiheform mit besonderem Kursrisiko; bei fallenden Zinsen sind die Kursgewinne höher als bei vergleichbaren Anleihen.

Bundesanleihe: Ihr Kurs steigt, da neu emittierte konkurrierende Wertpapiere mit schlechteren Konditionen ausgestattet werden.

e2 - Da Frau Schierbaum den Anlagebetrag wegen ihrer Altersvorsorge anlegen möchte, sollte die Bundesanleihe empfohlen werden. Bei angenommen sinkenden Zinssätzen würde der Kurs der Bundesanleihe im Zeitablauf steigen. Der Markt für Bundesanleihen ist sehr liquide. Die Bundesanleihe ist somit leicht verkäuflich.
- Aus Renditegesichtspunkten könnte sich Frau Schierbaum auch für den Zerobond entscheiden. Mit der höheren Rendite soll das Risiko des Zerobonds ausgeglichen werden.

Fall 3 Inhaberschuldverschreibung

a Das Wertpapierhandelsgesetz verpflichtet den Berater zu dieser ausführlichen Befragung von Frau Schönfelder. Aufgrund der Befragung schätzen Sie sie als eine risikoscheue Kundin ein.

b - Zinsänderungsrisiko: Bei steigendem Kapitalmarktzins fällt der Kurs der Inhaberschuldverschreibung.
- Bonitätsrisiko (Emittentenrisiko): Die Zahlungsfähigkeit der *Energie SE* ist für Zinsen und/oder Rückzahlung in Frage gestellt.

c - Das Kursrisiko besteht dann, wenn Frau Schönfelder die Inhaberschuldverschreibung vorzeitig verkauft.
- Das Bonitätsrisiko ist immer vorhanden, da die wirtschaftliche Entwicklung der *Energie SE* nicht vorhersehbar ist, insbesondere infolge der Energiewende in Deutschland.

d - Die Nominalverzinsung stellt den verbrieften jährlichen Zinsanspruch, bezogen auf den Nennwert, dar.
- Die Rendite drückt den durchschnittlichen jährlichen Kapitalertrag einer Kapitalanlage unter Berücksichtigung der Rückzahlungsgewinne bzw. –verluste im Verhältnis zum tatsächlich eingesetzten Kapital aus.

e

Zinsen pro Jahr: für 100,00 EUR Inhaberschuldverschreibung erhält Frau Schönfelder jährlich	3,75 EUR
Aktueller Kurs der Schuldverschreibung 98,10 %	
Das bedeutet einen Rückzahlungsgewinn für 4 Jahre von 1,9 %.	
Bei 100,00 EUR Anleihebetrag ergibt sich für 4 Jahre ein Rückzahlungsgewinn von	1,90 EUR

Rückzahlungsgewinn pro Jahr 1,90 : 4 =	0,48 EUR
Ertrag pro Jahr 3,75 + 0,48 =	4,23 EUR
Renditeberechnung: 4,23 x 100 : 98,10 = 4,31192	4,31 %

f Das Limit „98,30" ist der Höchstpreis, den Frau Schönfelder zu zahlen bereit ist.

g - Der Auftrag ist bis zum Börsenschluss am 06.06. gültig.

- Bleibt der Kurs unter dem gesetzten Limit von 98,30 %, dann wird der Auftrag am gleichen Tag ausgeführt.
- Steht der Kurs bis zum Börsenschluss über dem Limit von 98,30 %, dann wird der Auftrag am Ende des Börsentages gelöscht.

h

Kurswert 98,12 x 15.000 : 100 =	14.718,00 EUR
+ Stückzinsen für 298 Tage (15.08.des letzten Jahres einschließlich bis Montag, 09.06.dieses Jahrs einschließlich)	
3,75 % von 15.000,00 EUR für 298 Tage	459,25 EUR
+ 0,5 % Provision vom Nennwert von 15.000,00 EUR	75,00 EUR
+ 0,75 Promille vom Nennwert von 15.000,00 EUR	11,25 EUR
Belastung	15.263,50 EUR

i Das angegebene Konto wird am 10.06. belastet.

j Die von Frau Schönfelder gezahlten Stückzinsen werden in den Verlustverrechnungstopf eingestellt und vermindern einen steuerpflichtigen Kapitalertrag.

2.1.2 Teilhabereffekten, Börse, Emission und Depot

Fall 1 Aktien

a Kreditinstitute sind im Rahmen von Wertpapiergeschäften nach § 31 WpHG verpflichtet, Wertpapierdienstleistungen mit entsprechender Sachkenntnis, Sorgfalt und Gewissenhaftigkeit im Interesse des Kunden zu erbringen:

- Vermeidung von Interessenkonflikten
- Zurverfügungstellung von Informationen zu Finanzinstrumenten und Wertpapierdienstleistungen in verständlicher Form, wegen Risikobeurteilung und Hilfe bei Anlageentscheidungen
- Einholung von Informationen von Kunden über ihre Kenntnisse und Erfahrungen in Bezug auf Geschäfte in Finanzinstrumenten und Finanzdienstleistungen
- Einholung von Informationen über Anlageziele der Kunden sowie ihre finanziellen Verhältnisse
- Kunden erhalten u. a. eine Broschüre mit Basisinformationen über die Vermögensanlage in Wertpapieren.
- Erstellung eines Beratungsprotokolls und einer Geeignetheitserklärung gemäß § 34 Abs. 2a WpHG

b - Recht auf Teilnahme an der Hauptversammlung der AG

- Recht auf Auskunft in der Hauptversammlung über Angelegenheiten der AG
- Stimmrecht bei grundlegenden Entscheidungen in der Hauptversammlung
- Recht auf Beteiligung am Bilanzgewinn
- Recht zum Bezug neuer Aktien bei Kapitalerhöhungen
- Bei Auflösung der Gesellschaft wird das nach Begleichung der Verbindlichkeiten verbleibende Vermögen unter den Aktionären verteilt.

c
- schlechte Umsatz- und Bilanzzahlen des Unternehmens
- Auswirkungen von Gesetzesänderungen (z. B. zum Umweltschutz, bzw. Subventionsabbau)
- Branchenkrisen
- rückläufige Entwicklung des Aktienmarktes durch wirtschaftliche Entwicklungen im In- oder Ausland
- Psychologische Faktoren: Negative Nachrichten in Politik und Wirtschaft spiegeln sich in der Entwicklung der Börsenwerte.
- unerwartete Ereignisse (z. B. Attentate, Umweltkatastrophen)

d

Inhalte	Bedeutung für die Anlageentscheidung
1 Handelsvolumen	ermöglicht Aussage über Marktbreite und Liquidierbarkeit
2 Hoch/Tief (52 Wochen)	Durch Einordnung des aktuellen Kurses in die 52-Wochen-Übersicht ist eine Einschätzung des Kurspotenzials möglich.
3 XETRA	hohes Handelsvolumen, marktgerechter Preis, sofortige Ausführung, hohe Markttransparenz

e KGV: Gibt die Anzahl der Jahre an, nach denen bei einem gleich bleibenden Gewinn des Unternehmens der Aktienkurs verdient ist.

Dividendenrendite: Sie gibt die Verzinsung des Aktienkurses an.

f

	Beurteilung
KGV	- bei der *Windenergia AG* erheblich niedriger, besserer Wert - ein niedrigeres KGV deutet auf eine Unterbewertung der Aktie hin. - evtl. höheres Kurspotenzial
Dividendenrendite	- Dividendenrendite bei der *Windenergia AG* besser, wesentlich höher - da der Aktienkurs der *Windenergia AG* höher ist, muss auch die Ausschüttung höher sein. - positiv für die *Windenergia AG*, da über die Jahre steigende Dividendenrendite

g

Abrechnung	
Kurswert	4.793,50 EUR
Provision	15,00 EUR
Abwicklungsentgelt	3,50 EUR
Endbetrag	4.812,00 EUR

Fall 2 Rentenfonds- NordRenta

a	Rücknahmepreis = (Summe des WP-Vermögens + Bankguthaben + Sonstige Vermögensgegenstände - Sonstige Verbindlichkeiten) : Umlaufende Anteile = 624.115.194 : 15.699.829	39,75 EUR
	Ausgabepreis = Inventarwert (Rücknahmepreis) + 3 % Ausgabeaufschlag	40,94 EUR

b

1000 Anteile x 2,228 EUR	2.228,00 EUR
- 1000 x 0,56 EUR Abgeltungssteuer	560,00 EUR
- 1000 x 0,03 EUR SolZ	30,00 EUR
Zwischensumme	1.638,00 EUR
+ steuerfreie Erträge 1000 x 0,022 EUR	22,00 EUR
Gutschrift	1.660,00 EUR

c
- Die Anlage in einem Rentenfonds erfolgt unter dem Gesichtspunkt der Risikostreuung.
- Das Sondervermögen eines Rentenfonds wird von Börsenexperten in festverzinslichen Wertpapieren angelegt und betreut.
- Die Börsenexperten des Rentenfonds sind näher am Markt und können daher schneller auf Marktveränderungen reagieren, z. B. bei internationalen Zinsunterschieden.

Fall 3 Renten- und Aktienfonds

a Grundprinzipien/Aspekte:
- Das Management der Investmentgesellschaft bzw. Kapitalanlagegesellschaft verwaltet den Fonds und analysiert den Wertpapiermarkt.
- Das Management investiert mittels Risikostreuung im Rahmen der Fondsbedingungen bzw. des Investmentgesetzes.
- Herr Wohltmann kauft Fondsanteile und erwirbt damit entweder Miteigentum am Sondervermögen oder einen schuldrechtlichen Anspruch gegenüber der Kapitalanlagegesellschaft.
- Herr Wohltmann hat die Möglichkeit, kleinere Beträge in Wertpapieranlagen der Investmentgesellschaft anzulegen.

b Vorteile:
- Herr Wohltmann hat größere Ertragschancen durch den Kauf von Anteilen an Fonds, die in börsengängige Wertpapiere (Anleihen oder Aktien) investieren.
- Herr Wohltmann hat einen Liquiditätsvorteil gegenüber einer Spareinlage, da er bei Bedarf über größere Beträge sofort durch Rückgabe an die Fondsgesellschaft verfügen kann. Bei Spareinlagen ist nach der Rechnungslegungsverordnung eine Kündigungsfrist von drei Monaten bei Beträgen über 2.000 EUR gesetzlich vorgesehen.
- Einige Fonds werden im Rahmen des Beteiligungssparens mit 20 % Arbeitnehmer-Sparzulage nach dem Vermögensbildungsgesetz staatlich gefördert. Auf Spareinlagen trifft diese staatliche Förderung nicht zu.

Nachteile:
- Herr Wohltmann hat bei der Anlage in Investmentanteilen Risiken auf Grund von Kurs- und Ertragsschwankungen.
- Zusätzlich hat Herr Wohltmann bei der Anlage in einem Investmentfonds Kosten, z. B. den Ausgabeaufschlag beim Kauf und eine Verwaltungsprovision für die Verwahrung seiner Investmentanteile.

c - Das Anlageziel des Dachfonds Global Euro Profit ist das Erzielen stabiler Erträge bei gleichzeitiger Risikominimierung. Der Investmentfonds legt seine Gelder in ertragreiche andere Fonds an.
- Das Anlageziel des Aktienfonds Global Standard Profit ist die Nutzung hoher Ertragschancen und die Ansammlung der Erträge zur weiteren Anlage in Wertpapieren.

d Maßnahmen Dachfonds Global Euro Profit:
- Der Dachfonds investiert vor allem in Anteile anderer Fonds und sonstige Vermögenswerte, d. h. verschiedene Fonds unter einem Dach.
- Der Dachfonds investiert in Fonds mit Renten- und Aktienwerten.
- Der Dachfonds investiert ausschließlich in Euro-Werte.

Maßnahmen Aktienfonds Global Standard Profit:
- Der thesaurierende Fonds investiert in Aktienwerte.
- Der Aktienfonds investiert weltweit.

e Herr Wohltmann erhält keine Erträge, die der Aktienfonds erwirtschaftet hat. Die Ausschüttung der Erträge bleibt im Fonds und wird wieder neu angelegt.

f Erträge bei Rentenfonds:
- Zinsen und Kursgewinne

Erträge bei Aktienfonds:
- Dividenden und Bezugsrechtserlöse
- Kursgewinne

g Ertragsbehandlung Dachfonds Global Euro Profit:

Die jährlich anfallenden Erträge werden an Herrn Wohltmann ausgeschüttet und müssen jährlich versteuert werden. Außerdem fällt seit 2019 eine jährliche Vorabpauschalbesteuerung an.

Ertragsbehandlung Aktienfonds Global Standard Profit:

Die jährlich anfallenden Erträge werden nicht ausgeschüttet sondern thesauriert und für weitere Anlagen genutzt. Obwohl die Erträge nicht ausgeschüttet werden, fällt seit 2019 jährlich eine Vorabpauschalbesteuerung an, die von der depotführenden Stelle durchgeführt wird. (siehe auch Übersicht Investmentbesteuerung). Mit dem Ausgabeaufschlag will die Investmentgesellschaft den Werbeaufwand für den Investmentfonds, die Provision für Vertriebspartner und die Erwerbskosten der Wertpapiere finanzieren.

i Faktoren:
- Kurssteigerungen
- Veräußerungsgewinne
- Ertragsthesaurierung der Wertpapiere im Fonds

j Die Preise der Investmentanteile werden börsentäglich ermittelt und sind jeden Börsentag je nach Kursentwicklung der Aktien und Rentenwerte unterschiedlich. Wenn Herr Wohltmann monatlich einen festen EUR-Betrag investiert, wird ihm jeden Monat eine unterschiedliche Anzahl von Anteilen gutgeschrieben.

Prinzip der günstigeren Durchschnittspreise oder Cost-Average-Effekt:
- Der Anleger erwirbt mehr Anteile, wenn der Anteilspreis niedriger ist.
- Der Anleger erwirbt weniger Anteile, wenn Anteilspreis höher ist.

k Wenn Herr Wohltmann monatlich eine bestimmte Anzahl von Investmentanteilen erwirbt, kann er das positive Grundprinzip des Cost-Average-Effekts nicht nutzen.

l Der Renten-Indexfonds bildet durch die Auswahl der Papiere den zugrunde liegenden Index ab. Aktiv gemanagte Rentenfonds wählen aus dem Gesamtangebot der zu den Anlagebedingungen passenden Anlageobjekte die aussichtsreichsten aus.

m Vorteile:
- Renten-Indexfonds sind kostengünstiger beim Erwerb (geringere Ausgabeaufschläge und - Verwaltungsgebühren).
- Die Kosten eines Indexfonds sind auch deshalb niedriger, da kein aktives Management der Vermögenswerte benötigt wird.
- Zudem haben Indexfonds, also auch Rentenfonds einen Liquiditätsvorteil, da sie an öffentlichen Börsen gehandelt werden.

Nachteil:
- Renten-Indexfonds können keine bessere Performance erreichen als der zugrunde liegende Index.

Fall 4 NORDINTERNET

a - Bei der Anlage in einzelnen Aktien ist das Kursrisiko relativ groß.
- Das Portefeuille muss regelmäßig überwacht und ggf. neu strukturiert werden.
- Mit kleinen Anlagebeträgen lassen sich die Indizes, z. B. Dax, in der Direktanlage schlecht abbilden.

b - Durch eine Anlage in einen Investmentfonds wird das Risiko des Anlegers gestreut.
- Es können erheblich mehr Werte in das Portefeuille aufgenommen werden, als bei einer Direktanlage in Aktien.
- Investmentfonds werden von Profis mit entsprechendem Marktüberblick betreut (professionelles Management).

c Große Fondsvermögen sind relativ unbeweglich. Es ist schwierig, schnell auf neue Marktgegebenheiten zu reagieren. Da u. U. eine Umschichtung des Vermögens erfolgen muss, können Aktien nur in mehreren Tranchen gekauft und verkauft werden, um den Kurs der betreffenden Aktie nicht zu stark zu beeinflussen.

d - Kursschwankungen einzelner *Internet*-Werte an den verschiedenen Börsentagen
- Ggf. Ertragsausschüttungen einzelner *Internet*-Werte

e1 - Aufklärung über mögliche Risiken
- Ermittlung der Erfahrungen und Kenntnisse der Kundin mit Wertpapieranlagen
- Ermittlung der Vermögenssituation der Kundin
- Dokumentation des Gesprächs und Erstellung der Geeignetheitserklärung
- Überprüfung, ob Anlageziel und Anlageentscheidung übereinstimmen
- Aufklärung über die Kosten

e2 Frau Dehling muss noch den Ausgabeaufschlag bezahlen. Mit dem Ausgabeaufschlag bestreiten die Investmentgesellschaften die Verwaltungskosten bzw. die Kosten des Fondsmanagements. Zusätzlich führt der Ausgabeaufschlag dazu, dass die Fondsanteile nicht sofort wieder an die Fondsgesellschaft zurückgegeben werden.

f Frau Dehling sollte einen festen Betrag monatlich anlegen, damit sie den Cost-Average-Effekt ausnutzen kann. Voraussetzung ist allerdings, dass auch Bruchteile von *NORDINTERNET*-Anteilen erworben werden können.

Fall 5 Gemischte Fonds

a Risiken bei Rentenfonds: Sinkender Anteilswert bei Kursverlusten der Anleihen, z. B. durch
- steigende Kapitalmarktzinsen (Zinsänderungsrisiko),
- Verschlechterung der Bonität der Emittenten (Bonitätsrisiko).

Risiken bei Aktienfonds: Sinkender Anteilswert bei Kursverlust der Aktien, z. B. durch
- Verschlechterung der Unternehmensaussichten (Gewinnerwartungen),
- Verschlechterung der Börsenstimmung (psychologische Einflüsse).

b Erträge bei Rentenfonds: Das Zinsniveau am Kapitalmarkt beeinflusst die erzielbaren Zinserträge und damit die Ausschüttungen.

Erträge bei Aktienfonds: Erhöhte Gewinne bei Unternehmen haben oft höhere Dividendenzahlungen zur Folge.
- Kursgewinne bei den Aktien,
- Bezugsrechtserlöse.

c Der *NordAkt Typ A* schüttet die Erträge (Dividenden, realisierte Kursgewinne etc.) jährlich aus. Der *NordAkt Typ 0* schüttet die Erträge nicht aus, sie verbleiben im Sondervermögen.

Bei *NordAkt Typ A* fällt ein Ausgabeaufschlag (5 % des Rücknahmepreises) an. Bei *NordAkt Typ 0* fällt kein Ausgabeaufschlag an.

Die Verwaltungsvergütung ist beim *NordAkt Typ A* (1,00 % p. a.) deutlich niedriger als beim *NordAkt Typ 0* (2,25 % p. a.).

d Aufklärungspflicht nach dem Wertpapierhandelsgesetz oder gebotene Pflicht zur sorgfältigen Anlageberatung.

e Dachfonds investieren ihre Mittel nicht direkt in Aktien und Anleihen, sondern in Anteilen anderer Fonds. Damit wird eine sehr große Risikostreuung erreicht.

f Ein Investmentfonds ist nur als mittel- bis langfristige Anlage zu empfehlen. Eine Anlageempfehlung in Bezug auf hohe Liquidität und geringes Risiko stellt
- ein Geldmarktfonds dar: Bei Geldmarktfonds handelt es sich um Investmentfonds, die ausschließlich oder überwiegend in Geldmarkttitel und liquide Wertpapiere mit sehr kurzen Laufzeiten investieren. Hierzu zählen Termingelder, Schuldscheindarlehen und Anleihen mit kurzer Restlaufzeit von unter 12 Monaten. Möchte ein Anleger Gelder kurzfristig „parken", so bietet ihm der Geldmarkt hierzu in aller Regel die höchsten Zinssätze.
- ein Tagesgeld dar: Tagesgeld ist täglich verfügbar und nicht an Laufzeiten gebunden.

Fall 6 Anlegerschutz bei Investmentfonds

a

Risiken bei Rentenfonds:	Sinkender Anteilswert bei Kursverlusten der Anleihen, z. B. durch: - steigende Kapitalmarktzinsen (Zinsänderungsrisiko) - Verschlechterung der Bonität der Emittenten (Bonitätsrisiko)
Risiken bei Aktienfonds:	Sinkender Anteilswert bei Kursverlust der Aktien, z. B. durch - Verschlechterung der Unternehmensaussichten (Gewinnerwartungen) - Verschlechterung der Börsenstimmung (psychologische Einflüsse) - Verschlechterung der Bonität einzelner Aktiengesellschaften

b

Erträge aus Rentenfonds:	Ausschüttungen und steigender Anteilswert, z. B. durch - Erträge durch laufende Verzinsung der Anleihen Kursgewinne bei sinkenden Kapitalmarktzinsen und einer Verbesserung der Bonität der Emittenten der Anleihen.
Erträge bei Aktienfonds:	Ausschüttungen und steigender Anteilswert, z. B. durch - Dividendenerträge - Kursgewinne bei den Aktien - Bezugsrechtserlöse

c

Anlageziel Dachfonds:	Erzielen stabiler Erträge bei Risikominimierung
Maßnahmen Dachfonds:	- Investition vor allem in Anteile anderer Fonds und sonstige Vermögenswerte, d. h. verschiedene Fonds unter einem Dach - Investition in Fonds mit Rentenpapieren - Investition ausschließlich in EUR-Werte
Anlageziel Aktienfonds:	Nutzung hoher Ertragschancen
Maßnahmen Aktienfonds:	- Investition in Aktienwerte - Investition weltweit

d1 Der Dachfonds investiert die Fondsmittel in andere Investmentfonds.

d2 Bei thesaurierenden Investmentfonds werden Fondserträge nicht ausgeschüttet, sondern verbleiben im Fondsvermögen.

e
- Die Sondervermögen haften nicht für Verbindlichkeiten der Investmentgesellschaft.
- Die Investmentgesellschaften müssen regelmäßig Rechenschaftsberichte erstellen.
- Es gibt Mindestvorgaben zur Risikostreuung des Fondsvermögens.
- Es werden erhöhte Anforderungen an das Mindestgrundkapital der Fondsgesellschaft gestellt.
- Die Depotbank muss unabhängig von der Investmentgesellschaft sein.
- I. d. R. besteht die Pflicht zur Rücknahme der ausgegebenen Investmentzertifikate durch die Investmentgesellschaft.
- Die Kreditaufnahme des Sondervermögens ist begrenzt.

Fall 7 Handel in Wertpapieren

a Inhalt des Kaufauftrages:
- Gültigkeitsdauer, falls Auftrag nicht am gleichen Tag ausgeführt werden konnte
- Wertpapierkennzeichnung (ISIN = International Securities Identification Number), um die Wertpapierart genau zu kennzeichnen
- Konto- und Depotnummer, um das Geldkonto zu belasten bzw. die Wertpapiere dem Depot gutzuschreiben
- Verwahrungsart (Girosammel, Streifband, effektive Auslieferung), um Eigentum schnell zu beschaffen
- Ausführungsplatz, um Kursunterschiede zwischen den Börsenplätzen auszunutzen
- Kurslimits, um den Kaufauftrag nach den Preisvorstellungen des Kunden zu erfüllen

b Am 31. März wurde das Limit erreicht. Der Auftrag über 1000 *Chemie*-Aktien konnte zu 77,50 EUR ausgeführt werden.

c Xetra ist ein vollelektronisches Handelssystem, bei dem sich Handel und Handelsabwicklung voll elektronisch vollziehen. Teilnehmer geben Orders (Aufträge), Quotes (Angebote) und Quote Requests über ihr Terminal ein. Sie werden in das offene Orderbuch eingestellt. Nach der Zusammenführung zweier Orders erhalten die Kontrahenten zeitnah eine Ausführungs- und Geschäftsbestätigung. Xetra-Geschäfte werden automatisch an die *Clearstream Banking AG* zur Abwicklung weitergeleitet. Da die *Chemie AG* ein umsatzstarker Wert ist, findet ein fortlaufender Handel in Verbindung mit mehreren untertägigen Auktionen neben Eröffnungsauktion und Schlussauktion statt. Die Auktion entspricht der Feststellung des Einheitskurses. In der Auktion sind alle Ordergrößen (Round Lot Orders und Odd Lot Orders) handelbar. Die Auktion besteht aus der Ausrufphase, der Preisermittlungsphase und der Marktausgleichsphase. Während der Aufrufphase können die Teilnehmer Orders und Quotes in das Orderbuch eingeben und bestehende eigene Orders und Quotes ändern oder löschen. Die Dauer der Aufrufphase ist variabel. Auktionspreis ist derjenige Preis, zu dem der größtmögliche Umsatz zu Stande kommt. Wenn Orders sich als nicht ausführbar gegenüberstehen, wird das beste Geld- und/oder Brieflimit veröffentlicht. Die Marktausgleichsphase wird nur dann durchgeführt, wenn ein Überhang vorhanden ist. Während des Marktausgleichs erfolgt die Ausführung der Orders zum ermittelten Auktionspreis.

d Aus Kostengründen wäre die Girosammelverwahrung für Herrn Spiencke zweckmäßig.

e Bei einer Ad-hoc-Mitteilung handelt es sich um eine Pflichtmitteilung einer Aktiengesellschaft, die in einem bundesweiten Börsenblatt oder Informationsportal veröffentlicht werden muss. Im Rahmen einer Ad-hoc-Mitteilung müssen auch die Bundesanstalt für Finanzdienstleistungsaufsicht (BaFin) und die Geschäftsleitung der Börse informiert werden. Die Aktiengesellschaften sind gesetzlich nach § 15 des Wertpapierhandelsgesetzes zu einer Veröffentlichung einer Ad-hoc-Mitteilung verpflichtet. Jedoch nur, wenn es sich um Informationen handelt, die einen Einfluss auf den Aktienkurs haben. Als kursrelevante Information gilt etwa, wenn die Aktiengesellschaft ein anderes Unternehmen übernimmt oder eine neue Technologie entwickelt wurde, die sich positiv auf die Geschäftszahlen auswirken könnte.

f Da es sich bei dieser Ad-hoc-Mitteilung um eine positive Nachricht des Vorstandes handelt, ist es sicher, dass diese Information einen Kursanstieg der *Chemie*-Aktie zur Folge haben wird.

g1	Kaufkurs 77,50	77.500,00	
	Verkaufskurs 95,00	95.000,00	
	Gewinn	17.500,00	EUR

g2 Herr Marquard ist Insider nach § 13 Abs. 1 des WpHG. Nach § 14 Abs. 2 WpHG hat Herr Spiencke als Dritter unter Ausnutzung einer Insiderkenntnis Insiderpapiere für eigene Rechnung erworben. Nach § 14 Abs. 1 Satz 2 hat Herr Marquard unbefugt eine Insiderinformation zugänglich gemacht. Nach § 38 WpHG müssen Marquard und Spiencke bei Vorliegen dieses Straftatbestandes mit einer Freiheitsstrafe bis zu 5 Jahren oder mit einer Geldstrafe rechnen. Herr Kaufmann hat als Anlageberater nur das Wertpapiergeschäft vermittelt und ist an dem Insidergeschäft nicht beteiligt.

Fall 8 Wertpapier-Verkaufsabrechnung

a Der Auftrag sollte unlimitiert „bestens“ ausgeführt werden.

b - Börsenplatz, um Kursdifferenzen an den verschiedenen deutschen Börsenplätzen ausnutzen zu können. Außerdem beginnt der Handel an den deutschen Börsenplätzen zu unterschiedlichen Zeiten.

- Depotkonto, um den Bestand an Bio-Aktien überprüfen zu können
- Verrechnungskonto wegen Gutschriftsüberweisung

c

Kurswert	8.710,00 EUR
- Provision 1 %	87,10 EUR
- Courtage 0,04 %	3,48 EUR
= Gutschriftsbetrag	8.619,42 EUR

d 2 Tage nach Geschäftsabschluss am 03. Juli (vgl. § 15 Geschäftsbedingungen für die FWB)

e Der Verkaufsauftrag wurde zum Eröffnungskurs im Xetra-Handel sofort ausgeführt. Bestens-Aufträge bedeuten, dass das Geschäft auf jeden Fall zum nächstmöglichen Kurs (hier: Eröffnungskurs) ausgeführt werden soll.

Fall 9 Anlageberatung

a Die Erwartungen in diesen Wert sind positiv: KGV (15; 66; 19), Ergebnis je Aktie (3,47; 0,80 und 2,80). Auch die anderen Zahlen, z. B. verkaufte Flugtickets, sind ansteigend. Bei guten Nachrichten sollte Herr Sanders jetzt verkaufen.

b1 Kurs-Gewinn-Verhältnis: Die Ertragskraft einer Unternehmung vermag die wichtigsten Aussagen über die bisherige und zukünftige Kursentwicklung zu liefern. KGV = Börsenkurs der Aktie : Gewinn pro Aktie

b2 Free Float: Das frei am Markt handelbare Börsenkapital der betreffenden AG

b3 Dividendenrendite: Berücksichtigung insbesondere der zu erwartenden, zukünftigen Dividende; in der Regel bemühen sich die Gesellschaften um gleichbleibende Dividendenausschüttung.

Dividendenrendite = Dividendensatz (vor/nach Steuern) x 100 : Anschaffungskurs (bzw. aktueller Kurs)

c1 Emittent: Touristik AG (TAG)

Ausführungsplatz Hamburg bedeutet, dass dieser Wert am Hamburger Platz gehandelt wird.

Last bedeutet, dass in diesem Wert zuletzt zum Kurs von 35,55 EUR gehandelt wurde.

Close bedeutet, dass der Schlusskurs am Vortag bei 35,85 EUR lag.

Bid/Ask bedeutet, dass ein Angebot in diesem Wert zum Kurs von 35,50 EUR vorliegt und eine Nachfrage (Ask) zum Kurs von 35,60 EUR.

c2 Herr Sanders sollte seinen Auftrag im Xetra-Handel durchführen lassen, da er im Xetra-Handel den höchsten Verkaufskurs von 35,62 EUR bekommt.

d

Kaufkurs	19,65 EUR
300 Stück Kauf zu 19,65 EUR	5.895,00 EUR
+ 1 % Provision	58,95 EUR
+ 0,04 % Courtage	2,36 EUR
Erwerbskosten	5.956,31 EUR
Verkauf von 300 Stück zu 35,60 EUR	10.680,00 EUR
- 1 % Provision	106,80 EUR
- 0,04 % Courtage	4,27 EUR
Gutschrift	10.568,73 EUR
Differenz = Gewinn	4.612,42 EUR

e Der Gewinn ist unter Abzug von 25 % Abgeltungssteuer und 5,5 % Solidaritätszuschlag dem Konto von Herrn Sanders gutzuschreiben.

Gewinn	4.612,42 EUR
./. 25 % Abgeltungssteuer	1.153,10 EUR
./. 5,5 % SolZ	63,42 EUR
Gutschriftsbetrag	3.395,90 EUR

2.1.3 EUREX

Fall: Options- und Indexgeschäfte an der Börse

a Herr Meurer muss 4 Kontrakte CALL auf die Aktie der *Energie AG* mit Basispreis 44,00 zum Verfallmonat Juni dieses Jahrs verkaufen.

b 1.000,00 EUR

Rechenweg: ((5,25 – 2,75) x 400)

c - Der Indexfonds bildet durch die Auswahl der Papiere den zugrunde liegenden Index genau ab.

- Aktiv gemanagte Fonds wählen aus dem Gesamtangebot der zu den Anlagebedingungen passenden Anlageobjekte die aussichtsreichsten Papiere aus.

d - Vorteil: Aktiv gemanagte Fonds können eine bessere Performance erreichen als der zugrunde liegende Index.

- Nachteil: Aktiv gemanagte Fonds sind teurer beim Erwerb als Indexfonds (häufige Umschichtungen und größere Verwaltungsaufwendungen).

e Da Herr Meurer langfristig investieren möchte, wird die Variante mit Ausgabeaufschlag empfohlen. Die niedrigeren Verwaltungsgebühren kompensieren nach 5 Jahren die Kosten des Ausgabeaufschlags. Bei einem noch längeren Anlagehorizont ist der Fonds mit Ausgabeaufschlag kostengünstiger.

f Indexzertifikate sind zinslose, auf den Inhaber lautende Schuldverschreibungen, die nur den Anspruch auf Rückzahlung des Kapitalbetrages am Fälligkeitstag verbriefen. Sie haben keinen Nominalbetrag, sondern werden wie Aktien in EUR je Stück börsenmäßig gehandelt. Die Höhe der Rückzahlung hängt vom Wert des Bezugsobjekts (z. B. Stand eines Aktienindex) am Fälligkeitstag ab.

g Zertifikate und Fonds im Vergleich

	Indexzertifikate	NordGlobal Aktienfonds CF
Wesen	100 % Nachbildung des Index	Fondszusammensetzung zwar indexnah, aber nicht indexidentisch
Liquidität	Börsenhandel	Rückgaberecht zum Inventarwert
Ausschüttung	keine	Ertragsausschüttung
Kosten	Transaktionskosten bei Kauf und Verkauf; Depotgebühren	Ausgabeaufschlag; Verwaltungsgebühr; Depotgebühren
Fälligkeit	oftmals mit festem Termin	ohne Fälligkeit
Emittentenrisiko	ja	nein, Sondervermögen rechtlich von der KAG getrennt

h - Spekulation: Chance auf überdurchschnittliche Kurssteigerungen nutzen
- Ertrag: durch Beteiligung an einem Unternehmen höhere Erträge als bei anderen Anlagen erzielen
- Sachwert: durch Investition in eine Sachanlage Schutz vor Geldwertverlusten (Inflation)
- Mitbestimmung: Teilnahmerecht an der Hauptversammlung

i - Anlage in umsatzstarke Werte; leicht veräußerbar
- Anlage in Standardwerte; strengere Zulassungsbestimmungen erhöhen den Anlegerschutz
- Anlage in verschiedene Werte unterschiedlicher Branchen; Verlustrisiko verteilen
- laufende Information über Anlagewerte einholen; schnell auf Entwicklungen durch Zu- bzw. Verkauf reagieren
- nur Beträge in Aktien anlegen, die nicht benötigt werden; keine Verkaufsnotwendigkeit in ungünstiger Börsensituation

j Dividendenrendite
- Verhältnis von ausgeschütteter Bruttodividende zum Aktienkurs/Ermittlung des Ertrages aus der Aktienanlage
- bei *Techem*-Aktie mit 3 % höher, das eingesetzte Kapital verzinste sich mit 3 % gegenüber 1,9 % bei *Energie*-Aktie
- begrenzte Aussagekraft, da nur die Vergangenheit betrachtet wird
- begrenzte Aussagekraft, da nicht alle Ertragsfaktoren berücksichtigt werden

k Kurs-Gewinn-Verhältnis (KGV)
- Verhältnis von Ergebnis pro Aktie und aktuellem Aktienkurs
- Vergleichswert mit anderen Unternehmen aus einer Branche, eines Teilmarktes oder des gesamten Börsenmarktes
- KGV bei Energie-Aktie bislang günstiger
- niedrigeres KGV verspricht tendenziell höheres Kurspotential

l **Techem-Aktie**

Pro
- niedriger Einstiegskurs
- niedrige Volatilität deutet auf geringes Risiko hin.
- Aktie ist weniger stark gefallen als die Branche.

Contra
- Nebenwert mit ausgesprochen geringem Umsatz
- konjunkturabhängige Branche

Energie-Aktie

Pro
- niedriger Einstiegskurs
- gutes Kurs-Gewinn-Verhältnis
- zukunftsträchtige Branche
- steuerliche Förderung der Solartechnik

Contra

- Die Aktie ist deutlich stärker als Branche gefallen.
- bei niedrigem Streubesitz können einzelne Aktionäre hohen Einfluss ausüben.
- hohe Volatilität deutet auf hohes Risiko hin.

2.1.4 Eigenkapitalbeschaffung bei Aktiengesellschaften

Fall 1 Emission von Aktien

a Kai Ahrens und Wolf-Jürgen Ahrens allein; die Prokuristen Petersen und Reuther gemeinsam bzw. mit einem Vorstandsmitglied zusammen.

b
- Die Börse bietet zukünftig weitere Möglichkeiten der Eigenkapitalbeschaffung durch neue Aktionäre.
- Langfristig geplanter Ausstieg der Familie aus dem Unternehmen und Übergabe der Verantwortung an ein Management.
- Geplante Neuinvestitionen können durch das Familienkapital nicht mehr aufgebracht werden.

c1 Zulassungsvoraussetzungen für den Prime Standard:
- Antrag durch Emittenten und Finanzdienstleistungsunternehmen
- Emissionsprospekt mit Unternehmens- und Emissionsbeschreibung
- Zulassung zum Handel durch die Geschäftsführung der Börse
- Prospekthaftung des Emittenten und des Finanzdienstleisters für die Richtigkeit der Angaben
- Quartalsberichte nach den Vorgaben der Börsenordnung
- Jahresabschluss nach internationalen Rechnungslegungsstandards (IFRS oder USGAAP)
- Mindestens eine Analystenkonferenz pro Jahr
- Ad-Hoc-Mitteilungen in englischer Sprache
- Unternehmenskalender

c2 Zulassungsantragsunterlagen:
- Unternehmensbericht mit letztem Jahresabschluss
- Satzung des Unternehmens
- Handelsregisterauszug neuesten Datums
- Musterstück jedes Nennwertes der zuzulassenden Wertpapiere (Mantel und Bogen)

d Der Vorstand wird von der Hauptversammlung ermächtigt, innerhalb von 5 Jahren eine Kapitalerhöhung in der beschlossenen Höhe durchzuführen. Der Vorstand kann innerhalb dieses Zeitraumes einen für die Aktienemission günstigen Zeitpunkt wählen.

e1 Bezugspreis der jungen Aktie =

Kurs der alten Aktie - Bezugsrecht x (Bezugsverhältnis + 1) =

3,56 – 0,32 x (19 : 4) = 2.04 EUR. Das Bezugsverhältnis errechnet sich aus dem alten Grundkapital im Verhältnis zur Kapitalerhöhung, also 150 : 40. Der Nenner des Bruches stellt sich dann folgendermaßen dar: (150 + 40) : 40 , also 19 : 4.

e2 - Herr Binczynski kann 1.600 junge Aktien beziehen, Aufwendungen 3.264 EUR ohne Bankgebühren und Steuern.

- Herr Binczynski kann seine gesamten Bezugsrechte veräußern, Erlös 1.920 EUR ohne Bankgebühren und Steuern.

e3 Stimmrechtslose Vorzugsaktien verbriefen i. d. R. eine höhere Ausschüttung als die Stammaktien im Fall einer Dividendenzahlung.

f

6000 Bezugsrechte x 0,35 EUR =	2.100,00 EUR
./. 25 % Abgeltungssteuer	525,00 EUR
./. 5,5 % SolZ	28,87 EUR
Gutschriftsbetrag	1.546,13 EUR

g Durch Hauptversammlungsbeschluss wird mit einfacher Stimmenmehrheit das unmittelbare Bezugsrecht der Aktionäre mit der Maßgabe ausgeschlossen, dass die Aktien von einem Kreditinstitut bzw. Konsortium mit der Verpflichtung übernommen werden, sie den Aktionären zu den von der Hauptversammlung und ergänzend durch den Vorstand festgesetzten Konditionen zum Bezug anzubieten (mittelbares Bezugsrecht § 186 Abs. 5 AktG). Die Übernahme erfolgt dann durch ein Bankenkonsortium, dessen Bezugsangebot vom Vorstand der Gesellschaft unter Angabe des Bezugskurses und der Bezugsfrist im Bundesanzeiger und bei börsennotierten Aktien in einem Börsenpflichtblatt bekannt zu machen ist. Der für die Eintragung der Kapitalerhöhung ins Handelsregister erforderliche Zeichnungsschein wird nur von der konsortialführenden Bank ausgestellt. Die Depotkunden werden aufgefordert, innerhalb einer bestimmten Frist eine Weisung zu erteilen, ob die Bezugsrechte ausgeübt werden sollen oder nicht. Bleibt eine Weisung aus, verkauft die Depotbank die Bezugsrechte am letzten Bezugsrechtshandelstag bestens.

h - Eine Stimmrechtsvollmacht von Herrn Binczynski liegt der *Nordbank AG* vor und die *Nordbank AG* muss bereit sein, das Stimmrecht in der Hauptversammlung wahrzunehmen.

- Die Stimmrechtsvollmacht wurde für diese Hauptversammlung nicht widerrufen.
- Herr Binczynski ist mit den Weisungsvorschlägen der *Nordbank AG* einverstanden bzw. er hat der *Nordbank AG* ausdrückliche Weisungen für die Wahrnehmung des Stimmrechts erteilt.
- Wenn die *Nordbank AG* mit mehr als 5% am Grundkapital der *Ahrens AG* beteiligt ist, darf die *Nordbank AG* in der Hauptversammlung der *Ahrens AG* das Auftragsstimmrecht nur ausüben, wenn Herr Binczynski eine ausdrückliche Weisung zu den einzelnen Punkten der Tagesordnung erteilt hat.

Fall 2 Depotstimmrecht

a Verpflichtung der *Nordbank AG* nach §§ 125, 128 AktG, die Aktionäre über die Einberufung der Hauptversammlung und die Bekanntmachung der Tagesordnung usw. zu informieren.

b Nach § 128 Abs. 2 AktG ist die *Nordbank AG* verpflichtet, Weisungen von Frau Facklam für die Ausübung des Stimmrechts zu einzelnen Gegenständen der Tagesordnung zu befolgen.

Die *Nordbank AG* hat der Kundin ein entsprechendes Formblatt auszuhändigen, auf dem Weisungen für die Erteilung des Stimmrechts erteilt werden können.

c Zum 2. Tagesordnungspunkt einfache Mehrheit (vgl. § 133 AktG)

Zum 3. Tagesordnungspunkt einfache Mehrheit (§ 133 AktG)

d1 - Namensaktien sind international üblich.
- Die *Thierbrau AG* kann an allen in- und ausländischen Börsen mit einheitlicher Aktie notiert werden.
- Durch die Umstellung auf Namensaktien kann der Zugang zu weiteren wichtigen Kapitalmärkten erreicht werden.
- Die *Thierbrau AG* kann ihre Aktionäre direkter und gezielter als bisher informieren (Investor Relation), weil Name, Wohnort und Beruf der Inhaber der Aktien im Aktienbuch eingetragen werden.
- Eine Abwehr heimlicher feindlicher Übernahmen ist besser möglich.

d2 Die Hauptversammlung kann in der Satzung den Anspruch auf Verbriefung ganz oder teilweise ausschließen (§ 10 Abs. 5 Aktiengesetz).

d3 Durch die Möglichkeit des erleichterten Zugangs zu internationalen Kapitalmärkten steigt die Attraktivität dieser Aktie. Die Umstellung kann deshalb zu Kurssteigerungen in der Aktie führen.

e1 Vermeidung von Zufallsmehrheiten

e2 Erteilung einer Stimmrechtsvollmacht nach § 135 AktG, die in diesem Fall bereits vorliegt.

f Auf Anforderung kann die Kundin im Protokoll der Hauptversammlung das Stimmrechtsverhalten der *Nordbank AG* nachvollziehen und nachprüfen.

g1 Aktionäre müssen ihre Inhaberaktien bis zu einem bestimmten Zeitpunkt bei vorgeschriebenen Hinterlegungsstellen im Sperrdepot halten (§ 134 AktG).

g2 Die Inhaberaktien können während der Sperrfrist nicht veräußert werden.

h - Die Eintrittskarte wird bei der Hinterlegungsstelle der AG angefordert.
- Es wird eine Aktiensperre eingerichtet.

i1 - Erhöhung des Eigenkapitals und damit eine verbesserte Kapitalstruktur (Bonitätsverbesserung)
- Vorsorge für Risiken in der Zukunft
- Ansammeln für Akquisitionen bzw. Investitionen
- Verbesserung bestimmter Kennzahlen zur evtl. Steigerung des Aktienkurses bei verbesserten Analysteneinschätzungen
- Sicherung einer Dividendenkontinuität
- Aktionäre müssen ihre Aktien bis zu einem bestimmten Zeitpunkt bei vorgeschriebenen Hinterlegungsstellen im Sperrdepot halten (§ 134 Aktiengesetz).

i2 Vorteil:
- Substanzverstärkung bei den Fernheizwerken Altona und daraus evtl. Kursgewinne in der Zukunft
- Steuervorteil durch geringere Einkünfte aus Kapitalvermögen

Nachteil:
- Reduzierung des zur Dividendenzahlung verfügbaren Betrags

j - Ein Rückkauf der Aktien führt über steigende Nachfrage am Markt tendenziell zu steigenden Börsenkursen und damit zu Kursgewinnen für Frau Facklam.

- Eine stabilisierende Kurspflege durch antizyklische Käufe und Verkäufe reduziert die Volatilität und damit das Verlustrisiko durch Kursschwankungen für Frau Facklam.

- Die Stimmrechtsmacht steigt, da die AG kein Stimmrecht aus eigenen Aktien hat.

k1 Die Hauptversammlung ermächtigt den Vorstand der *Fernheizwerke Altona AG*, das Kapital unter Beachtung folgender Vorschriften zu erhöhen:
- Die Ermächtigung gilt für maximal 5 Jahre.
- Die Kapitalerhöhung kann bis maximal zur Hälfte des zum Zeitpunkt der Ermächtigung vorhandenen Grundkapitals erfolgen.
- Junge Aktien müssen gegen Einlagen ausgegeben werden.
- ¾ Mehrheitsbeschluss

k2 - Schnelle Reaktion bei plötzlichem Kapitalbedarf

- Ausnutzung einer günstigen Marktsituation

- Keine besondere Einberufung einer Hauptversammlung; lediglich der Aufsichtsrat muss der Kapitalerhöhung noch zustimmen.

k3 Das Bezugsverhältnis beträgt 4 : 1 (52 : 13)

Rechnerischer Wert des Bezugsrechts: 0,70 EUR ((15,50 - 12,00) : (4 + 1))

k4 „exBR"

Fall 3 Aktienanleihe

a - Die Schuldverschreibung im Depot wird zum Nennwert zurückgezahlt.

- Die Aktienanleihe wird zum Nennwert zurückgezahlt, wenn der Kurs der Immobilien AG-Aktie am Feststellungstag den Basispreis nicht unterschreitet.

- Unterschreitet der Kurs der Immobilien AG-Aktie am Feststellungstag den Basispreis, wird die Aktienanleihe je 1.000,00 EUR Nennwert durch Lieferung von 33 Stück Immobilien AG-Aktien zurückgezahlt.

b Der höhere Zinssatz der Aktienanleihe stellt einen Risikoaufschlag für den Fall dar, dass die Aktienanleihe nicht zum Nennwert zurückgezahlt wird, sondern in Aktien, deren Gegenwert unter dem Nennwert der Aktienanleihe liegt.

c - Steigt das Zinsniveau am Kapitalmarkt, wird diese Aktienanleihe für Kapitalanleger unattraktiv.

- Sinkt der Kurs der Immobilien AG-Aktie, erhöht sich das Risiko der Rückzahlung in Aktien.

- Sinkt die Bonität der Handelsbank AG, erhöht sich das Risiko des Totalverlusts.

d Bei einem Kurs der Immobilien-Aktie von 21,45 EUR erhält Herr Kohlmorgen 5 x 33 = 165 Stück der Immobilien AG-Aktien. Der aktuelle Kurs der Aktie liegt unter ihrem Basispreis von 30,30 EUR je Stück.

2.1.5 Sonderformen von Wertpapieren

Fall 1 Optionsanleihe

a - Fremdkapitalzinsen vermindern den zu versteuernden Gewinn; Dividenden können steuerlich nicht abgesetzt werden. Fremdkapitalzinsen sind steuermindernder Aufwand.

- Eine spätere Eigenkapitalerhöhung durch die Ausübung von Optionen ist während der Optionsfrist möglich.
- Die Verzinsung von Optionsanleihen ist niedriger als bei normalen Anleihen, weil mit der Optionsanleihe ein Sonderrecht verbunden ist.

b - Die Optionsanleihe ist mit einem festen Zinssatz über die gesamte Laufzeit ausgestattet.

- Die Rückzahlung der Optionsanleihe ist zum Nennwert am Ende der Laufzeit garantiert.
- Der Bezug junger Aktien ist über die Ausübung des Optionsrechts möglich.
- Junge Aktien der *Bau AG* können zu einem in den Anleihebedingungen festgelegten Optionsverhältnis ggf. mit Zuzahlung während der Bezugsfrist bezogen werden.
- Der Optionsschein kann getrennt werden und ist veräußerbar; es können so Kursgewinne realisiert werden.
- Herr Krogmann hat nach dem Aktiengesetz ein gesetzliches Bezugsrecht.

c Der prozentuale Anteil von Herrn Krogmann an der *Bau AG* würde ohne ein Bezugsrecht sinken (Verwässerungseffekt). Der Aktienkurs der *Bau AG* wird rechnerisch sinken, so dass das Bezugsrecht den rechnerischen Verlust ausgleichen muss.

d1 Für 400 Aktien 1.000 EUR nom. der Optionsanleihe, aktuell im Depotbestand 800 Aktien: Für 800 Aktien können 2 Optionsanleihen erworben werden. 2 Optionsanleihen entsprechen 2.000 EUR Nennwert.

d2 Nominal 2.000 EUR zu 110 %: 110 % von 2.000 = 2.200,00 EUR Kaufpreis

d3 Pro 1.000 EUR nominal Optionsanleihe können 10 Optionsscheine/Aktien bezogen werden. Bei einem Bestand von 2.000 EUR nominal Optionsanleihen kann Herr Krogmann insgesamt 20 Aktien der *Bau AG* beziehen.

d4 2.400,00 EUR: 20 Aktien mit einer Zuzahlung von je 120 EUR

e Gesamtnennbetrag der Optionsanleihen beträgt 32.000.000 EUR. Eine Optionsanleihe hat den Nennwert von 1.000 EUR. 32.000 Stück Optionsanleihen enthalten 320.000 Optionsscheine, mit denen man 320.000 junge Aktien mit einer Zuzahlung von 120 EUR je Aktie beziehen kann. Der Gesamtbetrag der Kapitalerhöhung beträgt somit 320.000 x 120 = 38.400.000 EUR.

Fall 2 Wandelanleihe

a - Die Zinssätze für Wandelanleihen können unter den Zinssätzen für Schuldverschreibungen liegen. Die Finanzierung über Wandelanleihen kann daher kostengünstig sein.

- Das Fremdkapital braucht nicht getilgt zu werden, wenn die Gläubiger wandeln. Aus dem befristet verfügbaren Fremdkapital wird unbefristet verfügbares Eigenkapital.
- Zinsen für Wandelanleihen vermindern – wie alle Darlehenszinsen – als Kosten den steuerpflichtigen Gewinn des Unternehmens.

b - Der Anleger hat Anspruch auf feste Verzinsung und auf Rückzahlung, solange er nicht gewandelt hat.

- Der Börsenkurs der Wandelanleihe wird vom Börsenkurs der Aktie bestimmt. Kurssteigerungen der Aktie führen auch zu steigenden Notierungen der Wandelanleihe. Kursverluste sind durch den Rückzahlungsanspruch begrenzt.
- Der Anleger kann die Vorteile des Eigentümers bei Wertzuwächsen mit den Rechten des Gläubigers auf Kapitalrückzahlung zum Nennwert und auf laufende feste Verzinsung verbinden.

c Nachteil für den Anleger:

- Der Anleger erzielt mit dieser Anlage relativ niedrige Zinsen im Vergleich mit normalen Industrieobligationen.

Nachteile für den Emittenten:

- Es besteht für den Emittenten Unsicherheit über das Ausmaß der wirklichen Kapitalerhöhung.
- Bei unerwarteter Kursentwicklung der Aktie werden die Aktien u. U. unter Wert ausgegeben.

d 323 Aktien berechtigen zum Bezug von 1.000 EUR nominal Wandelanleihe.

Rechenweg: 177.650 : 550

e 159 Aktien kann Herr Plate aufgrund seines Bestandes an Wandelanleihen in Aktien umtauschen.

Rechenweg: 10 x 15,9128

Barausgleich: 7,88 EUR

Rechenweg: 61,59 x 0,128 = 7,88 EUR

f

1,75 % Zinsen für 10.000 nom.	175,00 EUR
- Freistellungsbetrag	50,00 EUR
Zwischensumme	125,00 EUR
- 25 % Abgeltungssteuer	31,25 EUR
- 5,5 % SolZ	1,72 EUR
Zwischensumme	92,03 EUR
+ Freistellungsbetrag	50,00 EUR
Gutschrift	142,03 EUR

g

Kurswert der Wandelanleihe 10.000 zu 123,57 %	12.357,00 EUR
159 junge Aktien x aktuellen Börsenkurs von 75,25 EUR	11.964,75 EUR

Herr Plate sollte seinen Bestand an Wandelanleihen an der Börse verkaufen, da aufgrund ihres Kurses die Automobil-Aktie günstiger an der Börse gekauft werden kann.

Fall 3 Aktien und Optionsgenussscheine

a Die Inhaber dieser Optionsgenussscheine haben die nachstehenden Rechte:

- Recht auf jährliche Verzinsung, wenn Bilanzgewinn ausreichend vorhanden
- Recht auf Nachzahlung der Zinsen in ertragsschwachen Jahren
- Rückzahlung zum Nennwert am Ende der Laufzeit
- Recht auf Bezug junger Aktien der *Elbebank AG*
- Im Unterschied zu den Aktionären haben die Gläubiger der Genussscheine kein Stimmrecht in der HV.

Rechte der Aktionäre:

- Dividendenrecht
- Stimmrecht in der HV
- Bezugsrecht

b Im Unterschied zu den Optionsgenussscheinen verbriefen die Schuldverschreibungen eine über die gesamte Laufzeit feste Verzinsung und die Rückzahlung der Schuldverschreibung zum Nennwert am Ende der Laufzeit.

c Herr Renne kann insgesamt 25 Optionsgenussscheine im Nennbetrag von 25.000 EUR erwerben. Der Zeichnungskurs beträgt 27.500 EUR.

d - Die Genussscheine befinden sich in einem inländischen Depot einer Bank.
- Ein Freistellungsauftrag liegt in entsprechender Höhe vor.

e Im Falle eines Bilanzverlustes der *Elbebank AG* vermindert sich der Rückzahlungsanspruch jedes Genussscheininhabers um den Anteil des Bilanzverlusts, der sich aus dem Verhältnis seines Rückzahlungsanspruchs zum Eigenkapital errechnet.

f1 200 Dividendenscheine als Bezugsscheine für diese Genussscheine

f2 Herr Renne wird mit 11.000 EUR belastet.

f3 Die verbleibenden 300 Bezugsrechte sollten an der Börse verkauft werden.

g1 - schriftliche Erklärung zur Ausübung des Optionsrechts
- Zahlung des Optionspreises
- Übertragung der Optionsscheine mit allen noch nicht aufgerufenen Legitimationsscheinen auf das Konto der Optionsstelle bei dem DBC
- rechtzeitige Ausübung des Optionsrechts vor Bekanntgabe der Jahreshauptversammlung

g2 Bezug der jungen *Elbebank*-Aktien:
Bezugspreis 30 EUR x 200 = 6.000,00 EUR
Alternative: Aktienkauf an der Börse bei gleichzeitigem Verkauf der Optionsscheine
200 Stück *Elbebank*-Aktien x 43 EUR (Kassakurs) = 8.600 EUR
40 Stück Optionsscheine x 79 EUR (Kassakurs) = 3.160 EUR Differenz: 5.440 EUR

Herr Renne sollte die Aktien der *Elbebank AG* an der Börse kaufen bei gleichzeitigem Verkauf der Optionsscheine. Der Überschuss beträgt 560 EUR gegenüber dem Bezug der jungen Aktien.

h1 Die Emission dieser Genussscheine erfüllt in diesem Fall die Bedingungen des § 10 Abs. 5 des KWG. Es kann somit dem haftenden Eigenkapital der *Elbebank AG* zugerechnet werden.

h2 Das Genusskapital ist die Bemessungsgrundlage der gesamten Geschäftstätigkeit (Risikoaktiva) der *Elbebank AG*, aber auch die Bemessungsgrundlage für die im KWG enthaltene Großkreditregelung.

2.1.6 Besteuerung von Zinsen, Dividenden und Kursgewinnen

Fall 1 Dividendenbesteuerung

a

Bardividende 0,80 EUR je Aktie x 400	320,00 EUR
./. 25 % Abgeltungssteuer	80,00 EUR
./. 5,5 % SolZ	4,40 EUR
Gutschriftsbetrag	235,60 EUR

b

Bardividende 0,80 EUR je Aktie x 400	320,00 EUR
./. FSA	100,00 EUR
= Zwischensumme	220,00 EUR
./. 25 % Abgeltungssteuer	55,00 EUR
./. 5,5 % SolZ	3,03 EUR
Zwischensumme	161,97 EUR
+ FSA	100,00 EUR
Nettozinsertrag	261,97 EUR

Fall 2 Besteuerung von Kursgewinnen

Kaufpreis	4.267,33 EUR
Verkaufspreis	6.378,69 EUR
Veräußerungsgewinn	2.111,36 EUR
./. Verlustverrechnungstopf	100,00 EUR
Zwischensumme	2.011,36 EUR
./. 25 % Abgeltungssteuer	502,84 EUR
./. 5,5 % SolZ	27,66 EUR
Zwischensumme	1.480,86 EUR
+ Verlustverrechnungstopf	100,00 EUR
Nettoveräußerungsgewinn	1.580,86 EUR

Fall 3 Besteuerung von Zinserträgen mit Kirchsteuerpflicht

4 % Zinsen auf 10.000 EUR für 1 Jahr	400,00 EUR
./. 24,45 % Abgeltungsteuer	97,80 EUR
./. 5,5 % SolZ auf die Abgeltungssteuer von 97,80 EUR	5,38 EUR
./. 9 % Kirchensteuer auf die Abgeltungsteuer von 97,80 EUR	8,80 EUR
= Gutschriftsbetrag	288,02 EUR

Fall 4 Stückzinsen und allgemeiner Verrechnungstopf

a Herr Krause muss für diesen Kaufauftrag für 73 Zinstage 400,00 EUR Stückzinsen an den Veräußerer zahlen.

b Da es sich bei den zu zahlenden Stückzinsen für Herrn Krause um einen Aufwand handelt, erhöhen diese Stückzinsen den Saldo seines allgemeinen Verlustverrechnungstopfs.

Fall 5 Verlustverrechnungstopf

Veräußerungsgewinn	1.600,00 EUR
./. Veräußerungsverlust	1.100,00 EUR
Bestand im Verlustverrechnungstopf des Kunden	0,00 EUR
Verbleibender Veräußerungsgewinn	500,00 EUR
Noch verbleibendes Freistellungsvolumen	301,00 EUR

Fall 6 Wiederaufleben eines Freistellungsvolumens

		Allgemeiner Verlustverrechnungstopf	Verbleibendes Freistellungsvolumen
a	14.03. Veräußerungsgewinn bei Bundesanleihen 400,00 EUR	-	401,00 EUR
	15.06. Zinsen auf Anleihen 150,00 EUR	-	251,00 EUR
	12.10. Verlust bei Optionen 850,00 EUR	In den allgemeinen Verlustverrechnungstopf wird der Betrag von 300,00 EUR eingestellt (850,00 – 400,00 – 150,00).	Die am 14.3. und 15.6. erfolgten Belastungen des Freistellungsvolumens werden rückgängig gemacht, neuer Freistellungsauftrag 801,00 EUR.
b + c	Jahresende	Der Bestand des allgemeinen Verlustverrechnungstopfes von 300,00 EUR wird auf das nächste Jahr übertragen.	Das Freistellungsvolumen von 801,00 EUR verfällt am Jahresende.

Fall 7 Stückzinsen und allgemeiner Verlustverrechnungstopf

a

Bestand im allgemeinen Verlustverrechnungstopf	1.052,88 EUR
./. freigestellte Zinsgutschrift vom März	200,00 EUR
= verbleibende Stückzinsen aus dem allg. Verlustverrechnungstopf	852,88 EUR
+ Freistellungsvolumen	500,00 EUR
= aktuelles Freistellungsvolumen	1.352,88 EUR
Steuerpflichtiger Zinsertrag	
(Bruttozinsen 2.100,00 – 1.352,88)	747,12 EUR
25 % Abgeltungssteuer	186,78 EUR
5,5 % SolZ	10,27 EUR

b

Bruttozinsen	2.100,00 EUR
./. Abgeltungssteuer	186,78 EUR
./. SolZ	10,27 EUR
Zinsgutschrift	1.902,95 EUR

Fall 8 NV-Bescheinigung

a Nichtveranlagungsbescheinigung NV-Bescheinigung

- NV-Bescheinigung beim zuständigen Finanzamt beantragen;
- Phillipp hat keinerlei Einkünfte und wird nicht zur Einkommensteuer veranlagt;;
- Betrag wird nicht begrenzt;
- NV-Bescheinigung ist drei Jahre gültig;

Sind Einkünfte über 800,00 EUR pro Jahr vorhanden, dann Rückgabe der NV-Bescheinigung an das Finanzamt;

Freistellungsauftrag

- nur bis 801 EUR jährlich , also betraglich beschränkt
- kann auf mehrere Kreditinstitute aufgeteilt werden;

bis auf Widerruf gültig;

b Bei Vorlage einer NV-Bescheinigung bei der depotführenden Stelle werden Phillipp Müller alle dort anfallenden Kapitalerträge ohne Steuerabzug gutgeschrieben.

Bei Beantragung eines Freistellungsauftrags können Kapitalerträge nur bis 801,00 EUR jährlich abgeltungssteuerfrei ausgezahlt werden. .

Fall 9 Allgemeiner Verlustverrechnungstopf

a

Zinsen: 2,5 % von 15.000 EUR	375,00 EUR
- Verlustverrechnungstopfsaldo	185,00 EUR
= Zwischensumme	190,00 EUR
- 25 % KESt	47,50 EUR
- 5,5 % SolZ	2,61 EUR
= Zwischensumme	139,89 EUR
+ Verlustverrechnungstopfsaldo	185,00 EUR
= Gutschrift	324,89 EUR

b Die gezahlten Stückzinsen werden in den allgemeinen Verlustverrechnungstopf eingestellt und vermindern einen steuerpflichtigen Kapitalertrag.

c Herr Müller legt seinem von anderen Kreditinstituten ausgestellte Bescheinigungen über Salden aus Allgemeinen Verlustverrechnungstöpfen vor. Dies kann zu einer Steuererstattung führen.

Herr Müller beantragt im Rahmen seiner Einkünfte aus Kapitalvermögen eine Günstigerprüfung, die zu einem positiven Ergebnis führen kann.

d Der Saldo resultiert aus Verlusten aus dem Verkauf von Aktien

Per Saldo überstiegen die Verluste aus dem Verkauf von Aktien die Gewinne aus dem Verkauf von Aktien um 455,00 EUR.

e Sofern Herr Müller bei der *Nordbank AG* einen Antrag auf Ausstellung einer Verlustbescheinigung gestellt hat, wird der Saldo des Aktien-Verlustverrechnungstopfs auf null Euro gestellt. Sofern Herr Müller bei der *Nordbank AG* keinen Antrag auf Ausstellung einer Verlustbescheinigung gestellt habt, wird der Saldo in das nächste Kalenderjahr übertragen.

2.1.7 Besteuerung von Investmenterträgen

Fall 1

a Basisertrag = 1,05 EUR

Rechenweg: (70 % von 1 %) von 150 EUR = 1,05 EUR (die Begrenzung auf den Wertzuwachs im Kalenderjahr von 170 EUR – 150 EUR = 20 EUR wird nicht überschritten)

b Vorabpauschale = 1,05 EUR

Rechenweg: Vorabpauschale = Basisertrag - Ausschüttung

Vorabpauschale = 1,05 - 0,00 (

der Fonds hat laut Aufgabentext nicht ausgeschüttet)

c Die steuerliche Vorabpauschale beträgt 0,735 EUR je Anteil

Rechenweg: Die Vorabpauschale für 2020 in Höhe von 1,05 Euro gilt am ersten Werktag 2021 als steuerlich zugeflossen:

Wegen der Teilfreistellung für Aktienfonds sind jetzt nur 70 % von 1,05 EUR steuerpflichtig, also 0,735 EUR

d 367,50 EUR

Rechenweg: Bei 500 Anteilen ist ein Betrag von 500 x 0,735 EUR = **367,50 EUR** grundsätzlich steuerpflichtig. Sofern der Sparerfreibetrag noch nicht ausgeschöpft ist oder eine Nicht-Veranlagungsbescheinigung vorliegt, fallen auf die 367,50 Euro keine Steuern an.

Fall 2

433,50 EUR

Rechenweg:: 801 – 367,50 = 433,50 EUR

Fall 3

a 21,00 EUR
Rechenweg: Rücknahmepreis 2.1.2020 von 150,00 EUR – Rücknahmepreis am 1.2.2021 von 180,00 EUR = Kapitalertrag 70 % von 30,00 EUR= 21,00 EUR .

b Bei 500 Anteilen beträgt der Kapitalertrag 10.500,00 EUR.
Rechenweg: 21 x 500 Anteile = 10.500,00 EUR

c 7.844,96 EUR
Rechenweg: Gesamtertrag unter Berücksichtigung von Steuern und noch vorhandenem Freistellungsbetrag von 433,50 EUR :

Kapitalertrag 500 Anteile	10.500,00 EUR
- Freistellungsbetrag	433,50 EUR
Kapitalertrag	10.066,50 EUR
- 25 % Abgeltungsteuer	2.516,63 EUR
- 5,5 SolZ von der Abgeltungsteuer	138,41 EUR
Zwischensumme	7.411,46 EUR
+ FSA (nicht steuerpflichtiger Ertrag)	433,50 EUR
Kapitalertrag	7.844,96 EUR

Teilfreistellung der Abgeltungssteuer

Um die Vorbelastung mit Körperschaftsteuer und die mangelnde Anrechnungsfähigkeit ausländischer Quellensteuer zu kompensieren, gewährt der Gesetzgeber je nach Fondsart eine sogenannte Teilfreistellung von der Abgeltungsteuer.

Die Anleger von Publikumsfonds unterliegen jetzt einer pauschalen Besteuerung von Investmenterträgen. Dazu zählen Ausschüttungen, die sogenannte Vorabpauschale sowie Gewinne aus der Rückgabe bzw. Veräußerung von Fondsanteilen.

Die Fondsanleger müssen selbst die Mittel zur Zahlung der Steuer bereitstellen. Daher darf die depotführende Stelle die erforderlichen Beträge zur Abführung der Steuer auf die Vorabpauschale direkt vom Girokonto oder von einem anderen Referenzkonto des Anlegers einziehen — auch ohne dessen Einwilligung.

Vorabpauschale

Mit der Vorabpauschale soll sichergestellt werden, dass ein bestimmter Mindestbetrag versteuert wird, auch dann, wenn ein Fonds keine oder eine zu geringe Ausschüttung vornimmt. Diese sogenannte Vorabpauschale wird jährlich ermittelt und bezieht sich immer auf das Vorjahr. Die Vorabpauschale ist eine vorweggenommene Besteuerung zukünftiger Wertsteigerungen. Daher wird die Vorabpauschale beim Verkauf der Fondsanteile auch vom tatsächlichen Veräußerungsgewinn abgezogen. Basis für die Berechnung bildet die langfristig erzielbare Rendite öffentlicher Anleihen. Der Basiszins orientiert sich am Zinssatz, den die Deutsche Bundesbank jeweils auf den ersten Börsentag des Jahres errechnet.

Auf die Vorabpauschale wird am Anfang des folgenden Kalenderjahres von der depotführenden Stelle Abgeltungsteuer einbehalten (zum ersten Mal 2019). Um eine Doppelbesteuerung zu vermeiden, kann auf die Vorabpauschale die einbehaltene Steuer später von den tatsächlichen Veräußerungsgewinnen beim Verkauf der Fondsanteile wieder abgezogen werden.

Die Vorabpauschale ist die Differenz zwischen dem sogenannten Basisertrag des Fonds und der Ausschüttung. Hierzu wird zunächst zu Beginn eines Kalenderjahres (z. B. 01.01.2019) für das vorangegangene Kalenderjahr (z. B. 2018) der Basisertrag nach der Formel berechnet: Basisertrag = 70 % des jährl. Basiszinses x Rücknahmepreis der Fondsanteile zum Jahresbeginn des vorangegangenen Kalenderjahres (z. B. 1.1.2018). Dann wird vom Basisertrag die Ausschüttung des letzten Kalenderjahres (z. B. in 2018) abgezogen: Vorabpauschale = Basisertrag - Ausschüttung des letzten Kalenderjahres.

Die Vorabpauschale kann niemals negativ werden. Der Basisertrag kann nicht höher sein als der Mehrbetrag, der sich aus dem zwischen dem ersten und dem letzten im Kalenderjahr festgesetzten Rücknahmepreis zuzüglich der Ausschüttungen innerhalb des Kalenderjahres ergibt.

Beispiel für die Vorabpauschale:

Gegeben sind folgende Daten:
- Fondspreis zum 1. Januar 2019: 100 EUR
- Fondspreis zum 31. Dezember 2019: 120 EUR
- Basiszins (angenommen): 1 %
- Ausschüttung für das Geschäftsjahr: 0,50 EUR je Anteil

Der Anleger besitzt 500 Fondsanteile. Es handelt sich um einen Aktienfonds.

Der Basisertrag beträgt (70 % von 1 %) 0,7 % x 100 EUR = 0,70 EUR. Die Vorabpauschale beträgt somit 0,70 EUR - 0,50 EUR = 0,20 EUR je Anteil.

Die Erträge aus dem Fonds für das Geschäftsjahr 2019 umfassen die Ausschüttung in Höhe von 0,50 EUR je Anteil und die Vorabpauschale in Höhe von 0,20 EUR je Anteil, insgesamt also 0,70 EUR je Anteil. Davon sind nur 70 % steuerpflichtig (Teilfreistellung 30 %) = 0,49 EUR je Anteil bzw. bei 500 Anteilen insgesamt 245 EUR. Diese werden auf den Freistellungsauftrag angerechnet.

Für thesaurierende Fonds und Fonds mit Teilausschüttungen ergeben sich unterschiedliche Ergebnisse, die sich auf den Zeitpunkt der Steuerpflicht auswirken:

Fall 4

a1 Der Basisertrag beträgt 0,945 EUR

Rechenweg: (70 % von 1 %) von 135 = 0,945 EUR

Die Begrenzung auf den Wertzuwachs im Kalenderjahr von 140,00 EUR – 135,00 EUR + 0,30 EUR = 5,30 EUR wird nicht überschritten.

a2 Die Vorabpauschale für 2020 beträgt 0,645 EUR

Vorabpauschale 2020 = Basisertrag – Ausschüttung

Rechenweg: 0,945 EUR – 0,30 EUR = 0,645 EUR

Der Basisertrag ist auf den Mehrbetrag begrenzt, der sich zwischen dem 1ersten und dem letzten im Kalenderjahr festgesetzten Rücknahmepreis zuzüglich der Ausschüttungen innerhalb des Kalenderjahres ergibt. Da die Ausschüttung (0,30 EUR) geringer ist als der Basisertrag (0,945 EUR), muss die Anlegerin zusätzlich zur Ausschüttung die Vorabpauschale versteuern.

Die Ausschüttung und die Vorabpauschale sind zu unterschiedlichen Zeitpunkten zu versteuern: Die Ausschüttung ist der Anlegerin aus steuerlicher Sicht zugeflossen (und damit steuerpflichtig), sobald sie darüber verfügen konnte, also im Steuerjahr 2019.

Die Vorabpauschale gilt dagegen erst am ersten Werktag des Folgejahres (also 2020) als zugeflossen.

a3 Die steuerpflichtige Vorabpauschale pro Anteil beträgt 0,452 EUR

Rechenweg: Teilfreistellung 70 % von 0,645 = 0,452 EUR

b1 Im Steuerjahr 2019 ist die Ausschüttung zu versteuern.

Teilfreistellung 70 % von 0,30 = 0,21 EUR

Bei 1.500 Anteilen ist ein Betrag von 315,00 EUR steuerpflichtig. Bei einem Freistellungsbetrag von Rechenweg: 0,21 EUR x 1500 Anteile = 315,00 EUR

Sofern der Freibetrag von 500,00 EUR noch nicht durch andere Kapitalerträge reduziert wurde, zieht die deutsche depotführende Stelle keine Kapitalertragsteuer und keinen Soli ab.

b2 steuerpflichtiger Betrag pro Anteil 0,452 EUR

Im Steuerjahr 2020 ist die Vorabpauschale 2019 zu versteuern.

Rechenweg: Teilfreistellung 70 % von 0,645 = 0,452 EUR pro Anteil

b3 Bei 1.500 Anteilen ist unter Abzug eines Freistellungsbetrages von 500,00 EUR ein Betrag von 178,00 EUR steuerpflichtig.

Rechenweg: 0,452 EUR x 1500 Anteile = 678,00 EUR

b4 Es werden 46,95 EUR Kapitalertragssteuern von der depotführenden Stelle an das zuständige Finanzamt abgeführt,

sofern der Freibetrag von 500,00 noch nicht durch andere Kapitalerträge reduziert wurde, fallen auf 178,00 EUR Kapitalertragsteuer und Soli an.

Rechenweg: Der steuerpflichtige Betrag 2020 beträgt	678,00 EUR.
./. FSA	500,00 EUR
	= 178,00 EUR
25 % Kapitalertragsteuer	44,50 EUR
5,5 % SolZ	2,45 EUR
Steuerabzug durch deutsche depotführende Stelle	46,95 EUR

1.3 Kredite an Privatpersonen

1.3.1 Allgemein-Verbraucherdarlehen

Fall 1 Anschaffung eines Katamarans

a
- Legitimationspapiere
- Gehaltsnachweise
- Selbstauskunft
- Schufa-Auskunft
- Arbeitsverträge der beiden Ehepartner Paulsen

b1 Kreditbetrag 20.000,00 EUR

b2 Zinsen für 60 Monate 4.124,00 EUR

b3 Sollzinssatz 7,5 %

b4 59 monatliche Raten zu 400,00 EUR = 23.600,00 EUR
Darlehensbetrag einschließlich Zinsen: 24.124,00 EUR
Ausgleichsrate (60. Rate) = 524,00 EUR

c

Einkommen Herr Paulsen	2.050,00 EUR
Einkommen Frau Paulsen	1.450,00 EUR
Summe	3.500,00 EUR
Laufende Kosten	
Gesamtmiete einschl. Nebenkosten	1.150,00 EUR
Kosten für Pkw	400,00 EUR
Lebenshaltungskosten	800,00 EUR
Sonstige Ausgaben	
Ratenkredit bei der *Sparkasse Flensburg* (Restlzt. 6 Monate)	187,50 EUR
Kap.-Leb.-Vers., Bausparen	200,00 EUR
Gesamtaufwendungen	2.737,50 EUR
Frei verfügbares Einkommen	762,50 EUR
davon 30 % Rücklagen	228,75 EUR
Verbleibendes Einkommen	533,75 EUR

d Positive Kreditentscheidung: Das verbleibende Einkommen reicht aus, um die 60 Raten zu zahlen. Der Ratenkredit bei der *Sparkasse* wird in einem halben Jahr getilgt sein, sodass sich ein weiterer Spielraum von 187,50 EUR ergibt.

e Vorvertragliche Informationen zum Darlehen nach § 491 a BGB: Die Kundeninformation muss für dieses Darlehen folgende Angaben enthalten:
- Art des Darlehens
- Nettodarlehensbetrag
- Gesamtbetrag (Summe aus Nettodarlehensbetrag und Gesamtkosten)
- Sollzinssatz
- effektiver Jahreszins
- sonstige Kosten des Kredits
- Verzugszinssatz
- Vertragslaufzeit
- Betrag, Zahl und Fälligkeit der einzelnen Teilzahlungen
- Hinweis auf ein Widerrufsrecht
- zu bestellende Sicherheiten

Dem Ehepaar Paulsen ist die Möglichkeit einzuräumen, die Informationen in Abwesenheit von Frau Winter zu prüfen. Hierdurch soll dem Ehepaar die Möglichkeit gegeben werden, mehrere Kreditangebote vergleichen zu können. Außerdem sind dem Ehepaar von Frau Winter angemessene Erläuterungen zum Kreditangebot zu geben.

f1 - frühestens zu dem im Versicherungsvertrag genannten Versicherungsbeginn
- Der Darlehensbetrag muss ausgezahlt sein und die Versicherungsprämie muss bezahlt worden sein.

f2 - Todesfallrisiko
- Arbeitsunfähigkeitsrisiko

f3 - Bei Tod der versicherten Person während der Versicherungsdauer zahlt die Versicherung die Versicherungsleistung in Höhe der am Tag des Todes bestehenden Restforderung der *Fördebank AG* aus dem Darlehen, maximal jedoch das vereinbarte Garantiekapital. Das Garantiekapital reduziert sich monatlich um den im Vertrag angegebenen Betrag.
- Wird die versicherte Person während der Versicherungsdauer arbeitsunfähig, so zahlt die Versicherung eine monatliche Arbeitsunfähigkeitsrente. Der Anspruch auf Arbeitsunfähigkeitsrente entsteht nach Ablauf von sechs Wochen nach Eintritt der Arbeitsunfähigkeit. Der Anspruch auf Arbeitsunfähigkeitsrente erlischt, wenn die Arbeitsunfähigkeit endet. Arbeitsunfähigkeit liegt vor, wenn die versicherte Person infolge ärztlich nachzuweisender Gesundheitsstörungen außerstande ist, ihre bisherige oder eine andere Tätigkeit auszuüben, die aufgrund ihrer Ausbildung und Erfahrungen ausgeübt werden kann und ihrer bisherigen Lebensstellung entspricht.

g Die *Fördebank AG* (Zessionarin) wird durch die Abtretung Gläubigerin des pfändbaren Teils der Gehaltsforderungen von Herrn Paulsen (Zedent) gegenüber dem jeweiligen Arbeitgeber, zurzeit ist dies die *Jungheinrich AG* (Drittschuldnerin).

h1 Die Widerrufsfrist beginnt mit Erhalt der Widerrufsinformation, jedoch nicht vor Abschluss des Kreditvertrags und nicht, bevor das Ehepaar die im Kreditvertrag erforderlichen Pflichtangaben erhalten hat. Zur Wahrung der Widerrufsfrist genügt die rechtzeitige Absendung des Widerrufs.
Das Ehepaar Paulsen kann den Darlehensvertrag innerhalb einer Frist von 14 Kalendertagen in Textform widerrufen. Es ist in der vorvertraglichen Information sowie im Kreditvertrag auf sein Widerrufsrecht hinzuweisen.

h2 Durch den Widerruf kann das Ehepaar Paulsen erreichen, dass seine Willenserklärung zum Vertragsabschluss nicht wirksam wird. Wenn das Ehepaar Paulsen seinen Widerruf ordnungsgemäß erklärt hat, wird der Vertrag rückabgewickelt. Zugeflossene Kreditbeträge muss das Ehepaar einschließlich der in der Zwischenzeit aufgelaufenen Zinsen zurückzahlen.

i - Die *Fördebank AG* darf ihre Rechtsstellung nur im Falle der Störung des Kreditvertrags nutzen und die Gehaltsforderung einziehen.
- Die *Fördebank AG* darf ihre Ansprüche nur im benötigten Maße geltend machen.
- Nach ordnungsgemäßer Abwicklung des Kredits hat die *Fördebank AG* die Gehaltsansprüche an den Sicherungsgeber zurück zu übertragen.

j Die Zession kann durch Zusendung der Benachrichtigungsschreiben an den Arbeitgeber offen gelegt werden. Die Exemplare können jeweils bei evtl. Arbeitgeberwechseln zur Offenlegung genutzt werden.

k Der Arbeitgeber muss den pfändbaren Teil des Gehalts an die *Fördebank AG* zahlen.

Fall 2 Anschaffung einer Kücheneinrichtung

A

Nettoeinkommen	3.100,00 EUR
Kreditkosten pro Monat laut Konditionentabelle für 24 Monate Laufzeit	1.150,00 EUR
Lebenshaltungskosten	2.400,00 EUR
Kreditkosten + Lebenshaltungskosten	3.550,00 EUR

Das Darlehen kann in der gewünschten Laufzeit von 2 Jahren nicht gewährt werden, da die Gesamtkosten sein Nettoeinkommen um 450,00 EUR übersteigen.

Neues Angebot mit einer Laufzeit von 72 Monaten:

Nettoeinkommen	3.100,00 EUR
Kreditkosten pro Monat laut Konditionentabelle für 72 Monate Laufzeit	450,00 EUR
Lebenshaltungskosten	2.400,00 EUR
Kreditkosten + Lebenshaltungskosten	2.850,00 EUR

Bei einer verlängerten Laufzeit von 72 Monaten verbleiben Herrn Schwertfeger noch 250,00 EUR (3.100 – 2.850) pro Monat. Andere Varianten von z. B. mit einer Laufzeit von 60 oder 66 Monaten sind ebenfalls möglich.

b - Pfandvertrag zwischen Frau Hinrichsen und der *Nordbank AG*; Auszahlung des Darlehens an Herrn Schwertfeger + Anzeige der Verpfändung an die *Sydbank AG* (Abtretung der Ansprüche aus dem Sparkonto wäre ebenfalls möglich).
- Abtretungsvertrag: Einigung zwischen Herrn Schwertfeger und der *Nordbank AG* + Abtretung der Ansprüche aus der Versicherung durch Frau Hinrichsen.
- Sicherungsübereignungsvertrag: Einigung zwischen Herrn Schwertfeger und der *Nordbank* + Besitzkonstitut. Die *Nordbank AG* wird treuhänderische Eigentümerin der Kücheneinrichtung.
- Stille Abtretung der Gehaltsansprüche von Herrn Schwertfeger durch Abtretungsvertrag zwischen der *Nordbank AG* und Herrn Schwertfeger.

c Da das Gehalt von Herrn Schwertfeger ausreichend ist, wäre die Gehaltsabtretung im Falle einer bisher guten Kontoführung auch aus Kostengründen zweckmäßig. Ggf. könnte diese Sicherheit durch eine Mitantragstellung der Lebensgefährtin verstärkt werden. U. U. könnte im Falle der Verschlechterung der Bonität des Kreditnehmers die Spareinlage seiner Lebensgefährtin als Sicherheit hinzugefügt werden. Die Lebensversicherung ist auf Grund der einjährigen Laufzeit noch nicht werthaltig. Die Sicherungsübereignung der Kücheneinrichtung ist aufgrund einer mangelnden Werthaltigkeit von Gebrauchsgütern nicht zweckmäßig.

d - Verzug mit mindestens zwei aufeinander folgenden Raten (ganz oder teilweise), mindestens 5 % der Kreditsumme bei einer Laufzeit von sieben Jahren
- Frist von zwei Wochen zur Zahlung des rückständigen Betrags
- Erklärung, dass bei Nichtzahlung die gesamte Restschuld fällig wird
- Gesprächsangebot über einverständliche Regelung

e - Androhung der Verwertung der Sicherheiten und Fristsetzung
- Offenlegung der Gehaltsabtretung beim Arbeitgeber von Herrn Schwertfeger
- Einzug des pfändbaren Teils des Gehalts
- ggf. Einzug der Sicherheiten, z. B. Spareinlage bei der *Sydbank AG*

f - Die *Nordbank AG* stellt einen Antrag auf Erlass eines Mahnbescheids.
- Das Amtsgericht erlässt einen Mahnbescheid und stellt ihn Herrn Schwertfeger zu.
- Die *Nordbank AG* stellt einen Antrag auf Erlass eines Vollstreckungsbescheids.
- Das Amtsgericht erlässt einen Vollstreckungsbescheid und stellt ihn Herrn Schwertfeger zu.

Fall 3 Anschaffungsdarlehen oder Leasing

a Es muss das frei verfügbare Einkommen ermittelt werden, um zu prüfen, ob der Kredit vereinbarungsgemäß verzinst und zurückgezahlt werden kann.

b - Einkommensnachweise der letzten drei Monate
- Arbeitsvertrag
- Schufa-Abfrage durchführen
- Einholung einer Bankauskunft

c - Einkommensnachweise: Nachweis über die Höhe des Nettoeinkommens
- Arbeitsvertrag: zeigt an, ob es sich um ein befristetes oder unbefristetes Arbeitsverhältnis handelt
- Schufa-Abfrage: gibt Positiv- und Negativmerkmale zur Antragstellerin wieder
- Bankauskunft: gibt Auskunft über das Kontoverhalten von Frau Bünese im Zusammenhang mit Bankgeschäften in der Vergangenheit

d Die monatliche Rate beträgt bei 15.000,00 EUR Darlehen und einer Laufzeit von 47 Monaten 385,00 EUR. Sinnvoll wäre in diesem Fall eine Laufzeit von 66 Monaten und monatliche Raten von 290,00 EUR für 65 Monate und eine Ausgleichsrate mit 111,00 EUR.

e 1. Alternative: Abtretung der Gehaltsansprüche von Frau Bünese gegenüber ihrem Arbeitgeber
- Abtretung der Ansprüche gegenüber dem derzeitigen und zukünftige Arbeitgeber
- Prüfung, ob die Abtretung vom Arbeitgeber vertraglich ausgeschlossen wurde
- Begrenzung der Abtretung auf den Gesamtrückzahlungsbetrag des Darlehens
- Begrenzung der Abtretung auf den pfändbaren Teil des Gehalts
- Vorteil der Sicherheit: Frau Bünese hat bei der *Nordbank AG* ein Girokonto, damit kann die Kreditüberwachung dieses Girokontos besser gewährleistet werden.
- Eine Offenlegung erfolgt nur aus wichtigem Grund, z. B. Verzug mit zwei Monatsraten, und nach Androhung und Ablauf einer angemessenen Nachfrist von i. d. R. einem Monat.
- Jeder Arbeitgeberwechsel muss unverzüglich angezeigt werden.

2. Alternative: Sicherungsübereignung des PKW

Sobald der Pkw auf Frau Bünese zugelassen wird, SÜ-Vertrag zwischen Frau Bünese und *Nordbank AG* mit Einigung über den Eigentumsübergang und Abschluss eines Miet-, Pacht- oder Leihvertrages (Besitzkonstitut). Frau Bünese bleibt unmittelbare Besitzerin und erhält ein Nutzungsrecht an dem Pkw. Nach Rückzahlung des Kredits hat sie Anspruch auf Rückübereignung des Fahrzeugs. Im Verwertungsfall steht ihr ein evtl. Überschuss zu. Die *Nordbank AG* wird mittelbare Besitzerin des Pkw und treuhänderische Eigentümerin des Pkw. Damit erwirbt die *Nordbank AG* den Herausgabeanspruch am Pkw. Wenn Frau Bünese ihren Verpflichtungen nicht nachkommt, steht der *Nordbank AG* ein Verwertungsrecht zu, im Verbraucherinsolvenzfall hat die *Nordbank AG* ein Absonderungsrecht.

f

Merkmale	Leasingfinanzierung	Darlehensfinanzierung
Vertragsgrundlage	Der Leasinggeber überlässt die Nutzung des Pkw dem Leasingnehmer gegen Entgelt.	Frau Bünese kauft den Pkw.
Kosten	monatliche Leasingraten	Zins- und Tilgungsleistungen
Eigentumsverhältnisse am Pkw	Leasinggesellschaft ist Eigentümerin des Pkw.	Frau Bünese ist Eigentümerin des Pkw.
Merkmale	Leasingfinanzierung	Darlehensfinanzierung
Vollkaskoversicherung	obligatorisch	nicht obligatorisch
Kündigung des Vertrags des Vertrags vor Ende der Laufzeit	nicht möglich	vorzeitige Rückzahlung des Kredits möglich

g1 Abschluss eines Leasingvertrages (vgl. Leasingangebot)

- feste unkündbare Grundmietzeit, im Beispiel 36 Monate.
- Leasingvertrag zielt auf Vollamortisation ab.
- Nach Ablauf der Grundmietzeit erfolgt die Rückgabe des Pkw an die Leasinggesellschaft. Bei Teilamortisationsverträgen ist ggf. eine Restwertzahlung fällig, wenn die Leasinggesellschaft von ihrem Andienungsrecht Gebrauch macht.
- Frau Bünese trägt während der Grundmietzeit das Investitionsrisiko; Gewährleistungsansprüche gehen von der Leasinggesellschaft mittels Abtretung auf Frau Bünese über.
- Leasinggeber ist rechtlicher und wirtschaftlicher Eigentümer und bleibt Eigentümer auch nach Erfüllung des Amortisationsvertrages bei erlasskonformer Vertragsgestaltung.

g2

Kaufpreis Pkw	19.024,00 EUR
- Resterlös nach 3 Jahren	10.000,00 EUR
+ Kreditkosten für 36 Monate Laufzeit	2.151,00 EUR
= Gesamtkosten bei Kreditfinanzierung	11.175,00 EUR
36 Leasingraten zu je 213,23 EUR	7.676,28 EUR
+ Sonderzahlung	3.804,80 EUR
= Summe Leasingzahlung	**11.481,08 EUR**

Die Kreditfinanzierung ist günstiger, als die Leasingfinanzierung, Preisvorteil 306,08 EUR. Bei der Leasingfinanzierung ist zudem eine Kilometerbegrenzung vorgesehen, die zu Mehrkosten führen kann. Außerdem ist Frau Bünese Eigentümerin des kreditfinanzierten Pkw und kann den Pkw jederzeit veräußern. Zusätzlich ist der Kreditvertrag flexibler, da Frau Bünese ihn vorzeitig tilgen kann.

Fall 4 Finanzierung einer PKW-Anschaffung

a 51,20 EUR
Rechenweg:
(28.000 x 0,2 x 336) : (360 x 100) – (1.500 x 0,2 x 128) : (360 x 100) = 52,27 – 1,07
b B
c 2,04 EUR
Rechenweg:
(16.300 EUR x 0,05 x 90) : (360 x 100) = 2,037 EUR

d

Monatliches Nettoeinkommen 3.700,00 EUR
./. monatliche Warmmiete 1.150,00 EUR
./. monatliche Lebenshaltungskosten 500,00 EUR
./. monatliche Pkw-Kosten 300,00 EUR
./. Lebensversicherung monatlich 100,00 EUR
./. monatliche Rate wegen Anschaffungsdarlehen 370,00 EUR
Verfügbares Nettoeinkommen 1.280,00 EUR
./. Risikoabschlag von 20 % 256,00 EUR
Verfügbarer monatliche Betrag 1.024,00 EUR

e

Anfänglicher jährlicher Tilgungsanteil: 21,9 % p.a.
Rechenweg:
325 x 12 = 3.900 EUR
15.000 x 4,1 : 100 = 615 Zinsen
3.900 – 615 = 3.285
3.285 x 100 : 15.000 = 21,9 %

f

Drei Merkmale, z. B.:
- Es erfolgt eine Einmalbeitragszahlung zu Beginn der Vertragslaufzeit.
- Die Restschuldversicherung hat die gleiche Laufzeit wie der Kredit.
- Die Restschuldversicherung hat eine fallende Versicherungssumme.

g A und B

Ein Darlehensvertrag muss für einen herkömmlichen Verbraucherkredit folgendes beinhalten:
- Darlehenssumme,
- Laufzeit,
- Sollzins,
- Verwendungszweck,
- Höhe des effektiven Jahreszins,
- Frist zur Zinsbindung,
- Bedingungen für die Rückzahlung,
- mögliche Nebenkosten,
- weitere Konditionen z. B. Sondertilgung

h D

i D

j C

k B

l C und E

Fall 5 Maßnahmen gegen Kreditgefährdung

a
- ungewöhnlich viele Kreditanträge bei unterschiedlichen Banken
- negative Eintragungen bei der SCHUFA
- Kunde unbekannt verzogen
- Arbeitslosigkeit des Kunden
- steigende Ausgaben bei gleich bleibenden oder sinkenden Einnahmen
- wiederholte Lastschriftrückgaben
- Pfändungs- und Überweisungsbeschluss

b - Umschuldung der Kontoüberziehung und des Restkreditbetrags zu neuem Darlehen mit längerer Laufzeit
- Verlängerung der Laufzeit des bestehenden Darlehens
- Verkauf des Fahrzeugs oder anderer Vermögensgegenstände zur Reduzierung des KK-Kontosaldos und/oder des Restkreditbetrags
-generelle Überprüfung des Ausgabenverhaltens mit dem Ziel der Ausgabenreduzierung anhand einer Haushaltsrechnung
- Erhöhung der laufenden Einnahmen

c - Die Befürchtungen sind nicht berechtigt.
- Die Zession wird erst offen gelegt, wenn Frau Becker den Kreditvertrag nicht ordnungsgemäß erfüllt.

d Monatliches Nettoeinkommen: 1.657,00 EUR
./. Pfändungsschutzbetrag 1.339,99 EUR
= pfändbarer Teil 317,01 EUR

e - Verzug mit mindestens zwei aufeinander folgenden Raten (ganz oder teilweise)
- mindestens 10 % der Kreditsumme bei einer Laufzeit bis drei Jahre
- Frist von zwei Wochen zur Zahlung des rückständigen Betrags
- Erklärung, dass bei Nichtzahlung die gesamte Restschuld fällig ist
- Gesprächsangebot über einverständliche Regelung

f - *Nordbank AG* stellt Antrag auf Erlass eines Mahnbescheids
- Amtsgericht erlässt Mahnbescheid und stellt ihn zu
- *Nordbank AG* stellt Antrag auf Erlass eines Vollstreckungsbescheids
- Amtsgericht erlässt Vollstreckungsbescheid und stellt ihn zu

Fall 6 Umschuldung eines Verbraucherdarlehens

a Frau Herrmann kann das Allgemein-Verbraucherdarlehen jederzeit und ganz oder teilweise zurückzahlen (vgl. § 500 BGB).

b

Vorfälligkeitsentschädigung: 1 % von 3.240,00 EUR	32,40 EUR
+ Zinsen: 3.240,00 x 5,9 % x 30 Tage : 360 Tage	15,93 EUR
+ Kreditbetrag	3.240,00 EUR
Summe	3.288,33 EUR

c

Ablösungsbetrag an die Unionbank AG	3.288,33 EUR
+ Ablösung der Kontoüberziehung bei der *Nordbank AG*	4.861,67 EUR
+ Restzahlung an die Sixt AG	5.150,00 EUR
Darlehensbetrag	13.300,00 EUR

Fall 7 Tilgungssatzberechnung bei einem Verbraucherdarlehen

Der Tilgungssatzbeträgt **18,39 % p.a.**
Rechenweg:
14.000,00 EUR x 3,9 % = 546,00 EUR
3.120,00 EUR – 546,00 EUR = 2.574,00 EUR
2.574 x 100 : 14.000 = 18,39 % p.a. Tilgungssatz

Fall 8 Ein Verbraucherdarlehen wird notleidend.

a
- ungewöhnlich viele Kreditanträge von Frau Zecke bei unterschiedlichen Banken
- negative Eintragungen über Frau Zecke bei der SCHUFA
- Frau Zecke ist unbekannt verzogen
- Arbeitslosigkeit von Frau Zecke
- steigende Ausgaben von Frau Zecke bei gleich bleibenden oder sinkenden Einnahmen
- wiederholte Lastschriftrückgaben auf dem Konto von Frau Zecke
- Ein Pfändungs- und Überweisungsbeschluss auf dem Konto von Frau Zecke lag in der Vergangenheit bereits vor und war der *Nordbank AG* bekannt.

b
- Umschuldung der Kontoüberziehung von Frau Zecke und Erhöhung des Restkreditbetrags zu neuem Darlehen mit längerer Laufzeit
- Verlängerung der Laufzeit des bestehenden Darlehens von Frau Zecke, z. B. 60 Monate Laufzeit statt 36 Monate
- Verkauf des Fahrzeugs oder anderer Vermögensgegenstände zur Reduzierung des im Soll geführten Girokontos
- generelle Überprüfung des Ausgabenverhaltens von Frau Zecke mit dem Ziel der Ausgabenreduzierung anhand einer Haushaltsrechnung
- Erhöhung der laufenden Einnahmen von Frau Zecke, z. B. durch eine Gehaltserhöhung

c
- Die Befürchtungen von Frau Zecke sind nicht berechtigt.
- Die Zession wird erst offen gelegt, wenn Frau Zecke den Kreditvertrag nicht ordnungsgemäß erfüllt.

d Der pfändbare Betrag beträgt 172,28 EUR

e
- Verzug mit mindestens zwei aufeinander folgenden Raten (ganz oder teilweise)
- mindestens 10 % der Kreditsumme bei einer Laufzeit bis drei Jahre
- Gesprächsangebot über einverständliche Regelung
- Frist von zwei Wochen zur Zahlung des rückständigen Betrags
- Erklärung, dass bei Nichtzahlung die gesamte Restschuld fällig ist

f
- Die *Nordbank AG* stellt Antrag auf Erlass eines Mahnbescheids beim zuständigen Amtsgericht von Frau Zecke
- Das Amtsgericht erlässt Mahnbescheid und stellt ihn Frau Zecke zu
- Die *Nordbank AG* stellt Antrag auf Erlass eines Vollstreckungsbescheids
- Das Amtsgericht erlässt den Vollstreckungsbescheid und stellt ihn Frau Zecke zu
- Die *Nordbank AG* beantragt ein vollstreckbares Urteil und kann damit einen Pfändungs- und Überweisungsbeschluss auslösen.

Fall 9 Abtretung einer kapitalbildenden Lebensversicherung

a Der Rückkaufswert beträgt zurzeit gut 70.000 EUR. Berücksichtigt man den Sicherheitsabschlag von 10 %, könnte diese Sicherheit mit 63.000 EUR angesetzt werden. Die Sicherheit kann hereingenommen werden.

b Die Ansprüche aus der Kapitallebensversicherung können an die Bank abgetreten werden, da der Rückkaufswert den Rest des Hypothekardarlehens ausreichend absichert.

c Die Bank zeigt die Abtretung der *EOS Versicherung* an, um sich detaillierte Auskünfte über das Versicherungsverhältnis geben zu lassen. Zudem kann die Bank sicher sein, dass bei einer Prämieneinstellung des Versicherungsnehmers die Bank von der *EOS* benachrichtigt wird.

d - Feststellung des aktuellen Rückkaufwerts der Versicherung, um den Umfang der Sicherheit festzustellen.
- Die Bank prüft die Bezugsberechtigung des Versicherungsvertrages (widerruflich oder unwiderruflich).

e - Gemäß der ergänzenden Vereinbarungen zum Abtretungsvertrag lässt sich die Bank von Herrn Wehmeier den Versicherungsschein übergeben, da die *EOS Versicherungs AG* im Versicherungsfall an den Inhaber des Versicherungsscheins leistet.
- Die Bank verlangt von Herrn Wehmeier, dass er gegenüber der *EOS* das bisherige Bezugsrecht für die Dauer der Abtretung widerruft. Damit ist gewährleistet, dass im Versicherungsfall die *EOS* an die Bank leistet.
- Die Bank überprüft, ob Herr Wehmeier mit den Versicherungsprämien nicht im Rückstand ist, um festzustellen, ob der Versicherungsschutz noch gewährleistet ist.
- Herr Wehmeier ist verpflichtet, die Prämien pünktlich zu entrichten und die Zahlungen nachzuweisen.

f Die Bank kann in diesem Fall nach vorheriger Drohung mit angemessener Nachfrist die Versicherung kündigen und den Rückkaufswert einziehen.

1.3.2 Avalkredit

Fall: Mietaval

a Bei dem zu Grunde liegenden Mietaval handelt es sich um eine Form der Kreditleihe. Die *Nordbank AG* gibt im Auftrag von Frau Sanders eine Bürgschaftserklärung zu Gunsten der *NordImmobilien AG* (Vermieter) ab. Die *Nordbank AG* wird auf erstes Anfordern der *NordImmobilien AG* Zahlung leisten, sofern diese versichert, dass Frau Sanders ihren vertraglichen Verpflichtungen aus dem Mietverhältnis nicht nachgekommen ist.

b Zwischen Frau Sanders (Kreditnehmerin) und der *Nordbank AG* (Kreditgeberin) wurde ein Avalkreditvertrag geschlossen. Zwischen Frau Sanders (Mieterin) und der *NordImmobilien AG* (Vermieterin) besteht ein Mietverhältnis. Zwischen der *Nordbank AG* (Bürgin) und der *NordImmobilien AG* (Bürgschaftsnehmerin) besteht ein Bürgschaftsvertrag.

c Die Berechnung der Avalprovision lässt sich über die der *Nordbank AG* entstehenden Betriebskosten (Kreditwürdigkeitsprüfung, Kreditbearbeitung, Ausfertigung der Bürgschaftsurkunde) und Wertkosten der Kreditgewährung (Pauschalwertberichtigung) begründen.

d Zwischen Frau Sanders (Mieterin) und der *NordImmobilien AG* (Vermieterin) besteht ein Mietverhältnis. Zwischen der *NordImmobilien AG* (Gläubigerin) und der *Nordbank AG* (Schuldnerin) wird ein Sparvertrag abgeschlossen. Aufgrund der gezahlten Mietkaution von Frau Sanders besteht gegenüber der *Nordimmobilien GmbH* ein Treuhandverhältnis, d. h. ein Anspruch auf ordnungsgemäße Verwahrung und Verzinsung der Spareinlage sowie Anspruch auf die Rückübertragung der Mietkaution zuzüglich aufgelaufener Zinsen und Zinseszinsen im Falle eines ordnungsgemäß verlaufenen Mietverhältnisses.

e Das zwischen der *NordImmobilien AG* und Frau Sanders bestehende Treuhandverhältnis wird durch Kennzeichnung des Sparkontos als Mietkautionskonto kenntlich gemacht. Die Bank verzichtet i. d. R. auf ihr AGB-Pfandrecht bzw. Zurückbehaltungsrecht.

f

<table>
<tr><th>Mietaval</th><th>Mietkautionskonto</th></tr>
<tr><td>- 1,6 % Avalprovision p. a. auf 2.300 EUR
- Beim Mietaval können Liquiditätsreserven weiter für andere Zwecke genutzt werden.</td><td>- Vereinnahmung von relativ niedrigen Sparzinsen
- Liquiditätsentzug für den Mieter für die Dauer des Mietverhältnisses</td></tr>
<tr><td colspan="2">Frau Sanders sollte sich für ein Mietaval entscheiden, da die Mietkaution kreditiert werden müsste.</td></tr>
</table>

2.2 Finanzierungsvorhaben begleiten

2.2.1 Firmenkredite

Fall 1 Firmenaval - Avalarten

a1 - Das anbietende Unternehmen soll im Falle des Zuschlags an sein Angebot gebunden werden.
- Das anbietende Unternehmen nimmt den Zuschlag nicht an.

a2 Bietungsaval, die *Nordbank AG* stellt der *Behrens GmbH* nur ihren guten Ruf (Kreditleihe) zur Verfügung.

a3 Die *Behrens GmbH* braucht weder Firmensicherheiten noch Barmittel, sondern nur eine ausreichende Bonität zur Verfügung zu stellen.

b1 - Betragshöhe des Avals
- Bonität der *Behrens GmbH*

b2

Bietungsaval in Höhe von	150.000 EUR
davon 2,15 %	3.225 EUR
Bearbeitungsgebühr	30 EUR
Summe	3.255 EUR

c Die *Nordbank AG* muss auf erste Anforderung die 150.000 EUR zahlen. Sodann wird sie den Betrag der *Behrens GmbH* in Rechnung stellen.

Fall 2 Firmenaval

a - Gewährung eines Kredits durch Übernahme einer Bürgschaft oder Garantie
- Die Krones GmbH erhält keine liquiden Mittel, sondern die Kreditwürdigkeit der *Nordbank AG* wird zur Verfügung gestellt.

b Die Krones GmbH erhält den gesamten Rechnungsbetrag ohne Abzug eines 5%igen Einbehalts von ihrem Kunden.

c - Prüfung der Bonität der Krones GmbH
- Ermittlung des Avalbetrags
- Abschluss des Avalkreditvertrags zwischen der Krones GmbH und der *Nordbank AG*
- Ausstellung der Avalurkunde und Übergabe an die Krones GmbH bzw. an deren Kunden.
- Zahlung der Avalprovision und des Entgelts für die Avalurkunde

d - Bonität des Kreditnehmers
- Laufzeit des Avals
- Zweck des Avals
- Höhe des Avals
- Zinsniveau

e

5% von 400.000,00 EUR	20.000,00 EUR
20.000 x 4% p.a.	800,00 EUR
800,00 EUR + 50,00 EUR	850,00 EUR

f

20.000 EUR x 8,5% p.a.	1.700,00 EUR
1.700,00 EUR – 850,00 EUR	850 EUR

g Vorlage der Avalurkunde

h - Belastung der Krones GmbH mit dem Avalkreditbetrag
- Ausbuchung des Avals
- Anteilige Rückrechnung der Avalprovision

Fall 3 Kontokorrentkredit

a - Überziehungen können darauf hindeuten, dass der Kredit notleidend wird.
- Steigende Umsätze eröffnen Möglichkeiten für weitere Kredit-/ Finanzierungsangebote.
- Der Kreditrahmen ist zu gering, es ist eine Anpassung erforderlich. Die Umsatzsteigerung kann nachhaltig oder vorübergehend sein.
- Die Sicherstellung ist nicht mehr ausreichend: es sind zusätzliche Sicherheiten erforderlich (abhängig von der Bonität der Firma allgemein).
- Vermeidung der höheren Kosten des Überziehungskredits

b

100.000,00 EUR	Rechnungsbetrag
- 2.000,00 EUR	Skonto
= 98.000,00 EUR	Zahlung nach 10 Tagen
98.000,00 EUR	
+ 544,44 EUR	10 % KK-Zinsen für 20 Tage
= 98.544,44 EUR	Gesamtaufwand bei Skontozahlung
100.000,00 EUR	
- 98.544,44 EUR	
= 1.455,56 EUR	Ersparnis gegenüber Inanspruchnahme des Lieferantenkredits

c - Es besteht eine geringere Abhängigkeit von Lieferanten.
- Die AG muss nur Zinsen für den in Anspruch genommenen Kontokorrentkredit zahlen.
- Die Verhandlungsposition gegenüber den Lieferanten wird verbessert.

d

	Globalzession	**Sicherungsübereignung**
Bestellung	Vertrag mit Individualisierung (z. B. Kunden A bis K) der abzutretenden Forderungen. Abtretung sämtlicher gegenwärtiger und zukünftiger Ansprüche.	Einigung über die Sicherungsübereignung und Vereinbarung eines Besitzkonstituts
Überwachung	Lfd. Einreichung und Kontrolle von Listen bzw. Rechnungskopien	Gelegentlich, durch in Inaugenscheinnahme
Bewertung/ Wertbeständigkeit	Bonität der Drittschuldner Ständige Erneuerung der Forderungen	Kauf- bzw. Marktpreis (gemäß Schwackeliste o. Ä.) Wertverlust durch Abnutzung
Probleme bei der Verwertung	Rechtzeitiges Offenlegen und Einziehen der Forderungen Forderungen (noch) existent?	Fahrzeuge in Besitz nehmen, aktueller Zustand, Interessenten finden.

e Die Globalzession, weil
- lfd. Erneuerung der Forderungen stattfindet,
- die Verwertung relativ einfach sein kann.

f - Der Kundenkontokorrent ist für laufende Betriebsmittel geeignet.
- Aufnahme eines mittelfristigen Darlehens oder einer Leasingfinanzierung

Fall 4 Orderscheck

a Nach den AGB hat der Kontoinhaber eine Mitwirkungspflicht. Hiernach sind dem Kreditinstitut Änderungen der Vertretungsbefugnisse anzuzeigen. Da zur Abhebung eines Betrages vom Firmenkonto zwei Unterschriften benötigt werden, muss der *Handelsbank AG* ein Mitverschulden angelastet werden. Den Schaden trägt die *Handelsbank AG* ganz oder teilweise.

b - Erteilung eines Inkassoauftrags
- Übergabe des indossierten Schecks

c - Die *Nordbank AG* (1. Inkassostelle) übermittelt der Bundesbank ein eingescanntes Bild des Orderschecks über 6.605,00 EUR.
- Die *Handelsbank AG* prüft den eingereichten Scheck auf seine formelle Ordnungsmäßigkeit und erstellt die ISE-Image- und ISE-Clearingdatensätze (aktive ISE-Pflicht).
- Die *Nordbank AG* reicht sämtliche Datensätze an die Bundesbank als Abrechnungsstelle weiter.
- Die *Nordbank AG* verwahrt die Originalschecks drei Kalenderjahre lang (Schecklagerstelle) und das Scheckabbild nach handels- und steuerrechtlichen Vorschriften.
- Die *Nordbank AG* überprüft die richtige Erfassung der IBAN-Nummer des Ausstellers anhand einer Prüfzifferberechnung.
- Die Bundesbank als Clearing- und Abrechnungsstelle nimmt einen Abgleich des bei ihr eingereichten Image- und Clearingdatensatzes vor.
- Die Bundesbank verrechnet den Scheckgegenwert anhand des Clearingdatensatzes und leitet ihn an das bezogene Institut (*Unionbank AG*) weiter.
- Die Bundesbank stellt den Imagedatensatz der *Unionbank AG* im ExtraNet zur Abholung bereit.
- Die *Unionbank AG* muss den Clearingdatensatz aufnehmen und den Imagedatensatz im ExtraNet der Bundesbank abholen (passive ISE-Pflicht).
- Die *Unionbank AG* prüft anhand des Scheckabbildes die Einlösung.
- Die *Unionbank AG* verrechnet die Scheckgutschrift im üblichen Scheckeinzugsverfahren.

d - Die *Unionbank AG* hat nach dem Scheckabkommen den Scheckgegenwert des nicht eingelösten Schecks spätestens an dem auf den Tag der Vorlage des Scheckbildes folgenden Bankarbeitstag über die Bundesbank an die *Handelsbank AG* zurückzurechnen.
- Bei Schecks über 6.000,00 EUR ist eine Eilnachricht an die *Nordbank AG* zu senden bis spätestens 14:30 Uhr an dem auf den Tag der Vorlage folgenden Bankarbeitstag mittels Telefon, Telefax oder Telex.
- Die *Hellbrinck AG* erhält den bei der Nordbank eingereichten Originalscheck, eine Rückrechnung und einen Anforderungsbogen für die Nichteinlösungserklärung gemäß Scheckgesetz. Mit Hilfe dieses Anforderungsbogens kann sich die *Hellbrinck AG* von der Bundesbank den Ausdruck der elektronisch erstellten Nichteinlösungserklärung zusenden lassen. Diese Erklärung hat die gleiche scheckrechtliche Wirkung wie der Nichtbezahltvermerk eines bezogenen Kreditinstituts auf einem nicht eingelösten Scheck. Die *Hell-*

brinck AG ist dann berechtigt, einen Scheckprozess zu führen. Sie kann auf die Indossanten und den Aussteller Rückgriff nehmen.

- Die Rückgriffsansprüche der *Hellbrinck AG* gegen die Indossanten und den Aussteller verjähren in sechs Monaten nach Ablauf der Vorlegungsfrist.

Fall 5 Investitionskredit mit Grundschuldbesicherung

a Herr Horstmann haftet auf Grund seiner Stellung als persönlich haftender Gesellschafter unmittelbar und gesamtschuldnerisch, d. h. er kann von einem Gläubiger allein in Anspruch genommen werden, hat dann aber einen Ausgleichsanspruch gegenüber den anderen vollhaftenden Gesellschaftern.

b Jürgen Horstmann haftet unbeschränkt, auch mit seinem Privatvermögen. Neben die persönliche Haftung von Herrn Horstmann tritt nun noch die dingliche Haftung aus dem Grundstück von Herrn Horstmann. Deshalb kann auch sein Grundstück zur Kreditsicherung verwendet werden.

c Das Rangverhältnis bei in derselben Abteilung eingetragenen Rechten richtet sich nach der Reihenfolge der Eintragung. Sind die Rechte in verschiedenen Abteilungen eingetragen, bestimmt sich das Rangverhältnis nach dem Zeitpunkt der Eintragung. Das Recht II/1 hat dem Recht II/2 den Vorrang eingeräumt. Das Rangverhältnis lautet: II/2, II/1, III/1.

d Das Grundbuch genießt öffentlichen Glauben, d. h. es gilt zu Gunsten desjenigen als richtig und vollständig, welcher ein Recht an einem Grundstück erwirbt, es sei denn, es ist Widerspruch eingetragen oder die Unrichtigkeit ist dem Erwerber bekannt. Nicht eingetragene Rechte gelten, soweit sie eintragungspflichtig sind, als nicht bestehend. Öffentlicher Glaube erstreckt sich nicht auf Angaben über Größe, Lage, Wirtschaftsart des Grundstücks.

e Die Auflassung ist die zur Übertragung des Eigentums an einem Grundstück erforderliche Einigung zwischen dem Veräußerer und dem Erwerber. Dieser dingliche Vertrag wird im Allgemeinen bei gleichzeitiger Anwesenheit beider Vertragsschließenden von einem Notar beurkundet. Hier erfolgte die Einigung zwischen Herbert und Jürgen Horstmann am 05. Mai 1978.

f Ermittlung des Sachwerts

Beleihungswert	1.009.012,50 EUR
60 % Beleihungsgrenze	605.407,50 EUR
abgerundet auf 10.000 EUR	600.000,00 EUR

Da der 1. Rang in der III. Abteilung der *Nordbank AG* vorbehalten ist, reicht das Grundstück Hauptstr. 23 als Sicherheit für das Darlehen aus. Die *Bauspar AG* wird damit zweitrangig bis zu 80 % des Beleihungswertes abgesichert.

g Auf Grund dieses vollstreckbaren Titels kann die *Nordbank AG* ohne Klageverfahren eine Zwangsvollstreckung betreiben.

h Tilgungsplan

	Darlehen in EUR	Zinsen 2,5 % in EUR	Tilgung 2% in EUR	Annuität in EUR
1. Jahr	600.000,00	15.000,00	12.000,00	27.000,00
2. Jahr	588.000,00	14.700,00	12.300,00	27.000,00
3. Jahr	575.700,00	14.392,50	12.607,50	27.000,00

i Rückgabe des unterschriebenen Kreditbewilligungsschreibens bedeutet Annahme des Kreditangebots der *Nordbank AG* und damit Abschluss des Kreditvertrages.

j Zur Grundschuldeintragung bedarf es des Antrages durch Herrn Horstmann bzw. der *Nordbank AG* und der Bewilligung durch Herrn Horstmann. Der Antrag zur Eintragung bedarf keiner bestimmten Form. Wegen der einzutragenden Zwangsvollstreckungsklausel ist aber in diesem Fall eine notarielle Beurkundung erforderlich. Die Bewilligung ist durch eine öffentliche Urkunde nachzuweisen. Antrag und Bewilligung werden häufig in einer Urkunde erklärt.

k Die Eintragung der Grundschuld erfolgt unter Ausnutzung des Rangvorbehalts (siehe (1) in der III. Abteilung). Damit würde die Grundschuld die 3. Rangstelle nach den Eintragungen in der Abteilung II einnehmen. Um die 2. Rangstelle im Grundbuch zu sichern, muss Herbert Horstmann der einzutragenden Grundschuld den Vorrang einräumen, indem sich Herbert Horstmann als Inhaber des zurücktretenden Rechts mit der *Nordbank AG* als Inhaberin des vortretenden Rechts einigt.

Fall 6 Finanzierung von Gabelstaplern durch Tilgungsdarlehen

a Empfehlung: Tilgungsdarlehen mit einer Laufzeit von 4 Jahren. Die Laufzeit entspricht der Nutzungsdauer der Gabelstapler. Die durch die Tilgung jährlich kleiner werdende Kreditsumme entspricht in etwa der Abnutzung der Gabelstapler.

Das Festdarlehen kommt nicht in Frage, weil die Laufzeit weit über die Nutzungsdauer der Gabelstapler hinausgeht. Die *Supermarkt AG* müsste demnach den Kredit noch zu einer Zeit bedienen, wo die Gabelstapler bereits nicht mehr genutzt werden.

Ein Kontokorrentkredit wird nur kurzfristig gewährt, er ist daher nicht für die Finanzierung des Anlagevermögens geeignet, da hierfür Mittel benötigt werden, die langfristig zur Verfügung stehen. Außerdem wäre ein KK-Kredit zu teuer.

b - Eigentümer ist zu diesem Zeitpunkt der Lieferant der Gabelstapler. Er hat sie unter Eigentumsvorbehalt geliefert, der Vorbehalt besteht noch, da die Gabelstapler noch nicht bezahlt sind.

- Eigentümerin ist jetzt die *Nordbank AG*. Durch Zahlung der Rechnung geht zunächst das Eigentum auf die *Supermarkt AG* über. Da sie aber vorher bereits einen Sicherungsübereignungsvertrag abgeschlossen hat, geht das Eigentum in dem Augenblick auf die *Nordbank AG* über, in dem es der *Supermarkt AG* (Sicherungsgeber) zustand.

c Berechnung des Kreditbedarfs

Rechnungsbetrag	36.000,00 EUR
- 3 % Skonto	1.080,00 EUR
= Kreditbedarf	34.920,0 EUR

Berechnung der Kreditkosten

Kreditbedarf	34.920,00 EUR
8 % für 80 Tage für 34.920,00 EUR	620,80 EUR
Vorteil des Kredits	
Skontobetrag	1.080,00 EUR
Kreditkosten	620,80 EUR
Differenz	459,20 EUR

Fall 7 Sicherungsübereignung des Fuhrparks

a Die Verpfändung macht die Übergabe der Sache zur Bedingung (Faustpfandprinzip). Die *Finnberg* könnte den Firmenwagen dann nicht nutzen (vgl. § 1205 BGB). Für die *Nordbank AG* würden bei einer Verpfändung zusätzlich Verwahrungsprobleme anfallen.

b1 Die *Finnberg* (Kaufvertrag ohne Eigentumsvorbehalt und Übergabe) ist unmittelbare Besitzerin und Eigentümerin der Pkw, bzw. der Autohändler (Kaufvertrag mit Eigentumsvorbehalt und Übergabe), solange die Fahrzeuge noch nicht bezahlt sind ist unmittelbarer Besitzer und Eigentümer.

b2 Nach der Übereignung der Firmenwagen bleibt die *Finnberg* unmittelbarer Besitzerin; die *Nordbank AG* wird treuhänderischer Eigentümerin und mittelbarer Besitzerin durch das Besitzkonstitut.

c Die *Nordbank AG* kann erst mit der „Individualisierung", z. B. durch Beschreibung der Pkw, Fahrgestellnummern usw., ihr Eigentum feststellen und notfalls beweisen.

d1 Risiken der Fahrzeugübereignung:

- Der Kreditnehmer könnte die Fahrzeuge weiterverkaufen.
- Die Fahrzeuge könnten beschädigt oder gestohlen werden.
- Der Kreditnehmer bezahlt die Versicherungsprämien für Haftpflicht und Kasko nicht.
- Durch starke Nutzung der Fahrzeuge verliert das Sicherungsgut schnell an Wert.
- Der Kreditnehmer verwendet den Kreditbetrag nicht vertragsgemäß für die Bezahlung der Fahrzeuge. Der Autohändler behält in diesem Fall den Eigentumsvorbehalt an den Fahrzeugen.

d2 Vorkehrungen zur Risikoabsicherung bei einer Fahrzeugübereignung:

- Die *Nordbank AG* verlangt die Übergabe der Zulassungsbescheinigung Teil II (ehemals Kraftfahrzeugbrief). Ein gutgläubiger Erwerb der Fahrzeuge soll damit ausgeschlossen werden. Ggf. wird die *Nordbank AG* die zuständige Kfz-Zulassungsstelle über die Übereignung informieren, um eine Ersatzausstellung der Zulassungsbescheinigung Teil II zu erschweren.
- Ordnungsgemäße Haltung der Fahrzeuge; Der Kreditnehmer trägt alle Lasten der Fahrzeuge, z. B. Steuern, Unterhaltung einer Fahrzeugversicherung.
- Die Versicherung wird von der Übereignung informiert.
- Kontrolle regelmäßiger Wartung und Reparaturen
- Eigentumsvorbehalte sollen durch direkte Zahlungen an den Autohändler zum Erlöschen gebracht werden.

e Die *Nordbank AG* ist berechtigt, die Fahrzeuge zu verwerten, wenn die *Finnberg* in Zahlungsverzug geraten sollte. Die *Nordbank AG* wird die Verwertung androhen. Die Fahrzeuge können nach Inbesitznahme durch die *Nordbank AG* freihändig verkauft werden.

f
- Übergabe des Sicherungsübereignungsvertrages
- Aushändigung der Zulassungsbescheinigung Teil II und Rückgabe der Versicherungsscheine
- Benachrichtigung der Versicherungsgesellschaft

Fall 8 Abtretung von Forderungen aus Warenlieferungen und –leistungen

a Die KG hat einen höheren Finanzierungsspielraum.

Die KG kann ihren Zinsaufwand verringern, da eine Kreditinanspruchnahme zinsgünstiger ist als eine evtl. Kreditüberschreitung.

b - Durch die Erhöhung der Kreditlinie erhöht sich das Ausfallrisiko für die *Nordbank AG*.

- Durch die Sicherheitenbestellung kann sich die *Nordbank AG* vor möglichen Ausfällen schützen bzw. diese minimieren.

c - Grundlage für die Sicherungsabtretung ist ein Rahmenvertrag

- Es werden die gegenwärtigen und zukünftigen Forderungen der Larsson und Zöbisch KG abgetreten.
- Die gegenwärtigen Forderungen gehen mit Abschluss des Globalzessionsvertrags, zukünftige Forderungen mit ihrer Entstehung auf die *Nordbank AG* über.
- Es wird eine Forderungsgruppe abgetreten, z.. B. Debitoren mit den ‚Anfangsbuchstaben A bis K.

d Die Drittschuldner werden über die Abtretung nicht informiert. Dadurch erfolgt eine Zahlung der Drittschuldner an die *Larssen & Zöbisch KG* (Zedenten)mit schuldbefreiender Wirkung.

e Die *Nordbank AG* vereinbart mit der KG einen Offenlegungsvorbehalt bzw. die KG muss Blankobenachrichtigungsschreiben unterzeichnen.

f Debitorenliste. Mit den Debitorenlisten kann die Larsson & Zöbisch KG

- die Höhe des Forderungsvolumen überprüfen,
- bonitätsmäßig zweifelhafte Drittschuldner identifizieren,
- ältere Forderungen identifizieren

Jahresabschlüsse: Mit den regelmäßig eingereichten Jahresabschlüssen überprüft die *Nordbank AG* die wirtschaftlichen Verhältnisse der Larsson & Zöbisch KG und damit deren Bonität.

Fall 9 Übernahme einer Bürgschaft oder die Verpfändung eines Wertpapierdepots

a Die *Nordbank AG* verlangt stets selbstschuldnerische Bürgschaften, um bei Zahlungsunfähigkeit des Kreditnehmers sofort den Bürgen in Anspruch nehmen zu können. Die *Nordbank AG* vermeidet dadurch ein u. U. langwieriges und kostspieliges Prozessverfahren gegen den Hauptschuldner.

b Persönliche Kreditwürdigkeit: Sie ist über die Kontoführung zu erfragen und zu beurteilen. Sie wird hier als „zuverlässig“ angegeben, ggf. könnte noch eine Schufa-Auskunft eingeholt werden.

Materielle Kreditwürdigkeit: Als Vermögen kann nur das Wertpapierdepot im Kurswert von 800.000 EUR gewertet werden. Das Eigenheim ist Frau Heinemann zuzurechnen und erhöht den Umfang des Wertes der Bürgschaft nicht. Zusätzlich könnte das Einkommen von Herrn Heinemann herangezogen werden, das im Falle der Bürgschaftsinanspruchnahme zur langfristigen Tilgung des Kontokorrentkredits eingesetzt werden könnte.

c Kreditinstitute, die Mitglieder der Schufa sind, melden Bürgschaftsübernahmen nur für Konsumentenkredite bis zur Höhe von 50.000 EUR sowie deren vertragsgemäße bzw. nicht vertragsgemäße Abwicklung.

d Ermittlung des Beleihungswertes

Standardaktien	240.000,00 EUR
Festverz. Wertpapiere 300.000,00 EUR zum Nennwert 200.000,00 EUR zum Kurswert von 180.000,00 EUR	 240.000,00 EUR 144.000,00 EUR
Beleihungswert	624.000,00 EUR

e Die *Nordbank AG* wird sich für die Verpfändung der Wertpapiere entscheiden, da sie zurzeit einen ausreichenden Beleihungswert von 624.000,00 EUR aufweisen. Sollte der Kurswert der Wertpapiere sich entscheidend verändern, könnte die *Nordbank AG* auf das Angebot einer Bürgschaftsübernahme von Herrn Heinemann zurückgreifen oder eine Grundschuldbestellung der Ehefrau verlangen.

e1 Pfandvertrag: Einigung über die Entstehung des Pfandrechts; die Wertpapiere werden bereits von der *Nordbank AG* verwahrt. Das Depot erhält noch einen Sperrvermerk, sodass nicht über das Depot verfügt werden kann.

Bürgschaft: Abschluss eines schriftlichen Bürgschaftsvertrages zwischen der *Nordbank AG* und Herrn Heinemann.

e2 Bürgschaft: Bonitätsprüfung des Bürgen ist ein Kostenfaktor; laufende Überwachung der Bonität des Bürgen

Verpfändung der Wertpapiere: laufende Überwachung der Kurswerte der Wertpapiere, keine zusätzlichen Kosten, da sich die Wertpapiere im Depot der *Nordbank AG* befinden.

e3 Verpfändung: Durch die Sperre ist eine Verfügung über das Depot während der Kreditlaufzeit ausgeschlossen. Der Umfang der Sicherheit hängt vom Kurswert der Wertpapiere und von der Höhe der Inanspruchnahme des Kontokorrentkredits ab. Beide müssen laufend überprüft werden.

Bürgschaft: Die Bürgschaft wird mit Null angesetzt, da sich die Bonität des Bürgen zum Zeitpunkt der Inanspruchnahme nicht zuverlässig vorherbestimmen lässt. Herr Heinemann könnte zwischenzeitlich über sein Wertpapierdepot verfügen, Kursverluste können eintreten, das Unternehmen von Herrn Heinemann kann in wirtschaftliche Schwierigkeiten/Insolvenz geraten und somit sein Einkommen sich verringern oder ausbleiben.

e4 Bürgschaft: sofortige Inanspruchnahme, sobald der Kredit von der *Nordbank AG* fällig gestellt wurde.

Verpfändung: Kündigung des Kreditbetrages, Androhung der Verwertung des Wertpapierdepots und freihändiger Verkauf der Wertpapiere an der Börse (vgl. AGB der Banken, Verwertung).

f Da der Kontokorrentkredit in wechselnder Höhe in Anspruch genommen wird, muss der Pfandvertrag diesem Umstand Rechnung tragen. Durch diese Klausel im Pfandvertrag bleibt der Bank die Sicherheit auch erhalten, wenn der Kontokorrentkredit ganz oder teilweise durch Umsatzerlöse ausgeglichen wurde und danach durch den Kreditnehmer wieder in Anspruch genommen wurde.

g1 Sofern das Depot für Herrn Heinemann geführt wird, kann der Freistellungsbetrag bei Zinszahlungen zu Gunsten von Herrn Heinemann angerechnet werden.

g2 Gemäß Verpfändungsvertrag stehen die Zinsen der *Nordbank AG* zu, vgl. „die depotführende Stelle ist berechtigt, ... Zinsen ... dem Depotinhaber bzw. einem von ihm bestimmten Dritten gutzuschreiben."

g3 Nach Ziffer 1 Abs. 3 der Verpfändungserklärung bleibt das Stimmrecht dem Verpfänder vorbehalten.

2.2.2 Baufinanzierung

Fall 1 Finanzierung eines Eigenheims

a Einsicht in das Grundbuch: Voraussetzung ist das Darlegen eines berechtigten Interesses und die Zustimmung des Grundstückseigentümers.

- Abteilung I des Grundbuchs: Eigentumsverhältnisse, mit dem Eigentum verbundene Rechte
- Abteilung II des Grundbuch: Lasten und Beschränkungen: z. B. Dienstbarkeiten, Reallasten, Vorkaufsrecht, Erbbaurecht
- Abteilung III des Grundbuchs: Hypothek, Grundschuld

Eintragungen in Abteilung II oder III können eine Kreditgewährung ausschließen, wenn für die Bank keine ausreichende Sicherheit gewährleistet wird. Dies kann durch Vorrangerteilung zugunsten der Bank ausgeschlossen werden.

b Rechtshandlungen zur Eigentumsübertragung:

1. Verpflichtungsgeschäft: Grundstückskaufvertrag = schuldrechtliche Einigung zwischen Verkäufer und Käufer, bedarf der notariellen Beurkundung (§ 311 b BGB).
2. Erfüllungsgeschäft: Auflassung = sachenrechtliche Einigung des Verkäufers und des Käufers über den Eigentumsübergang bei gleichzeitiger Anwesenheit beider Beteiligten vor einem Notar und Eintragung des Eigentümerwechsels in der 1. Abteilung des Grundbuchs (§ 925 BGB).
3. Eintragung der neuen Eigentümer im Grundbuch auf Grund eines Antrags und der Bewilligung der Umschreibung der Eigentumsverhältnisse durch den alten Grundstückseigentümer.

c *Eigene Mittel*

Sparguthaben	35.000,00 EUR
+ Termingeld	70.000,00 EUR
+ Bundesanleihen	5.112,92 EUR
+ Bausparguthaben (A)	50.000,00 EUR
+ Bausparguthaben (B)	25.000,00 EUR
= Summe	185.112,92 EUR

Fremde Mittel

Bauspardarlehen (A)	50.000,00 EUR
+ Bauspardarlehen (B)	25.000,00 EUR
+ Hypothekardarlehen	69.887,08 EUR
= Summe	144.887,08 EUR

Das Ehepaar Solthau muss ein Hypothekardarlehen in Höhe von 69.887,08 EUR beantragen, um die Finanzierungslücke (Gesamtkosten von 330.000,00 EUR) zu schließen.

d - aktueller Grundbuchauszug
- Auszug aus dem Liegenschaftsbuch
- Abzeichnung der Flurkarte
- Lichtbilder des Gebäudes
- Abschrift des Kaufvertrages
- Gebäudeversicherungsnachweis

e Beleihungswertermittlung:

Ermittlung des Sachwertes

	Bodenwert	75.000,00 EUR
+	Bauwert	145.800,00 EUR
./.	25 % vom Bauwert	36.450,00 EUR
=	Sachwert	184.350,00 EUR
=	Beleihungswert	184.350,00 EUR
	Beleihungsgrenze 60 %	110.610,00 EUR

Abgerundete Beleihungsgrenze 110.000,00 EUR

Das Hypothekardarlehen von rund 70.000,00 EUR liegt innerhalb der Beleihungsgrenze von 110.000,00 EUR.

f Die Beleihungsgrenze für Bauspardarlehen beträgt in diesem Fall 147.000,00 EUR (80 % von 184.350,00 = 147.480,00 EUR). Die Bauspardarlehen in Höhe von 75.000,00 EUR sind noch innerhalb der Beleihungsgrenze der *Bauspar AG* gesichert (70.000,00 EUR + 75.000,00 EUR = 145.000,00 EUR).

g - Die Mindestsparleistung muss erbracht sein, i. d. R. 40 % der Bausparsumme.
- Die Mindestsparzeit muss eingehalten werden, i. d. R. 18 Monate.
- Eine ausreichend hohe Bewertungsziffer muss erreicht sein.
- Antrag auf Zuteilung des Bauspardarlehens und des Bausparguthabens stellen

h Hypothekardarlehen 70.000,00 EUR, Sollzinssatz 2,5 % p. a., 2 % Tilgung

	1. Monat	2. Monat	3. Monat
Leistungsrate	262,50 EUR	262,50 EUR	262,50 EUR
Zinsen	145,83 EUR	145,59 EUR	145,35 EUR
Tilgung	116,67 EUR	116,91 EUR	117,15 EUR
Restdarlehen	69.883,33 EUR	69.766,42 EUR	69.649,27 EUR

i Leistungsrate für Annuitätendarlehen p. M. 262,50 EUR
Leistungsrate für Bauspardarlehen p. M. 900,00 EUR
Belastung p. M. 1.162,50 EUR

j Die *Nordbank AG* ist nach der Wohnimmobilien-Kreditrichtlinie vor einer Kreditvergabe zu einer ausführlichen Beratung der Eheleute Solthau und einer detaillierten Prüfung des derzeitigen und zukünftigen Leistungsvermögens der Eheleute verpflichtet. Insbesondere müssen die derzeitigen und zukünftigen Einnahmen der Eheleute geprüft werden und inwieweit diese Einnahmen auch in der Zukunft dauerhaft erzielt werden können. Die *Nordbank AG* benötigt im Rahmen des Beratungsgesprächs Angaben über die Familienplanung der Eheleute, z. B. ob sie in der Zukunft Kinder haben wollen und wenn ja, wie viele. Zudem benötigt die *Nordbank AG* Informationen über die Unternehmen und die Branchen, in denen die beiden Ehepartner beschäftigt sind, um das Arbeitslosenrisiko und damit einen möglichen Kreditausfall in Zukunft einschätzen zu können. Auch muss die *Nordbank AG* das Risiko der Berufsunfähigkeit der beiden Ehepartner sowie die zukünftige Wertentwicklung der Immobilie prüfen. Dabei könnten das Risiko des Todesfalls sowie das Risiko der Berufsunfähigkeit eines Ehepartners durch den Abschluss einer Risikolebensversicherung bzw. Berufsunfähigkeitsversicherung abgesichert werden.

k Frei verfügbares Einkommen 3.500,00 EUR
Belastung für Darlehen 1.162,50 EUR

Die Baufinanzierungskredite können solide finanziert werden, da von dem frei verfügbaren Einkommen nach Abzug der Leistungsraten noch 2.337,50 EUR verbleiben.

l Bei zukünftig steigenden Sollzinsen und anderen Kosten hat Ihr Kreditinstitut eine ausreichende Sicherheit im Grundbuch.

m Bei einem Kreditausfall hat Ihr Kreditinstitut einen sofort vollstreckbaren Titel und muss nicht erst das zeitaufwendige Verfahren der Erlangung eines gerichtlichen Vollstreckungstitels durchlaufen.

Fall 2 Finanzierung einer Eigentumswohnung durch Bauspardarlehen

a - Die *Bauspar AG* stellt mit der Zuteilung die Bausparsumme (Bausparguthaben und Bauspardarlehen) bereit.
- Antrag auf Zuteilung durch den Bausparer
- wohnwirtschaftliche Verwendung des Bauspardarlehens
- grundpfandrechtliche Absicherung des Bauspardarlehens
- personelle und materielle Kreditwürdigkeit des Darlehensnehmers

b

Mindestansparsumme	30.000,00 EUR
Bausparguthaben am 31.12.2020	29.990,00 EUR
+ 0,075 % p. a. Zinsen für 180 Tage 29.990 x 0,075 : 100 : 2	11,25 EUR
Bausparguthaben am 30.06.2021	30.001,25 EUR

Herr Lange braucht keine weiteren Bausparbeiträge bis zur Zuteilung am 01.07.2021 zu leisten.

c 6 Promille von 75.000,00 EUR = 450,00 EUR

d 40 % von 75.000,00 EUR = 30.000,00 EUR = 26 % von 115.000,00 EUR

e Die *Nordbank AG* kann Herrn Lange einen Zwischenkredit einräumen, der durch die Auszahlungssumme aus dem Bausparvertrag abgelöst wird. Die Finanzierungslücke kann durch ein erstrangiges Baudarlehen der *Nordbank AG* in Höhe von 40.000,00 EUR geschlossen werden.

f In Höhe des Bauspardarlehens wird zu Gunsten der *Nordbank AG* eine zweitrangige Grundschuld in das Grundbuch eingetragen. Der Auszahlungsanspruch aus dem Bausparvertrag wird von Herrn Lange an die *Nordbank AG* abgetreten. Nach Valutierung des Bausparvertrages tritt die *Nordbank AG* die Grundschuld an die *Bauspar AG* ab. Das Baudarlehen der *Nordbank AG* wird durch eine erstrangige Grundschuld abgesichert.

g Am 8. Februar 2021, weil der rechtswirksame Abschluss des Grundstückskaufvertrages der notariellen Beurkundung bedarf.

h Durch die Eintragung der Auflassungsvormerkung wird der schuldrechtliche Anspruch auf Übertragung des Eigentums grundbuchlich abgesichert. Verfügungen über das Grundstück durch den Eigentümer sind nach Eintragung der Auflassungsvormerkung dem Vormerkungsberechtigten gegenüber unwirksam.

i Der Eigentumserwerb erfolgte am 12. März 2021, da zum Eigentumserwerb Auflassung und Eintragung erforderlich sind.

j Herr Lange erwirbt das Sondereigentum an der Wohnung in Verbindung mit dem Miteigentum nach Bruchteilen an dem gemeinschaftlichen Eigentum (Grundstück, Treppenhaus, Dach usw.), zu dem es gehört, sowie ein Sondernutzungsrecht an dem in der Tiefgarage gelegenen Pkw-Stellplatz.

k Ablauf eines Immobiliarkredit-Beratungsgesprächs

Phase 1: Bereitstellung allgemeiner Produktinformationen durch jeden Mitarbeiter bzw. Primärbetreuer nach § 675 a Abs. 2 BGB

Phase 2: Beratungsgesprächsanbahnung entweder Online oder stationär durch den Primärbetreuer, vgl. § 511 BGB/Art. 247 § 18 e GBGB
Aushändigung vorvertraglicher Informationen, Beratungsvertrag
Aushändigung des standardisierten Informationsblatts zur Kreditwürdigkeitsprüfung, vgl. Art. 247 § 1 Abs. 1 Satz 2 EGBGB

Phase 3: Kundenkontakt und Beratungsgespräch mit dem Baufinanzierungsspezialisten
Darlehensvermittlung nach § 655 a BGB
Beratung und Dokumentation

Phase 4: Produktauswahl und Bonitätsanalyse durch den Baufinanzierungsspezialisten

Kreditwürdigkeitsprüfung nach § 505 a, b, d BGB - § 511 Abs. 3 BGB – Schriftliche Produktempfehlung nach Art. 247 § 1 Abs. 2 EGBGB – und Bereitstellung ESIS – Formular (Europäisches Standardinformationsblatt)

Phase 5: Beleihungswertermittlung/Beschlussvorlage/Bewilligung/Verträge
Immobilienbewertung nach § 505 c BGB

Phase 6: Vertragslaufzeit vereinbaren;
Hinweis auf vorzeitige Rückzahlung und Vorfälligkeitsentschädigung bei vorzeitiger Rückzahlung nach § 493 Abs. 5 und § 500 Abs. 2 BGB – Art. 247 § 15 Abs. 2 EGBGB - Hinweis auf Änderungszinssatz bei Folgefinanzierung
Hinweis auf außerordentliche Kündigung § 498 BGB

Fall 3 Erstellung eines Finanzierungsplans

a

350.000,00 EUR	Gesamtaufwand
- 104.000,00 EUR	freie Eigenmittel
- 40.000,00 EUR	Bausparsumme
206.000,00 EUR	Darlehen der *Nordbank AG*

b

Beleihungswert	290.000,00 EUR

60 % des Beleihungswertes = 174.000,00 EUR erstrangiges Darlehen

80 % des Beleihungswertes = 232.000,00 EUR nachrangiges Darlehen

	Darlehensbetrag	Annuität	Monatliche Belastung
Erstrangiges Darlehen	174.000,00 EUR	6.960,00 EUR	580,00 EUR
Nachrangiges Darlehen	32.000,00 EUR	1.520,00 EUR	126,67 EUR
Bauspardarlehen	24.000,00 EUR		240,00 EUR
Monatl. Belastung insgesamt			946,67 EUR

Die monatliche Belastung ist tragbar, da sie das frei verfügbare Resteinkommen nicht übersteigt (946,67 EUR sind geringer als 1.630,00 EUR).

c Der Darlehensvertrag mit dem Ehepaar Burger muss schriftlich oder in elektronischer Form mit qualifizierter Signatur abgeschlossen werden und alle Angaben gemäß Art. 247 EGBGB enthalten.

d Nach § 247 EGBGB muss der Darlehensvertrag enthalten:
- Nennbetrag des Darlehens ggf. Auszahlungsbetrag bei einem Disagio
- Sollzinssatz
- Dauer der Zinsbindung
- Effektivsollzins während der Zinsbindung
- Tilgungsvereinbarung
- Höhe der Monatsraten
- Gesamtbetrag aller Teilzahlungen während der Zinsbindung
- Besicherung des Darlehens
- Kündigung
- Verpflichtung zum Abschluss einer Gebäudeversicherung

Nach § 491 a BGB muss die *Nordbank AG* beim Abschluss eines Darlehensvertrages mit einem Verbraucher vorvertragliche Informationspflichten beachten.

Außerdem ist der Verbraucher in Textform über das Widerrufsrecht zu belehren (§§495, 355 BGB).

e Die *Nordbank AG* muss dem Ehepaar Burger spätestens drei Monate vor Ende der Sollzinsbindung über den neu angebotenen Sollzinssatz informieren.

Fall 4 Finanzierungsplan und Berechnung der Annuitäten

a Zu finanzierendes Hypothekardarlehen 145.000 EUR

Finanzierungsplan

Baukosten ohne Grundstück	260.000,00 EUR
Eigene Mittel	
Bausparguthaben	25.000,00 EUR
Sparguthaben	30.000,00 EUR
Depotwert	35.000,00 EUR
Summe	90.000,00 EUR
Fremde Mittel	
Bauspardarlehen	25.000,00 EUR
Hypothekardarlehen	145.000,00 EUR

b	Kosten des 1a-Darlehens von 132.000,00 EUR zu 2,5 % p. a. = 3.300,00 EUR jährlich	275,00 EUR
	Tilgung 2 % p. a. = 2.640,00 EUR	220,00 EUR
	Monatliche Annuität	495,00 EUR
	Kosten des 1b-Darlehens von 13.000,00 EUR zu 3,0 % p. a. = 390,00 EUR	32,50 EUR
	Tilgung 2 % p. a. = 260,00 EUR	21,67 EUR
	Monatliche Annuität	54,17 EUR
	Monatliche Annuität für das Bauspardarlehen (8,00 EUR je 1.000 EUR Bausparsumme = 8 x 50)	400,00 EUR
	Gesamtbelastung	949,17 EUR

Fall 5 Finanzierung eines Mietobjektes

a Ermittlung des Sachwertes

Bodenwert	350.000,00 EUR
Herstellungskosten	1.230.000,00 EUR
Baunebenkosten	110.000,00 EUR
Gesamtherstellungskosten	1.340.000,00 EUR
./. 30 % Abschlag	402.000,00 EUR
= Bauwert	938.000,00 EUR
Bodenwert	350.000,00 EUR
+ Bauwert	938.000,00 EUR
= Sachwert	1.288.000,00 EUR
abgerundeter Sachwert	1.280.000,00 EUR

b Ermittlung des Ertragswertes

Miete für 16 Wohnungen 48 x 11 x 16	8.448,00 EUR
Jahresmiete	101.376,00 EUR
./. 30 % Bewirtschaftungskosten	30.412,80 EUR
= Jahresmietertrag	70.963,20 EUR
./. 4 % des Bodenwertes von 350.000,00 EUR	14.000,00 EUR
= Jahresnettoertrag	56.963,20 EUR
Ertragswert 56.963,20 x 15,372451	875.664,00 EUR
+ Bodenwert	350.000,00 EUR
= Ertragswert der Immobilie	1.225.664,00 EUR
abgerundeter Ertragswert auf volle 10.000 EUR	1.220.000,00 EUR

c Ermittlung der Beleihungsgrenze

Beleihungsgrenze = 60 % von 1.220.000,00 EUR	732.000,00 EUR
abgerundete Beleihungsgrenze auf volle 10.000,00 EUR	730.000,00 EUR

Fall 6 Grundbuch

a Grundpfandrechte können an Grundstücken und grundstücksgleichen Rechten, wie z. B. Wohnungseigentum, Teileigentum und Erbbaurechten, bestellt werden.

b Ein Grundstück ist ein abgegrenzter Teil der Erdoberfläche, der grundbuchmäßig erfasst ist. Die Abgrenzung wird von dem zuständigen staatlichen Vermessungsamt durchgeführt. Es teilt den Grund und Boden in einzelne durch Grenzsteine abgegrenzte Flächen unterschiedlicher Größe auf und hält diese im Liegenschaftskataster fest. In den Karten werden die einzelnen Flächen als Flurstücke nummeriert und im Liegenschaftsbuch nach Eigentümern zusammengefasst.

c - Flurstück ist die kleinste vermessungstechnische Einheit der Katasterführung. Ein Flurstück wird auch als Parzelle bezeichnet.
- Mehrere Flurstücke bilden eine Flur. Für jede Flur führt das Katasteramt eine Flurkarte (Katasterhandzeichnung).
- Die zusammenhängenden Fluren eines Gebietes werden Gemarkung genannt. Eine Gemarkung ist das Gebiet einer Gemeinde. Für jede Gemarkung führt das Katasteramt eine Gemarkungskarte.

d Das Katasteramt führt neben den Gemarkungs- und Flurkarten das Liegenschaftsbuch. In ihm werden die Flurstücke eines Eigentümers innerhalb einer Gemeinde zusammengefasst. Im Gebäudebuch werden alle bebauten Grundstücke ausgewiesen. Auch dieses Buch wird beim Katasteramt geführt.

e1 Wesentliche Bestandteile eines Grundstücks sind Sachen, die mit dem Grund und Boden fest verbunden sind, insbesondere Gebäude, sowie die Erzeugnisse des Grundstücks, z. B. Pflanzen, Sand usw., solange sie mit dem Boden zusammenhängen (vgl. §§ 93, 94 BGB).

Zubehör eines Grundstücks sind bewegliche Sachen, die dauernd dem wirtschaftlichen Zweck des Grundstücks dienen und in einem bestimmten räumlichen Verhältnis zum Grundstück stehen, z. B. Baumaterialien auf dem Grundstück eines Bauunternehmers (vgl. §§ 97, 98 BGB).

e2 Der Erwerber eines Grundstücks erwirbt stets das Eigentum außer am Grundstück selbst auch an den wesentlichen Bestandteilen. Diese werden auch von Grundpfandrechten erfasst. Auch das Zubehör haftet grundsätzlich für Grundpfandrechte (vgl. § 1120 BGB).

f Das Amtsgericht (Grundbuchamt) führt ein Grundbuch für alle privaten Grundstücke eines Amtsgerichtsbezirks (Grundbuchamtsbezirks). Für jedes einzelne Grundstück wird ein besonderes Grundbuchblatt geführt, das mit einer laufenden Nummer versehen ist. Das Grundbuchblatt ist das eigentliche Grundbuch des einzelnen Grundstücks. Das Grundbuch besteht aus drei Teilen: der Aufschrift, dem Bestandsverzeichnis und den 3 Abteilungen.

Die Aufschrift dient der rechtlichen Identifizierung des Grundstücks und nennt das grundbuchführende Amtsgericht, den Grundbuchbezirk und die Band- und Blattnummer. Das Bestandsverzeichnis dient der tatsächlichen Kennzeichnung des Flurstücks. Es nennt die Gemarkung, die Nummer der Flurkarte und des Flurstücks, die Eintragungsnummer des Liegenschaftsbuchs, die Wirtschaftsart und Lage des Grundstücks, die Größe des Grundstücks und Bestand, Zuschreibungen sowie Abschreibungen. Im Bestandsverzeichnis werden auf Antrag außerdem die Rechte eingetragen, die mit dem Eigentum an dem Grundstück verbunden sind, z. B. Wegerecht an einem fremden Grundstück.

Die Abteilung I dient der Erfassung der Eigentumsverhältnisse (Eigentümer, Grundlage der Eintragung, Veränderungen und Löschungen). Die Abteilung II dient der Erfassung von Lasten und Beschränkungen, z. B. Wohnrechte. Sie nennt die Art der Last und den Begünstigten bzw. die Art der Beschränkung, Veränderungen und Löschungen. Die Abteilung III dient der Erfassung von Grundpfandrechten. Sie nennt den Geldbetrag des Grundpfandrechts, die Art und Verzinsung des Grundpfandrechts und den Begünstigten.

g Das Grundbuch ist ein amtliches Register, das die Rechtsverhältnisse eines Grundstücks der Öffentlichkeit darlegt. Es gibt Auskunft darüber, wer Eigentümer eines Grundstücks ist und welche Lasten und Beschränkungen auf einem Grundstück ruhen. Das Grundbuch ist öffentlich und genießt öffentlichen Glauben, d. h. jeder, der ein berechtigtes Interesse nachweist, kann das Grundbuch einsehen und darauf vertrauen, dass der Inhalt richtig ist.

h In allen drei Fällen ist nach §§ 13, 19 der Grundbuchordnung eine Eintragung durch Antrag und Bewilligung der jeweils Berechtigten erforderlich.

i Die Löschung einer Grundbucheintragung erfolgt durch Eintragung eines Löschungsvermerks in einer besonderen Spalte der betreffenden Abteilung. Die zu löschende Eintragung wird außerdem rot unterstrichen (vgl. z. B. § 27 GBO).

j - Grundlage der Eintragung in Abteilung 1 des Grundbuchs, z. B. Auflassung, Zuschlag oder Erbschein.
- In der Abteilung 2 des Grundbuchs können Lasten und Beschränkungen sowie Dienstbarkeiten eingetragen werden, z. B. das Wohnrecht zu Gunsten der Eltern von Herrn Reiche.
- In der Abteilung 3 können Grundpfandrechte, wie z. B. Grundschuld zu Gunsten der *Nordbank AG*, eingetragen werden.

k Die in der 2. Abteilung aufgeführten Rechte müssen von einem Erwerber des Grundstücks mit übernommen werden. Zum Beispiel kann ein nach der Auflassungsvormerkung eingetragenes Grundpfandrecht den späteren Eigentümer nicht belasten. Ähnlich wirkt auch ein eingetragenes Vorkaufsrecht, nach dem der Begünstigte in einen Kaufvertrag eintreten kann. Es erschwert die Verwertung des Grundstücks bei Kreditgefährdung. Der wirtschaftliche und rechtliche Bestand eines Grundpfandrechts kann auch stark durch Grunddienstbarkeiten, die der Sicherung vorgehen, beeinträchtigt werden. Dazu gehören z. B. ein Wegerecht oder beschränkte persönliche Dienstbarkeiten wie ein Wohnrecht oder ein Leitungsrecht.

Fall 7 Grundpfandrechte

a - Die Hypothek ist das Pfandrecht an einem Grundstück wegen einer Forderung. Der Schuldner haftet persönlich und dinglich mit dem Grundstück. Mit Rückzahlung des Kredits erlischt auch die Hypothek. Sie kann als Sicherheit deshalb für keinen anderen Kredit, auch nicht für eine spätere Kreditaufstockung verwendet werden (vgl. §§ 1113 f. BGB). In der Praxis ist die Hypothek kaum üblich.
- Eine Grundschuld ist das Recht, vom jeweiligen Eigentümer eines Grundstücks eine bestimmte Summe zu verlangen. Die Grundschuld ist in ihrem Bestand abstrakt, da sie von einer Forderung losgelöst von einem Berechtigten erworben werden kann. Aus einer Grundschuld haftet nur das Grundstück mit dem Zubehör. Wird die Grundschuld fällig, wird der Eigentümer zur Zahlung aufgefordert. Zahlt er nicht, kann in das Grundstück so lange zwangsvollstreckt werden, bis die Grundschuld beglichen ist (vgl. §§ 1191 f. BGB).

b Vgl. §§ 1117, 1188 BGB: Die Hypothek entsteht mit Eintragung in das Grundbuch. Man erwirbt sie mit der Entstehung der Forderung und Übergabe des Hypothekenbriefs, sofern ein

Hypothekenbrief ausgestellt wurde. Der Eigentümer der Grundschuld erwirbt die Grundschuld bereits mit Eintragung in das Grundbuch, sofern ein Grundschuldbrief erstellt wird, mit Übergabe des Grundschuldbriefs. Eine Abtretung der Grundpfandrechte auf einen Dritten ergibt sich nach § 1154 BGB.

c Aus Gründen der Sicherheit für den Grundstückseigentümer, da erst mit Übergabe des Briefs die Hypothek bzw. die Grundschuld erworben werden kann.

d - Verwaltungsaufwand wird reduziert.
- Kostenersparnis für Kunde und Kreditinstitut

e - Eine Eigentümerhypothek entsteht nach § 1163 BGB, wenn die Forderung, für die die Hypothek bestellt ist, noch nicht entstanden ist, z. B. eine eingetragene Buchhypothek vor Auszahlung des Darlehens. Sie wird kraft Gesetzes vor Entstehung einer Forderung zu einer vorläufigen Eigentümergrundschuld.
- Eine Eigentümergrundschuld kann für den Eigentümer am eigenen Grundstück bestellt werden (§ 1198 BGB). Der Grundstückseigentümer kann damit eine Rangstelle für eine später aufzunehmende Grundschuld freihalten oder durch Abtretung und Übergabe des Grundschuldbriefs jederzeit eine Sicherheit für einen Kredit geben, ohne dass der Begünstigte im Grundbuch eingetragen wird und Umschreibungskosten entstehen.

f Die Eintragung eines hohen Zinssatzes dient der langfristigen Absicherung bei etwaigen Zinsanpassungen im Darlehensvertrag. Das Kreditinstitut darf immer nur den Zins berechnen, der im Darlehensvertrag vereinbart worden ist.

g Das Kreditinstitut gibt den Grundschuldbrief zurück. Die Grundschuld steht dann dem Eigentümer zu (Eigentümergrundschuld). Der Eigentümer kann dann die Eintragung gebührenpflichtig löschen lassen (Löschungsbewilligung). Mit einer löschungsfähigen Quittung kann der Eigentümer die Grundschuld in eine Eigentümergrundschuld umschreiben lassen.

Eine Hypothek erlischt auch teilweise mit Rückzahlung der mit ihr gesicherten Forderung; sie wird dann auch zur Eigentümergrundschuld.

h Mit Eintragung der Zwangsvollstreckungsklausel in das Grundbuch unterwirft sich der Grundstückseigentümer der sofortigen Zwangsvollstreckung in das Grundstück. Dieses Verfahren ist für Kreditinstitute Zeit und Kosten sparend.

i Bei Rechten, die in derselben Abteilung eingetragen werden, wird die Rangordnung durch die Reihenfolge der Eintragung festgelegt. Der Rang bestimmt entscheidend den Wert eines Rechts.

Die Rangordnung der drei Grundschulden entspricht der Reihenfolge der Eintragungen.

j Bei Rechten, die in verschiedenen Abteilungen eingetragen worden sind, wird die Rangordnung durch das Datum der Eintragungen festgelegt (vgl. § 879 BGB). Das Wohnrecht der Eltern von Herrn Reiche steht deshalb im Range vor den drei Grundschulden der 3. Abteilung.

k Die *Nordbank AG* muss der Rangänderung zustimmen. Die neue Rangordnung lautet dann:

1. *Bauspar AG* 50.000 EUR
2. *Nordbank AG* 50.000 EUR
3. *Elbebank AG* 100.000 EUR
4. *Nordbank AG* 50.000 EUR

l Nach § 1179 a BGB ist Herr Reiche als Eigentümer auf Grund der Darlehenstilgung verpflichtet, die Sicherungsgrundschuld löschen zu lassen. Die nachfolgenden Rechte steigen so in der Reihenfolge der Rangordnung auf.

m Die Sicherungsgrundschuld ist zur Sicherung von Krediten besonders geeignet. Einwendungen aus dem Grundgeschäft können nicht erhoben werden. In der Praxis wird durch eine Sicherungsabrede eine Verbindung von Forderung und Sicherheit hergestellt. Bei Beendigung des Kreditverhältnisses muss das Kreditinstitut die Sicherheit freigeben. Eine Änderung des Schuldsaldos berührt den Bestand der Grundschuld nicht. Die Belastung des Grundstücks kann sich auch auf die Zinsen des Kredits erstrecken durch Eintragung als verzinsliche Grundschuld. Die Eintragung einer Zwangsvollstreckungsklausel ist möglich. Die Grundschuld kann deshalb sowohl zur Sicherung von Krediten mit schwankender Forderungshöhe als auch von langfristigen Tilgungsdarlehen verwendet werden.

2.2.3 Maßnahmen gegen Kreditausfälle

Fall: Bilanzanalyse

a - keine/geringere Abhängigkeit von Lieferanten
- nur Zinsen auf echte Inanspruchnahme
- Verbesserung der Verhandlungsposition gegenüber den Lieferanten

b Anlagendeckungsgrad II = (1.623,0 TEUR + 790,0 TEUR) x 100 : 1.825,0 TEUR = 132,2 %

c Anlagendeckungsgrad II: Das Anlagevermögen ist fristenkongruent, d. h. vollständig langfristig finanziert, es gibt freie langfristige Mittel zur Finanzierung des Umlaufvermögens.

d Cashflow = 204,0 TEUR + 43,0 TEUR = 247,0 TEUR

e Jährliche Belastung/Tilgung des alten Darlehens 98,0 TEUR

Cashflow von 247,0 TEUR > jährliche Belastung von 98,0 TEUR

Die Kapitaldienstfähigkeit ist gegeben.

f Debitorenziel = 129,0 TEUR x 365 : 1.354,0 TEUR = 34,8 = 35 Tage

g - Das Debitorenziel der *Brauerei Keller AG* ist besser als der Branchenwert, da Kunden der Brauerei ihre Rechnungen im Durchschnitt früher zahlen.
- Das Debitorenziel weist auf eine gute Zahlungsmoral der Kunden bzw. eine gute Debitorenbuchhaltung der *Brauerei Keller AG* hin.

h - Die Forderungen müssen abgegrenzt werden, um eine Übersicherung des Darlehens bzw. eine wirtschaftliche Knebelung des Kreditnehmers zu vermeiden.
- Die abgetretenen Forderungen müssen genau bestimmbar sein, damit die Abtretung rechtswirksam ist.

i1 - Gegenwärtige Forderungen: mit Abschluss des Zessionsvertrags
- Zukünftige Forderungen: mit ihrer Entstehung

i2 Die *Nordbank AG* verlangt eine Einreichung der Listen, um die Höhe und den Sicherungswert der abgetretenen Forderungen fortlaufend überwachen zu können.

i3 Die Offenlegung der Abtretung kann nur so schnell und unkompliziert erfolgen.

j

	Globalzession	**Sicherungsübereignung (SÜ)**
Bestellung	- Vertrag mit Individualisierung (z. B. Kunden aus zwei von fünf Bundesländern) der abzutretenden Forderungen - Abtretung sämtlicher gegenwärtiger und zukünftiger Ansprüche	- Einigung über SÜ und Vereinbarung eines Besitzkonstituts - Raumsicherungsvertrag mit wechselndem Lagerbestand - Bestimmung des Zeitpunktes des Übergangs des Sicherungseigentums durch Lagerauffüllungen - Der Kreditnehmer kann Ware aus dem Lager entnehmen im Auftrag der *Nordbank AG* mit Anschlussglobalzession.
Überwachung	laufende Einreichung und Kontrolle von Listen bzw. Rechnungskopien	- monatliche Bestandsmeldungen - gelegentlich durch in Inaugenscheinnahme
Bewertung Wertbeständigkeit	- Bonität der Drittschuldner - ständige Erneuerung der Forderungen	- ständige Auffüllung des Lagerbestandes - Festlegung eines Mindestlagerbestandes
Probleme bei der Verwertung	- rechtzeitiges Offenlegen und Einziehen der Forderungen - Forderungen (noch) existent?	- Marktgängigkeit der Getränkemarken - Wertverlust durch Alterung - Abnehmer finden

3. Auslandszahlungsverkehr

3.1 Nichtdokumentäre Zahlungen

Fall 1 Auslandsüberweisung

a Blatt 2 stellt die Meldung der Zahlung gemäß § 59 Außenwirtschaftsverordnung (AWV) an die Deutsche Bundesbank dar. Gebietsansässige (das sind natürliche und juristische Personen mit gewöhnlichem Aufenthalt, Wohnsitz oder Sitz in der Bundesrepublik Deutschland) haben Zahlungen von mehr als 12.500,00 EUR oder Gegenwert in fremder Währung zu melden, die sie

- von Gebietsfremden oder für deren Rechnung von Gebietsansässigen entgegen nehmen (eingehende Zahlungen) oder
- an Gebietsfremde oder für deren Rechnung an Gebietsansässige leisten (ausgehende Zahlungen).

b
- Für Überweisungen in andere EU-Staaten, z. B. Großbritannien, ist die SEPA- oder Euro-Überweisung zu nutzen.
- Zwingende Angabe von IBAN und BIC zur Identifizierung des Kontos des britischen Zahlungsempfängers
- Keine Betragsbegrenzung
- Da aber die EU-Standardüberweisung keinen Meldeteil für die Außenwirtschaftsstatistik enthält, muss der Auftraggeber bei Überweisungen ab 12.500,00 EUR die Meldung auf einen separaten Vordruck (Bundesbankvordruck Z4) vornehmen.

c Devisenabrechnung

Rechnungsbetrag	25.150,00 GBP
Kurs	0,8655
EUR-Gegenwert	29.058,35 EUR
Courtage 0,25 ‰	7,26 EUR
Bearbeitungsgebühr 1,25 ‰	36,32 EUR
Auslagen	5,00 EUR
Belastung	29.106,93 EUR

d Die schnellste Art der Abwicklung ist eine S.W.I.F.T.-Zahlung. Die Abwicklung erfolgt beleglos im vollautomatisierten S.W.I.F.T.-System. Die *Nordbank AG* gibt eine S.W.I.F.T.-Nachricht an die *Midland Bank* mit allen Angaben zur Ausführung der Zahlung im Empfängerland. Die Angaben über Geschäftsart, Währung und Korrespondenzbank werden verschlüsselt. Die Verrechnung der Zahlung erfolgt über die zwischen den Korrespondenzbanken geführten Konten oder über eingeschaltete dritte Kreditinstitute. Eine Alternative zur S.W.I.F.T-Zahlung wäre eine SEPA-Online-Überweisung. Der Betrag wird innerhalb eines Geschäftstages auf dem Konto des Zahlungsempfängers gutgeschrieben.

e Bei beleghaft erteilten SEPA-Überweisungen sind zwei Bankarbeitstage zu berücksichtigen. Der Gutschriftsbetrag muss am 09.05. (Dienstag) dem Konto des Zahlungsempfängers in Großbritannien gutgeschrieben werden.

W. Grundmann, *Bankwirtschaft Teil 2*, Prüfungstraining für Bankkaufleute,
https://doi.org/10.1007/978-3-658-40392-8

Fall 2 Bankenorderscheck

a Der amerikanische Exporteur schätzt die Bonität der *Nordbank AG* höher ein als die Bonität der *CEPACO GmbH.*

b - Da es sich um einen A-Korrespondenten handelt, ist die Nordbank verpflichtet, der *BankAmerica* per S.W.I.F.T mitzuteilen, dass der Bankenorderscheck zu Lasten des Nordbank-Kontos geht.

- Außerdem ist es aus Gründen der Sicherheit notwendig mitzuteilen, wie die Legitimation erfolgen soll.

c - Fortfall der Brief/Geld-Spanne, da die US-Dollar-Zahlungseingänge verwendet werden, um US-Dollar-Zahlungsausgänge zu finanzieren.

- Reduktion des Währungsrisikos, da Umrechnungen in US-Dollar während der Zeit der Kontoführung entfallen.

- Transaktionskosten beim Umtausch von Devisen in Euro und umgekehrt entfallen.

d Ein Korrespondenzverhältnis liegt vor, wenn zwei Kreditinstitute gegenseitig füreinander Bankgeschäfte ausführen. Beim A-Korrespondenten liegt eine Kontoverbindung vor; beim B-Korrespondenten werden lediglich Kontrolldokumente ausgetauscht.

3.2 Dokumentäre Zahlungen

Fall 1 Dokumenten-Inkasso

a Die notwendigen Dokumente für dieses Inkassogeschäft sind

- An-Bord-Konnossement
- Versicherungszertifikat
- Handelsrechnung
- Ursprungszeugnis

b Der Exporteur erteilt seiner Bank einen Inkassoauftrag. Er enthält die Weisung, die Dokumente dem Importeur gegen Zahlung des Gegenwertes aushändigen zu lassen. Der Exporteur beschafft die Dokumente und reicht sie seiner Bank ein. Diese leitet die Dokumente auf zwei getrennten Postlaufwegen zur *Nordbank AG*. Die *Nordbank AG* informiert *Schröder & Söhne* über den Eingang der Dokumente und händigt sie gegen Zahlung der Dokumente aus. Danach kann die Ware abgeholt werden.

c In der Regel muss *Schröder & Söhne* die Dokumente bei „erster Präsentation" einlösen. Die GmbH darf die Ware vor der Zahlung also weder besichtigen, bemustern oder den Verzollungsvorgang durchführen. Wenn die vorlegende *Nordbank AG* der Firma *Schröder & Söhne* die Möglichkeit geben will, die Dokumente auf ihre Übereinstimmung mit dem Kaufvertrag zu prüfen, kann sie auf eigenes Risiko „eine Andienung zu getreuen Händen" vornehmen. Bei der in Hamburg bei Importinkassi geltenden Usance sind die Dokumente spätestens bis 16 Uhr des Andienungstages zurückzugeben, sofern nicht ein Einlösungsauftrag zur Zahlung erteilt wird. Dieses Verfahren wird bei guten Kunden angewendet. Weniger kreditwürdigen Kunden werden die Dokumente zur Einsichtnahme und sofortigen Rückgabe vorgelegt.

d1 Kurzfristiger Importvorschuss, der als Kontokorrentkredit gewährt wird.

d2 In der Regel wird der Importvorschuss bis zu 100 % des Rechnungspreises (Einstandspreis) der importierten Ware gewährt. Ob die Dokumente bevorschusst werden oder nicht, hängt im Wesentlichen von der Bonität des Importeurs und der Marktgängigkeit der Ware ab.

d3 Da die Ware bereits „durchgehandelt" ist, könnten die Forderungen aus diesem Importgeschäft abgetreten werden.

e

Rechnungsbetrag	46.000,00	USD
in EUR: 46.000 : 1,1181	41.141,22	EUR
+ Courtage 0,025 %	10,29	EUR
+ Bearbeitungsgebühr 0,3%	123,42	EUR
+ Porto und Auslagen	5,00	EUR
Belastung	41.279,93	EUR

f Firma *Schröder & Söhne GmbH* hätte im Kaufvertrag vom mexikanischen Exporteur eine Lieferungs- und Leistungsgarantie einer renommierten mexikanischen Bank verlangen müssen.

Fall 2 Incoterms, Dokumenten-Inkasso und Zahlungsabwicklung

a FOB London: Der Exporteur liefert die Ware bis auf das Seeschiff. Der Kostenübergang erfolgt nach Verladung der Maschinen an Bord im Verschiffungshafen London, der Gefahrenübergang bei Verladung der Maschinen an Bord des Seeschiffes in London.

CIF Hamburg: Der Exporteur besorgt zusätzlich den Seetransport und die entsprechende Transportversicherung. Er hat die Kosten bis zur Ankunft des Seeschiffs in Hamburg sowie alle Ausladungskosten im Entladungshafen zu tragen. Der Gefahrenübergang erfolgt nach Verladung der Maschinen an Bord des Seeschiffes in London.

Bei CIF Hamburg übernimmt der Exporteur weitere Arbeiten; die *Gerresheimer GmbH* muss erst ab Hamburg aktiv werden. Andererseits muss die Differenz zwischen CIF-Preis und FOB-Preis angemessen sein, bezogen auf die Kosten und den zusätzlichen Aufwand des Exporteurs.

b CIF-Preis: 48.400 EUR (45.000 + 400 + 500 + 700 + 1.500 + 300), FOB-Preis: 46.600 EUR (45.000 + 400 + 500 + 700)

c Die *Gerresheimer GmbH* sollte sich für CIF Hamburg entscheiden, da die Kosten für CIF (48.400 EUR) gegenüber FOB (46.600 + 1.450 + 475 = 48.525) günstiger sind.

d1 Beweis der Lieferpflicht: Beschaffung des üblichen Transportdokuments für den Bestimmungshafen Hamburg, z. B. eines vollen Satzes reiner An-Bord-Konnossemente („full set, clean, shipped on board B/L, freight prepaid“).

d2 Erfüllung der Versicherungspflicht: Abschluss einer Transportversicherung, die die *Cepaco GmbH* berechtigt, direkt beim Versicherer Ansprüche geltend zu machen, und Übermittlung der Versicherungspolice an die *Gerresheimer GmbH*. Die Mindestversicherung muss den Kaufpreis zuzüglich 10 % decken und in der Währung des Kaufvertrags (hier EUR) genommen werden.

e Vorteile für die *Gerresheimer GmbH*:

- Die Zahlungspflicht der *Gerresheimer GmbH* wird erst ausgelöst, wenn die Dokumente und damit die Verfügungsgewalt über die Ware in ihren Besitz gelangen.
- Die *Gerresheimer GmbH* bestimmt den Zeitpunkt der Zahlung.

Vorteile für den britischen Exporteur:

- Die *Gerresheimer GmbH* kann erst nach Einlösung der Dokumente über die Verpackungsmaschinen verfügen.
- Der Zahlungseingang ist gesichert, sobald die *Gerresheimer GmbH* die angedienten Dokumente aufnimmt.

f Die *Gerresheimer GmbH* leistet Zahlung, ohne die Qualität der Verpackungsmaschinen vorher im Einzelnen prüfen zu können.

g

Kosten der Verpackungsmaschine pro Stück	45.000,00 EUR
+ Verpackungskosten	400,00 EUR
+ Fracht nach London	500,00 EUR
+ Umschlagskosten und Hafengebühr London	700,00 EUR
+ Seefracht	1.500,00 EUR
+ Seeversicherung	300,00 EUR
+ Löschkosten und Hafengebühr Hamburg	500,00 EUR
= Gesamtkosten pro Verpackungsmaschine	48.900,00 EUR
Gesamtkosten für 10 Verpackungsmaschinen	489.000,00 EUR
+ Bearbeitungsgebühr 0,3 %	1.467,00 EUR
+ Auslagen	20,00 EUR
= Belastung	490.487,00 EUR

Fall 3 Incoterms und Zahlungsbedingungen

a Kalkulation

	in EUR	in USD	
FOB Hamburg	1.500.000,00	Kurs 1,1180	
	+1.400,00	1.681.919,20	aufgerundet 1.681.920,00 USD
	+2.300,00		
	+700,00		
	= 1.504.400,00		
CIF New York	1.500.000,00	Kurs 1,1180	
	+11.500,00	1.698.130,20	aufgerundet 1.698.140,00 USD
	+3.000,00		
	= 1.518.900,00		

b Beweis der Lieferpflicht: Beschaffung des üblichen Transportdokumentes für den Bestimmungshafen, z. B. eines vollen Satzes reiner An-Bord-Konnossemente („full set, clean, shipped on board B/L, Freight prepaid“)

Erfüllung der Versicherungspflicht: Abschluss einer Transportversicherung, die den Importeur berechtigt, direkt beim Versicherer Ansprüche geltend zu machen, und Übermittlung der Versicherungspolice an den Importeur. Die Mindest-Versicherung muss den Kaufpreis zuzüglich 10 % decken und in der Währung des Kaufvertrages genommen werden.

c Dokumenten-Akkreditiv mit hinausgeschobener Zahlung (Deferred-payment-Akkreditiv): Die *Hauni AG* erhält das bedingte abstrakte Schuldversprechen der Hausbank des amerikanischen Kontraktpartners. Sie wird zum vereinbarten Zeitpunkt Zahlung erhalten, soweit sie die Akkreditivbedingungen erfüllt.

Fall 4 Dokumenten-Akkreditiv

a Aufgaben der *Jean Simon GmbH*:

- Der Importeur muss für die Eröffnung eines Akkreditivs sorgen.
- Außerdem muss er für die Avisierung des Zahlungsversprechens sorgen.

Verpflichtung der *Yapas A.S.:*

- Die Firma *Yapas A.S.* ist verpflichtet, rechtzeitig vertragsgemäße Ware zu liefern.
- Zusätzlich müssen die vereinbarten Dokumente vorgelegt werden.

b1 - Da die Lieferung FOB Istanbul vorgesehen ist, wird die Versicherung „von uns“ abgeschlossen, daher muss die Rubrik „Versicherungs-Zertifikat“ nicht angekreuzt werden.

b2 - Eine Teilverladung bzw. Umladung ist unzulässig, um Beschädigungsrisiken zu vermeiden. Nr. 44: Art. 23 III. der ERA sieht die Ausweisung des Verlade- und Löschungshafens vor. Damit sollen Beschädigungsrisiken und ggf. höhere Kosten vermieden werden.

- Um eine Überprüfung der Ware mittels der Dokumente vornehmen zu können, ist eine genaue Beschreibung der Ware erforderlich. Im Akkreditivauftrag reicht eine Kurzbezeichnung der Ware zur Identifizierung aus.
- Die Angabe der Lieferungsbedingung im Akkreditivauftrag ist erforderlich, um z. B. die Anzahl der vorzulegenden Dokumente bestimmen zu können, bzw. wer die Frachtkosten und die Versicherungskosten zu tragen hat.

b3 - Nach den ERA Art. 43 a müssen die Dokumente spätestens 21 Tage nach Verschiffung der Ware (27. Dezember 2020) der *Hamburger Sparkasse* vorgelegt werden.

- Um die Dokumente innerhalb der vorgeschriebenen sieben Bankarbeitstage prüfen zu können, bevor die Ware den Bestimmungshafen erreicht hat.

c1 - 1 Konnossement in dreifacher Ausfertigung: Mit dem Konnossement kann die Ware im Hafen abgeholt werden.

- 1 unterzeichnete Handelsrechnung in sechsfacher Ausfertigung: Sie ist die Grundlage der Bezahlung der Rechnung und der Verzollung der Ware.

- 1 Ursprungszeugnis: Mit dem Ursprungszeugnis kann das Herkunftsland der Ware bestimmt werden. Zusammen mit der Handelsrechnung kann die Höhe des Einfuhrzolls der Ware bestimmt werden. Da die Türkei assoziiertes Mitglied der EU ist, können die Textilien auf Grund eines Sonderabkommens mit der EU zollfrei eingeführt werden. Wären die Textilien beispielsweise aus China eingeführt worden, hätte die *Simon GmbH* neben dem Ursprungszeugnis noch eine Wareneinfuhrgenehmigung einholen müssen. Zusätzlich wären die Textilien mit einem Einfuhrzoll belegt worden.

- Packliste: Mit der Packliste kann der Inhalt der verpackten Ware überprüft werden.

c2 - Die *Jean Simon GmbH* möchte sich sicher sein, dass die Lieferung ausreichend versichert ist, da mit Verladung der Ware im Verschiffungshafen das Gefahrenrisiko auf sie übergeht. Im Versicherungsfall könnte die Firma *Jean Simon* sich dann mit dem deutschen Versicherer leichter auseinander setzen.

- Die Firma *Jean Simon* möchte ihre günstigen Versicherungskonditionen bei einer örtlichen Versicherungsgesellschaft ausnutzen.

- Zudem kann sie das Schiff und den Frachtraum für die Ware bestimmen.

d Die *Hamburger Sparkasse* übernimmt mit der Eröffnung des Akkreditivs ein bedingtes, abstraktes Zahlungsversprechen gemäß § 780 BGB bzw. Art. 9 der ERA.

e Da die Verladefrist überschritten wurde, besteht die Gefahr, dass die *Hamburger Sparkasse* die Dokumente nicht bezahlt, da eine der im Akkreditiv genannten Bedingungen nicht erfüllt wurde. In diesem Fall sollte die *Yapas A.S.* versuchen, das Akkreditiv zu ändern. Die *Hamburger Sparkasse* müsste schriftlich bestätigen, dass sie mit der Überschreitung der Verladefrist einverstanden ist.

f - Aus Sicherheitsgründen werden die Dokumente auf zwei Postwegen per Einschreiben versandt, in diesem Fall 2/3: 1/3. Damit wird gewährleistet, dass mit mindestens einem Satz Dokumente die Ware am Hafen abgeholt werden kann.

- Gemäß Art. 18 der ERA kann die *Hamburger Sparkasse* die Aufnahme der Dokumente aus Gründen der Unvollständigkeit ablehnen. Da das Akkreditiv bei der *Hamburger Sparkasse* zahlbar ist, trägt die *Yapas A.S.* in diesem Fall das Postlaufrisiko. Banküblich ist, dass die *Türkiye Halk Bankasi* eine Konnossementsnachlieferungsgarantie stellen müsste, damit sichergestellt ist, dass kein Unberechtigter mit den verloren gegangenen Dokumenten die Ware abholt.

g Kontokorrentkredit als Betriebsmittelkredit: Der Kredit kann durch die Zahlungseingänge der *Jean Simon*-Kunden laufend abgetragen werden. Als Kreditsicherheit könnte die Ware sicherungsübereignet werden. Die Kleidungsstücke werden dann im Namen der Firma *Jean Simon* und für Rechnung der *Hamburger Sparkasse* verkauft. Sollten durch den Verkauf der

Kleidungsstücke Forderungen entstehen, könnten diese im Rahmen einer Globalzession an die *Hamburger Sparkasse* abgetreten werden.

Fall 5 Dokumenten-Akkreditiv

a 1 EUR = 21,0979 MXN
500,00 EUR = 10.548,95 MXN abgerundet 10.500,00 MXN
10.500,00 MXN = 497,68 EUR
497,68 EUR + 5,00 EUR = 502,68 EUR

b Da ein US-Dollar-Fremdwährungskonto besteht, erspart sich Herr Bichler eine Umrechnung des eingehenden Geldbetrags in EUR zum (schlechten) Briefkurs.

Ein gegebenenfalls zum Zeitpunkt des Zahlungseingangs auf dem Fremdwährungskonto bestehender Sollsaldo kann reduziert oder ausgeglichen werden.

c Beim Dokumentenakkreditiv erhält der Exporteur ein Zahlungsversprechen durch ein Kreditinstitut.

Beim Dokumentenakkreditiv besteht kein Risiko der Nichtaufnahme der Dokumente durch den Importeur.

Nachteil:

- Aufgrund des höheren Arbeitsaufwands der *Nordbank AG* ist das Dokumentenakkreditiv teurer als das Dokumenteninkasso.
- Beim Dokumentenakkreditiv kann der Importeur dem Exporteur Fristen im Zusammenhang mit den Dokumenten vorgeben.

d Die Krones Getränkeautomaten GmbH muss

-über die verschickte Ware eine Handelsrechnung ausstellen.

-sich ein Dokument über die Seetransportversicherung ausstellen lassen.

-sich die mit dem Importeur vereinbarte Anzahl Konnossemente von der Reederei beschaffen.

-alle vereinbarten Dokumente der Kreditbank AG zur Weiterleitung an den Importeur einreichen.

-bei der Einreichung der Dokumente die vereinbarte Frist beachten.

e Die *Nordbank AG* muss prüfen, ob ...

- alle im Akkreditivauftrag ihrer Art nach genannten Dokumente eingereicht wurden.
- alle - Dokumente in der im Akkreditivauftrag genannten Anzahl eingereicht wurden.
- auf dem / den eingereichten Konnossement(en) einschränkende Klauseln (z. B. Vermerk über die Beschädigung der Ware) vermerkt sind.
- die eingereichten Dokumente ordnungsgemäß ausgestellt wurden.

f Die Bonität der Hausbank des mexikanischen Importeurs ist schwierig einzuschätzen und damit der Zahlungseingang nicht sicher. Risiken, die im Land Mexiko begründet sind, können einen Zahlungseingang verzögern/verhindern.

Fall 6 Devisentermingeschäft

a Bei FOB Hamburg hat die *Metallbau GmbH* die

- ordnungsgemäß verpackte Ware

- im Hamburger Hafen
- auf das vom Importeur benannte Schiff zu bringen
- sowie alle Kosten und Gefahren zu tragen, bis die Ware an Bord des benannten Schiffes verbracht worden ist.

b1 Aussteller ist die *Korea Exchange Bank* Seoul.

b2 Bezogene Bank ist die *Bank of America*.

c Prüfung
- der Urkunde auf Vollständigkeit und Echtheit
- des Vorlagedatums (Vorlegungsfrist 70 Tage ab Ausstellungsdatum)
- der Indossamentenkette auf Lückenlosigkeit

Das letzte Indossament muss von einem zu scheckrechtlichen Erklärungen Berechtigten der *Metallbau GmbH* zu Gunsten der *Nordbank AG* sein.

d Die *Nordbank AG* trägt ein Kursrisiko, da bis zum Eingang des Scheckgegenwertes der Wert des USD sinken kann. Aufgrund der relativ kurzen Zeitspanne schätzt die *Nordbank AG* das Kursrisiko vermutlich als gering ein.

Falls der Scheck unbezahlt zurückkommt, trägt die *Nordbank AG* ein Rückbelastungsrisiko für den Fall, dass die *Metallbau GmbH* bereits über den Gegenwert verfügt hat. Das Risiko ist allerdings gering, da eine Bank mit erstklassiger Bonität der Scheckschuldner ist.

e1 Briefkurs – Geldkurs = 0,006
davon die Hälfte: 0,003
Scheckankaufskurs: 1,1196 + 0,003 = 1,1226

e2	Scheckgegenwert 250.000 : 1,1226 =	222.697,31 EUR
	./. 0,25 % Provision	556,74 EUR
	Gutschriftsbetrag	222.140,57 EUR

f Die *Metallbau GmbH* erhält für die in sechs Monaten zu liefernde Devise heute bereits von der *Nordbank AG* einen Umrechnungskurs zugesichert. Damit hat die *Metallbau GmbH* Gewissheit über den EUR-Wert ihres Exporterlöses.

g1 Währungen von Ländern mit im Vergleich zum Inland höheren Zinsniveau weisen einen Report auf. Liegt der Terminkurs über dem Kassakurs, spricht man von einem Report.

1,1196 + (1,1196 x 2 x 6) : (100 x 12) =1,1196 + 0,011196 = 1,130796

aufgerundet 1,11308

g2 500.000 : 1,1308 = 442.164,84 EUR Gutschriftsbetrag

Printed by Printforce, the Netherlands